Die Zuordnung von Wirtschaftsgütern zu Betriebsstätten im Recht der Doppelbesteuerungsabkommen

AF733503

Europäische Hochschulschriften

European University Studies

Publications Universitaires Européennes

Reihe II **Rechtswissenschaft**

Series II Law

Série II Droit

Band/Volume 5676

Arne F. Hansen

Die Zuordnung von Wirtschaftsgütern zu Betriebsstätten im Recht der Doppelbesteuerungsabkommen

Ein funktionaler Ansatz unter Berücksichtigung der Fiktion der uneingeschränkten Selbstständigkeit der Betriebsstätte

PL ACADEMIC RESEARCH

Bibliografische Information der Deutschen Nationalbibliothek
Die Deutsche Nationalbibliothek verzeichnet diese Publikation in der Deutschen Nationalbibliografie; detaillierte bibliografische Daten sind im Internet über http://dnb.d-nb.de abrufbar.

Zugl.: Bayreuth, Univ., Diss., 2014

D 703
ISSN 0531-7312
ISBN 978-3-631-65385-2 (Print)
E-ISBN 978-3-653-04605-2 (E-Book)
DOI 10.3726/978-3-653-04605-2

© Peter Lang GmbH
Internationaler Verlag der Wissenschaften
Frankfurt am Main 2015
Alle Rechte vorbehalten.
PL Academic Research ist ein Imprint der Peter Lang GmbH.
Peter Lang – Frankfurt am Main · Bern · Bruxelles · New York · Oxford · Warszawa · Wien

Das Werk einschließlich aller seiner Teile ist urheberrechtlich geschützt.
Jede Verwertung außerhalb der engen Grenzen des Urheberrechtsgesetzes ist ohne Zustimmung des Verlages unzulässig und strafbar.
Das gilt insbesondere für Vervielfältigungen, Übersetzungen, Mikroverfilmungen und die Einspeicherung und Verarbeitung in elektronischen Systemen.

Diese Publikation wurde begutachtet.

www.peterlang.com

Meinen Eltern, für die Prägung, zeitlebens interessiert zu bleiben.

Vorwort

Das Thema dieser Arbeit entsprang den Einflüssen erster praktischer Erfahrungen im Steuerrecht. Für seine freundlichen Anregungen während dieser Zeit möchte ich Dr. Ulrich Blaas danken.

Diese Arbeit wurde von der Universität Bayreuth im Wintersemester 2013/2014 als Dissertation angenommen. Sie befindet sich hinsichtlich relevanter Vorschriften, Literatur und Rechtsprechung auf dem Stand von August 2013.

Mein besonderer Dank gilt meinem Doktorvater Prof. Dr. Karl-Georg Loritz für seine konstruktive Betreuung während der Entstehung dieser Arbeit und die schnelle Erstellung des Erstgutachtens. Ihm kommt ferner der Verdienst zu, in mir bereits in frühen Studientagen die Begeisterung für das Steuerrecht geweckt zu haben. Herrn Prof. Dr. Markus Möstl danke ich sehr für die zügige Anfertigung des Zweitgutachtens. Ich bedanke mich des Weiteren bei dem Stifterverband für die Deutsche Wissenschaft für das über den Arbeitskreis Wirtschaft und Recht gewährte Promotionsstipendium. Herrn Manfred Eberl von der Allianz SE danke ich vielmals für seine Diskussionsfreude und die gewährten Einblicke in die unternehmerische Praxis, mit denen er Einfluss auf dieses Werk genommen hat.

Meinen Freunden danke ich für das Kunststück des geübten Verzichts in zeitlicher Hinsicht und ihre gleichzeitig unverminderte Verfügbarkeit. Ich danke Stefan und Peter vielmals für ihre wertvollen, mühevoll erstellten Korrekturanmerkungen.

Von Herzen danke ich meiner Freundin Anna für die Mühen bei der Korrektur des Manuskripts sowie für ihre bedingungslose Unterstützung und verständnisvolle Nachsicht, mit der sie maßgeblich zum Gelingen dieses Werkes beigetragen hat.

Mein größter Dank gilt meinen Eltern Monika und Frank Hansen sowie meinem Bruder Nils Hansen, die mich auch während dieses Abschnittes meiner akademischen Ausbildung in jeder Hinsicht vorbehaltlos unterstützt und stets ermutigt haben.

Hamburg, im August 2014 *Arne F. Hansen*

Inhaltsverzeichnis

Abkürzungsverzeichnis

§, §§	Paragraf, Paragrafen
a.F.	alte Fassung
ABl.	Amtsblatt
Abs.	Absatz
AEUV	Vertrag über die Arbeitsweise der Europäischen Union
AG	Aktiengesellschaft
AmtshilfeRLUmsG	Amtshilferichtlinie-Umsetzungsgesetz (vom 29.6.2013, BGBl. I 2013, S. 1809)
AO	Abgabenordnung (in der Fassung der Bekanntmachung vom 1.10.2002, BGBl. I 2002, S. 3866)
AOA	Authorised OECD Approach
Art.	Artikel
AStG	Außensteuergesetz (vom 8.9.1972, BGBl. I 1972, S. 1713)
Aufl.	Auflage
AWD	Außenwirtschaftsdienst des Betriebs-Beraters
BB	Betriebs-Berater
BeitrRLUmsG	Beitreibungsrichtlinie-Umsetzungsgesetz (vom 13.12.2011, BGBl. I 2011, S. 2592)
BewG	Bewertungsgesetz (in der Fassung der Bekanntmachung vom 1.2.1991, BGBl. I 1991, S. 230)
BFH	Bundesfinanzhof
BFH/NV	Sammlung der Entscheidungen des Bundesfinanzhofs, die nicht in der amtlichen Sammlung des Gerichts veröffentlicht werden

BFHE	Sammlung der Entscheidungen des Bundesfinanzhofs
BGB	Bürgerliches Gesetzbuch (in der Fassung der Bekanntmachung vom 2.1.2002, BGBl. I 2002, S. 42, 2909 sowie BGBl. I 2003, S. 738, das durch Artikel 1 des Gesetzes vom 4.7.2013 BGBl. I 2013, S. 2176 geändert worden ist)
BGBl. I	Bundesgesetzblatt Teil I
BGH	Bundesgerichtshof
BMF	Bundesministerium der Finanzen
BStBl. I, II, III	Bundessteuerblatt Teil I, Teil II, Teil III
BT-Drs.	Bundestagsdrucksache
BVerfG	Bundesverfassungsgericht
BVerfGE	Entscheidungen des Bundesverfassungsgerichts
bzw.	beziehungsweise
CONSOB	Commissione Nazionale per le Società de Borsa (italienische Börsenaufsichtsbehörde)
d.h.	das heißt
DB	Der Betrieb
DBA	Doppelbesteuerungsabkommen
ders.	derselbe
dies.	dieselben
Dr.	Doktor
DStR	Deutsches Steuerrecht
DStRE	Deutsches Steuerrecht Entscheidungsdienst
DStZ	Deutsche Steuer-Zeitung
EFG	Entscheidungen der Finanzgerichte
EG	Europäische Gemeinschaft

EGV	Vertrag zur Gründung der Europäischen Gemeinschaft
Einl.	Einleitung
ErbStG	Erbschaftsteuer- und Schenkungsteuergesetz (in der Fassung vom 27.2.1997, BGBl. I 1997, S. 378)
Erg.	Ergänzungslieferung
EStG	Einkommensteuergesetz (in der Fassung der Bekanntmachung vom 8.10.2009, BGBl. I 2009, S. 3366)
EU	Europäische Union
EuGH	Europäischer Gerichtshof
EuGHE	Entscheidungssammlung des Europäischen Gerichtshofes
EU-Rat	Rat der Europäischen Union
EuzW	Europäische Zeitschrift für Wirtschaftsrecht
EWG	Europische Wirtschaftsgemeinschaft
EWS	Europäisches Wirtschafts- und Steuerrecht
f.	folgende
ff.	fortfolgende
FG	Finanzgericht
FM	Finanzministerium
FR	Finanz-Rundschau
FS	Festschrift
GewStG	Gewerbesteuergesetz (in der Fassung der Bekanntmachung vom 15.10.2002, BGBl. I 2002, S. 4167)
GG	Grundgesetz (zuletzt geändert durch Artikel 1 des Gesetzes vom 11.7.2012, BGBl. I 2012, 1478)
GmbH	Gesellschaft mit beschränkter Haftung

GmbH & Co. KG	Gesellschaft mit beschränkter Haftung und Compagnie Kommanditgesellschaft
GS	Gedächtnisschrift
HFR	Höchstrichterliche Finanzrechtsprechung
HGB	Handelsgesetzbuch (in der im BGBl. III, Gliederungsnummer 4100–1 bereinigten Fassung)
Hrsg.	Herausgeber
i.V.m.	in Verbindung mit
IDW	Institut der Wirtschaftsprüfer
IGH	Internationaler Gerichtshof
Inc.	Incorporated (Zusatz hinter dem Namen eines US-amerikanischen Unternehmens in der Form der Corporation)
IRC	Internal Revenue Code
IRS	Internal Revenue Service
IStR	Internationales Steuerrecht
IWB	Internationale Wirtschaftsbriefe
JbFSt	Jahrbuch der Fachanwälte für Steuerrecht
JStG	Jahressteuergesetz
Kap.	Kapitel
KG	Kommanditgesellschaft
KStG	Körperschaftsteuergesetz (in der Fassung der Bekanntmachung vom 15.10.2002, BGBl. I 2002, S. 4144)
lit.	littera
m.w.N.	mit weiteren Nachweisen
MA	Musterabkommen
MK	Musterkommentar (zu dem Musterabkommen der Organisation for Economic Co-Operation and Development)

Nr.	Nummer
OECD	Organisation for Economic Co-Operation and Development
OECD-MA	Musterabkommen der Organisation for Economic Co-Operation and Development
Prof.	Professor
RAS	Riunione Adriatica di Sicurtà (italienischer Versicherungskonzern mit Sitz in Mailand)
RFH	Reichsfinanzhof
RFHE	Sammlung der Entscheidungen des Reichsfinanzhofs
RIW	Recht der internationalen Wirtschaft
RL	Richtlinie
Rs.	Rechtssache
RStBl.	Reichssteuerblatt
Rz.	Randzahl
S.	Seite
S.A.	Société anonyme
S.p.A.	società per azioni
SE	Societas Europaea
Sec.	Section
SEStEG	Gesetz über steuerliche Begleitmaßnahmen zur Einführung der Europäischen Gesellschaft und zur Änderung weiterer steuerrechtlicher Vorschriften in der Fassung vom 7.12.2006
Slg.	Sammlung der Rechtsprechung des Gerichtshofes und des Gerichts Erster Instanz
sog.	sogenannte(r)
StAnpG	Steueranpassungsgesetz vom 16.10.1934, am 1.1.1977 außer Kraft getreten

StuW	Steuer und Wirtschaft
Ubg.	Die Unternehmensbesteuerung
UmwStG	Umwandlungsteuergesetz (vom 7.12.2006, BGBl. I 2006, S. 2782, 2791)
UN-MA	United Nations Musterabkommen auf dem Gebiet der Doppelbesteuerung zwischen Entwicklungsländern und Nichtentwicklungsländern
UntStRefG 2008	Unternehmensteuerreformgesetz 2008 (vom 14.8.2007, BGBl. I 2007, S. 1912)
USA	Vereinigten Staaten von Amerika
UStG	Umsatzsteuergesetz (in der Fassung der Bekanntmachung vom 21.2.2005, BGBl. I 2005, S. 386)
v.	vom
v.H.	vom Hundert
vgl.	vergleiche
VZ	Veranlagungszeitraum
WM	Wertpapier-Mitteilungen
WPg	Die Wirtschaftsprüfung
WÜRV	Wiener Übereinkommen über das Recht der Verträge vom 23.5.1969, transformiert in nationales deutsches Recht durch Zustimmungsgesetz vom 3.8.1985
z.B.	zum Beispiel

1. Kapitel: Einleitung

Dem Begriff der Betriebstätte ist keine konkrete Betätigungsform zwingend zuzuordnen, vielmehr vermag dieses Gebilde in ganz unterschiedlicher Gestalt aufzutreten und wird von verschiedenen nationalen wie internationalen Steuervorschriften in Bezug genommen.[1] Gemein ist allen Formen an Betriebstätten, dass sie stets ein rechtlich unselbstständiger Teil eines Gesamtunternehmens sind.[2] Dieser Mangel an rechtlicher Selbstständigkeit scheint der Beliebtheit der Betriebstätte im Rahmen steuerlicher Unternehmensgestaltungen jedoch keinen Abbruch zu tun. Vielmehr hat in der jüngeren Vergangenheit die Renaissance der Betriebstätte im internationalen Steuerrecht eingesetzt und findet ihren konkreten Ausdruck in der vermehrten Einbindung der Betriebstätte in die Gestaltung grenzüberschreitender Sachverhalte.[3] Ursächlich für diese Entwicklung sind unter anderem die supranationalen Rechtsformen wie die Societas Europaea (SE), welchen die Existenz von Betriebstätten häufig immanent ist.[4] Daneben bieten sich Betriebstätten zur Umsetzung einer divisionalen Managementstruktur in Unternehmen an[5],

---

1 Siehe hierzu unten Kapitel 2. II., während sich die Definitionen im nationalen Recht in § 12 AO und im Abkommesnrecht in Art. 5 OECD-MA finden.

2 Siehe *Heinsen*, in: Löwenstein/Looks/Heinsen, Betriebsstättenbesteuerung, Rz. 1; *Jacobs*, Internationale Unternehmensbesteuerung, S. 283; *Kumpf*, Besteuerung inländischer Betriebstätten, S. 1. Üblicherweise wird ein Verständnis des Einheitsunternehmens bestehend aus einem Stammhaus und (mindestens) einer Betriebstätte zugrunde gelegt, siehe zur terminologischen Abgrenzung unten Kapitel 2. II. 4.

3 Laut *Andresen*, in: Schaumburg/Piltz, S. 2 f., 5 f. sowie 31 war normativer Ausgangspunkt dieser Renaissance aus steuerrechtlicher Sicht die Unternehmenssteuerreform 2008. Das vom Gesetzgeber ausgegebene Ziel einer veränderten Unternehmensbesteuerung in Deutschland nahm im UntStRefG 2008 Gestalt in Form einer Tarifabsenkung bei der Körperschaftsteuer, der Einführung der Thesaurierungsbegünstigung, der Anhebung des Anrechnungsfaktors der Gewerbesteuer bei der Einkommensteuer sowie der Senkung der Gewerbesteuermesszahl an. In einer Untersuchung aus dem Jahre 2010 zeigt *Andresen* auf, dass im Falle reiner Eigenfinanzierung sich die Betriebstätte in einer Vielzahl von Fällen als die „steuergünstigere Investitionsalternative" darstellt. Neben den steuerlichen und somit finanziellen Aspekten, bieten die Betriebstättenstrukturen geschäftspolitisch Vorteile, sind sie doch insbesondere auf Managementstrukturen internationaler Konzerne besser zugeschnitten.

4 So *Andresen*, in: Schaumburg/Piltz, S. 2; siehe beispielsweise Art. 4 Abs. 1 lit. b) RL 90/434/EWG v. 23.7.1990, ABl. 1990 Nr. L 225, 1 (Fusionsrichtlinie).

5 So *Andresen*, in: Schaumburg/Piltz, S. 2.

indem einer Betriebstätte Funktionen der Unternehmensleitung in fachlicher oder regionaler Hinsicht übertragen werden.

Die Betriebstätte ist im Rahmen grenzüberschreitender steuerplanerischer Überlegungen stets als eine von verschiedenen Investitionsformen miteinzubeziehen und kann gegenüber einer Direktinvestition in ein Wirtschaftsgut oder einer Investition mittels einer Kapitalgesellschaft vorteilhaft sein – je nach den Umständen des Einzelfalles.[6] Hierbei kann das Ziel der Gestaltung die Nutzung des internationalen Steuergefälles, eine steuergünstige Repatriierung von Gewinnen, die Vermeidung von Steuern, welche tatbestandlich an gewisse Rechtsformen anknüpfen oder die Verlustnutzung sein.[7] Die steuerplanerischen Motive werden sodann ergänzt oder überlagert von außersteuerlichen Gründen, wie beispielsweise dem Umfang von Publizitätspflichten, bilanzpolitischen Motiven, Gründungsformvorschriften und im Falle der Investition aus dem Ausland nach Deutschland sicherlich auch Aspekten des Mitbestimmungsrechts.[8]

Die vermehrte Begründung oder Entstehung von Betriebstätten in grenzüberschreitenden Besteuerungssachverhalten macht die Beschäftigung mit der Frage, wie der Gewinn in einem grenzüberschreitend tätigen Einheitsunternehmen, bestehend aus einem Stammhaus und einer oder mehreren Betriebstätten, zwischen den Unternehmensteilen abzugrenzen ist, wieder erforderlich. Anders gewendet: Wie wird das Steuersubstrat zwischen den beteiligten Staaten, in denen jeweils Unternehmensteile ansässig sind, allokiert? Die Ausgangskonstellation weist (mindestens) drei Teilnehmer auf. Das grenzüberschreitend ansässige Einheitsunternehmen respektive den oder die dahinterstehenden Gesellschafter als Steuersubjekt sowie (mindestens) zwei Staaten, in deren Hoheitsgebiet entweder Stammhaus oder Betriebstätte lokalisiert sind. Gemein ist diesen drei Parteien, dass sie sich allesamt für die Frage des Rechts zur oder des Verzichts auf die Besteuerung des Gewinns des Einheitsunternehmens interessieren, allerdings mit sehr unterschiedlicher Motivation. Der Steuerpflichtige wird einen für ihn steueroptimalen, d.h. möglichst geringen und einmaligen Zugriff eines oder beider Fisken auf den Gewinn anstreben. Die Finanzbehörden der beteiligten Staaten sind mindestens an einer angemessenen Partizipation am Gewinn im Wege der Besteuerung interessiert, wenn sie

6 Siehe *Kleissler/Heinsen*, in: Löwenstein/Looks/Heinsen, Betriebsstättenbesteuerung, Rz. 50.

7 *Kleissler/Heinsen*, in: Löwenstein/Looks/Heinsen, Betriebsstättenbesteuerung, Rz. 52–81.

8 Siehe hierzu *Kleissler/Heinsen*, in: Löwenstein/Looks/Heinsen, Betriebsstättenbesteuerung, Rz. 60.

nicht den Gewinn insgesamt als Besteuerungsgrundlage für sich in Anspruch nehmen. Damit ist das Spannungsfeld der drohenden Doppelbesteuerung oder weniger als einmal Besteuerung umrissen. Die Problematik der Doppelbesteuerung ist keine auf Betriebstättensachverhalte begrenzte, sondern tritt vielfältig in verschiedenen Situationen auf.[9]

Die vorliegende Arbeit macht es sich zur Aufgabe, der Frage nachzugehen, nach welchen Kriterien im Wege der Gewinnabgrenzung im grenzüberschreitenden Einheitsunternehmen eine Zuordnung der Wirtschaftsgüter zur Betriebstätte erfolgen kann. Hierbei konzentriert sich die Untersuchung auf Sachverhalte, in denen einer der beteiligten Staaten die Bundesrepublik Deutschland ist und zwischen ihr sowie dem anderen beteiligten Staat ein DBA geschlossen wurde. Damit fokussiert sich die Analyse auf die Vorschriften, welche in DBA die Gewinnzuordnung zu Betriebstätten im Allgemeinen sowie die Wirtschaftsgutszuordnung im Besonderen regulieren. In Anbetracht der Vielzahl von DBA, welche die Bundesrepublik Deutschland mit anderen Nationen abgeschlossen hat, erfolgt die Untersuchung anhand des OECD-MA. Damit ist der Fokus auf Art. 7 OECD-MA als Norm zur Abgrenzung von Unternehmensgewinnen sowie die Betriebstättenvorbehalte in den Spezialeinkünfteartikeln des OECD-MA[10] – welche regeln, wann ein Wirtschaftsgut tatsächlich zu einer Betriebstätte gehört – gelegt. In Anbetracht der rechtlichen Unselbstständigkeit der Betriebstätte kann eine Zuordnung eines Wirtschaftsgutes lediglich anhand der Funktion(en) der Betriebstätte im Einheitsunternehmen vorgenommen werden.

Die hohe Relevanz dieser Thematik findet ihren Ursprung nicht nur in der Renaissance der Betriebstätte, sondern auch in dem Abschluss einer über zehn Jahre währenden Entwicklung des Ansatzes der Gewinnabgrenzung

---

9 Siehe *Wassermeyer*, in: Wassermeyer, DBA, MA Vor Art. 6–22, Rz. 14; ebenso *Kluge*, Internationales Steuerrecht, Kap. B, Rz. 17, welche übereinstimmend die Ursache jeglicher Doppelbesteuerung in dem Umstande begründet sehen, dass die innerstaatlichen Steuerrechte der beiden an einem grenzüberschreitenden Steuersachverhalt beteiligten Staaten nicht stringent nach einem Ansässigkeits- oder Quellenprinzip besteuern, sondern beide Prinzipien gemischt anwenden. Das Ansässigkeitsprinzip garantiert als einziges eine Besteuerung nach der Leistungsfähigkeit, weil hierdurch eine Gleichheit der Steuerbelastung im Ansässigkeitsstaat geschaffen wird. Die strikte Anwendung dieses Prinzips würde im Umkehrschluss jedoch in der Schaffung von Wettbewerbsnachteilen im Quellenstaat münden, sodass die Erkenntnis reift: Die Problematik der Doppelbesteuerung ist ein Gerechtigkeitsproblem.

10 Siehe Art. 10 Abs. 4, Art. 11 Abs. 4, Art. 12 Abs. 3 sowie Art. 21 Abs. 2 OECD-MA.

bei Betriebstätten auf Ebene der OECD. Dieser Ansatz stellt die Idee der uneingeschränkten Selbstständigkeit der Betriebstätte in den Mittelpunkt der steuerlichen Behandlung, den sogenannten „functionally separate entity approach“.[11] Im Rahmen des Betriebstättenberichts aus dem Jahre 2008 haben die OECD-Mitgliedstaaten sich für die Qualifikation des „functionally separate entity approach“ als einheitlich anzuwendenden „Authorised OECD Approach“ (AOA) entschieden.[12] Zunächst wurde von der OECD jedoch nur die Kommentierung des Art. 7 OECD-MA angepasst, der Wortlaut der Vorschrift blieb auf dem Stand der letzten Änderung von 2008. Er erhielt seine heutige Gestalt erst mit der Neufassung, insbesondere des Art. 7 Abs. 2 OECD-MA 2010, in dem sich der Fremdvergleichsgrundsatz manifestierte und nach welchem Stammhaus und Betriebstätte als fiktiv eigen- und selbstständige Unternehmen behandelt werden sollen. Damit vollzog sich der Wandel vom „relevant business activity approach“ hin zu der uneingeschränkten Selbstständigkeitsfiktion der Betriebsstätte, dem „functionally separate entity approach“.[13] Der reformierte Wortlaut des Art. 7 Abs. 2 OECD-MA 2010 ist das Ergebnis des umfangreichen Betriebstättenberichts der OECD vom 22.7.2010.[14] Diese Modifikation des Unternehmensgewinne betreffenden Art. 7 OECD-MA 2010 wurde sodann in der Kommentierung zu den Vorschriften des OECD-MA, die Betriebstättenvorbehalte enthalten, nachvollzogen.[15] Damit besteht ein Gleichlauf der Zuordnung von Wirtschaftsgütern zwischen Art. 7 OECD-MA 2010 und den Betriebstättenvorbehalten der Art. 10 bis 12 sowie 21 OECD-MA, den auch der BFH anerkennt.[16] Die Entscheidung auf Ebene der OECD für die Behandlung der Betriebstätte als uneingeschränkt selbstständig, ist nunmehr aktuell in der nationalen Steuergesetzgebung nachvollzogen werden. Der Deutsche Bundestag hat das Gesetz zur Umsetzung der Amtshilferichtlinie sowie zur Änderung steuerlicher Vorschriften, das sog. Jahressteuergesetz 2013,

---

11 Dieser wurde von der WP 6 Steering Group im Februar 2001 erstmalig in einem Diskussionspapier vorgestellt und im Folgenden von der OECD publiziert, siehe *OECD*, Discussion Draft on the Attribution of Profits to Permanent Establishments, Rz. 22.

12 *OECD*, Report on the Attribution of Profits to Permanent Establishments, 17.07.2008, S. 12.

13 *Jacobs*, Internationale Unternehmensbesteuerung, S. 676; *Kahle/Mödinger*, DB 2011, 2338, 2342.

14 *OECD*, 2010 Report on the Attribution of Profits to Permanent Establishments, 22.07.2010.

15 *OECD*, MK 2010 Art. 10, Rz. 32 f., Art. 11, Rz. 25 f., Art. 12, Rz. 21 f., Art. 21, Rz. 5 f.

16 *BFH* v. 8.9.2010 – I R 74/09, BFHE 231, 84.

verabschiedet.[17] Hierin ist eine entsprechende Modifikation des § 1 AStG vorgenommen worden.[18] Die vom AOA verfolgte Zuordnungsidee hinsichtlich der Gewinne und somit auf der Vorstufe auch der Wirtschaftsgüter zu Betriebstätten, ist eine, welche an die Funktion der Betriebstätte angeknüpft. Die sachlichen Kriterien, nach denen eine funktionale Zuordnung von Wirtschaftsgütern zu Betriebstätten unter Berücksichtigung der Reform des Abkommensrechts[19] erfolgt, sind Gegenstand dieser Arbeit.

Die Untersuchung gliedert sich in vier Kapitel. Nach der hier dargelegten Einleitung wird dem Hauptteil der Arbeit ein Grundlagenteil vorangestellt, welcher sich der zivilrechtlichen Einordnung der Betriebstätte, dem Betriebstättenbegriff, den Grundlagen der steuerlichen Behandlung sowie insbesondere der Gewinnermittlung und -abgrenzung bei Betriebstätten widmet. Abschließend werden die rechtlichen Rahmenbedingungen durch das Recht der Europäischen Union mit Blick auf das Steuerrecht und Betriebstätten dargestellt (2. Kapitel). Anschließend werden im Hauptteil die sachlichen Kriterien der Zuordnung von Wirtschaftsgütern zu Betriebstätten beleuchtet (3. Kapitel). Als Quellen sachlicher Kriterien werden hierzu der Koordinierte Ländererlass betreffend das Revisionsprotokoll des DBA USA, die Rechtsprechung des BFH und sodann die Auffassung der Finanzverwaltung in Gestalt der Betriebsstätten-Verwaltungsgrundsätze untersucht, denn sie sind Ausdruck des Verständnisses der Judiaktive und der Exekutive zu dieser Problematik. Die hier aufgefundenen Kriterien werden auf ihre Anwendbarkeit auf das heutige Betriebstättenverständnis hin untersucht und einer kritischen Analyse unterzogen. Aufgrund der großen Anzahl (potentiell) zuordenbarer Wirtschaftsgüter und der Intention, einen allgemein gültigen Ansatz zur funktionalen Zuordnung zu ermitteln, konzentriert sich die Untersuchung auf die allgemeinen Grundsätze und Kriterien der Zuordnung. Sodann wird beispielhaft der Fragestellung der Zuordnung von Beteiligungen zu

17 Nach Einigung des gemeinsamen Vermittlungsausschusses von Bundestag und Bundesrat am 5.6.2013 auf einen Kompromiss, der am 6.6.2013 die Zustimmung des Bundestages sowie am 7.6.2013 diejenige des Bundesrates fand, wurde das Gesetz zur Umsetzung der Amtshilferichtlinie sowie zur Änderung steuerlicher Vorschriften (AmtshilfeRLUmsG) oder auch als Jahressteuergesetz 2013 (JStG 2013) am 29.6.2013 im BGBl. I 2013, 1809 veröffentlicht.

18 BGBl. I 2013, 1809, 1826 f.

19 Abkommensrecht bezeichnet im Rahmen dieser Untersuchung bilaterale Maßnahmen zweier souveräner Staaten zur Vermeidung der Doppelbesteuerung und bezieht sich daher auf DBA, die auf dem OECD-MA basieren respektive sich an diesem orientieren.

Betriebstätten unter Schaffung einer Holdingfunktion nachgegangen sowie die Frage der Multifunktionalität von Betriebstätten untersucht. Ausgehend von der Kritik an den Kriterien der Rechtsprechung und Finanzverwaltung zur Zuordnung von Wirtschaftsgütern zu Betriebstätten wird ein eigener Ansatz auf Basis der abkommensrechtlichen Entwicklung zur Selbstständigkeit der Betriebstätte abgeleitet. Die Untersuchung mündet sodann in einer Zusammenfassung der Ergebnisse (4. Kapitel).

2. Kapitel: Grundlagen der Betriebstättenbesteuerung

I. Zivilrechtliche Einordnung der Betriebstätte

Eine Betriebstätte stellt zunächst einmal eine von mehreren Möglichkeiten der Entfaltung von Geschäftstätigkeit dar. Bei einer Betriebstätte erfolgt die Vornahme dieser Tätigkeit zumeist durch eine feste Geschäftseinrichtung[20], welche zivilrechtlich jedoch unselbstständig ist[21]. „Die Betriebsstätte ist nur ein Teil des Gesamtunternehmens“[22], der über keine eigene Rechtspersönlichkeit verfügt, auch wenn er einen mehr oder weniger organisatorisch und wirtschaftlich selbstständigen Teil des Einheitsunternehmens darstellt.[23] Komplettiert wird das Einheitsunternehmen stets durch das Stammhaus, welches zusammen mit der Betriebstätte (zivil)rechtlich eine untrennbare Einheit bildet.[24] Strikt abzugrenzen ist das Einheitsunternehmen von einem Konzern, in welchem Mutter- und Tochterunternehmen zivilrechtlich selbstständige Rechtssubjekte in Form von Kapitalgesellschaften sind und aufgrund dieser Selbstständigkeit zivilrechtlich wirksame Verträge miteinander schließen können.

Die Möglichkeit, schuldrechtlich wirksame Verträge zu schließen, war zwischen Stammhaus und Betriebstätte mangels rechtlicher Selbstständigkeit bis vor Kurzem noch nicht gegeben. Wurden dennoch solche (rechtlich nicht bindenden) „Verträge“ geschlossen, qualifizierte die Rechtsprechung diese als Insichgeschäfte, die für das Steuerrecht unbeachtlich seien.[25] Erfolgten auf Basis solcher Insichgeschäfte Leistungsaustausche zwischen Stammhaus und Betriebstätte, so wurden diese vom nationalen Steuerrecht als Innentransaktionen gewertet, welche weder Veräußerungen, Entnahmen, Anschaffungen noch

---

20 Zu den detaillierten Voraussetzungen des Betriebstättenbegriffes und Ausnahmen von dem Erfordernis der festen Geschäftseinrichtung siehe unten Kapitel 2. II.

21 Siehe *Heinsen*, in: Löwenstein/Looks/Heinsen, Betriebsstättenbesteuerung, Rz. 1; *Jacobs*, Internationale Unternehmensbesteuerung, S. 283; *Kumpf*, Besteuerung inländischer Betriebstätten, S. 1.

22 *BMF*, Betriebsstätten-Verwaltungsgrundsätze, Rz. 2.3.

23 Siehe *BFH* v. 25.6.1986 – II R 213/83, BStBl. II 1986, 785.

24 Zur Abgrenzung de Begriffe Betriebstätte, Stammhaus und Geschäftsleitungsbetriebstätte siehe unten Kapitel 2. II. 4.

25 So bereits *RFH* v. 26.10.1937 – I 9/37, RStBl. 1937, 46; siehe ebenfalls *BFH* v. 27.7.1965 – I 110/63, BStBl. III 1966, 24, 27; v. 20.7.1988 – I R 49/84, BStBl. II 1989, 140, 142.

Erwerbe darstellen und keine Gewinnrealisation nach sich ziehen.[26] Nichtsdestoweniger sollen nach Auffassung des BFH Leistungserbringungen zwischen den Teilen eines Einheitsunternehmens möglich sein und im Rahmen der Kostenzurechnung berücksichtigt werden.[27]

Nunmehr wurde im Wege der Überarbeitung des OECD-MA auf der Ebene des Abkommensrechts ein neuer Ansatz (in der Diktion der OECD ein AOA) zur Gewinnabgrenzung zwischen Betriebstätte und Stammhaus entwickelt, der sogenannte „functionally separate entity approach", welcher die uneingeschränkte Selbstständigkeit der Betriebstätte für steuerliche Zwecke durchzusetzen sucht. In diesem Zusammenhang sollen sogenannte „dealings", also Transaktionen, zwischen Stammhaus und Betriebstätte erfolgen können und anerkannt werden.[28] Diese Entwicklung wurde im deutschen Steuerrecht nachvollzogen[29], sodass sowohl unter abkommensrechtlichen Vorgaben als auch nationalen Steuervorschriften Leistungsbeziehungen zwischen den Teilen eines Einheitsunternehmens zunehmend anerkannt werden.

Unabhängig vom Grad einer steuerlichen Anerkennung von Leistungsbeziehungen zwischen Stammhaus und Betriebstätte, kann zivilrechtlich – mangels unterschiedlicher Rechtspersönlichkeit – kein wirksamer Vertragsschluss zwischen den Teilen eines Einheitsunternehmens erfolgen. Dieser Dichotomie zwischen zunehmender steuerlicher Selbstständigkeit und unveränderter zivilrechtlicher Unselbstständigkeit entspringen die Schwierigkeiten im Zusammenhang mit der Zuordnung von Wirtschaftsgütern zu Betriebstätten, obwohl das Wirtschaftsgut zivilrechtlich im Eigentum des Einheitsunternehmens steht.

II. Betriebstättenbegriff

Im internationalen Steuerrecht soll die Zuordnung von Unternehmensteilen und deren wirtschaftlichen Ergebnissen zu staatlichen Steuerhoheiten erfolgen.[30] Die Betriebstätte wird dann im Quellenstaat als Anknüpfungspunkt für eine beschränkte Steuerpflicht von Unternehmensgewinnen genutzt. Eine solche

---

26 *Schön*, in: Lüdicke, Besteuerung von Unternehmen im Wandel, S. 74; *Wassermeyer*, in: Lang/Lang-Jirousek, FS Loukota, S. 653.

27 *BFH* v. 20.7.1988 – I R 49/84, BStBl. II 1989, 140, 142 mit Verweis auf *Kumpf*, Besteuerung inländischer Betriebstätten, S. 139; *Fink*, RIW, 1988, 43; *Kluge*, StuW, 1975, 294.

28 Siehe *OECD*, MK 2010, MA Art. 7, Rz. 21.

29 Vgl. Modifikationen in § 1 AStG durch das JStG 2013, BGBl. I 2013, 1809, 1826 f.

30 *Bühler*, Prinzipien des Internationalen Steuerrechts, S. 174 f.

Anknüpfung ist nur dann gerechtfertigt, wenn im Staatsgebiet eine nennenswerte wirtschaftliche Betätigung gegeben ist.[31] Daraus folgt, dass der Betriebstättenbegriff die Schwelle festlegt, ab welcher die Besteuerung frühestens greift.[32]

In Sachverhalten des internationalen Steuerrechts kommen grundsätzlich drei Quellen für das Auffinden einer Definition des Betriebstättenbegriffes in Betracht: nationale Vorschriften, das Abkommensrecht sowie im Falle der Beteiligung zweier Mitgliedstaaten der EU, das primäre und sekundäre Europarecht. Letzteres kennt den Begriff der Betriebstätte[33], verzichtet jedoch sowohl im Rahmen des primären als auch des sekundären Europarechts darauf, selbst eine Definition zu setzen. Somit muss die Definition des Betriebstättenbegriffes aus dem nationalen oder dem Abkommensrecht entnommen werden. Das deutsche Steuerrecht definiert die Betriebstätte in § 12 Satz 1 AO[34], während das Abkommensrecht in Art. 5 Abs. 1 OECD-MA eine Begriffsbestimmung enthält. Bei einem Vergleich der Tatbestandsmerkmale beider Normen werden definitorische Unterschiede offenbar. Hieraus ergeben sich Fragen hinsichtlich der Auswirkung dieser unterschiedlichen Definition sowie des Rangverhältnisses beider Vorschriften.

1. Nationales Recht

Zivilrechtlich ist der Begriff der Betriebstätte nicht legaldefiniert und in Ansehung der handelsrechtlichen Vorschriften enthält § 13 I HGB lediglich die Termini Zweigniederlassung und Hauptniederlassung, ohne dass hier eine definitorische Konkretisierung erfolgt.[35]

§ 12 Satz 1 AO definiert eine Betriebstätte als „jede feste Einrichtung oder Anlage, die der Tätigkeit des Unternehmens dient". Die Betriebstätte dient als Anknüpfungsmerkmal für die Besteuerung auf Basis einer örtlichen Beziehung, dem Tätigwerden eines Unternehmens auf dem Gebiet eines Territoriums.[36] Der BFH entschied, dass § 12 AO die Anknüpfung örtlicher Zuordnung unternehmerischer Tätigkeiten und des Betriebsvermögens an die Steuertatbestände und

31 *Musil*, in: Hübschmann/Hepp/Spitaler, AO/FGO, AO § 12, Rz. 4.

32 *Kessler/Peter*, BB 2000, 1545; *Krawitz/Hick*, RIW 2002, 523.

33 Vgl. Fusionsrichtlinie, RL 2009/133/EG des Rates v. 19.10.2009, ABl. Nr. 310/34, Rz. 11.

34 § 13 HGB erwähnt die Zweigniederlassung lediglich im Zusammenhang mit den Vorschriften über das Handelsregister.

35 Siehe *Ditz*, Internationale Gewinnabgrenzung bei Betriebsstätten, S. 8.

36 *Kruse*, in: Tipke/Kruse, AO/FGO, AO § 12, Rz. 1.

Besteuerungsverfahren darstellt.[37] Die Intensität der unternehmerischen Beziehung zu einem Territorium[38] und die Teilnahme am Marktgeschehen sind Indikatoren dafür, ob eine Steuerpflicht ausgelöst wird oder ob lediglich eine lockere wirtschaftliche Beziehung vorliegt, die nicht zu einer Steuerpflicht führt.[39] Nachfolgend werden die Voraussetzungen des § 12 Satz 1 AO dargestellt, um den Anwendungsbereich des nationalen Betriebstättenbegriffes exakter abzustecken.

a) Feste Geschäftseinrichtung oder Anlage

Das Tatbestandsmerkmal Geschäftseinrichtung oder Anlage beschreibt einen Gegenstand oder die Zusammenfassung mehrerer Gegenstände, die Grundlage einer Geschäftstätigkeit sein können.[40] Die Anlage ist hierbei lediglich eine Unterart der Geschäftseinrichtung.[41]

Die Festigkeit einer Geschäftseinrichtung bezieht sich nach dem in der Rechtsprechung vertretenen Verständnis zuerst einmal auf deren örtliche Fixierung.[42] Das Merkmal „fest" besteht aus zwei Komponenten, einer räumlichen sowie einer zeitlichen. Räumlich fest ist die Geschäftseinrichtung, wenn sie einen bestimmten Bezug zu einem bestimmten Punkt der Erdoberfläche aufweist[43], wobei dies eine Mobilität derselben nicht grundsätzlich ausschließt.[44] Die Literatur folgt dieser Diktion des BFH ganz überwiegend und fordert gleichfalls weder eine mechanisch feste Verbindung zum Erdboden im Sinne des § 94 BGB

---

37 *BFH* v. 17.9.2003 – I R 12/02, BStBl. II 2004, 396.

38 *BFH* v. 21.4.1999 – I R 99/97, BStBl. II 1999, 694, 696.

39 *Kruse*, in: Tipke/Kruse, AO/FGO, AO, § 12, Rz. 1.

40 *Frotscher*, in: Schwarz, AO § 12, Rz. 8; *Kruse*, in: Tipke/Kruse, AO/FGO, AO § 12, Rz. 4; *Koenig*, in: Pahlke/Koenig, AO § 12, Rz. 6; *BFH* v. 3.2.1993 – I R 80/91, BStBl. II 1993, 462; v. 17.9.2003 – I R 12/02, BStBl. II 2004, 396.

41 *Musil*, in: Hübschmann/Hepp/Spitaler, AO/FGO, AO § 12, Rz. 8; *Koenig*, in: Pahlke/Koenig, AO, § 12, Rz. 6.

42 Der *BFH* erkennt eine „organisatorische Verfestigung" der Geschäftseinrichtung in seinem Urteil v. 28.8.1986 – V R 20/79, BStBl. II 1987, 162, 163.

43 *Musil*, in: Hübschmann/Hepp/Spitaler, AO/FGO, AO § 12, Rz. 11; *BFH* v. 9.10.1974 – I R 128/73, BStBl. II 1975, 203, 204; v. 30.10.1996 – II R 12/92, BStBl. II 1997, 12, 14.

44 Der BFH maß dem Wochenmarktverkaufswagen Betriebstättenqualität zu, wenn er regelmäßig auf einem ihm fest zugewiesenen Standplatz platziert wird, siehe hierzu *BFH* v. 9.10.1974 – I R 128/73, BStBl. II 1975, 203; v. 28.7.1993 – I R 15/93, BStBl. II 1994, 148, 149. Hingegen wurde die Festigkeit der Geschäftseinrichtung mangels fehlenden Bezuges zur Erdoberfläche abgelehnt, wenn sich die Tätigkeit auf ein größeres Gebiet bezieht und sich Standplätze permanent verändern, so im Falle eines Taxiunternehmers der *BFH* v. 18.10.1962 – IV 319/60 U, BStBl. III 1963, 38.

noch eine sonst feste Verbindung zum Erdboden.[45] Die zeitliche Komponente des Merkmals „fest" erfordert eine „besonders intensive Verwurzelung der Arbeit mit dem Ort der Ausübung"[46], also einen Bezug der Geschäftseinrichtung zu einem Punkt der Erdoberfläche, der von gewisser Dauer und Stetigkeit sein muss.[47] Umstritten ist im Hinblick auf die zeitliche Komponente, ob es eine zeitliche Mindestgrenze gibt, deren Überschreitung – bei Vorliegen aller anderen Voraussetzungen – eine Betriebstätte indiziert. In der Literatur wird hierzu die Ansicht vertreten, dass bei Überschreitung einer Frist von sechs Monaten die zeitliche Komponente der „Festigkeit" erfüllt sei[48], wieder andere wollen eine zwölfmonatige Mindestgrenze festgelegt wissen.[49] Die Normierung einer sechsmonatigen Mindestgrenze für Bauausführungen und Montagen in § 12 Satz 2 Nr. 8 AO kann nur indiziellen Charakter haben, ist aber nicht direkt auf alle potentiellen Betriebstättensachverhalte übertragbar. Der BFH hat noch nicht abschließend zu dieser Frage Stellung bezogen[50], jedoch in einem Urteil die Zeitspanne auf mindestens sechs Monate festgelegt.[51] Die Finanzverwaltung folgt dieser Vorgabe und nimmt eine feste Geschäftseinrichtung dann an, wenn diese länger als sechs Monate besteht.[52] In der Praxis wird es für die Beurteilung, ob eine Betriebstätte vorliegt und das Merkmal der festen Geschäftseinrichtung erfüllt ist, stets auf die Umstände des Einzelfalls ankommen. Es wird eine Differenzierung nach Art der geschäftlichen Tätigkeit sowie dem Bezug zum Ort der Belegenheit der Geschäftseinrichtung dafür entscheidend sein, ob im jeweiligen Fall nicht auch eine kürzere oder längere Frist der Betätigung erforderlich ist, um die „Festigkeit" der Geschäftseinrichtung zu begründen.

---

45 Siehe hierzu: *Koenig*, in: Pahlke/Koenig, AO § 12, Rz. 9; *Kruse*, in: Tipke/Kruse, AO/FGO, AO § 12, Rz. 8 f.; *Musil*, in: Hübschmann/Hepp/Spitaler, AO/FGO, AO § 12, Rz. 11; *Frotscher*, in: Schwarz, AO § 12, Rz. 10.

46 *BFH* v. 19.5.1993 – I R 80/92, BStBl. II 1993, 655, BFHE 171, 297; v. 23.5.2002 – III R 8/00, BStBl. II 2002,512, 513.

47 *BFH* v. 28.8.1986 – V R 20/79, BStBl. II 1987, 162, 163, BFHE 148, 194; v. 3.2.1993 – I R 80/81, BStBl. II 1993, 462, 464, BFHE 170, 236.

48 *Buciek*, DStZ 2003, 139, 140.

49 Siehe *Jacobs*, Internationale Unternehmensbesteuerung, S. 327 m.w.N.

50 Siehe hierzu *Musil*, in: Hübschmann/Hepp/Spitaler, AO/FGO, AO § 12, Rz. 15.

51 *BFH* v. 19.5.1993 – I R 80/92, BStBl. II 1993, 655, 656; Im Urteil v. 17.9.2003 – I R 12/02, BStBl. II 2004, 396 ließ der *BFH* die Frage hingegen offen.

52 *BMF*, Betriebsstätten-Verwaltungsgrundsätze, Rz. 1.1.1.1.

b) Gewisse Verfügungsmacht

Die Voraussetzung der Verfügungsmacht entspringt nicht dem Wortlaut des § 12 AO, sondern ist ein ungeschriebenes Tatbestandsmerkmal. Die Herleitung und Rechtfertigung für dieses Merkmal ist unklar.[53] Nichtsdestoweniger forderte der BFH ursprünglich in ständiger Rechtsprechung[54], dass der Unternehmer eine „gewisse Verfügungsmacht" über die feste Geschäftseinrichtung oder Anlage haben muss, damit diese als Betriebstätte qualifiziert. Bereits der RFH hatte es in seiner Rechtsprechung zur Voraussetzung gemacht, dass der Unternehmer die Einrichtung für seine Zwecke „nützen" können, also ein gewisses Nutzungsrecht an den Betriebsmitteln haben müsse.[55] Das Vorliegen dieser Voraussetzung wird auch von der herrschenden Meinung im Schrifttum für erforderlich gehalten.[56] Diese Verfügungsmacht darf nicht bloß vorübergehender Natur sein.[57] Für ihr Vorliegen ist weder Eigentum noch Alleinverfügungsmacht erforderlich, sondern es reicht aus, wenn dem Nutzer eine Rechtsposition eingeräumt worden ist, die ihm ohne sein Mitwirken nicht wieder ohne Weiteres entzogen oder verändert werden kann.[58] Ebenso ist Mitverfügungsmacht ausreichend.[59]

Diese Rechtsauffassung hat der Erste Senat des BFH in seiner jüngeren Rechtsprechung insoweit fortentwickelt, als dass er dazu tendiert, die Bedeutung des

---

53 So bereits *Zitzlaff*, StuW 1940, Sp. 870.

54 *BFH* v. 11.10.1989 – I R 77/88, BStBl. II 1990, 166; v. 3.2.1993 – I R 80–81/91, BStBl. II 1993, 462, 466; v. 30.10.1996 – II R 12/92, BStBl. II 1997, 12, 14.

55 *RFH* v. 4.3.1927 – I B 1/27, RStBl. 1927, 112; v. 19.12.1934 – VI A 230/34, RStBl. 491; v. 26.9.1939 – I 272/39, RStBl. 1939, 1228.

56 Vgl. *Kumpf*, Besteuerung inländischer Betriebstätten, S. 32; *Kruse*, in: Tipke/Kruse, AO/FGO, AO § 12, Rz. 11 ff.; *Musil* in: Hübschmann/Hepp/Spitaler, AO/FGO, AO § 12, Rz. 16 ff.

57 Ständige Rechtsprechung seit *RFH*, RFHE 47, 257; *BFH* v. 11.10.1989 – I R 77/88, BStBl. II 1990, 166; v. 3.2.1993 – I R 80–81/91, BStBl. II 1993, 462, 466; v. 30.10.1996 – II R 12/92, BStBl. II 1997, 12, 14; v. 23.5.2002 – III R 8/00, BStBl. II 2002, 512.

58 *BFH* v. 17.3.1982 – I R 189/79, BStBl. II 1982, 624, 625; v. 11.10.1989 – I R 77/88, BStBl. II 1990, 166, 167; v. 16.5.1990 – I R 113/87, BStBl. II 1990, 983, 984; v. 30.10.1996 – II R 12/92, BStBl. II 1997, 12, 14; v. 23.5.2002 – III R 8/00, BStBl. II 2002, 512, 513; v. 14.7.2004 – I R 106/03, BFH/NV 2005, 154; v. 4.6.2008 – I R 30/07, DStR 2008, 1828; *Buciek*, DStZ 2003, 139 f.; *Kruse*, in: Tipke/Kruse, AO/FGO, AO § 12, Rz. 12; *Musil*, in: Hübschmann/Hepp/Spitaler, AO/FGO, AO § 12, Rz. 16.

59 FG Baden-Württemberg, EFG 1992, 653; FG Bremen, EFG 1998, 438; FG Hamburg, EFG 2004, 548, 550; *Jacobs*, Internationale Unternehmensbesteuerung, S. 328; *Kruse*, in: Tipke/Kruse, AO/FGO, AO § 12, Rz. 12.

Merkmals der Verfügungsmacht als weniger entscheidend zu bewerten und eine rechtliche Absicherung des Unternehmers nicht zwingend zu fordern.[60] Vielmehr sei eine örtliche Bindung des Steuerpflichtigen – im Sinne einer „Verwurzelung" – an den Ort der Ausübung der unternehmerischen Tätigkeit maßgebend, wobei diese Bindung eben nicht rechtlich abgesichert sein muss, sondern es ausreicht, wenn diese rein tatsächlicher Natur ist, d.h., dem Steuerpflichtigen eine unbestrittene Verfügungsmacht über einen Raum tatsächlich eingeräumt wird.[61] Nicht ausreichend ist es für die Begründung einer Betriebstätte hingegen, wenn ein bloßes Tätigwerden in fremden Räumen oder lediglich die Möglichkeit der Nutzung solcher Räume gegeben ist.[62]

In der Literatur wird die kritische Gegenansicht zur Notwendigkeit des Merkmals der gewissen Verfügungsmacht von *Wassermeyer* vertreten, der seinerzeit als Vorsitzender des Ersten Senats des BFH[63] die oben beschriebene Fortentwicklung der Rechtsprechung begleitete. *Wassermeyer* postuliert, dass „leider keiner [wisse], aus welchem Tatbestandsmerkmal der Betriebsstätte sich das Erfordernis der ‚gewissen Verfügungsmacht' ableiten könnte und was unter dem Ausdruck zu verstehen ist."[64] Weder nach dem Wortlaut noch nach Sinn und Zweck der Definition sei eine Rechtsgrundlage für die Verfügungsmacht ableitbar.[65] Er strebt daher die Loslösung von der „gewissen Verfügungsmacht" an und befürwortet eine Ersetzung derselben durch das Merkmal der „Ständigkeit der von einem bestimmten Ort aus ausgeübten unternehmerischen Tätigkeit"[66].

Insoweit der BFH die Anforderungen an das von ihm entwickelte Tatbestandsmerkmal der „gewissen Verfügungsmacht" lockert und eine örtliche Bindung im Sinne einer Verwurzelung ausreichen lässt, liegen die Ansicht der höchstrichterlichen Rechtsprechung und die *Wassermeyers* im Ergebnis nicht weit auseinander. Nach hier vertretener Auffassung, soll an dem von der Rechtsprechung

---

60 *BFH* v. 3.2.1993 – I R 80–81/91, BStBl. II 1993, 462; v. 10.3.1993 – I R 70/91, BStBl. II 1993, 446.

61 *BFH* v. 3.2.1993 – I R 80–81/91, BStBl. II 1993, 462, 466; v. 10.11.1998 – I B 80/97, BFH/NV 1999, 665, 666; v. 23.5.2002 – III R 8/00, BStBl. II 2002, 512, 513.

62 *BFH* v. 18.3.1976 – IV R 168/72, BStBl. II 1976, 365, 367; v. 11.10.1989 – I R 77/88, BStBl. II 1990, 166, 167; v. 23.5.2002 – III R 8/00, BStBl. II 2002, 512, 514.

63 Prof. Wassermeyer war von April 1998 bis Februar 2005 – abgesehen von zwei Jahre in denen er dem IV. Senat vorsaß – Vorsitzender Richter des I. Senats beim BFH, der für Körperschaftsteuer, Außensteuer sowie Doppelbesteuerung zuständig ist.

64 *Wassermeyer*, in: Drenseck/Seer, FS Kruse, S. 594.

65 *Wassermeyer*, in: Drenseck/Seer, FS Kruse, S. 594 ff.; *ders.*, IStR 1993, 228.

66 *Wassermeyer*, in: Drenseck/Seer, FS Kruse, S. 596.

bereits sehr weit und nunmehr fortentwickelten Merkmal der „gewissen Verfügungsmacht“ jedoch tatbestandlich festgehalten werden, um ein Mindestmaß an Anknüpfung der Betätigung des Steuerpflichtigen an den Ort der Tätigkeitsausübung zu erreichen. Die Qualifikation einer festen Geschäftseinrichtung oder Anlage als Betriebstätte zeitigt weitgehende steuerliche Implikationen für den Steuerpflichtigen. Ein Abrücken von der Voraussetzung der gewissen Verfügungsmacht insgesamt erscheint daher nicht praktikabel und würde in vielen heute tatbestandlich klar erfassten Fällen zu einer Rechtsunsicherheit führen. Mithin muss auch zukünftig und unter im Einzelfall gebotener Fortentwicklung der Rechtsprechung die „Möglichkeit Einfluss in Form der ‚gewissen Verfügungsmacht‘ zu nehmen“ Tatbestandsvoraussetzung für das Vorliegen einer Betriebstätte bleiben.

c) Bezug der Tätigkeit zum Unternehmen

Die feste Geschäftseinrichtung oder Anlage muss nach dem Wortlaut des § 12 AO ferner der Tätigkeit des Unternehmens „dienen“. Dies erfordert, dass in der Betriebstätte der Betrieb des Unternehmens ausgeübt werden muss.[67] Das Erfordernis des „Dienens“ kann als Ergänzung zur „wirtschaftlichen Verstrickung der Betriebsvorrichtung mit der sie umgebenden örtlichen Infrastruktur“ verstanden werden.[68] Im Einzelnen stellen sich der Unternehmensbegriff und der Begriff des „Dienens“ wie folgt dar.

§ 12 AO modifiziert gegenüber dem früheren § 16 StAnpG[69] den Betriebstättenbegriff, wenn er auf die Tätigkeit eines Unternehmens abstellt. Vom Begriff des Unternehmens sind hier nicht nur Gewerbebetriebe, sondern auch Freiberufler sowie Land- und Forstwirte erfasst.[70] Ansonsten ist der Unternehmensbegriff lediglich in § 2 Abs. 1 UStG definiert.[71] Problematisch ist die Frage, ob vermögensverwaltende Tätigkeiten unter den Unternehmensbegriff fallen. Nach einer Ansicht fällt die bloße Vermögensverwaltung eigenen Grund- und

67 *BMF*, Betriebsstätten-Verwaltungsgrundsätze, Rz. 1.1.1.1.; *Mössner*, in: Mössner, Steuerrecht international tätiger Unternehmen, Rz. 2.110.

68 *Puls*, Betriebsstätte, S. 85.

69 Das Steueranpassungsgesetz vom 16.10.1934 ist am 1.1.1977 außer Kraft getreten und wurde durch die Abgabenordnung ersetzt. Dies Definition der Betriebstätte fand sich zuvor in besagtem § 16 StAnpG.

70 *Kruse*, in: Tipke/Kruse, AO/FGO, AO § 12, Rz. 17; *Frotscher*, in: Schwarz, AO § 12, Rz. 15.

71 Für eine inhaltsgleiche Anwendung votierend *Kruse*, in: Tipke/Kruse, AO/FGO, AO § 12, Rz. 17; *Koenig*, in: Pahlke/Koenig, AO § 12, Rz. 17.

Kapitalvermögens nicht unter den Unternehmensbegriff.[72] Hierzu wird unter Hinweis auf die Gewerblichkeitsfiktion des § 8 Abs. 2 KStG eine Gegenmeinung vertreten, welche die vermögensverwaltende Tätigkeiten als vom Unternehmensbegriff gedeckt erachtet[73], wenn über eine inländische Betriebstätte Einkünfte einer ausländischen Körperschaft bezogen werden. Die Diskussion in der Literatur geht wohl dahin, den Abkommenszusammenhang solcher Sachverhalte in die Definition der Unternehmenstätigkeit einfließen zu lassen, sodass originär gewerbliche und selbstständige Tätigkeiten zu den unternehmerischen Tätigkeiten zählen. Der Gegenansicht[74] ist demanch nicht zu folgen, sodass der steuerliche Unternehmensbegriff danach jede nachhaltige selbstständige berufliche Tätigkeit umfasst, wobei Nachhaltigkeit dann gegeben ist, wenn nach dem Gesamtbild der Verhältnisse Leistungen von einigem wirtschaftlichen Gewicht erbracht werden, die Tätigkeit dauerhaft geschieht und auf Dauer angelegt ist.[75]

Eine Geschäftseinrichtung oder Anlage „dient" der Tätigkeit eines solchen Unternehmens, wenn sie dazu bestimmt ist, den Unternehmenszweck zu fördern. Hiermit ist jede unternehmensbezogene Tätigkeit in, an oder mit der Geschäftseinrichtung oder Anlage gemeint, jedenfalls ist unbedingt erforderlich, dass Einrichtungen und Anlagen dem Unternehmen unmittelbar dienen.[76] Ein Beispiel für die Unmittelbarkeit des Dienens sind Kontroll- und Koordinierungsstellen eines ausländischen Konzerns im Inland, die (definitionsgemäß) nur Betriebstätten des ausländischen Stammhauses sind und keine Betriebstätten der inländischen Tochterunternehmen, welche sie überwachen.[77] Der Einsatz von Personal ist keine notwendige Voraussetzung für das unmittelbare Dienen, sodass auch vollautomatische arbeitende Geschäftseinrichtungen oder Anlagen ausreichen.[78] Ferner können die Tätigkeiten unterschiedlichster

---

72 *BFH* v. 10.2.1988 – VIII R 159/84, BStBl. II 1988, 653; v. 5.12.1990 – I R 94/88, BStBl. II 1991, 287; *Kruse*, in: Tipke/Kruse, AO/FGO, AO § 12, Rz. 17; *Musil*, in: Hübschmann/Hepp/Spitaler, AO/FGO, AO § 12, Rz. 20; *Wassermeyer*, in: Drenseck/Seer, FS Kruse, 589, 596.

73 *Krabbe*, IStR 2002, 145, 148; *Wolff*, in: Gocke/Gosch/Lang, FS Wassermeyer, S. 653 f.

74 Siehe hierzu in Fußnote 73.

75 *BFH* v. 18.7.1991 – V R 86/87, BStBl. II 1991, 776, 777.

76 Dies ist ständige Rechtsprechung, vgl. *BFH* v. 10.2.1988 – VIII R 159/84, BStBl. II 1988, 653; v. 30.10.1996 – II R 12/92, BStBl. II 1997, 12, 14; *BVerwG* v. 4.8.1993 – 11 C 36.93, BStBl. II 1994, 136, 139.

77 *Kruse*, in: Tipke/Kruse, AO/FGO, AO § 12, Rz. 19.

78 *BFH* v. 12.10.1977 – I R 227/75, BStBl. II 1978, 160, 162, BFHE 124, 65; v. 30.10.1996 – II 12/92, BStBl. II 1997, 12, 14; *Musil*, in Hübschmann/Hepp/Spitaler, AO/FGO, AO § 12, Rz. 22 m.w.N.

Gestalt sein, sodass Haupt- und Hilfstätigkeiten, wesentliche sowie unwesentliche Tätigkeiten erfasst sind.[79]

Des Weiteren muss das „Dienen" der Geschäftseinrichtung oder Anlage auf eine gewisse Dauer angelegt sein, ähnlich dem zeitlichen Erfordernis bei der „Festigkeit".[80] Mithin ist das einmalige oder vorübergehende in Anspruch nehmen einer Geschäftseinrichtung oder Anlage für die Tätigkeit des Unternehmens nicht ausreichend, um eine Betriebstätte zu begründen.[81] Wiederum muss für die Bestimmung dieser Dauer der spezielle Sachverhalt des jeweiligen Einzelfalls maßgeblich sein.

d) *Abgrenzung zu anderen nationalen Vorschriften*

Neben dem hier maßgeblichen Betriebstättenbegriff verwendet das deutsche Steuerrecht den Terminus der Betriebstätte auch noch in anderen Vorschriften, wobei der Bedeutungsgehalt in diesen Fällen von dem des § 12 AO abweicht.[82]

So wird beispielsweise in § 4 Abs. 5 Satz 1 Nr. 6 EStG die Betriebstätte genannt. Jedoch handelt es sich eben nicht um eine solche im Sinne des § 12 AO, sondern aufgrund des verfassungsrechtlichen Gleichbehandlungsgebots des Art. 3 GG sind die Wertungen, die im Rahmen des § 9 Abs. 1 Satz 3 Nr. 4 EStG beim Arbeitnehmer Anwendung finden, auch beim betrieblichen Steuerpflichtigen anzuwenden, sodass es hier einer weiteren Auslegung des Betriebstättenbegriffes bedarf, als bei § 12 AO.[83] Somit ist Betriebstätte nach § 4 Abs. 5 Satz 1 Nr. 6 EStG eine von der Wohnung verschiedene Beschäftigungsstelle des Steuerpflichtigen, an der die steuerlich relevante Leistung ausgeübt wird. Das Erfordernis einer nicht nur vorübergehenden Verfügungsmacht über diesen Ort ist im Gegensatz zu § 12 AO gerade nicht erforderlich.[84]

---

79 So bereits der *RFH* v. 11.10.1939 – VI B 15/39, RStBl. 1939, 1095; dem folgend der *BFH* v. 30.8.1960 – I B 148/59 U, BStBl. III 1960, 468; v. 8.12.1971 – I R 3/69, BStBl. II 1972, 289.

80 *Kruse*, in: Tipke/Kruse, AO/FGO, AO § 12, Rz. 21.

81 *BFH* v. 7.6.1966 – I B 124/64, BStBl. III 1966, 548.

82 Neben der inhaltlichen ist auch die Abweichung der Schreibweise zu konstatieren, die in den Vorschriften außerhalb der AO sich – in für das Steuerrecht unüblicher Manier – des Doppelbuchstaben s bedient. Im Rahmen dieser Arbeit wird – außerhalb von Zitaten und stehenden Bezeichnungen – einheitlich die Schreibweise des § 12 AO angewandt.

83 *BFH* v. 13.9.2000 – X R 174/96, BStBl. II 2001, 734; *Frotscher*, in: Frotscher, EStG § 4, Rz. 739; *Musil*, in: Hübschmann/Hepp/Spitaler, AO/FGO, AO § 12, Rz. 7.

84 *BFH* v. 19.9.1990 – X R 44/89, BStBl. II 1991, 97; v. 18.9.1991 – XI R 34/90, BStBl. II 1992, 90.

Ebenso weicht der im Lohnsteuerverfahren in § 42 Abs. 2 EStG gebrauchte Betriebstättenbegriff von dem der Abgabenordnung ab. § 42 Abs. 2 Satz 1 EStG versteht unter einer Betriebstätte den Betrieb oder Teil des Betriebs des Arbeitgebers, in dem der für die Durchführung des Lohnsteuerabzugs maßgebende Arbeitslohn ermittelt wird. Ebenfalls im Rahmen der Vorschriften über das Lohnsteuerverfahren, enthält § 38 Abs. 1 Satz 1 Nr. 1 EStG den Begriff der Betriebstätte als Teil der Legaldefinition des inländischen Arbeitgebers und schreibt zudem direkt im Gesetzeswortlaut vor, dass hierfür das Begriffsverständnis des § 12 AO maßgeblich ist.

Ferner verwendet das Umsatzsteuerrecht in § 3a Abs. 1 Satz 2 UStG den Terminus der Betriebstätte, die in diesem Zusammenhang als „Ort der sonstigen Leistung" anstelle des Unternehmens gelten soll. Der BFH entschied, dass sich der Begriff der Betriebstätte mangels eigener Definition im Umsatzsteuerrecht grundsätzlich nach § 12 AO zu richten habe.[85]

2. Abkommensrecht

Die von Deutschland abgeschlossenen DBA folgen in ihrer Struktur dem Art. 5 OECD-MA, in dessen Absatz 1 der abkommensrechtliche Betriebstättenbegriff, als „eine feste Geschäftseinrichtung, durch die die Geschäftstätigkeit eines Unternehmens ganz oder teilweise ausgeübt wird", definiert ist. Im Abs. 2 der Vorschrift werden durch eine nicht abschließende Aufzählung Beispiele für Betriebstätten genannt. Es ist in der Literatur umstritten, ob dieser Abs. 2 zumindest in Teilen eine Definitionserweiterung darstellt und somit konstitutiven Charakter hat oder ob er insgesamt eine lediglich beispielhafte Aufzählung enthält. Eine Auffassung gesteht Abs. 2 zwar klarstellende Wirkung zu, schließt deshalb aber einen konstitutiven Charakter nicht aus[86], sodass die Beispiele aus sich heraus Betriebstätten begründen und sich daher im Umkehrschluss auch an den Voraussetzungen des Abs. 1 des Art. 5 OECD-MA messen lassen müssen.[87] Die Gegenauffassung hält die genannten Beispiele weder für abschließend noch

---

85 *BFH* v. 26.6.1996 - XI R 18/94, BStBl. II 1998, 278. In neueren Entscheidungen wird dies explizit nicht mehr genannt. Befürwortend auch: *Musil*, in: Hübschmann/Hepp/Spitaler, AO/FGO, AO § 12, Rz. 7b; *Slapio*, in: Löwenstein/Looks, Betriebsstättenbesteuerung, Rz. 1048. Allerdings gilt es hier zu beachten, dass § 3a UStG eine Umsetzung der Richtlinie des Rates 2006/112/EG v. 28.11.2006 über das gemeinsame Mehrwersteuersystem in nationales Recht ist.

86 *BFH* v. 28.7.1993 - I R 15/93, BStBl. II 1994, 148; *Wassermeyer*, in: Wassermeyer, DBA, MA Art. 5, Rz. 61.

87 *Wassermeyer*, in: Wassermeyer, DBA, MA Art. 5, Rz. 61.

für dergestalt präzise, dass ihnen überhaupt konstitutiver Charakter innewohnen würde.[88] Im dritten Absatz wird eine Mindestdauer von zwölf Monaten für Bauausführungen und Montagen für erforderlich erklärt, damit diese als Betriebstätte nach Abkommensrecht qualifizieren. Das OECD-MA führt in Art. 5 Abs. 4 einen Negativkatalog an, der bestimmten Tätigkeiten, Gütern und Geschäftseinrichtungen ungeachtet der vorstehenden drei Absätze des Art. 5 OECD-MA die Betriebstätteneigenschaft abspricht. Ferner regeln die Absätze 5 und 6 den Bereich des ständigen Vertreters. Im Detail fordern die Tatbestandsvoraussetzungen des Art. 5 Abs. 1 OECD-MA verschiedene Voraussetzungen, die nachfolgend dargestellt sind.

a) *Feste Geschäftseinrichtung*

Eine Geschäftseinrichtung im Sinne des Art. 5 OECD-MA umfasst Räumlichkeiten, Einrichtungen und Anlagen, die der Ausübung der Tätigkeit des Unternehmens dienen. Hierunter fallen auch Geschäftseinrichtungen, die sich in den Räumlichkeiten eines anderen Unternehmens befinden, über die das ausländische Unternehmen jedoch ständig verfügen kann.[89] Die Geschäftseinrichtung muss fest sein, sich also für eine gewisse Dauer an einem bestimmten Ort befinden. Grundsätzlich erfordert dies eine Verbindung zwischen der Geschäftseinrichtung und einem bestimmten Punkt der Erdoberfläche, wobei das Verbleiben von Gegenständen der Einrichtung an einem bestimmten Ort, ohne feste Verbindung mit dem Boden, als feste Geschäftseinrichtung qualifiziert.[90]

Des Weiteren verlangt der Musterkommentar zum OECD-MA, dass das Merkmal der Festigkeit der Betriebstätte auch Ausdruck in zeitlicher Hinsicht gewinnt. Die Kommentierung konstatiert, dass die Praxis der Mitgliedstaaten zwar differiere, jedoch eine häufig gewählte zeitliche Grenze bei sechs Monaten gezogen werde, ab deren Überschreiten das Vorliegen einer Betriebstätte angenommen wird.[91]

---

88 *Görl*, in: Vogel/Lehner, DBA, MA Art. 5, Rz. 37; *Heinsen*, in: Löwenstein/Looks/Heinsen, Betriebsstättenbesteuerung, Rz. 135; *Züger* in: Gassner/Lang/Lechner, Betriebstätte im Recht der DBA, S. 31, 39.

89 *OECD*, MK 2008, MA Art. 5, Rz. 4.

90 *OECD*, MK 2008, MA Art. 5, Rz. 5.

91 *OECD*, MK 2008, MA Art. 5, Rz. 6.

b) *Gewisse Verfügungsmacht*

Das Unternehmen muss über die Geschäftseinrichtung eine gewisse Verfügungsmacht besitzen, wobei ein förmliches Nutzungsrecht nicht vorausgesetzt wird.[92] Ebenso wie zum nationalen Betriebstättenbegriff vertritt *Wassermeyer* auch bei dessen abkommensrechtlichem Pendant, dass die Voraussetzung einer gewissen Verfügungsmacht über die Geschäftseinrichtung durch den Steuerpflichtigen nicht erforderlich sei. Vielmehr komme es darauf an, dass ein Unternehmer eine eigene Tätigkeit in einer Geschäftseinrichtung dauerhaft mit einer gewissen Ständigkeit ausübe.[93] Dieser Auffassung schließt sich auch *Buciek* an, der das wiederholte Aufsuchen eines bestimmten Geländes zur Verrichtung einer unternehmerischen Tätigkeit ausreichen lässt.[94] Die Ansicht von *Buciek* steht nur auf den ersten Blick im Widerspruch zu der vom Musterkommentar zum OECD-MA geforderten Verfügungsmacht; denn für das im Musterkommentar dargestellte Beispiel eines Anstreichers, der zwei Jahre lang wöchentlich drei Tage in einem Bürokomplex seiner Arbeit nachgeht, wird das Vorliegen einer Betriebstätte zweifelsfrei bejaht, wenn es sich bei dem Inhaber des Bürokomplexes um des Anstreichers Hauptauftraggeber handelt.[95]

Dieses Beispiel wirft die Frage auf, ob sich die gewisse Verfügungsmacht entweder in zivilrechtlicher Gestalt und zugleich auch nach allgemeinem Laienverständnis manifestieren muss oder ob eine gewisse Verfügungsmacht sich nicht notwendigerweise anhand zivilrechtlicher Kriterien zeigen muss, sondern vielmehr bereits tatsächliche Kriterien hinreichend sind. Nach hier vertretener Auffassung erscheint letztere Auffassung vorzugswürdig, sodass zumindest eine tatsächliche Verfügungsmacht des Steuerpflichtigen über die Geschäftseinrichtung gegeben sein muss. Ob eine solche im vorangestellten Beispiel des Anstreichers tatsächlich vorliegt – denn zivilrechtlich hat der Anstreicher, der im Gebäude seines Auftraggebers seiner Tätigkeit nachgeht, keine Verfügungsmacht über dasselbe erlangt – muss sich anhand der Gegebenheiten des Einzelfalls entscheiden. Ergibt sich aus diesen, dass der Anstreicher aufgrund seiner Tätigkeit und des Vertrages mit seinem Auftraggeber sowie seiner in dessen Räumlichkeiten gelagerten Betriebsmittel in tatsächlicher Weise über einen längeren Zeitraum seine Tätigkeit verrichtet, kann dies eine gewisse

---

92 *OECD*, MK 2008, MA Art. 5, Rz. 4.1.

93 *Wassermeyer*, in: Drenseck/Seer, FS Kruse, S. 596; *ders.*, in: Wassermeyer, DBA, MA Art. 5, Rz. 42 a.

94 *Buciek*, DStZ 2003, 139, 140.

95 *OECD*, MK 2008, MA Art. 5, Rz. 4.5.

Verfügungsmacht begründen. Die apodiktische Aussage des Musterkommentars zum OECD-MA hingegen ist hinsichtlich diese Beispiels zu weitgehend.

Der Musterkommentar zum OECD-MA führt zur Verdeutlichung seines Verständnisses der gewissen Verfügungsmacht noch weitere konkretisierende Beispiele an. So soll es z.B. nach dem Verständnis der OECD nicht darauf ankommen, ob sich eine Unternehmung legalerweise zur Ausübung ihrer Tätigkeit an einem bestimmten Ort niedergelassen hat.[96] Denkbar wäre beispielsweise, dass sich eine Unternehmung an besagtem Ort niederlässt und einer in diesem Staat genehmigungspflichtigen Tätigkeit nachgeht, ohne jedoch die erforderliche Genehmigung beantragt oder erhalten zu haben. Dann ginge sie in öffentlich-rechtlicher Hinsicht einer illegalen Tätigkeit nach. Eine Konkretisierung des Beispiels im Musterkommentar im Sinne einer zivilrechtlichen Illegalität der unternehmerischen Tätigkeit wäre in dem Fall gegeben, in welchem der Vermieter der bisherigen Tätigkeitsstätte und somit Betriebstätte des Unternehmens das Mietverhältnis wirksam kündigt, die Unternehmung auch nach Wirksamkeit der Kündigung die Mietsache jedoch nicht an den Vermieter zurück gibt, sondern (bei Beurteilung des Sachverhalts nach deutschem Recht) weiterhin in Besitz hat. Auch hier entscheidet sich die Frage nach der Verwirklichung des Merkmals einer gewissen Verfügungsmacht als Tatbestandsmerkmal des abkommensrechtlichen Betriebstättenbegriffes daran, ob neben zivilrechtlichen Bewertungen auch tatsächliche Aspekte eine Rolle spielen sollen oder ob zu den zivilrechtlichen Kriterien auch nach Laienverständnis eine gewisse Verfügungsmacht gegeben sein muss. Nach letzterer Auffassung könnte man an der Bejahung einer gewissen Verfügungsmacht zweifeln, wenn aus laienhafter Perspektive die mangelnde Genehmigung oder die widerrechtlich Weiterbenutzung der Mietsache den Mangel einer gewissen Verfügungsmacht bedeuteten. Nach hier vertretener Auffassung reicht jedoch eine gewisse Verfügungsmacht aus, die in tatsächlicher Art und Weise vorliegen muss. Somit liegt in den hier gebildeten Beispielen die gewisse Verfügungsmacht in Gestalt einer fortgesetzten unternehmerischen Tätigkeit sowohl ohne Genehmigung als auch ohne bestehendes Mietverhältnis über Betriebsmittel vor.

Insgesamt lässt sich anhand der in der Kommentierung zum Musterabkommen angeführten Beispiele erkennen, dass die OECD im Ergebnis an das Merkmal der gewissen Verfügungsmacht keine sehr hohen Anforderungen stellt. Auch in nicht ohne Weiteres eindeutigen Fällen neigt der Musterkommentar

---

96 *OECD,* MK 2008, MA Art. 5, Rz. 4.1. f.

dazu, das Kriterium der gewissen Verfügungsmacht als gegeben anzunehmen und damit im Ergebnis das Vorliegen einer Betriebstätte zu bejahen.

c) Ausüben der Geschäftstätigkeit

Das Unternehmen muss „durch die" feste Geschäftseinrichtung seine Tätigkeit „ausüben". Der Musterkommentar zum OECD-MA unterwirft die Worte „durch die" einer weitestmöglichen Auslegung, sodass jeder Ort, der dem Unternehmen zur Ausübung der Geschäftstätigkeit zu eben diesem Zweck zur Verfügung steht, ausreicht.[97] In tatsächlicher Hinsicht erfordert dies aber auch, dass die feste Geschäftseinrichtung für unternehmerische Zwecke eingesetzt wird.[98] Der Einsatz von Personal ist nicht zwingend erforderlich, da auch automatische oder vollmechanische Tätigkeiten einer festen Geschäftseinrichtung erfasst sind.[99]

3. Gegenüberstellung des nationalen und abkommensrechtlichen Betriebstättenbegriffes

Nationales Steuerrecht und Abkommensrecht sind zwei in sich geschlossene Rechtskreise, die sowohl mit Blick auf den Funktionsgehalt als auch die Begriffsdefinitionen klar voneinander zu trennen sind.[100] Dies gilt auch in Bezug auf Betriebstättensachverhalte. Während der nationale Betriebstättenbegriff dem Zweck dient, inländische bzw. ausländische von nicht-inländischen bzw. nicht-ausländischen Einkünften abzugrenzen – siehe hierzu beispielhaft die §§ 34d und 49 EStG –, soll der abkommensrechtliche Betriebstättenbegriff dem Ausgleich zwischen den unterschiedlichen Steuerinteressen der einzelnen Vertragsstaaten dienen.[101]

---

97 *OECD*, MK 2008, MA Art. 5, Rz. 4.6.

98 *Wassermeyer*, in: Wassermeyer, DBA, MA Art. 5, Rz. 51 f.

99 Im Fall einer inländischen Pipeline, ohne dass sich eine Pumpstation im Inland befand *BFH* v. 12.10.1977 – I R 226/75, BStBl. II 1978, 111.

100 Siehe hierzu in der Rechtsprechung: *BFH* v. 28.6.1972 – I R 35/70, BStBl. II 1972, 785, 789; v. 15.6.1973 – III R 118/70, BStBl. II 1973, 810; v. 21.8.1985 – I R 63/80, BStBl. II 1986, 4 f.; v. 27.1.1988 – I R 241/83, BStBl. II 1988, 574 f.; v. 17.11.1999 – I R 7/99, BFH/NV 2000, 903 f.; vgl. in der Literatur: *Ditz*, Internationale Gewinnabgrenzung, S. 20, 24 f.; *Wassermeyer*, StuW 1990, 405; *Schaumburg*, Internationales Steuerrecht, Rz. 16; *Köhler*, RIW 1991, 1025; *Kluge*, Internationales Steuerrecht, S. 659.

101 *Wassermeyer*, in: Wassermeyer, DBA, MA Art. 5, Rz. 8.

a) *Verhältnis der Betriebstättenbegriffe zueinander*

Der abkommensrechtliche Betriebstättenbegriff kann selbstverständlich überhaupt nur Anwendung finden, wenn ein DBA zwischen Deutschland und dem Staat, in dem sich ebenfalls ein Teil des Einheitsunternehmens befindet, besteht.[102] Kommt in einem Steuersachverhalt jedoch ein DBA zur Anwendung, ist der Ort der Betriebstätte nach den Regeln des Abkommens zu bestimmen.[103]

DBA sind völkerrechtliche Verträge, deren Regelungszweck auf die Vermeidung einer Doppelbesteuerung in grenzüberschreitenden Sachverhalten gerichtet ist. Ein solcher völkerrechtlicher Vertrag bedarf der Transformation in deutsches Recht per Zustimmungsgesetz nach Art. 59 Abs. 2 Satz 1 GG, sodass sich für den Steuerpflichtigen Rechtsfolgen lediglich aus diesem Gesetz, nicht jedoch unmittelbar aus dem DBA ergeben.[104] Somit kann verkürzt festgehalten werden, dass die Vorschriften eines DBA einfachen Gesetzesrang haben. Nichtsdestoweniger normiert § 2 AO, dass völkerrechtliche Verträge, die gemäß Art. 59 Abs. 2 Satz 1 GG in unmittelbar anwendbares nationales Recht transformiert wurden, den Steuergesetzen vorgehen. Diese Kodifizierung einer lex specialis für das Abkommensrecht gilt jedoch nur für die Rechtsfolgen, die im DBA niedergelegt sind. Dies findet seine Begründung darin, dass die AO ihrerseits auch nur ein einfaches Bundesgesetz ist und mithin einem anderen einfachen Bundesgesetz – dem Zustimmungsgesetz zum DBA nach Art. 59 Abs. 2 Satz 1 GG – keinen Vorrang bzw. höheren Rang einzuräumen vermag.[105] Somit stehen grundsätzlich ein in nationales Recht transformiertes DBA und andere Steuergesetze gleichberechtigt nebeneinander.

Die Differenzen ergeben sich aus den Funktionen beider Regelungsgefüge. Das nationale Steuerrecht bestimmt, welche Sachverhalte überhaupt einer Steuerpflicht unterfallen, während das Abkommensrecht die Steuerhoheit der Staaten als Parteien des DBA durch Einschränkungen regelt.[106] Hierfür ist die

---

102 In dem Fall, in welchem kein oder kein dem OECD-MA nachgebildetes DBA zwischen der Bundesrepublik Deutschland und dem Sitzstaat des Stammhauses existiert, wird nur § 12 AO als Auslegungsmaßstab heranzuziehen sein.

103 *Gersch*, in: Klein, AO § 12, Rz. 19; *Musil*, in: Hübschmann/Hepp/Spitaler, AO/FGO, AO § 12, Rz. 4; *BFH* v. 3.8.2005 – I R 87/04, BStBl. II 2006, 220.

104 Für eine genauere Darstellung der rechtlichen Einordnung von DBA in das nationale Recht sei nach unten verwiesen auf Kapitel 2. III. 1. b).

105 Vgl. *Kluge*, Internationales Steuerrecht, S. 649 f.; *Wassermeyer*, StuW 1990, 411; *Ditz*, Internationale Gewinnabgrenzung, S. 22.

106 Vgl. *Kumpf*, Besteuerung inländischer Betriebstätten, S. 20 und 23 f.

Terminologie der Schranken- oder Verzichtsregelungen geläufig.[107] Der Begriff der Schrankenregelung wird lediglich von *Wassermeyer* kritisiert[108], der einen Widerspruch darin ausmacht, dass sich ein Staat Schranken gegen seine eigene Kompetenz Steuern zu erheben auferlegen wollte oder müsste, die im Hinblick auf einen möglichen treaty override ohnehin für das Steuersubjekt letztendlich unverbindlich wäre. *Kluge* hält der Auffassung von *Wassermeyer* entgegen, dass die Mehrheit der Vertreter des Schrifttums nicht die Steuererhebungskompetenz mit Schranken belegen will, sondern die Schranken im gegenwärtigen Recht gemeint sind, mithin diejenigen, die bei Anwendbarkeit des § 2 AO, dem Abkommensrecht Vorrang einräumen.[109] Insoweit scheint mit dem Begriff Schrankenregelung auch nur ein Konkurrenzverhältnis zwischen Abkommensrecht und nationalen Steuergesetzen umschrieben zu sein, welches zugunsten des Abkommensrechts aufgelöst wird. Einigkeit besteht letztlich darüber, dass der jeweilige Vertragsstaat bewusst auf die Ausübung seines originären Rechts der Besteuerung verzichtet, um somit einer sachlich nicht gerechtfertigten Doppelbesteuerung vorzubeugen.[110]

In diesem Kontext des Zusammenwirkens von nationalem Steuerrecht und Abkommensrecht, welches über Art. 59 Abs. 2 Satz 1 GG ebenfalls zum Bestandteil des innerstaatlichen Rechts wird, gilt zunächst die Verpflichtung der Vertragsstaaten, die völkerrechtlichen Verträge einzuhalten.[111] Somit ist der Betriebstättenbegriff des einschlägigen DBA heranzuziehen. Die abkommensrechtliche Definition steht jedoch vom Gesetzesrang her (weiterhin) neben der des § 12 AO. Wird im Streitfalle die Frage aufgeworfen, ob eine Betriebstätte vorliegt, kann es im Rahmen der Auslegung durchaus dazu kommen, dass der nationale Betriebstättenbegriff herangezogen wird. Insoweit ist es elementar sich die Gemeinsamkeiten und insbesondere die Unterschiede der Anwendungsbereiche der beiden Betriebstättenbegriffe zu vergegenwärtigen. Die Funktionsweise des Abkommensrechts gebietet im Ergebnis wohl, dass der Betriebstättenbegriff

---

107 *Debatin*, RIW 1980, 3; *ders.*, DB 1985, Beilage 23, 2 f.; *ders.*, DB 1989, 1692; *Ditz*, Internationale Gewinnabgrenzung, S. 22; *Köhler*, RIW 1991, 1026; *Schaumburg*, Internationales Steuerrecht, Rz. 16.7.

108 *Wassermeyer*, IStR 1992, 104; *ders.*, in: Wassermeyer, DBA, MA Art. 1, Rz. 9.

109 *Kluge*, Internationales Steuerrecht, S. 656.

110 *Kluge*, Internationales Steuerrecht, S. 653 ff.; *Wassermeyer*, StuW 1990, 404, 411; *ders.*, in: Wassermeyer, DBA, MA Art. 1, Rz. 9.

111 Vgl. hierzu Art. 26 WÜRV, der den Grundsatz „pacta sunt servanda“ verbrieft.

des Art. 5 OECD-MA enger ist als der des § 12 AO[112], weil ansonsten die Gefahr bestünde, dass abkommensrechtlich ein Besteuerungsrecht einem Staat zugewiesen würde, der nach seinen nationalen Regelungen auf dieses Steuersubstrat gar nicht zugreift, weil nach seinem Verständnis keine Betriebstätte vorliegt. Dies würde zu einer zu wenig Besteuerung, mithin zu „weißen" Einkünften führen.[113] Dieses Ergebnis stünde den erklärten Grundsätzen und Prinzipien der DBA diametral entgegen. Die Gemeinsamkeiten und Unterschiede der beiden Betriebstättenbegriffe stellen sich im Einzelnen wie folgt dar.

b) Gemeinsamkeiten

Wie ein Vergleich der Struktur der Vorschriften zeigt, ähneln sich diese insofern, als dass beide einen vorangestellten Grundtatbestand enthalten, dem dann ein Positivkatalog folgt. Auch der Umfang der Kataloge ist nahezu identisch. Gemeinsam ist beiden Betriebstättenbegriffen das Erfordernis einer festen Geschäftseinrichtung als Basis einer unternehmerischen Betätigung. Ferner erfordern beide Begriffe, dass diese Betätigung einen gewissen Grad an Beständigkeit – gerade auch in zeitlicher Hinsicht – aufweist. Das maßgeblich von *Wassermeyer* hinterfragte Merkmal der Verfügungsmacht ist für die Definition beider Betriebstättenbegriffe gleichermaßen maß- oder unmaßgeblich, abhängig davon, welcher Ansicht hinsichtlich der Verfügungsmacht der Vorzug eingeräumt wird.[114]

c) Unterschiede

Der Vergleich des Wortlauts von § 12 AO und Art. 5 OECD-MA offenbart einen ganz wesentlichen Unterschied, denn nach der nationalen Definition muss die Geschäftseinrichtung oder Anlage der Tätigkeit des Unternehmens „dienen", während im Abkommensrecht die Tätigkeit durch die Betriebstätte ganz oder teilweise „ausgeübt" werden muss. Führt man eine Auslegung am Wortlaut durch, so ist der Bedeutungsgehalt eines „Dienens" ein anderer als der eines „Ausübens". Das in § 12 AO geforderte „Dienen" soll bedeutungsgleich mit fördern sein.[115] Das Erfordernis in Art. 5 Abs. 1 OECD-MA, durch

112 Dies steht ferner auch im Einklang mit der wörtlichen Auslegung sowie dem Normgehalt des Art. 5 Abs. 4 OECD-MA, der gewisse Anforderungen an Qualität und Quantität der Betriebstättentätigkeit stellt.

113 *Wassermeyer*, in: Wassermeyer, DBA, MA Art. 5, Rz. 9.

114 Siehe hierzu oben Kapitel 2. II. 1. b).

115 Vgl. die Nachweise oben Kapitel 2. II. 1. c).

die Betriebstätte müsse die Geschäftstätigkeit eines Unternehmens ganz oder teilweise „ausgeübt" werden, verlangt eine Tätigkeit, die längere Zeit oder regelmäßig ausgeführt wird.[116] Insoweit scheint das „Dienen" eine andere, fremde Tätigkeit zu fördern oder zu unterstützen, während „Ausüben" die Ausführung einer eigenen Geschäftstätigkeit meint.[117] Somit sind reine Hilfstätigkeiten vom abkommensrechtlichen Begriff nicht gedeckt, während der nationale Betriebstättenbegriff diese umfasst.[118] Der BGH hat daher in einem Beschluss den Betriebstättenbegriff nach Art. 5 OECD-MA als den engeren interpretiert und verweist in diesem Zusammenhang darauf, dass „nach den Abkommen die Tätigkeit des Unternehmens in der Betriebsstätte ganz oder teilweise ausgeübt werden muss, es also – anders als nach § 12 AO – nicht ausreicht, wenn die Betriebsstätte der Tätigkeit eines Unternehmens ‚dient'."[119] Diese im Wortlaut vorliegenden definitorischen Unterschiede spiegeln sich indessen hinsichtlich der Anforderungen an die Tätigkeit der Geschäftseinrichtung in Literatur sowie der Rechtsprechung des BFH nicht immer derart klar wider, die Begriffe werden weder stets einheitlich verwendet noch trennscharf voneinander abgegrenzt.[120] Der BFH beispielsweise subsumierte die inländische Pipeline eines ausländischen Unternehmens sowohl unter den Betriebstättenbegriff des § 12 AO als auch den des Art. 5 OECD-MA, obwohl im Inland weder Personal eingesetzt noch eine Pumpstation eingerichtet worden war.[121] Im Schrifttum sind dieser Rechtsprechung des BFH einige Autoren entgegengetreten und rügen, dass sich der BFH mit den definitorischen Unterschieden eben nicht auseinandergesetzt habe[122], obwohl die Musterkommentierung des OECD-MA als entscheidendes Kriterium für die Einordnung der Tätigkeit einer festen Geschäftseinrichtung als Hilfstätigkeit eine Einzelfallprüfung vorsieht, die ermitteln soll, ob die ausgeübte Tätigkeit einen „wesentlichen und maßgeblichen Teil der Tätigkeit des Gesamtunternehmens ausmacht."[123] Die terminologische Verschiedenheit zwischen „Dienen" und „Ausüben" führten letztlich zu dem Ergebnis, dass vom

116 Siehe oben Kapitel 2. II. 1 a) und 2 a).

117 Vgl. *Ditz*, Internationale Gewinnabgrenzung, S. 30.

118 *Frotscher*, Internationales Steuerrecht, S. 125.

119 *BGH* v. 24.10.1988 – 3 StR 533/87, HFR 1990, 150.

120 Vgl. *Ditz*, Internationale Gewinnabgrenzung, S. 31.

121 *BFH* v. 30.10.1996 – II R 12/92, BStBl. II 1997, 12.

122 *Günkel*, IWB Fach 3 a Gruppe 1, 589; *Portner*, IStR 1998, 553; *Wassermeyer*, in: Wassermeyer, DBA, MA Art. 5, Rz. 33.

123 *OECD*, MK 2008, MA Art. 5, Rz. 24.

nationalen Betriebstättenbegriff Geschäftstätigkeiten erfasst sind, die lediglich Hilfstätigkeiten darstellen, während dies im Rahmen des engeren Begriffsverständnisses nach Art. 5 OECD-MA nicht ausreicht, um das Vorliegen einer Betriebstätte anzunehmen. Dieser Auffassung folgt wohl auch die Finanzverwaltung, wenn sie konstatiert, dass der abkommensrechtliche Begriff der Betriebsstätte inhaltlich mit dem des § 12 AO übereinstimme, allerdings hinsichtlich der ausgeübten Tätigkeiten regelmäßig enger sei.[124]

Des Weiteren enthält Art. 5 Abs. 4 OECD-MA einen Negativkatalog an Einrichtungen, die unabhängig vom Vorliegen der Voraussetzungen des Art. 5 Abs. 1 OECD-MA keine Betriebstätten im Sinne des Abkommensrechts sind. Geschäftseinrichtungen, die in diesem Katalog genannt sind, können eo ipso keine Betriebstätten im Sinne des Abkommensrechts sein.[125] Dies stellt erstens einen klaren Unterschied zur deutschen Regelung in § 12 Satz 2 AO dar. Zweitens stützt Art. 5 Abs. 4 lit. e) OECD-MA, der Hilfstätigkeiten expressis verbis zum Gegenstand des Negativkatalogs macht, die oben dargestellte Differenzierung nach der Weite der Betriebstättenbegriffe, sodass nur nach deutschem Recht Hilfs- und Nebentätigkeiten eine Betriebstätte begründen können.[126] Aus dieser Differenzierung der beiden Normen wird der maßgebliche Unterschied und zugleich der anzuwendende Auslegungsansatz erkennbar, denn trotz einer gewissen tatbestandlichen Kongruenz beider Vorschriften darf nicht von einer grundsätzlichen Übereinstimmung ausgegangen werden. Vielmehr ist in einem Steuersachverhalt, auf welchen ein DBA Anwendung findet, der jeweilige (meist an Art. 5 OECD-MA orientierte) Betriebstättentatbestand des Ankommens zu untersuchen und gegebenenfalls dessen Gehalt am Willen der Abkommensparteien auszulegen. Zu Schwierigkeiten kann hierbei die abweichende Interpretation und tatbestandliche Reichweite nationaler Betriebstättenbegriffe[127] führen, wenn diese im Rahmen der Auslegung des Tatbestandsmerkmales herangezogen wird.

124 *BMF*, Betriebsstätten-Verwaltungsgrundsätze, Rz. 1.2.1.1.

125 *OECD*, MK 2008, MA Art. 5, Rz. 21.

126 *Wassermeyer*, in: Wassermeyer, DBA, MA Art. 5, Rz. 8.

127 Im deutschen Steuerrecht ist dies die Regelung des § 12 AO und dessen Interpretation.

4. Terminologische Abgrenzung von Betriebstätte, Stammhaus und Geschäftsleitungs-Betriebstätte

In der Literatur zum nationalen Recht[128] sowie den Betriebsstätten-Verwaltungsgrundsätzen[129] finden sich als Bestandteile des Einheitsunternehmens die Betriebstätte sowie das Stammhaus. Es wird teilweise davon ausgegangen, dass Betriebstätte und Stammhaus voneinander zu unterscheiden seien.[130] Insbesondere liegt diese Auffassung dem Verständnis der Finanzverwaltung zugrunde, die ein Einheitsunternehmen dergestalt zu verstehen scheint, dass strategische und das gesamte Unternehmen betreffende Funktionen notwendigerweise stets im Stammhaus angesiedelt sind. Einer solchen Differenzierung in sachlicher Hinsicht zwischen Betriebstätte und Stammhaus treten andere Autoren in der Literatur entgegen.[131] Hierzu ist festzustellen, dass sich der Terminus Stammhaus weder in § 12 AO noch in Art. 5 oder andernorts im OECD-MA findet. Art. 7 OECD-MA bedient sich ferner noch des Begriffs der „Ansässigkeit des Unternehmens", welcher dem § 12 AO ebenfalls fremd ist. Der Anknüpfungspunkt der Ansässigkeit ist jedoch ein Wohnsitz oder gewöhnlicher Aufenthalt, nicht hingegen ein Stammhaus.[132]

Im Rahmen dieser Arbeit soll das Wortpaar Betriebstätte und Stammhaus nicht antonym verwendet werden, sondern als Differenzierung zweier Bestandteile ein und desselben Einheitsunternehmens, wobei das Stammhaus ebenso eine Betriebstätte darstellt. Dem Verständnis *Frotschers*[133] folgend, wird stellvertretend für das Stammhaus auch der Begriff der Geschäftsleitungs-Betriebstätte verwendet. Die Geschäftsleitungs-Betriebstätte kann als Betriebstätte verstanden werden, welche jene Funktionen wahrnimmt, die sich nicht speziell nur auf sie selbst, sondern auf das gesamte Einheitsunternehmen beziehen, ergo, die Summe aller Betriebstätten. Keinesfalls darf aus der Terminologie Stammhaus und Betriebstätte, wie sie die Finanzverwaltung verwendet, eine Unterscheidung zwischen den Teilen des Einheitsunternehmens dahingehend abgeleitet werden, dass diese sich auf die Zuordnung der Wirtschaftsgüter zu Betriebstätte und Geschätsleitungs-Betriebstätte auswirkt.[134]

---

128 Siehe stellvertretend *Strunk/Kaminski*, IStR 2000, 36.

129 *BMF*, Betriebsstätten-Verwaltungsgrundsätze, Rz. 2.4.

130 Siehe hierzu beispielhaft: *Hruschka/Lüdemann*, IStR 2005, 77; *Konrad*, IStR 2003, 786.

131 *Frotscher*, in: Strunk/Wassermeyer/Kaminski, GS Krüger, S. 98.

132 *Frotscher*, in: Strunk/Wassermeyer/Kaminski, GS Krüger, S. 98.

133 Siehe *Frotscher*, in: Strunk/Wassermeyer/Kaminski, GS Krüger, S. 97 ff.

134 Siehe hierzu detailliert unten Kapitel 3. V. 7. a).

III. Anwendbares Recht und anwendbare Besteuerungsgrundsätze

1. Anwendbares Recht

a) Nationales Recht

Grundsätzlich ist auf grenzüberschreitende Steuersachverhalte das jeweils nationale Steuerrecht der Staaten anzuwenden, in denen das (Einheits) Unternehmen oder Teile desselben der Steuerpflicht unterfallen. Dies gilt gleichermaßen für Einheitsunternehmen mit unselbstständigen Betriebstätten. Daraus folgt, dass ein im Inland ansässiger Steuerpflichtiger (als Stammhaus), je nach Rechtsform und abhängig davon, ob es sich um eine natürliche oder juristische Person handelt, mit seinem Welteinkommen unbeschränkt einkommen- oder körperschaftsteuerpflichtig ist. Von diesem Welteinkommen sind zunächst einmal auch sämtliche Einkünfte im Ausland befindlicher Betriebstätten erfasst. Vice versa ist das im Ausland ansässige Stammhaus Gegenstand des dort geltenden nationalen Steuerrechts und für den Fall, dass nach diesem Recht das Welteinkommensprinzip für Einkünfte des Steuerpflichtigen Anwendung findet, sind auch hier die Einkünfte aus den beispielsweise in Deutschland ansässigen Betriebstätten erfasst. Die an einem grenzüberschreitenden Sachverhalt beteiligten Staaten sind nach Staatsrecht und Völkerrecht zur Besteuerung originär zuständig und in der Festsetzung des Besteuerungsgegenstandes qua ihrer Souveränität frei.[135] Anders ausgedrückt, dem jeweiligen Staat steht die Entscheidung über das Ob sowie die Höhe der Besteuerung zu.[136] Diese durch das jeweilige nationale Recht begründeten Steueransprüche treten dann in Konkurrenz, wenn sie sich auf dasselbe Subjekt der Besteuerung beziehen. Dies ist insbesondere in den hier interessierenden Betriebstättensachverhalten der Fall, wenn der Domizilstaat der Betriebstätte und der Sitzstaat des Stammhauses die Besteuerung des Erfolgs oder Vermögens der Betriebstätte vornehmen. Die in solchen Konstellationen drohende Doppelbesteuerung oder möglicherweise Doppelnichtbesteuerung zu verhindern, ist originäre Aufgabe des Abkommensrechts.

---

135 *Kluge,* Das internationale Steuerrecht, Rz. R 21; *Vogel,* in: Kirchhof/Offerhaus/Schöberle, FS Klein, S. 361 ff.

136 *Jacobs,* Internationale Unternehmensbesteuerung, S. 83.

b) Abkommensrecht

Von dem Abkommensrecht in Gestalt der DBA und somit als völkerrechtlicher Vertrag zweier souveräner Staaten zur Vermeidung der Doppelbesteuerung hat die Bundesrepublik Deutschland mit ihren wichtigsten Handelspartnern Gebrauch gemacht.[137]

aa) Funktion und Wirkungsweise von DBA

Ursprünglich wurde den DBA die Funktion der Aufteilung von Steuerquellen zwischen den beiden Vertragsstaaten zugemessen. Dies fand seinen Ausgangspunkt unter anderem in der Rechtsprechung des RFH, welcher die Zuteilung eines Steuerguts als sachliche Steuerbefreiung verstand und die Steuerquelle aus der Bemessungsgrundlage des verzichtenden Staates ausscheiden ließ.[138] Aus dieser Herleitung ergibt sich auch der Gebrauch des Terminus Kollisionsnorm für abkommensrechtliche Regelungen, da diese im Spannungsfeld zweier kollidierender nationaler Regelungen souveräner Staaten eine Lösung herbeizuführen hatten.[139] Dieses Verständnis von der Funktion des Abkommensrechts als Aufteilungsmechanismus der Steuerquellen ist problematisch, denn eine klare Rechtsfolge ist hierdurch nicht statuiert.[140] Deshalb wird das Modell des Abkommensrechts als Kollisionsnorm im Spannungsfeld zweier nationaler Steuerrechte heute überwiegend abgelehnt.[141]

Die moderneren Ansätze der Erklärungen zur Funktionsweise des Abkommensrechts setzen daher überwiegend an der Überlegung an, dass es kein Hoheitsrecht zu verteilen gibt und eine originäre Berechtigung beider Vertragsstaaten den eigenen Steueranspruch durchzusetzen grundsätzlich gegeben ist.[142] Die Begrenzung des jeweiligen nationalen Anspruchs auf Erhebung der Steuer erfolgt vielmehr unter dem Aspekt der Verteilung des Steuerguts und somit im Wege eines wechselseitigen Zusammenwirkens der Vertragsstaaten.[143] Ausgehend von diesem Verständnis, ist es die Aufgabe von DBA, die Besteuerungsansprüche verschiedener nationaler Fisken abzugrenzen und den

---

137 *BMF*, Stand der Doppelbesteuerungsabkommen und der Doppelbesteuerungsverhandlungen am 1. Januar 2013, IV B 2–S 1301/07/10017-04.

138 Siehe *RFH* RStBl. 1932, 124; RStBl. 1936, 1182; RStBl. 1937, 627.

139 Siehe *Kluge*, Das internationale Steuerrecht, Rz. R 21.

140 *Kluge*, Das internationale Steuerrecht, Rz. R 21.

141 Vgl. hierzu *Kluge*, Das internationale Steuerrecht, Rz. R 21; *Vogel*, in: Vogel/Lehner, DBA, MA Einl., Rz. 43; *Wassermeyer*, in: Wassermeyer, DBA, MA Art. 1, Rz. 9.

142 Siehe hierzu *Kluge*, Das internationale Steuerrecht, Rz. R 22.

143 *Vogel*, in: Vogel/Lehner, DBA, MA Einl., Rz. 43.

Vertragsstaaten vorzugeben, in welchem Umfang und Ausmaß der jeweilige Staat besteuern oder eben nicht mehr besteuern darf. Insoweit kommt dem Abkommensrecht die Funktion einer Schrankenregelung zu.[144]

Im Fokus des Abkommensrechts steht also nicht die Harmonisierung oder die Angleichung zweier nationaler Steuersysteme, sondern die Beschränkung der Auswirkungen beider Systeme auf ein und denselben grenzüberschreitenden Sachverhalt.[145] Definitiv ist es dem Abkommensrecht jedoch versagt, Besteuerungsansprüche zu begründen oder in irgendeiner Form zu erweitern, denn dies ist ausschließliche Aufgabe des nationalen Steuerrechts souveräner Staaten.[146]

bb) Rechtsnatur von DBA

Doppelbesteuerungsabkommen sind völkerrechtliche Verträge. Ihr Zustandekommen wird in den Vorschriften des WÜRV[147] geregelt. Der zwischen der Bundesrepublik Deutschland und dem anderen Staat verhandelte und erarbeitete Abkommenstext sowie etwaige Protokolle und Briefwechsel bedürfen in Deutschland der parlamentarischen Zustimmung nach Art. 59 Abs. 2 GG. Die Bundesregierung legt den Entwurf des Zustimmungsgesetzes inklusive aller Abkommensunterlagen den gesetzgebenden Körperschaften vor. Kommt das

---

144 *Debatin,* RIW 1988, 727; *Debatin,* RIW 1989, 551; *Schaumburg,* Internationales Steuerrecht, Rz. 16.5; *Mössner,* in: Mössner, Steuerrecht international tätiger Unternehmen, Rz. 2.421 ff.; *Vogel,* in: Vogel/Lehner, DBA, MA Einl., Rz. 43. Eine andere Auffassung vertritt *Wassermeyer,* in: Wassermeyer, DBA, MA Art. 1, Rz. 9, der den Begriff des „Schrankenrechts" zumindest für unglücklich gewählt hält, da die Vorstellung ein Staat beschränke von sich aus seine eigene Steuererhebungskompetenz bzw. sein Steuerrecht widersprüchlich sei. Dieser Kritik lässt sich entgegenhalten, dass sich die Schrankenwirkung nicht gegen die Kompetenz der Steuererhebung durch den souveränen Staat richtet, sondern die Schranken des in nationales Recht transformierten Abkommensrechts meint. Insoweit kommen die oben genannten Vertreter der Literatur und *Wassermeyer* zum selben Ergebnis, wenn letzterer die in nationales Recht umgesetzten Regelungen des DBA als Steuerbefreiungs- und -ermäßigungsvorschriften begreift, welche Normen wie den §§ 3 oder 34 c EStG gleichen.

145 *Mössner,* in: Mössner, Steuerrecht international tätiger Unternehmen, Rz. 2.422.

146 In diesem grundlegenden Punkt herrscht Einigkeit. Siehe bereits *RFH* v. 1.10.1936, RStBl. 1936, 1209; ebenso *Schaumburg,* Internationales Steuerrecht, Rz. 16.36 m.w.N.

147 Wiener Übereinkunft über das Recht der Verträge v. 23.5.1969, in der Bundesrepublik Deutschland in innerstaatliches Recht transformiert seit Inkrafttreten des Zustimmungsgesetzes v. 3.8.1985, vgl. BGBl. II 1985, 926.

Zustimmungsgesetz zustande, erfolgt die Ausfertigung durch den Bundespräsidenten nach Art. 82 GG. Ferner kommt nach Art. 59 Abs. 1 GG dem Bundespräsidenten auch die Aufgabe zu, die Ratifikationsurkunde zu überreichen und in dieser formell zu erklären, dass die verfassungsmäßigen Voraussetzungen für die Anwendung des Abkommens innerstaatlich erfüllt sind. Hierdurch wird die völkerrechtliche Wirksamkeit des Vertrages begründet.[148]

Ein DBA ist selbstständige Quelle des Völkerrechts zwischen den Staaten.[149] Das Verhältnis zwischen Völkerrecht und dem Recht der Nationalstaaten ist seit jeher umstritten.[150] Während die Vertreter des Dualismus das Völkerrecht und das nationale Recht als zwei unterschiedliche Rechtsordnungen begreifen, die voneinander getrennt und unabhängig sind, liegt der monistischen Anschauung die Vorstellung zugrunde, Völkerrecht und nationales Recht bildeten eine Gesamtrechtsordnung mit gemeinsamem Geltungsgrund.[151] Unabhängig von der theoretischen Aufarbeitung dieser Fragestellung, kann von dem einheitlichen Ergebnis ausgegangen werden, dass im Zentrum des Gedankenmodells die Souveränität der einzelnen Staaten steht, deren Hoheitsgewalt durch das Völkerrecht Schranken mit der Folge auferlegt werden, dass die Staaten in ihrem Handeln absolut frei sind, solange hieraus kein Verstoß gegen das Völkerrecht resultiert. Genauer betrachtet lässt sich die Konkurrenzproblematik auf die Grundfragen nach der Übernahme, der unmittelbaren Anwendbarkeit sowie die Frage nach dem Rangverhältnis der Vorschriften konkretisieren.[152]

cc) Übernahme eines DBA in innerstaatliches Recht

Jedes DBA entsteht als völkerrechtlicher Vertrag durch seine Unterzeichnung und entfaltet somit allenfalls Bindungswirkung für die unterzeichnenden Vertragsparteien – die Staaten – jedoch nicht für die Steuersubjekte der beiden Jurisdiktionen.[153]

Nach traditioneller Auffassung hat das Zustimmungsgesetz Transformationswirkung und bewirkt somit die Umsetzung des völkerrechtlichen Vertrages in

148 Siehe hierzu *Kluge,* Das internationale Steuerrecht, Rz. R 1–3; *Schaumburg,* Internationales Steuerrecht, Rz. 16.19; vgl. auch *Mössner,* in: Mössner, Steuerrecht international tätiger Unternehmen, Rz. 2.419.

149 Vgl. hierzu Art. 38 1. (a) IGH Statut.

150 Siehe zur monistischen und dualistischen Theorie bei *Nettesheim,* in: Maunz/Dürig, GG Art. 59, Rz. 167.

151 *Nettesheim,* in: Maunz/Dürig, GG Art. 59, Rz. 167 ff.

152 *Kluge,* Das internationale Steuerrecht, Rz. R 3.

153 *Wassermeyer,* in: Wassermeyer, DBA, MA Art. 1, Rz. 7a ff.

ein Gesetz im Sinne der deutschen Verfassungsgerichtsbarkeit, welches parallel zur völkerrechtlichen Vorschrift besteht.[154] Bei der Besteuerung im Inland findet lediglich das Zustimmungsgesetz Anwendung, während das DBA nur auf völkerrechtlicher Ebene wirkt, d.h. ausschließlich die Staaten verpflichtet.[155] Aufgrund der Schwierigkeiten der Transformationstheorie, die Verknüpfung und wechselseitigen Abhängigkeiten zwischen völkerrechtlichem Vertrag und Zustimmungsgesetz zu erklären[156], vertritt die neuere wohl überwiegend vertretene Völkerrechtslehre nunmehr die Vollzugslehre.[157] Diese begreift das Zustimmungsgesetz als einen Anwendungsbefehl und folgert daraus, dass nicht ein dem völkerrechtlichen Vertrag gleichlautender Text im nationalen Recht anwendbar wird, sondern der Vertrag als solcher.[158]

Mit Art. 59 Abs. 2 Satz 1 GG sind beide theoretischen Modelle vereinbar[159], zumal das BVerfG sogar beide Theorien nebeneinander anzuwenden scheint.[160] Der Unterschied zwischen beiden Denkmodellen wirkt sich letztlich nur in der Auslegung und bei Fragen der Änderung sowie Kündigung des Vertrages aus[161], sodass auf eine intensivere Darstellung dieser widerstreitenden Erklärungsansätze für die Zwecke dieser Arbeit verzichtet werden kann.

dd) Unmittelbare Anwendbarkeit eines DBA

Während einerseits die innerstaatliche Geltung eines völkerrechtlichen Vertrages, hier also die Übernahme eines DBA in nationales Recht von Interesse ist – sei es nun im Wege der Transformation oder der Adoption –, stellt sich streng hiervon zu trennen die Frage, ob die Regelungen dieses DBA auch unmittelbar anwendbares innerstaatliches Recht geworden sind. Denn nicht jeder völkerrechtliche Vertrag, der Geltung im innerstaatlichen Recht beanspruchen kann, muss auch unmittelbar anwendbar sein.[162]

---

154 Siehe dazu bei dem maßgeblichen Begründer der Transformationslehre *Triepel,* Völkerrecht und Landesrecht; siehe ebenfalls dazu *Kluge,* Das internationale Steuerrecht, Rz. R 4.

155 *Wassermeyer,* IStR 1992, 103.

156 *Kluge,* Das internationale Steuerrecht, Rz. R 4.

157 *Pernice,* in: Dreier, GG Art. 59, Rz. 47.

158 Siehe hierzu *Kluge,* Das internationale Steuerrecht, Rz. R 4; *Vogel,* in: Vogel/Lehner, DBA, MA Einl., Rz. 61; FG Köln v. 18. 12. 1996 - 6 K 1222/94, DStRE 1997, 686.

159 *Mössner,* in: Mössner, Steuerrecht international tätiger Unternehmen, Rz. 2.419; *Streinz,* in: Sachs, GG Art. 59, Rz. 67.

160 BVerfG v. 14.10.2004 - 2 BvR 1481/04, BVerfGE 111, 307.

161 *Streinz,* in: Sachs, GG Art. 59, Rz. 61.

162 *Kluge,* Das internationale Steuerrecht, Rz. R 5; *Streinz,* in: Sachs, GG Art. 59, Rz. 67.

Die Antwort darauf, ob eine unmittelbare Anwendung bei DBA möglich ist oder nicht, führt im Falle völkerrechtlicher Verträge zur Betrachtung des § 2 AO, der grundsätzlich die Rangfrage zwischen nationalem Recht und völkerrechtlichen Vereinbarungen behandelt. Diese Norm gewährt völkerrechtlichen Vereinbarungen sodann Vorrang vor den deutschen Steuergesetzen, „soweit sie unmittelbar anwendbares innerstaatliches Recht geworden sind".[163] Diese Frage wird in der steuerrechtlichen Literatur unter dem Stichwort der self-executing-Wirkung von Rechtssätzen diskutiert. Für das Vorliegen einer self-executing-Wirkung ist das Vorhandensein subjektiver wie objektiver Merkmale erforderlich. Das BVerfG erachtet etwa den Willen einer unmittelbaren Anwendung des Abkommensrechts als ein solches subjektives Kriterium.[164] In objektiver Hinsicht ist die Mindestvoraussetzung, dass die Abkommensvorschrift Grundlage einer Besteuerung sein kann, sodass sich sowohl Staat als auch das Steuersubjekt hierauf berufen können.[165] *Kluge* unterstellt unter den genannten Bedingungen die unmittelbare Rechtsanwendung von DBA als Regelfall.[166] Somit ist davon auszugehen, dass Regelungen eines DBA jedenfalls dann unmittelbar zur Anwendung kommen können, wenn sich aus den von ihnen aufgestellten Rechtssätzen die Grundlage einer Besteuerung ergibt und sich die Vertragsstaaten oder Steuerpflichtigen hierauf berufen können.

ee) Hierarchie von DBA und innerstaatlichem Recht

Völkerrechtliche Verträge bedürfen nach Art. 59 Abs. 2 Satz 1 GG zu ihrer Wirksamkeit in der Bundesrepublik Deutschland der Zustimmung und Mitwirkung der zuständigen Körperschaften und die Umsetzung in der Form eines Bundesgesetzes. DBA stellen solche völkerrechtliche Verträge dar und stehen folglich im Rang einfacher Bundesgesetze.[167] Nichtsdestoweniger ordnet § 2 Abs. 1 AO nach seinem Wortlaut einen leges speciales-Charakter der Abkommensregelungen gegenüber dem nationalen Steuerrecht an, der nach der gesetzgeberischen Intention klarstellen soll, „dass völkerrechtliche Vereinbarungen, soweit sie innerstaatliches Recht geworden sind, Vorrang vor den innerstaatlichen Steuergesetzen haben sollen."[168] Diese Regelungsintention stellt einen Widerspruch

163 § 2 Abs. 1 AO.

164 *BVerfG* v. 14.5.1986 - 2 BvL 2/83, BVerfGE 72, 200, 265.

165 *Kluge,* Das internationale Steuerrecht, Rz. R 5.

166 *Kluge,* Das internationale Steuerrecht, S. 648.

167 Siehe hierzu die grundlegende Entscheidungen *BVerfG* v. 26.3.1957 - 2 BvG 1/55, BVerfGE 6, 309, 363.

168 BT-Drs. 7/4292, 15.

dar, weil die AO ihrerseits auch nur ein einfaches Bundesgesetz ist und mithin einem anderen einfachen Gesetz – dem Zustimmungsgesetz zum DBA nach Art. 59 Abs. 2 Satz 1 GG – keinen Vorrang respektive höheren Rang vor einem nationalen Steuergesetz im gleichen Rang einzuräumen vermag.[169] Es kommt demnach zu einer Normenkollision zweier ranggleicher Vorschriften, in welchem die AO keinen Anordnungsvorrang für sich zu beanspruchen vermag. Deshalb kann § 2 Abs. 1 AO allenfalls deklaratorischer Charakter beigemessen werden, weil der niedergelegte Vorrang des Völkerrechts weitgehend leerläuft.[170]

Die von § 2 AO angestrebte Derogationswirkung erreicht ihre Grenze demnach dort, wo eine spätere speziellere Regelung des nationalen Steuerrechts ergeht, die dann der abkommensrechtlichen Vorschrift insoweit vorgeht, als ein gesetzgeberischer Wille zur Änderung respektive Neuregelung der im DBA vorgesehenen Regelung gegeben ist.[171] Diese Möglichkeit der nachträglichen Änderung der Abkommensregelung durch den nationalen Steuergesetzgeber wird Treaty-Override genannt. Ein solcher Treaty-Override mit Bezug zu DBA findet sich beispielsweise nach ganz überwiegender Ansicht in § 20 Abs. 2 AStG.[172] Die Vorschrift des deutschen Außensteuerrechts enthält eine als Switch-over-Klausel bezeichnete Regelung, welche einen Methodenwechsel von der Freistellungs- zur Anrechnungsmethode vorschreibt, wenn eine ausländische Betriebsstätte passive, niedrig besteuerte Einkünfte erzielt. Mithin setzt sich nationales Recht unabhängig von den im einschlägigen DBA vorgesehenen Regelungen diesen gegenüber durch und die Einkünfte werden auf das deutsche Steuerniveau hoch geschleust.[173]

Grundlegend vermag § 2 AO weder auf die Auslegung von Gesetzen Einfluss zu nehmen noch zu verhindern, dass durch Art. 59 Abs. 2 Satz 1 GG in nationales Recht transformierte Gesetze durch später erlassene Gesetze

169 Siehe hierzu *Ditz*, Internationale Gewinnabgrenzung bei Betriebsstätten, S. 22; *Drüen*, in: Tipke/Kruse, AO/FGO, AO § 2, Rz. 1 und 38 ff.; *Kluge*, Das internationale Steuerrecht, Rz. R 7; *Schaumburg*, Internationales Steuerrecht, Rz. 3.25; *Wassermeyer*, StuW 1990, 404, 411.

170 Siehe *Schaumburg*, Internationales Steuerrecht, Rz. 3.25 und 16.38.

171 *Schaumburg*, Internationales Steuerrecht, Rz. 16.38.

172 Siehe statt vieler hierzu nur *Vogt*, in: Blümich, EStG/KStG/GewStG, AStG § 20, Rz. 25.

173 Die Regelung des § 20 Abs. 2 AStG ist noch immer eines der bekanntesten Beispiele für einen Treaty-Override, auch wenn mittlerweile in vielen von der Bundesrepublik Deutschland vereinbarten DBA Aktivitätsvorbehalte geregelt sind, die einen Switch-over der Methoden zur Doppelbesteuerungsvermeidung in gewissen Fällen anordnen.

geändert oder aufgehoben werden.[174] Diesem im Wortlaut des § 2 AO angelegten lex specialis-Charakter steht die Ranggleichheit von Zustimmungsgesetz und später verabschiedetem nationalen Steuergesetz einerseits und der allgemein im Falle von Normenkollisionen geltende Grundsatz lex posterior derogat legi priori andererseits entgegen.

In Kollisionsfällen ist daher in jedem Einzelfall die Frage des Geltungsvorrangs zwischen DBA-Regelung und nationaler Steuerrechtsvorschrift zu untersuchen.[175] Ist nach der Durchführung einer solchen Untersuchung kollidierender Normen das Spezialitätsverhältnis nicht abschließend und eindeutig zu bestimmen[176], soll eine völkerrechtsfreundliche Auslegung zur Anwendung kommen, die ihren Ursprung in Art. 25 GG findet.[177] In einem solchen Falle soll der DBA-Vorschrift Geltungsvorrang zukommen.[178] In diesem begrenzten Anwendungsbereich realisiert sich die von § 2 AO angeordnete Rangfolge.

Um den vom Wortlaut des § 2 Abs. 1 AO wiedergegebenen Regelungszweck vollständig umzusetzen, hätte dieser unter dem Erfordernis der qualifizierten Mehrheit nach Art. 79 Abs. 2 GG in das Grundgesetz implementiert werden müssen, beispielsweise in den Art. 25 GG.[179] Art. 25 GG räumt den „allgemeinen Regeln des Völkerrechts" Vorrang vor den innerstaatlichen Gesetzen ein. Hiermit sind einerseits Regelungen des Völkergewohnheitsrechts[180] – also Regeln erfasst, die „auf einer allgemein gefestigten Übung der Staaten beruhen, die in der Rechtsüberzeugung ausgeübt wird, dass dieses Verhalten rechtens ist"[181] – sowie andererseits allgemein anerkannte Rechtsgrundsätze – also Rechtssätze der nationalen Rechtsordnung, die auf den zwischenstaatlichen Verkehr übertragbar sind.[182] Diese Bindungswirkung gegenüber dem nationalen Gesetzgeber gilt jedoch nicht für völkerrechtliche Verträge[183], wie DBA.

174 *Drüen,* in: Tipke/Kruse, AO/FGO, AO § 2, Rz. 1 f.; *Sauren/Schultze,* RIW 1989, 553, 554; *Weigell,* RIW 1987, 122, 125.

175 *Drüen,* in: Tipke/Kruse, AO/FGO, AO § 2, Rz. 38.

176 So wie im oben angeführten Beispiel des § 20 Abs. 2 AStG.

177 So beispielsweise *BVerfG* v. 26.3.1957 – 2 BvG 1/55, BVerfGE 6, 309, 362.

178 *FG Köln* v. 14.3.2000 – 8 K 543/99, EFG 2000, 1006, 1008.

179 Siehe *Drüen,* in: Tipke/Kruse, AO/FGO, AO § 2, Rz. 1; *Schaumburg,* Internationales Steuerrecht, Rz. 3.25; Seer, IStR 1997, 481, 484.

180 *BVerfG* v. 14.5.1968 – 2 BvR 544/63, BVerfGE 23, 288, 317.

181 *BVerfG* v. 16.12.1983 – 2 BvR 1160, 1565, 1714/83, BVerfGE 66, 39, 64 f.

182 Siehe hierzu bei *Pieroth,* in: Jarrass/Pieroth, GG Art. 25, Rz. 8.

183 *Birk,* in: Hübschmann/Hepp/Spitaler, AO/FGO, AO § 2, Rz. 3b ff.

Ohne eine derartige Implementierung kann die AO keine generellen Anordnungen dahingehend treffen, ob spätere Gesetze anzuwenden oder wie diese auszulegen sind.[184] Hierzu hätte es der Schaffung einer Art. 25 Satz 2 GG nachgebildeten Vorschrift in der Verfassung bedurft, um DBA-Vorschriften wirksam einen Vorrang gegenüber einfachen Bundesgesetzen einzuräumen.

2. Grundsätze der Besteuerung im internationalen Steuerrecht

Eine zentrale Aufgabe des internationalen Steuerrechts ist die Bewältigung der immer stärker zunehmenden Verdichtung des grenzüberschreitenden Wirtschaftsverkehrs, wobei sich dies nicht in der Aufgabe erschöpft, Steuersubjekte vor der Erdrosselung zu bewahren.[185] Vielmehr muss das Ziel sein, die unterschiedlichen Steuerrechtsordnungen auf Basis international gültiger Besteuerungsprinzipien zu harmonisieren und derart auszurichten, dass Diskriminierungseffekte vermieden und wettbewerbsneutrale Voraussetzungen geschaffen werden.[186] In diesem Zusammenhang sind die folgenden Besteuerungsprinzipien von elementarer Bedeutung:[187] Gleichheitssatz, Diskriminierungsverbot[188], Leistungsfähigkeitsprinzip[189], Prinzip der Wettbewerbsneutralität sowie das Übermaßverbot. Somit fließt aus den Prinzipien des internationalen Steuerrechts, die Verpflichtung zur Harmonisierung der Steuerfolgen.[190]

Diese Grundprinzipien ordentlicher Besteuerung gelten selbstverständlich auch für Betriebstätten, wobei der Gedanke der Gleichbehandlung von Betriebstätten im Abkommensrecht seine Ausprägung insbesondere in Art. 24 Abs. 3 OECD-MA 2010 findet. Das hierin verankerte abkommensrechtliche Diskriminierungsverbot untersagt es dem Betriebstättenstaat, eine Betriebstätte in seinem Territorium ungünstiger zu besteuern als Unternehmen, die in diesem Staat ansässig sind und die gleiche Tätigkeit ausüben. Diese Vorschrift

---

184 *Weigell,* RIW 1987, 122, 125.

185 Vgl. *Seer,* in: Tipke/Lang, Steuerrecht, § 1, Rz. 82.

186 *Seer,* in: Tipke/Lang, Steuerrecht, § 1, Rz. 82.

187 Siehe zu diesen Prinzipien grundlegend und im Besonderen zum Leistungsfähigkeitsprinzip *Vogel* in: Kirchhof/Offerhaus/Schöberle, FS Klein, S. 361.

188 Siehe hierzu insbesondere bei *Lang/Schuch/Staringer* (Hrsg.), Die Diskriminierungsverbote im Recht der Doppelbesteuerungsabkommen; *Ribbrock,* EWS 2005, 401.

189 Siehe grundlegend hierzu *Tipke,* Die Steuerrechtsordnung, Bd. I, S. 479 ff.; siehe auch *Schaumburg,* in: Lang, FS Tipke, S. 125 ff.

190 *Seer,* in: Tipke/Lang, Steuerrecht, § 1, Rz. 83.

„bezweckt die Beseitigung jeder Diskriminierung“ bei der steuerlichen Behandlung von Betriebstätten gegenüber ansässigen Unternehmen.[191]

Hieraus folgt zugleich, dass der persönliche Schutzbereich des Art. 24 Abs. 3 OECD-MA 2010 Unternehmen eines Vertragsstaates des DBA erfasst, welche im anderen Vertragsstaat ihr Geschäft durch eine Betriebstätte ausüben. Somit ist die Betriebstätte selbst nicht Adressat des Diskriminierungsverbots, ist sie doch lediglich unselbstständiger Teil des (Einheits-)Unternehmens. Die Begriffsdefinition der Betriebstätte in Art. 24 Abs. 3 OECD-MA 2010 ist nach herrschender Auffassung mit dem Begriffsverständnis in Art. 5 OECD-MA identisch.[192] Der sachliche Anwendungsbereich ergibt sich aus Art. 24 Abs. 6 OECD-MA 2010. Diese Bestimmung erklärt das Diskriminierungsverbot für auf Steuern jeder Art und Bezeichnung anwendbar. Dies umfasst sämtliche Steuern, „die von einem Staat oder einer Gebietskörperschaften oder für Rechnung eines Staates oder der Gebietskörperschaften erhoben werden.“[193] Aus dieser Kommentierung zum OECD-MA wird deutlich, dass sich das Diskriminierungsverbot nicht auf die Anwendung des Abkommens als solches bezieht, sondern zuerst einmal auf die Anwendung des nationalen Steuerrechts eines Vertragsstaates auf den Betriebstättensachverhalt.[194]

Unmittelbar verbunden mit den Besteuerungsgrundsätzen ist stets deren Implementierung und Umsetzung in der Steuerrechtsordnung. Im Bereich der Sachverhalte des internationalen Steuerrechts ist insbesondere die Frage von Relevanz, welches Prinzip zur Durchsetzung der Steuerpflicht Anwendung findet. Bei unbeschränkter Steuerpflicht in der Bundesrepublik Deutschland nach § 1 Abs. 1 EStG sowie der erweiterten unbeschränkten Steuerpflicht gemäß § 1 Abs. 2 EStG wird als Steuerobjekt grundsätzlich das Welteinkommen des Steuersubjekts herangezogen.[195] Das Gegenstück zum Welteinkommensprinzip

---

191 *OECD*, MK 2008, MA Art. 24, Rz. 21.

192 Zur abkommensrechtlichen Betriebstättendefinition siehe oben Kapitel 2. II. 2.; siehe für die herrschende Auffassung *Tumpl/Stangl*, in: Lang/Schuch/Staringer, Diskriminierungsverbote im Recht der Doppelbesteuerungsabkommen, S. 72; *Wassermeyer*, in: Wassermeyer, DBA, MA Art. 24, Rz. 42; *Rust*, in: Vogel/Lehner, DBA, MA Art. 24, Rz. 99.

193 *OECD*, MK 2008, MA Art. 24, Rz. 60.

194 *Wassermeyer*, in: Wassermeyer, DBA, MA Art. 24, Rz. 1 m.w.N.

195 Das Welteinkommensprinzip ergibt sich nicht unmittelbar aus den §§ 1 und 2 EstG, sondern im Umkehrschluss aus den Vorschriften der §§ 1 Abs. 4, 2a, 34c, 34d und 49 EStG; siehe hierzu bei *Schaumburg*, Internationales Steuerrecht, Rz. 5.53; siehe zur ertragsteuerlichen Behandlung unter Kapitel 2. IV.

ist das Prinzip der Quellenbesteuerung[196], wonach nur inländische Einkünfte[197] sowie Inlandsvermögen[198] besteuert werden. Das Quellenprinzip findet im deutschen Steuerrecht sowohl im Bereich der beschränkten Steuerpflicht als auch im Falle der Durchbrechung des Welteinkommensprinzips bei unbeschränkter Steuerpflicht Anwendung. Ein entscheidender Aspekt, der für das Prinzip der Besteuerung an der Quelle spricht, ist der Umstand, dass – im idealen Falle der strikten Anwendung des Quellenprinzips durch alle beteiligten Staaten – der Bereich der direkten Steuern absolut kollisionsfrei zu gestalten wäre; eine Doppelbesteuerung würde gänzlich unterbunden.[199] Das Spannungsfeld und das Nebeneinander von Welteinkommensprinzip und Quellenprinzip schafft erst einen Anwendungsbereich und die Notwendigkeit für ein System der Doppelbesteuerungsvermeidung.[200]

Das Welteinkommensprinzip wird im Zusammenhang mit den Besteuerungsgrundsätzen argumentativ auf das Prinzip der Gleichmäßigkeit der Besteuerung gestützt.[201] Das Leistungsfähigkeitsprinzip – als Fundamentalprinzip der Besteuerung und „verkürzter Ausdruck für gleichmäßige Besteuerung nach der Leistungsfähigkeit"[202] – entscheidet darüber, wie hoch der Steuerbeitrag ausfällt, sodass das Ziel gleichmäßiger Besteuerung eine Ungleichbehandlung von inländischem und ausländischem Einkommen verbietet.[203]

Die Durchbrechung des Welteinkommensprinzips wird jedoch auch von dessen Befürwortern in verschiedenen Fällen akzeptiert[204], insbesondere dann, wenn unter Gesichtspunkten der Leistungsfähigkeit trotz unbeschränkter

---

196 Auch als Territorialitätsprinzip bezeichnet.

197 Siehe bezogen auf die Bundesrepublik Deutschland § 49 EStG.

198 Siehe bezogen auf die Bundesrepublik Deutschland § 121 BewG und § 2 Abs. 1 Satz 3 ErbStG.

199 *Kluge,* Das internationale Steuerrecht, Rz. D 6; *Seer,* in: Tipke/Lang, Steuerrecht, § 1, Rz. 87; *Schaumburg,* Internationales Steuerrecht, Rz. 5.57; *Schulze-Brachmann,* StuW 1964, 589.

200 *Seer,* in: Tipke/Lang, Steuerrecht, § 1, Rz. 87; *Schaumburg,* Internationales Steuerrecht, Rz. 5.56.

201 Siehe *Kluge,* Das internationale Steuerrecht, Rz. M 22.

202 *Tipke,* Die Steuerrechtsordnung, Bd. I, S. 480 und 500 ff.; siehe hierzu grundlegend und mit weiteren Nachweisen *Hey,* in: Tipke/Lang, Steuerrecht, § 3, Rz. 13, 17 und 40 ff.

203 *Debatin,* FR 1969, 277 f.; siehe hierzu auch *Kluge,* Das internationale Steuerrecht, Rz. M 24; *Schaumburg,* Internationales Steuerrecht, Rz. 5.56.

204 *Tipke,* Die Steuerrechtsordnung, Bd. II, S. 622; für eine systematische Darstellung siehe *Schaumburg,* Internationales Steuerrecht, Rz. 5.61–5.98.

Steuerpflicht das Quellenprinzip Anwendung finden soll. Das Quellenprinzip, welches zwischen inländischen und ausländischen, also den jeweils national erwirtschafteten Einkünften eines Steuerpflichtigen differenziert, kennt eine inländische und eine ausländische Leistungsfähigkeit. Eine unterschiedslose Erfassung des Welteinkommens eines Steuersubjekts ist nicht zwingende Voraussetzung einer am Leistungsfähigkeitsprinzip orientierten Besteuerung.[205] Vielmehr wird von den Befürwortern des Quellenprinzips die Verwirklichung des Leistungsfähigkeitsprinzips in der Realisation steuerlicher Wettbewerbsneutralität gesehen[206], da inländischen und ausländischen Einkommensteilen bezogen auf die unterschiedlichen Rahmen- und Standortbedingungen korrespondierend auch unterschiedliche Leistungsfähigkeiten zuzuweisen seien.[207] Die Durchbrechung des Welteinkommensprinzips zugunsten des Territorialitätsprinzips ist damit zu erklären, dass die Inlandseinkünfte eng mit der inländischen Volkswirtschaft verbunden sind, und daher auf eine Besteuerung durch den Quellenstaat häufig nicht verzichtet werden kann.[208]

Insofern ist es dem jeweiligen nationalen Gesetzgeber freigestellt, ob er Welteinkommens- oder Quellenprinzip alternativ oder kumulativ zum Gegenstand seiner Steuerrechtsordnung macht, da jede dieser Gestaltungsmöglichkeiten den Anforderungen des Leistungsfähigkeitsprinzips entspricht.[209] Diese Freiheit ist aber zugleich Ursprung von Doppel- respektive Doppelnichtbesteuerungen in Betriebstättensachverhalten. Wie bereits dargelegt, ist die deutsche Steuerrechtsordnung durch die Kumulation von Welteinkommens- und Territorialitätsprinzip geprägt. Die ertragsteuerliche Behandlung von Betriebstätten in Inbound-Fällen wie Outbound-Fällen wird im Folgenden detaillierter dargestellt.

IV. Grundzüge der ertragsteuerlichen Behandlung

Im Kontext des internationalen Steuerrechts tangieren Fragen der Besteuerung von grenzüberschreitenden Betriebstättensachverhalten stets verschiedene Rechtskreise. Namentlich handelt es sich hierbei um die nationalen steuerrechtlichen Regelungen der beiden involvierten Staaten sowie – im Falle der Existenz eines DBA zwischen diesen Staaten – das Abkommensrecht, sodass

205 *Tipke,* Die Steuerrechtsordnung, Bd. II,. S. 619 ff.

206 *Tipke,* Die Steuerrechtsordnung, Bd. III, S. 1631.

207 Siehe *Schaumburg,* Schaumburg, Internationales Steuerrecht, Rz. 5.58.

208 *Debatin,* BB 1960, 1015, 1015; *Debatin,* FR 1969, 277 ff.; siehe *Schaumburg,* Internationales Steuerrecht, Rz. 5.56.

209 *Schaumburg,* Internationales Steuerrecht, Rz. 5.58–5.59.

(mindestens) drei Rechtssysteme involviert sind.[210] Diese Rechtsbereiche sind auf Inbound-Sachverhalte und Outbound-Sachverhalte gleichermaßen anwendbar, verfolgen jedoch grundsätzlich verschiedene Regelungsziele. Die Darstellung der ertragsteuerlichen Behandlung von Einheitsunternehmen erfordert somit die Untersuchung, welche Vorschriften des innerstaatlichen Steuerrechts und welche Regelungen des OECD-MA auf grenzüberschreitende Sachverhalte anwendbar sind. Um die als anwendbar identifizierten Vorschriften anwenden und somit den Steueranspruch eines Staates durchzusetzen zu können, bedarf es der Ermittlung des Gewinns des Einheitsunternehmens ebenso wie einer Abgrenzung dieses Ergebnisses zwischen den unselbstständigen Unternehmensteilen Stammhaus (Geschäftsleitungsbetriebstätte) und den übrigen Betriebstätten. Gewinnermittlung und Gewinnabgrenzung sind daher grundlegende Bestandteile der ertragsteuerlichen Behandlung von grenzüberschreitenden Betriebstättensachverhalten. Die Zuordnung von Wirtschaftsgütern zu den verschiedenen Teilen eines Einheitsunternehmens ist wiederum elementarer Bestandteil der Gewinnabgrenzung. Sie betrifft die Gewinnabgrenzung dem Grunde nach, während die Zuordnung der Erträge und Aufwendungen die Gewinnabgrenzung der Höhe nach betrifft.[211] Im Rahmen dieser Untersuchung ist also die Abgrenzung dem Grunde nach von maßgeblichem Interesse, welche zugleich aber die Basis für die Gewinnabgrenzung der Höhe nach legt.

1. Sachverhaltskonstellationen

a) Inbound-Sachverhalte

Im Falle einer Inbound-Betriebstätte unterhält eine natürliche oder juristische Person, die weder ihren Wohnsitz noch ihren gewöhnlichen Aufenthalt im Inland hat, eine Betriebstätte in der Bundesrepublik Deutschland. Eine solche Inbound-Konstellation löst in jedem Fall steuerliche Implikationen hinsichtlich der Einkünfte der Betriebstätte im Bereich des nationalen Steuerrechts der Bundesrepublik Deutschland aus. Abkommensrechtliche Folgen und Modifikationen treten dann hinzu, wenn die Bundesrepublik Deutschland als Quellenstaat und der Wohnsitzstaat des Stammhauses ein DBA geschlossen haben.

---

210 Sollten noch Wirtschaftsgüter in Drittstaaten, also in Staaten belegen sein, die nicht Vertragspartei der beiden Vertragsstaaten zum DBA geworden sind, kann deren steuerrechtliche Behandlung gegebenenfalls auch noch Einfluss auf die Behandlung des Sachverhalts haben.

211 Siehe *Andresen,* in: Wassermeyer/Andresen/Ditz, Betriebsstätten Handbuch, Rz. 2.37 ff.

aa) Nationales Recht

Ein im Ausland ansässiges Stammhaus, welches im Inland eine Betriebstätte unterhält, unterfällt hierdurch der beschränkten Einkommensteuerpflicht gemäß § 1 Abs. 4 EStG i.V.m. § 49 Abs. 1 Nr. 2 lit a) EStG. Dies gilt über § 8 KStG und § 2 Nr. 1 KStG ebenso im Anwendungsbereich der Körperschaftsteuer. Eine beschränkte Körperschaftsteuerpflicht hinsichtlich der inländischen Betriebstätteneinkünfte entsteht dann, wenn das ausländische Stammhaus eine nach ausländischem Recht organisierte und strukturierte Gesellschaft ist, welche einem inländischen Körperschaftsteuersubjekt des § 1 Abs. 1 KStG gleicht.[212] Der Betriebstättenerlass des BMF umfasst zwei Tabellen, die in einer Übersicht die Rechtsformen ausländischer Gesellschaften gegenüberstellen und somit eine Einschätzung dahingehend ermöglicht, ob die inländischen Einkünfte der Betriebstätte der Einkommen- oder Körperschaftsteuer unterfallen.[213]

§ 50 EStG normiert Sondervorschriften für beschränkt Steuerpflichtige. In § 50 Abs. 1 Satz 1 EStG finden sich Regelungen zur (beschränkten) Abzugsfähigkeit von Betriebsausgaben oder Werbungskosten. § 50 Abs. 2 Satz 1 EStG ordnet ferner an, dass die auf beschränkt Steuerpflichtige anfallende Einkommensteuer für Einkünfte, die dem Steuerabzug unterliegen – im Falle von Arbeitslohn nach § 39d EStG, bei Kapitalerträgen gemäß §§ 43 ff. EStG sowie in den Fällen des § 50a EStG – als durch den Steuerabzug abgegolten gilt. In Abs. 2 Satz 2 Nr. 1 des § 50 EStG findet sich jedoch eine Ausnahmeregelung, die eine solche Abgeltungswirkung für die Einkünfte eines inländischen Betriebs ausschließt. Ein inländischer Betrieb ist insbesondere eine Betriebstätte im Sinne des § 12 AO, welche im Inland unterhalten wird.[214]

Des Weiteren enthält § 50d EStG Spezialregelungen zur Freistellung von Einkünften, die im Falle des Vorhandenseins eines DBA zur Anwendung kommen.

Ferner sind die inländischen Betriebstätteneinkünfte grundsätzlich gewerbesteuerpflichtig gemäß § 2 Abs. 1 Satz 3 GewStG. Von der Gewerbesteuerpflicht können inländische Betriebstätten, deren Geschäftsführung sich in einem ausländischen Staat befindet, mit dem die Bundesrepublik Deutschland kein DBA abgeschlossen hat, nach Maßgabe des § 2 Abs. 6 GewStG ausgenommen werden, wenn die Einkünfte aus diesen Betriebstätten steuerfrei sind und der ausländische

212 Siehe *Heinsen,* in: Löwenstein/Looks/Heinsen, Betriebsstättenbesteuerung, Rz. 245; *BFH* v. 23.6.1992 – IX R 182/87, BStBl. II 1992, 972, mit Verweis auf *BFH* v. 6.11.1980 – IV R 182/77, BStBl. II 1980, 220.

213 Vgl. *BMF*, Betriebsstätten-Verwaltungsgrundsätze, Tabelle 1 und 2.

214 Siehe beispielhaft *Wied*, in: Blümich, EStG/KStG/GewStG, EStG § 50, Rz. 68; *BFH* v. 23.10.1991 - I R 86/89, BStBl. II 1992, 185.

Staat eine entsprechende Befreiung von der Gewerbesteuer gewährt oder dort keine Gewerbesteuer besteht.

Das nationale Steuerrecht hält keine besonderen Regelungen hinsichtlich der Bestimmung der Besteuerungsgrundlagen einer Betriebstätte vor, sondern fordert die Anwendung der allgemeinen Vorschriften zur Ermittlung von Erfolg und Vermögen durch die jeweiligen Betriebsteile eines Einheitsunternehmens.[215] Die Abgrenzung des nach den allgemeinen Vorschriften ermittelten Ergebnisses zwischen Betriebstätte und Stammhaus soll, so der BFH in seinem Grundsatzurteil vom 20.7.1988[216], nach dem Prinzip der wirtschaftlichen Zugehörigkeit erfolgen.[217]

bb) Abkommensrecht

Ist im Falle des Vorliegens eines Inbound-Sachverhalts zwischen den Staaten ein DBA geschlossen, so ist allein der abkommensrechtliche Betriebstättenbegriff für die rechtliche Bewertung dieses Betriebstättensachverhalts maßgeblich und zugleich Ausgangspunkt für die Aufteilung der Besteuerungsrechte. Die Definition der Betriebstätte ergibt sich im DBA-Fall aus Art. 5 OECD-MA, respektive dem ihm nachgebildeten Artikel des anzuwendenden DBA. Ausgehend von der im OECD-MA vorgesehenen Verteilung der Besteuerungsrechte, wird in einem Inbound-Sachverhalt grundsätzlich dem Betriebstättenstaat das Recht der Besteuerung zugewiesen, soweit die Gewinne der Betriebstätte zuzurechnen sind.[218] Dieses sog. Betriebstättenprinzip soll dem Quellenstaat den steuerlichen Zugriff auf die Erträge der Betriebstätte ermöglichen. Ein Zugriff soll hierdurch jedoch weder auf die Gewinne des Stammhauses im anderen Staat noch auf Gewinne erfolgen, die zwar im Domizilstaat der Betriebstätte, jedoch auf andere Weise als durch die Betriebstätte erzielt werden.[219] Neben diese allgemeine Regel des Art. 7 OECD-MA treten Artikel des DBA mit Spezialitätscharakter, deren Regelungen vorgehen und eine vom Betriebstättenprinzip abweichende Zuteilung der Besteuerungsrechte an speziellen Einkünften der Betriebstätte enthalten.[220]

---

215 Siehe *Jacobs*, Internationale Unternehmensbesteuerung, S. 333.

216 *BFH* v. 20.7.1988 – I R 49/84, BStBl. II 1989, 140.

217 Siehe *Jacobs*, Internationale Unternehmensbesteuerung, S. 333; Auf weitergehende Aspekte der Abgrenzung des Erfolgs zwischen Betriebstätte und Stammhaus wird im Folgenden detaillierter eingegangen.

218 Siehe Art. 7 Abs. 1 und Abs. 2.

219 *OECD*, MK 2008, MA 2008 Art. 7, Rz. 5.

220 Insbesondere gilt dies für Dividenden-, Zins- und Lizenzeinkünfte. Art. 7 Abs. 4 OECD-MA 2010 normiert diesen Vorrang.

Von dieser Spezialitätsregelung gibt es jedoch auch Rückausnahmen in Form der sogenannten Betriebstättenvorbehalte.[221] Diese führen trotz der Spezialregelung das Besteuerungsrecht dem Betriebstättenstättenstaat zu, soweit die jeweiligen Einkünfte durch Wirtschaftsgüter erwirtschaftet wurden, die tatsächlich zu der Betriebstätte im Quellenstaat gehören. Somit stellen Betriebstättenvorbehalte die von der Grundregel des Art. 7 OECD-MA intendierte Situation wieder her und führen dazu, dass der Quellenstaat den Nettobetrag besteuern darf, soweit dieser der Betriebstätte zuzurechnen ist.[222] Die Frage, wann ein Wirtschaftsgut tatsächlich zu einer Betriebstätte gehört, bildet den zentralen Gegenstand der Untersuchung in dieser Arbeit.[223]

b) Outbound-Sachverhalte

Steuersachverhalte, in denen eine in der Bundesrepublik Deutschland ansässige natürliche oder juristische Person im Ausland einen rechtlich unselbstständigen Betriebsteil in Form einer Betriebstätte unterhält, werden als Outbound-Fälle bezeichnet. Hieraus ergeben sich für das Einheitsunternehmen, also sowohl für das Stammhaus als auch für die Betriebstätte, steuerrechtliche Folgen in Deutschland. Diese können jedoch durch das Abkommensrecht modifiziert werden, wenn und soweit ein DBA zwischen den Staaten abgeschlossen worden ist. Bei der ertragsteuerlichen Würdigung eines solchen Sachverhaltes werden im Rahmen der Quellenbesteuerung sowie der Wohnsitzbesteuerung bedeutsame materielle Rechtsfolgen an das Vorliegen einer Betriebstätte geknüpft. Je nach Definition der Außensteuerrechtsnormen der beteiligten Staaten sowie eines bestehenden DBA gilt es zunächst zu klären, ob eine Betriebstätte im Sinne dieser Vorschriften vorliegt und welche steuerrechtlichen Folgen hieraus erwachsen.[224]

aa) Nationales Recht

Ist zwischen der Bundesrepublik Deutschland und dem Domizilstaat der Betriebstätte kein DBA geschlossen, so werden die nationalen Steuerrechtsordnungen auf den Sachverhalt angewendet. Die Betriebstätte befindet sich im Spannungsfeld zwischen Welteinkommensprinzip (d.h. deutscher Besteuerung) und Quellenprinzip (Besteuerung durch den ausländischen Domizilstaat). Das

---

221 Siehe hierzu insbesondere Art. 10 Abs. 4, Art. 11 Abs. 4 und Art. 12 Abs. 3 OECD-MA.

222 *Vogel,* in: Vogel/Lehner, DBA, MA Vor Art. 10–12.

223 Die Untersuchung widmet sich der konkreten Zuordnung von Wirtschaftsgütern im 3. Kapitel dieser Arbeit.

224 *Jacobs,* Internationale Unternehmensbesteuerung, S. 405.

Stammhaus mit Sitz im Inland hingegen, ist mit den ihm zurechenbaren Einkünften der deutschen Besteuerung unterworfen.

Im Hinblick auf die steuerliche Behandlung der Betriebstätte und ihrer Gewinne führt, korrespondierend zum Inbound-Fall, die Qualifikation des ausländischen Betriebsteils als Betriebstätte zu einer beschränkten Steuerpflicht im ausländischen Staat. Über die Frage, ob eine Betriebstätte vorliegt, entscheidet ausschließlich der ausländische Staat im Rahmen seiner Gesetze. Grundsätzlich kann für den Fall, dass es sich hierbei um einen Industriestaat handelt, von einem Leitbild der Betriebstätte ausgegangen werden, das an eine nachhaltige, standortbezogene gewerbliche Betätigung anknüpft.[225] Ist nach dem Steuerrecht des Quellenstaates eine Betriebstätte gegeben, so ist der in Deutschland ansässige Steuerpflichtige mit dem dieser Betriebstätte zuzurechnenden Erfolg und gegebenenfalls auch Vermögen beschränkt steuerpflichtig. Der Domizilstaat entscheidet über Art und Höhe der Besteuerung nach dem Typus des deutschen Stammunternehmens. Daraus folgt dann entweder eine beschränkte Einkommens- oder Körperschaftsteuerpflicht, wobei häufig ein limitierter Ausgabenabzug – entsprechend der deutschen Regelung des § 50 Abs. 1 Satz 1 EStG – gewährt wird, wenn ein Zusammenhang zwischen diesen Aufwendungen und den Betriebstätteneinnahmen nachgewiesen werden kann.[226]

Des Weiteren stellt sich auch im Outbound-Fall die Kernfrage danach, wie die Ermittlung und Abgrenzung des Betriebstättenerfolgs und -vermögens von dem Gesamterfolg und Gesamtvermögen des Einheitsunternehmens zu erfolgen hat. Grundsätzlich existieren zur Ermittlung dieser Besteuerungsgrundlagen international drei Prinzipien[227]:

Zunächst kommt das auch in der Bundesrepublik Deutschland angewendete Prinzip der wirtschaftlichen Zugehörigkeit in Betracht[228], welches am weitesten verbreitet und anerkannt ist.

---

225 *Narraina/Krause/Viegener*, IWB Fach 10 Gruppe 2, 925 ff. Für den Fall, dass der ausländische Staat ein Entwicklungsland ist, können die definitorischen Grenzen der Betriebstätte weiter gezogen sein, um eine möglichst umfassende Quellenbesteuerung vornehmen zu können; siehe hierzu *Jacobs*, Internationale Unternehmensbesteuerung, S. 405.

226 Siehe hierzu *Jacobs*, Internationale Unternehmensbesteuerung, S. 407 f.

227 Siehe zu diesen Prinzipien *Jacobs*, Internationale Unternehmensbesteuerung, S. 409 f.

228 Siehe beispielsweise bei *Gosch* in: Kirchhof, EStG § 50, Rz. 4.

Ferner wenden einige Staaten auch das Prinzip der Geschäfte gleicher Art an.[229] Hiernach erfolgt eine Zurechnung von Gewinn- und Verlustteilen zur Betriebstätte, welche das Stammhaus im Betriebstättenstaat aus dem Verkauf von solchen Gütern und Waren erzielt, die den von der Betriebstätte verkauften gleich oder ähnlich sind. Es handelt sich insofern um eine Ausdehnung des Prinzips der wirtschaftlichen Zugehörigkeit auf die Geschäfte, welche das Stammhaus im Betriebstättenstaat ohne Einschaltung der Betriebstätte tätigt.

Die dritte Variante ist das Prinzip der Attraktivkraft, nach welchem alle Einkünfte, welche das Einheitsunternehmen im Betriebstättenstaat erwirtschaftet, der Betriebstätte zugerechnet und somit einer Quellenbesteuerung im Betriebstättenstaat unterworfen werden.

Sollte der Betriebstättenstaat eine Vermögensteuer erheben, so ist das Einheitsunternehmen mit dem Betriebstättenvermögen im Domizilstaat beschränkt vermögensteuerpflichtig. Für den Fall, dass der Betriebstättenstaat durch seine Steuergesetze eine Gewerbesteuer oder gewerbesteuerähnliche Steuer erhebt, kann, je nach Ausgestaltung der Vorschrift, der Betriebstättengewinn oder das Kapital der Betriebstätte steuerbar sein.[230]

Das in Deutschland ansässige Stammhaus ist im Inland mit seinem Welteinkommen steuerpflichtig nach § 1 Abs. 1 und § 2 EStG respektive nach § 1 Abs. 1 und 2 KStG, sodass bei der Ermittlung des Welteinkommens die Gewinne der Outbound-Betriebstätte unmittelbar beim Stammhaus erfasst werden. Die Erfolge der Betriebstätte werden dem Stammhaus in dem Jahr als zugeflossen zugerechnet, in welchem sie nach den Grundsätzen ordnungsgemäßer Buchführung festgestellt worden sind.[231] Besteht zwischen Deutschland und dem ausländischen Domizilstaat der Betriebstätte kein DBA, so kann eine Vermeidung der Doppelbesteuerung nur unilateral durch die Vorschriften des EStG erfolgen. Aus der deutschen steuerrechtlichen Perspektive entscheidet das Vorliegen oder Nichtvorliegen einer (Outbound-)Betriebstätte darüber, ob die unilateralen Maßnahmen zur Doppelbesteuerungsvermeidung respektive Doppelbesteuerungsreduzierung zur Anwendung kommen. In solchen Fällen ist der nationale Betriebstättenbegriff nach § 12 AO maßgeblich für die Anwendbarkeit der nationalen Doppelbesteuerungsvermeidungsvorschriften. In Betracht kommen hier die Regelungen in § 34c EStG sowie § 26 KStG. Die Vorschrift des § 34d EStG

---

229 Das Prinzip der Geschäfte gleicher Art ist im Art. 7 Abs. 1 UN-MA als Kompromisslösung zwischen dem Prinzip der wirtschaftlichen Zugehörigkeit und dem Prinzip der Attraktivkraft der Betriebstätte für Entwicklungsländer geschaffen worden.

230 Siehe *Jacobs,* Internationale Unternehmensbesteuerung, S. 410.

231 Siehe *Jacobs,* Internationale Unternehmensbesteuerung, S. 413.

spezifiziert, welche Arten von ausländischen Einkünften von § 34c EStG erfasst sind. § 34d Nr. 2 lit. a) EStG ordnet den ausländischen Einkünften im Sinne des § 34c EStG Einkünfte aus Gewerbebetrieb zu, die durch eine in einem ausländischen Staat belegene Betriebstätte erzielt werden.

bb) Abkommensrecht

Ebenso wie im Inbound-Fall, führt das Bestehen eines DBA zwischen der Bundesrepublik Deutschland als Sitzstaat des Stammhauses und dem anderen Staat als Quellenstaat, in welchem die Betriebstätte domiziliert, dazu, dass die Betriebstättendefinition ausschließlich aus dem Abkommensrecht herzuleiten ist. Wiederum sind die abkommensrechtlichen Vorschriften maßgeblich für die Zuteilung der Besteuerungsrechte an Erträgen und gegebenenfalls Vermögen des Einheitsunternehmens. Daher steht, wie bereits zuvor für die Inbound-Sachverhalte dargestellt, Art. 7 OECD-MA als Grundregel für die Zuteilung des Besteuerungsrechts an den Betriebstättengewinnen im Mittelpunkt. Zunächst steht dem Domizilstaat, in welchem sich die Betriebstätte befindet, das Recht zur Besteuerung der Erträge und gegebenenfalls des Vermögens der Betriebstätte zu. Dieser allgemeinen Vorschrift stehen dann wiederum die spezielleren Einkommensartikel des DBA gegenüber, die regelmäßig Betriebstättenvorbehalte enthalten.[232]

2. Gewinnermittlung

Die Frage danach, was als Gewinn eines Einheitsunternehmens und dessen einzelnen Unternehmensteilen – wie den Betriebstätten – qualifiziert und auf welchem Wege dieser Gewinn zu ermitteln ist, bestimmt sich nach dem Recht des Anwenderstaates. Im Falle des Bestehens eines DBA sind regelmäßig beide Vertragsstaaten gehalten, eine Gewinnermittlung durchzuführen. Der eine Vertragsstaat muss zum Zwecke der Besteuerung eines Gewinns diesen inhaltlich und der Höhe nach ermitteln, während der andere Vertragsstaat eine solche Ermittlung durchführen muss, um den Gewinn von der Besteuerung freizustellen oder auf die eigene Steuer eine Ermäßigung gewähren zu können.[233]

---

232 Diese übersichtsartige Darstellung geht davon aus, dass das geschlossene DBA sich am OECD-MA orientiert.

233 *Wassermeyer*, in: Wassermeyer, DBA, MA Art. 7, Rz. 159; *BFH* v. 13.9.1989 – I R 117/87, BStBl. II 1990, 57.

a) *Primat des deutschen Steuerrechts*

Die Einkünfte sowohl einer inländischen als auch einer ausländischen Betriebstätte sind für Zwecke der Besteuerung im Inland nach deutschem Steuerrecht zu ermitteln, unabhängig davon, ob das Steuersubjekt in Deutschland unbeschränkt oder beschränkt steuerpflichtig ist.[234] Eine Pflicht zur Buchführung nach deutschem Recht besteht also sowohl für den Inbound-Fall als auch den Outbound-Fall.[235] Die Definition der Gewinne und ihre Berechnung sind auch im Abkommensfall Regelungsgegenstand des nationalen Rechts der Vertragsstaaten.[236] Zwar benutzt Art. 7 OECD-MA den Begriff „Gewinne eines Unternehmens" gleich in Absatz 1, es findet sich jedoch in der Vorschrift weder eine Definition derselben noch Vorgaben zu deren Ermittlung.[237] Die Frage der Gewinnermittlung kann nicht durch eine verbindliche Regelung des Abkommensrechts beantwortet werden[238], denn dieses schafft keine eigenen Besteuerungsrechte, sondern begrenzt das innerstaatliche Besteuerungsrecht[239] im Wege einer Zurücknahme des nationalen (grundsätzlich weiterhin anwendbaren) materiellen Steuerrechts. Die Rechtsprechung hat entschieden, dass grundsätzlich die Zurechnung der Einkünfte[240], die Gewinnermittlung[241] und die inländische (subjektive oder objektive) Steuerpflicht[242] nicht zum Regelungsgegenstand der DBA gehören. DBA begründen, soweit sie nicht ausdrückliche gegenteilige Regelungen enthalten, kein Besteuerungsrecht, welches nach inländischem Recht nicht schon besteht und führen nicht zur Erfassung von Einkünften, die nach inländischem Steuerrecht beim Steuerpflichtigen nicht zu erfassen sind.[243]

Die Definition des Gewinns und dessen Ermittlung muss sich nach innerstaatlichem Recht der jeweiligen Vertragsstaaten richten. Insofern kommt aus Perspektive der deutschen Finanzverwaltung bei Vorliegen einer inländischen

---

234 Siehe *Balmes,* in: Löwenstein/Looks/Heinsen, Betriebsstättenbesteuerung, Rz. 194.

235 Siehe *Balmes,* in: Löwenstein/Looks/Heinsen, Betriebsstättenbesteuerung, Rz. 194.

236 *Hemmelrath,* in: Vogel/Lehner, DBA, MA Art. 7, Rz. 21.

237 *BFH* v. 13.9.1989 – I R 117/87, BStBl. II 1990, 57, unter II. 3.

238 *OECD,* MK 2008, MA Art. 7, Rz. 28.

239 *Gosch,* in: Kirchhof, EStG § 49 Rz. 6; *Hruschka/Lüdemann,* IStR 2005, 76.

240 *BFH* v. 12.7.1989 – I R 46/85, BStBl. II 1990, 113; v. 29.10.1997 – I R 35/96, BStBl. II 1998, 235.

241 *BFH* v. 16.2.1996 – I R 43/95, BStBl. II 1997, 128; v. 22.5.1991 – I R 32/90, BStBl. II 1992, 94.

242 *BFH* v. 21.5.1997 – I R 79/96, BStBl. II 1998, 113.

243 *BFH* v. 24.3.1999 – I R 114/97, BStBl. II 2000, 399 sowie zum DBA-Frankreich *BFH* v. 19.5.1993 – I R 60/92, BStBl. II 1993, 714.

Betriebstätte ebenso wie bei einer ausländischen Betriebstätte deutsches Recht zur Anwendung, gänzlich unabhängig davon, ob ein DBA abgeschlossen worden ist oder nicht. Es gilt somit das Primat des deutschen Steuerrechts, da es im Abkommensrecht an Vorschriften zur Gewinnermittlung fehlt.

b) Gewinnbegriff

Das Primat des deutschen Steuerrechts im Bereich der Gewinnermittlung im grenzüberschreitenden Einheitsunternehmen wirkt sich auch auf den anwendbaren Gewinnbegriff aus. In einem Nicht-DBA-Fall sind ohnehin nur die nationalen handels- und steuerrechtlichen Vorschriften der beteiligten Staaten einschlägig, sodass in einem solchen Sachverhalt aus inländischer Perspektive die Gewinnermittlung nach deutschem Recht und unter Zugrundelegung des nationalen Gewinnbegriffs zu erfolgen hat. Daher ergibt sich im Nichtabkommensfall, dass aus deutscher steuerrechtlicher Sicht die Definition der Einkünfte respektive des Gewinns nach § 2 Abs. 2 EStG erfolgt; mit Verweis auf die Ermittlungsvorschriften in den §§ 4, 7k und 13a EStG, soweit es die Gewinneinkunftsarten betrifft, und hinsichtlich der Überschusseinkunftsarten mit Verweis auf die §§ 8 bis 9a EStG.

§ 2 Abs. 2 EStG ist auch im DBA-Fall die zentrale Vorschrift der Einkünftedefinition im nationalen Steuerrecht. Fraglich erscheint jedoch, ob sich im Rahmen eines DBA-Falls durch das Abkommensrecht Modifikationen am Begriff des steuerbaren Gewinns eines Einheitsunternehmens ergeben. Das Abkommensrecht überschreibt Art. 7 OECD-MA mit „Unternehmensgewinne“ und das OECD-MA verwendet ferner auch einen eigenen Einkünftebegriff, dem jeder Zeitbezug fehlt und der nichts über die Ermittlung und die Steuerbarkeit der Einkünfte in den Vertragsstaaten aussagt.[244] Die dem deutschen Steuerrecht immanente Differenzierung innerhalb des Einkünftebegriffs zwischen den Gewinn- und den Überschusseinkunftsarten in § 2 Abs. 2 Satz 1 Nr. 1 und Nr. 2 EStG ist dem Abkommensrecht jedoch fremd, es verwendet die Begriffe Gewinne und Einkünfte vielmehr synonym.[245] Vom abkommensrechtlichen Gewinnbegriff sind neben positiven auch negative Einkünfte in der Form von

---

244 *Wassermeyer*, IStR 2010, 324, 326; *Schönfeld*, in: Flick/Wassermeyer/Baumhoff/Schönfeld, Außensteuerrecht, EStG § 50d Abs. 9, Rz. 51.

245 Im Rahmen dieser Arbeit soll der Begriff Gewinn sowohl für die Einkünfte des Einheitsunternehmens insgesamt als auch der einzelnen Betriebsteile verwendet werden.

Verlusten erfasst.[246] Das OECD-MA will den Unternehmensgewinn inhaltlich nicht selbst definieren, sondern nimmt vielmehr Bezug auf den Anwendungsgegenstand „Gewinn eines Unternehmens“, der durch das nationale Recht bestimmt wird.[247] Die Art. 6 bis 22 OECD-MA verweisen aus der nationalen steuerrechtlichen Perspektive stillschweigend auf die Einkünfte im Sinne des § 2 Abs. 2 EStG und verändern daneben die Einkünfte weder der Art noch der Höhe nach.[248] Ermöglichte das Abkommensrecht eine solche Umqualifizierung der zuvor nach nationalen Vorschriften ermittelten Einkunftsart, würden hierdurch dem Quellenstaat die Berechtigung Quellensteuer – beispielsweise von Zinseinkünften oder Dividenden – einzubehalten, wieder entzogen. Das Abkommensrecht sieht in seiner Struktur der Art. 6 bis 22 OECD-MA vor, dass es innerhalb eines Unternehmensgewinns, der global von Art. 7 OECD-MA behandelt wird, andere besonders geregelte Einkünfte in Unternehmen und Betriebstätten geben kann; insbesondere sind dies Dividenden-, Zins- und Lizenzeinkünfte.[249] Diese gesonderte Behandlung einiger Einkünfte im Abkommensrecht wirft die Frage auf, ob hiermit eine vom Unternehmensgewinn abweichende Behandlung zu erfolgen hat, wobei sich im Falle eines grenzüberschreitenden Einheitsunternehmens diese Frage sowohl aus Sicht des Betriebstättenstaates als auch des Ansässigkeitsstaates des Stammhauses stellt.[250] Art. 7 Abs. 4 OECD-MA 2010[251] räumt diesen Einkünfteartikeln Spezialitätscharakter gegenüber Art. 7 OECD-MA ein. Hinzu kommen die Vorschriften der Art. 10 Abs. 4, Art. 11 Abs. 4 und Art. 12 Abs. 3 OECD-MA, welche das Betriebstättenprinzip in Form der Betriebstättenvorbehalte verkörpern und lediglich Ausnahmen zur Spezialregelung der Einkünfteartikel dergestalt darstellen, dass sie bei Vorliegen der Voraussetzungen wieder die Rechtsfolgen des Art. 7 OECD-MA herbeiführen. Zu beachten gilt es, dass diese Ausnahmen nicht auf die abkommensrechtliche Behandlung der Einkünfte im Ansässigkeitsstaat durchschlagen und zugleich keine Umqualifizierung von Dividenden, Zinsen oder Lizenzeinkünften in

---

246 *Wassermeyer,* in: Wassermeyer, DBA, MA Art. 7, Rz. 159 mit Verweisen auf die Rechtsprechung des RFH und BFH.

247 *Debatin,* DB 1989, 1692, 1692 und 1694.

248 *Kluge,* Das internationale Steuerrecht, Rz. R 47 und S 17; *Wassermeyer,* in: Wassermeyer, DBA, MA Vor Art. 6–22, Rz. 55.

249 Dividenden sind Gegenstand des Art. 10 OECD-MA, Zinseinkünfte des Art. 11 OECD-MA und Lizenzeinkünfte werden in Art. 12 OECD-MA gesondert behandelt.

250 *Wassermeyer,* in: Wassermeyer, DBA, MA Art. 7, Rz. 160.

251 Vormals Art. 7 Abs. 7 OECD-MA 2008.

Unternehmensgewinne dem Grunde nach vollziehen, sondern auf diese speziellen Einkünfte lediglich die Rechtsfolge des Art. 7 OECD-MA im Quellenstaat zur Anwendung bringen.[252] Somit haben die besonders geregelten Spezialeinkünfteartikel des OECD-MA Vorrang vor Art. 7 OECD-MA, der das Besteuerungsrecht an Unternehmensgewinnen generell auf die Vertragsstaaten aufzuteilen sucht.

Dem Abkommensrecht kommt von seinem Telos her nicht die Aufgabe zu, den Gewinn eines Einheitsunternehmens zu definieren und für zwei souveräne Vertragsstaaten verbindlich vorzugeben. Es fehlt daher dem Abkommensrecht in Art. 7 OECD-MA an einer eindeutig konturierten Bestimmung dessen, was als Gewinn eines Unternehmens gelten soll, sodass im jeweiligen Einzelfall die Rechtssätze der beteiligten Vertragsstaaten den Gewinnbegriff definieren müssen. Dies steht auch im Einklang mit Art. 3 Abs. 2 OECD-MA, der jedem im Abkommen nicht definierten Ausdruck die Bedeutung zumessen will, die ihm nach dem Recht des jeweiligen Vertragsstaates zukommt.

c) Inländische Betriebstätte

Im Falle einer inländischen Betriebstätte eines beschränkt Steuerpflichtigen im Sinne des § 1 Abs. 4 EStG i.V.m. § 49 Abs. 1 Nr. 2 lit. a) EStG erfolgt die Gewinnermittlung im Wege des Betriebsvermögensvergleichs nach § 4 Abs. 1 und § 5 EStG oder als Überschussrechnung gemäß § 4 Abs. 3 EStG.[253] Die Notwendigkeit, die inländischen Einkünfte der Betriebstätte zu ermitteln, ergibt sich direkt aus § 2 Abs. 1 Satz 1 EStG, denn der Umfang der Besteuerung ist auf eben diese Gewinne beschränkt. Es handelt sich hierbei um eine originäre Einkunftsermittlung des Gewinns, welchen die Inbound-Betriebstätte in Deutschland erzielt hat.[254] Bestehen mehrere Betriebstätten eines Steuerausländers in der Bundesrepublik Deutschland, so können deren Einkünfte einheitlich ermittelt werden, wenn sie eine wirtschaftliche Einheit bilden.[255] Einem im Inland nur beschränkt Steuerpflichtigen, der hier eine Betriebstätte unterhält, obliegt eine Gewinnermittlungspflicht nur für diese inländischen Betriebstätteneinkünfte.[256]

---

252 *Hemmelrath*, in: Vogel/Lehner, DBA, MA Art. 7, Rz. 7, 167; *Wassermeyer*, in: Wassermeyer, DBA, MA Art. 7, Rz. 160.

253 *Becker*, DB 1989, 11; *Roth*, in: Herrmann/Heuer/Raupach, EStG/KStG, EStG § 49, Rz. 241; *Wassermeyer*, in: Wassermeyer, DBA, MA Art. 7, Rz. 159.

254 Siehe *BFH* v. 20.7.1988 – I R 49/84, BStBl. II 1989, 140; *Wassermeyer*, in: Wassermeyer, DBA, MA Art. 7 Rz. 180.

255 Siehe *Kumpf*, Besteuerung inländischer Betriebstätten, S. 182.

256 *BFH* v. 17.12.1997 - I R 95/96, BStBl. II 1998, 260.

Somit sind sämtliche Einkünfte des beschränkt Steuerpflichtigen, welche dieser durch ausländische Betriebstätten oder das ebenfalls im Ausland ansässige Stammhaus erzielt, nicht Gegenstand der Gewinnermittlung. Die Inbound-Investition eines beschränkt Steuerpflichtigen mittels einer Betriebstätte in Deutschland schafft einen Steuersachverhalt mit Auslandsbezug, bei dem die Finanzbehörden in ihrer Ermittlungsmöglichkeit eingeschränkt sind.[257] Diese Ermittlungspflichten treffen alle ausländischen Personen unabhängig davon, ob sie in einem DBA-Staat oder einem Nicht-DBA-Staat ansässig sind.[258]

aa) Anzeigepflicht

Der Steuerausländer hat einer Anzeigepflicht zu genügen, indem er die Gründung oder Aufgabe einer Betriebstätte im Inland sowie die Verlegung einer ausländischen Betriebstätte ins Inland nach § 138 Abs. 1 Satz 1 AO zur Anzeige bringt. Grundsätzlich hat diese Anzeige bei der Gemeinde zu erfolgen, in welcher die Betriebstätte eröffnet wird, es sei denn, die Festsetzung der Realsteuern ist nicht der Gemeinde übertragen worden, dann hat die Anzeige beim zuständigen Finanzamt zu erfolgen.[259]

bb) Buchführungspflicht

In Abhängigkeit von der Ausgestaltung nach Art und Umfang der Erwerbstätigkeit der Inbound-Betriebstätte unterliegt diese einer Buchführungspflicht. Stellt die Betriebstätte eine Zweigniederlassung im Sinne des § 13d HGB dar, so obliegt ihr eine Buchführungspflicht nach § 238 HGB und § 140 AO, denn § 13d Abs. 3 HGB verlangt die Behandlung von inländischen Zweigniederlassungen beschränkt Steuerpflichtiger in gleicher Weise wie die Behandlung von Hauptniederlassungen.

Handelt es sich bei der Betriebstätte nicht um eine Zweigniederlassung nach § 13d HGB, so kann sich – bei Überschreitung gewisser Größenmerkmale[260] – eine Verpflichtung Bücher zu führen, aus § 141 AO ergeben. Zur Buchführung verpflichtet ist hierbei das ausländische Stammhaus, während für die Beurteilung

257 *Balmes,* in: Löwenstein/Looks/Heinsen, Betriebsstättenbesteuerung, Rz. 191.

258 Siehe *Andresen,* in: Wassermeyer/Andresen/Ditz, Betriebsstätten Handbuch, Rz. 2.33 ff.

259 Vergleiche § 138 Abs. 1 Satz 2 AO.

260 Die Größenmerkmale beziehen sich nur auf die Betriebstätte, nicht auf das Gesamtunternehmen, so bereits *RFH* v. 27.9.1933, RStBl. 1933, 1188 und später dann *BFH* v. 17.12.1997 – I R 95/96, BStBl. II 1998, 260.

der Buchführungspflicht ausschließlich die Geschäftstätigkeit der Betriebstätte maßgeblich ist.[261] § 146 AO enthält die Ordnungsvorschriften für die Buchführung und statuiert in Abs. 2 die Pflicht inländischer Betriebstätten, ihre Bücher im Geltungsbereich dieses Gesetzes zu führen und zu verwahren.[262] Mitunter können von diesen Vorschriften Erleichterungen gemäß § 148 AO gewährt werden.[263] Besteht eine inländische Betriebstätte eines Steuerausländers in einem Sachverhalt, in welchem die beteiligten Staaten ein DBA abgeschlossen haben und belässt dieses DBA der Bundesrepublik Deutschland gar kein Besteuerungsrecht an den Erträgen der Betriebstätte, so besteht auch keine Buchführungspflicht nach § 141 AO.[264]

cc) Sonstige Pflichten

Eine Pflicht zur Abgabe von Steuererklärungen gegenüber der deutschen Finanzverwaltung ergibt sich nach Auffassung der Rechtsprechung bereits für denjenigen, der als „faktischer Leiter" der inländischen Betriebstätte auftritt.[265]

d) Ausländische Betriebstätte

Anders als bei der Inbound-Betriebstätte eines beschränkt Steuerpflichtigen, bei der eine originäre Gewinnermittlung durchzuführen ist, findet im Outbound-Fall, in welchem ein in der Bundesrepublik Deutschland unbeschränkt Steuerpflichtiger eine Betriebstätte im Ausland unterhält, lediglich eine Aufteilung des gesamten Gewinns zwischen Stammhaus und Betriebstätte statt. Der unbeschränkt Steuerpflichtige hat seinen Gewinn ohnehin in der Bundesrepublik Deutschland gemäß § 4 Abs. 1 EStG sowie § 5 EStG respektive § 4 Abs. 3 EStG für das gesamte Einheitsunternehmen zu ermitteln, sodass es im Outbound-Fall auf die Abgrenzung des Gewinns zwischen den Unternehmensteilen ankommt.[266] Für die Outbound-Betriebstätte „gelten die allgemeinen Buchführungs-, Aufzeichnungs-, Anzeige- und Aufbewahrungspflichten nach HGB und AO."[267]

---

261 *Jacobs*, (Hrsg.) Internationale Unternehmensbesteuerung, S. 671.

262 So auch *IDW*, Steuerfachausschuss, WPg 1987, 649.

263 *IDW*, Steuerfachausschuss, WPg 1987, 651.

264 Siehe hierzu *BFH* v. 14.9.1994 – I R 116/93, BStBl. II 1995, 238.

265 Siehe *BFH* v. 10.10.1994 – I B 228/93, BFH/NV 1995, 662.

266 Siehe *Roth*, in: Herrmann/Heuer/Raupach, EStG/KStG, EStG § 49, Rz. 241.

267 *BMF*, Betriebsstätten-Verwaltungsgrundsätze, Rz. 1.1.4.2.

aa) Anzeigepflicht

Der in Deutschland ansässige Steuerpflichtige, der im Ausland eine Betriebstätte gründet, erwirbt oder aus dem Inland ins Ausland verlegt, hat dies nach § 138 Abs. 2 AO dem zuständigen Finanzamt anzuzeigen.[268]

bb) Buchführungspflicht

„Die Buchführungspflicht nach Handels- und Steuerrecht umfasst stets das gesamte Unternehmen einschließlich der ausländischen Betriebsstätten. Sie ist grundsätzlich ohne Rücksicht auf eine Steuerfreistellung der ausländischen Betriebsstätteneinkünfte nach einem DBA und etwaige Buchführungs- und Aufzeichnungspflichten im Betriebsstättenstaat im Inland zu erfüllen."[269]

Von der Buchführungspflicht ist somit auch eine im Ausland domizilierende Betriebstätte erfasst und § 146 Abs. 2 Satz 1 AO verlangt ferner die Führung und Aufbewahrung der Buchführung im Inland. Von dieser Regel besteht nur dann eine Ausnahme, wenn eine Buchführungsverpflichtung für die Betriebstätte auch im ausländischen Staat besteht und dieser nachgekommen wird. In einem solchen Fall, kann eine Übernahme der Ergebnisse aus der ausländischen Buchführung in die Buchführung des Stammhauses im Inland erfolgen, soweit diese für die Besteuerung von Bedeutung sind.[270] Findet eine solche Übernahme statt, sind möglicherweise Anpassungen an die deutschen Buchführungsvorschriften vorzunehmen und kenntlich zu machen.[271]

cc) Sonstige Pflichten

Eine Outbound-Betriebstätte löst des Weiteren erhöhte Mitwirkungspflichten nach § 90 Abs. 2 AO aus. Dem Steuerpflichtigen werden über das übliche Maß der Mitwirkungsverpflichtung bei Inlandssachverhalten hinaus Aufklärungs-, Aufklärungsvorsorge-, Beweismittelbeschaffungs- und Beweismittelbeschaffungsvorsorgepflichten auferlegt.[272]

---

268 § 138 Abs. 3 AO verlangt, dass diese Anzeige innerhalb eines Monats nach Gründung, Erwerb oder Verlegung der Betriebstätte zu erfolgen hat. Auf Größenmerkmale der Betriebstätte kommt es dabei nicht an.

269 *BMF*, Betriebsstätten-Verwaltungsgrundsätze, Rz. 1.1.4.2.

270 Siehe § 146 Abs. 2 Satz 2 AO.

271 Siehe § 146 Abs. 2 Sätze 3 und 4 AO; Insbesondere sind Anpassungen im Falle von Währungsumrechnungen vorzunehmen, siehe hierzu *Balmes,* in: Löwenstein/Looks/Heinsen, Betriebsstättenbesteuerung, Rz. 226.

272 Siehe hierzu im Einzelnen *Balmes,* in: Löwenstein/Looks/Heinsen, Betriebsstättenbesteuerung, Rz. 227 ff.

3. Gewinnabgrenzung

a) *Anwendungsreihenfolge von Gewinnermittlung und Gewinnabgrenzung*

Während in der früheren Rechtsprechung und Literatur eine Unterscheidung zwischen Gewinnermittlung und -zurechnung nicht durchgehalten wurde[273], wird heute zwischen den Ebenen der Gewinnermittlung und der Gewinnabgrenzung differenziert. Unter Gewinnermittlung wird die Frage gefasst, ob überhaupt steuerpflichtige Gewinne erzielt worden sind und in welcher Höhe, während die Gewinnabgrenzung der Aufteilung eines im Einheitsunternehmen entstandenen Ertrages dient.[274] Es herrschen widerstreitende Ansichten in der Literatur darüber, in welcher Reihenfolge die Ebenen der Gewinnermittlung und Gewinnabgrenzung Anwendung zu finden haben.

Eine im Schrifttum vertretene Ansicht verortet die Gewinnabgrenzung „im Vorfeld der nationalen Besteuerung"[275]. Dieser Auffassung folgt auch *Debatin*, der die Zuordnung einer Gewinnerzielung zu einer Betriebstätte als zwingende Voraussetzung für die sich dann anschließende Gewinnermittlung begreift.[276] *Haiß* geht noch weiter und sieht in der nach Abkommensrecht durchzuführenden Gewinnabgrenzung die notwendige Bedingung, damit die Gewinnermittlung überhaupt erfolgen kann.[277]

Die entgegengesetzte Auffassung begreift die Gewinnermittlung als notwendig der Gewinnabgrenzung vorgelagert. *Wassermeyer* erachtet nur ein nach allgemeinen nationalen Vorschriften ermitteltes Ergebnis als abgrenzbar, soweit eben Einkünfte der Betriebstätte dem Grunde nach vorliegen.[278] Ähnlich argumentiert auch *Schaumburg*, der die Gewinnermittlung als der Gewinnabgrenzung „vorgelagert" betrachtet.[279] Ferner schließt sich auch *Buciek*[280], der von der Gewinnabgrenzung erst „in einem zweiten Schritt" spricht, diesem Verständnis

---

273 Während der *BFH* in seinem Urteil v. 13.1.1970 – I 32/65, BStBl. II 1970, 790 die abkommensrechtliche Selbstständigkeitsfunktion als Basis für die Gewinnermittlung begreift, differenziert er in seinem Urteil v. 9.11.1988 – I R 335/83, BStBl. II 1989, 510 sehr genau zwischen Gewinnermittlung und Gewinnabgrenzung.

274 Siehe hierzu *Schaumburg*, Internationales Steuerrecht, Rz. 18.17 ff.

275 *Becker*, DB 1990, 394.

276 *Debatin*, DB 1989, 1695.

277 *Haiß*, Gewinnabgrenzung zwischen Betriebstätten, S. 26.

278 *Wassermeyer*, in: Wassermeyer, DBA, MA Art. 7, Rz. 185; *ders.*, in: Lang/Lang-Jirousek, FS Loukota, S. 654.

279 *Schaumburg*, Internationales Steuerrecht, Rz. 18.17.

280 *Buciek*, in: Piltz/Schaumburg, Internationale Betriebstättenbesteuerung, S. 53.

an. *Mutscher*[281] vertritt dieselbe Auffassung, differenziert jedoch noch genauer zwischen einer Gewinnermittlung dem Grunde und der Höhe nach. *Mutscher* will die Reihenfolge derart ausgestalten, dass die Gewinnermittlung dem Grunde nach der Gewinnabgrenzung vorgelagert und die Gewinnermittlung der Höhe nach der Gewinnabgrenzung nachgelagert ist.

Eine vermittelnde Ansicht vertritt *Ditz* dergestalt, als dass er den zwei Ebenen der Ermittlung und Abgrenzung des Gewinns „keine feststehende Rangfolge zugewiesen" wissen will.[282] Vielmehr könne der Einzelfall sowohl die eine als auch die umgekehrte Anwendungsreihenfolge erfordern. Beispielhaft für den Vorrang der Gewinnermittlung über die Gewinnabgrenzung nennt *Ditz* den Fall, dass die globale Aufteilungsmethode auf den Gesamtgewinn des Einheitsunternehmens Anwendung finden soll. Hier sei für die Aufteilung des Gesamtergebnisses nach einem prozentualen Schlüssel die Abgrenzung des Gewinns ohne eine vorangegangene Ermittlung desselben unmöglich. Als Gegenbeispiel führt *Ditz* eine Gewinnabgrenzung nach dem „dealing at arm's length"-Prinzip an, bei der die Teileinheiten eine selbstständige Gewinnermittlung im Rahmen einer eigenen Buchführung vornehmen. In einem solchen Fall sollen die Ebenen der Gewinnabgrenzung und -ermittlung ineinandergreifen, da einerseits die Regeln der Gewinnabgrenzung bereits im Rahmen der buchhalterischen Verarbeitung eines Sachverhalts (z.B. Verrechnung von Aufwendungen mit Gewinnen einer Betriebstätte) beachtet werden müssen, andererseits die Gewinnermittlung jedoch erst Auskunft darüber geben kann, ob Ertrag oder Aufwand im betreffenden Unternehmensteil vorliegen.[283] Ferner kommt *Ditz* zu dem Ergebnis, dass die Gewinnabgrenzung eindeutig der -ermittlung vorausgehe, wenn im vorgenannten Fall die Prüfung der Tatbestandsvoraussetzungen einer Betriebsausgabe zunächst die Zuordnungsentscheidung zur entsprechenden betrieblichen Teileinheit erfordern. *Wassermeyer* greift das letztgenannte Ergebnis von *Ditz* an und widerspricht dem Vorrang der Abgrenzung vor der Ermittlung des Gewinns.[284] Der notwendige Rückgriff auf die Gewinnermittlung im Rahmen der Abgrenzung, um Vermögensmehrungen und -minderungen einem bestimmten Unternehmensteil zuzuordnen, führe noch nicht zum Vorrang der Gewinnabgrenzung vor der Gewinnermittlung.

Es ist der Auffassung *Wassermeyers* zu folgen. Die grundsätzliche Anwendungsreihenfolge ist demnach die Durchführung der Gewinnermittlung beider

281 *Mutscher*, Die Kapitalstruktur von Betriebsstätten, S. 9 f.
282 *Ditz*, Internationale Gewinnabgrenzung, S. 52.
283 *Ditz*, Internationale Gewinnabgrenzung, S. 53.
284 *Wassermeyer*, in: Lang/Lang-Jirousek, FS Loukota, S. 655.

Vertragsstaaten und die sich dann anschließende Gewinnabgrenzung zwischen Stammhaus und Betriebstätte nach Art. 7 OECD-MA. Dies gilt, ohne zu leugnen, dass Gewinnermittlung und -abgrenzung ineinandergreifen, wie *Ditz* meint. Jedoch spricht einerseits die rechtliche Trennung zwischen der nach nationalen Vorschriften unabhängig vom bestehen eines DBA durchzuführenden Gewinnermittlung und die abkommensrechtliche Gewinnabgrenzung im Abkommensfall für diese Reihenfolge. Andererseits bewirkt die abkommensrechtliche Entwicklung, hin zu einer Behandlung der Betriebstätte als steuerlich selbstständig, die zunehmende Aufspaltung der Einheit zwischen Stammhaus und Betriebstätte für steuerliche Zwecke, sodass es sich anbietet zunächst die Ermittlung des Gewinns (häufig dann wohl auf Basis einer eigenen Betriebstättenbilanz) durchzuführen und sodann eine Abgrenzung desselben zwischen den Teilen des Einheitsunternehmens anhand von Betriebstättenprinzip und Fremdvergleichsgrundsatz vorzunehmen.

b) Grundlagen

Der nach nationalen Vorschriften ermittelte Gewinn des Einheitsunternehmens ist sodann zwischen den Betriebsteilen des Einheitsunternehmens abzugrenzen. Die Gewinnabgrenzung wird häufig auch mit den Begriffen Gewinnaufteilung, -zurechnung, -zuordnung sowie Einkünftezurechnung, -zuordnung, -abgrenzung oder Erfolgsabgrenzung umschrieben.[285] Bei der Zuordnung der Erträge und Aufwendungen ist beabsichtigt, die Anteile der einzelnen Betriebsteile an den Erträgen und Aufwendungen zu bestimmen, welche im Außenverhältnis realisiert worden sind. Der im Außenverhältnis tatsächlich realisierte Gewinn bildet die Obergrenze dessen, was insgesamt zur Allokation zwischen den Betriebsteilen zur Verfügung steht, denn nur dieser Ertrag ist durch den Betrieb veranlasst.[286] Der Betriebstätte soll der Anteil des Ergebnisses zugewiesen werden, den sie aufgrund eigener Leistung erwirtschaftet hat. Dies lässt Raum für die Möglichkeit, dass beispielsweise bei der Betriebstätte ein Gewinn ausgewiesen wird, während das Einheitsunternehmen insgesamt ein negatives Ergebnis erwirtschaftet hat und vice versa.[287] Im Falle eines negativen Gesamtergebnisses des Betriebes kann folgerichtig keinem Betriebsteil ein

285 So auch *Ditz,* Internationale Gewinnabgrenzung, S. 37 f.

286 Siehe *Andresen,* in: Wassermeyer/Andresen/Ditz/Schönfeld, Betriebsstätten Handbuch, Rz. 1.5 und 2.37 ff.

287 *OECD,* MK 2010, MA Art. 7, Rz. 16 ff.; *Wassermeyer,* in: Wassermeyer, DBA, MA Art. 7, Rz. 185.

Gewinn zugerechnet werden.[288] Ferner muss sich ein Gewinn oder Verlust im Außenverhältnis in Form eines Buchungsvorgangs oder durch Auszahlung oder Vereinnahmung realisiert haben, damit eine steuerliche Anerkennung erfolgen kann.[289] Diese Gewinnabgrenzung umfasst die Anwendung der Vorschriften des nationalen sowie des Abkommensrechts[290] mit der Absicht, die Bilanzpositionen des Einheitsunternehmens auf Stammhaus und Betriebstätte aufzuteilen.[291]

Die Gewinnabgrenzung erfolgt auf Basis von Vorschriften, die sich mit der Verteilung der Steuergüter auf die beiden Staaten befassen, die ihr Besteuerungsrecht durchzusetzen suchen, wobei die Zuordnung der Wirtschaftsgüter die Gewinnabgrenzung dem Grunde nach und die Zuordnung der Erträge und Aufwendungen die Gewinnabgrenzung der Höhe nach betrifft.[292] Im Fokus dieser Untersuchung steht die Frage nach den maßgebenden Kriterien der Zuweisung von Wirtschaftsgütern zu Betriebstätten, also der Gewinnabgrenzung dem Grunde nach.

Die Gewinnabgrenzung und Zuordnung eines Teils des Ertrages des Einheitsunternehmens zur Betriebstätte ist sowohl für das nationale Recht als auch das Abkommensrecht relevant, wenn auch die Funktion im Hinblick auf die beiden Rechtsmaterien verschieden ist.[293] Im innerstaatlichen Recht sind die Betriebstättengewinne Anknüpfungspunkt für die Einkommen- und Körperschaftsteuer sowie für Normen zur unilateralen Vermeidung der Doppelbesteuerung, während unter abkommensrechtlichen Aspekten die Betriebstättengewinne

288 Siehe *Andresen,* in: Wassermeyer/Andresen/Ditz/Schönfeld, Betriebsstätten Handbuch, Rz. 2.37 ff.

289 Siehe *Andresen,* in: Wassermeyer/Andresen/Ditz/Schönfeld, Betriebsstätten Handbuch, Rz. 2.37 ff.

290 Dies gilt jedenfalls insoweit, als es sich um einen Sachverhalt handelt, in welchem die beteiligten Staaten ein DBA abgeschlossen haben.

291 Siehe *Andresen,* in: Wassermeyer/Andresen/Ditz/Schönfeld, Betriebsstätten Handbuch, Rz. 2.4 ff. Wird der Gewinn der Betriebstätte anhand einer separat aufgestellten Betriebstättenbilanz ermittelt, so wird hierdurch die Gewinnabgrenzung lediglich vorverlagert, sodass die Gewinnabgrenzung bereits bei der Aufstellung dieser Betriebstättenbilanz erfolgt, weil zu diesem Zeitpunkt entschieden werden muss, welche Bilanzpositionen und hieraus resultierenden Erträge oder Aufwendungen der Betriebstätte zuzuordnen sind und welche anderen Unternehmensteilen.

292 Siehe grundlegend hierzu *Andresen,* in: Wassermeyer/Andresen/Ditz/Schönfeld, Betriebsstätten Handbuch, Rz. 2.37 ff.

293 Siehe *Schaumburg,* Internationales Steuerrecht, Rz. 18.9.

entscheidendes Kriterium sind, um die Besteuerungsrechte von Ansässigkeits- und Quellenstaat zu beschränken und der Besteuerung im Betriebstättenstaat zu unterwerfen.[294] Das innerstaatliche Recht bezweckt demnach keine gleichmäßige Gewinnabgrenzung, sondern wendet ohne Rücksicht auf das nationale Steuerrecht des anderen Staates sein eigenes Normengefüge auf den jeweiligen Sachverhalt an. Hierdurch kann es zu Doppelbesteuerungen oder Doppelfreistellungen von Gewinnen kommen. Ungeachtet dieser Unterschiede im Funktionsgehalt der Gewinnzuordnung sind die Regeln über die Zuordnung von Gewinnen auf beiden Ebenen grundsätzlich identisch, geht es doch darum, der Betriebstätte diejenigen Gewinne zuzuordnen, welche sie im Rahmen des Gesamtunternehmens erwirtschaftet hat.[295]

Ist zwischen den beiden Staaten, über deren Grenze hinweg ein Einheitsunternehmen besteht, ein DBA abgeschlossen worden, so ist die Abgrenzung der Gewinne dieses Unternehmens direkter und ausschließlicher Regelungsgegetand des Abkommensrechts.[296] Diese Aufgabe versucht das Abkommensrecht durch eine Schrankenwirkung gegenüber dem innerstaatlichen Recht zu erfüllen, indem es eine Regelungshomogenität in der Form des Gebots übereinstimmender Gewinnzuordnung in Quellen- und Ansässigkeitsstaat anstrebt.[297] Zu diesem Zweck enthalten die Abkommen sogenannte Verteilungsnormen[298], welche im Musterabkommen in den Art. 6 bis 22 OECD-MA niedergelegt sind. Die Aufteilung der Einkünfte und Vermögenswerte in Einkunftsarten einerseits und Arten von Vermögenswerten andererseits sowie die daran anknüpfende Verteilung des Steuerguts hinsichtlich der verschiedenen Einkünfte respektive

---

294 Siehe *Schaumburg,* Internationales Steuerrecht, Rz. 18.10–18.12.

295 Siehe hierzu *Schaumburg,* Internationales Steuerrecht, Rz. 18.12; siehe ebenso *BFH* v. 29.1.1964 – I 153/61 S, BStBl. III 1964, 165; *Kumpf,* Besteuerung inländischer Betriebstätten, S. 104; *Debatin,* DB 1989, 1739, 1740, der diese Aufteilung als Erwirtschaftungsprinzip deklariert; zum Erwirtschaftungsgrundsatz siehe auch die Erläuterungen bei *Wassermeyer,* in: Wassermeyer/Andresen/Ditz/Schönfeld, Betriebsstätten Handbuch, Rz. 3.15.

296 *Debatin,* DB 1989, 1692, 1695.

297 Siehe *Schaumburg,* in: Lüdicke, Zurechnung von Wirtschaftsgütern, S. 74; *Schaumburg,* Internationales Steuerrecht, Rz. 18.16.

298 Diese werden gelegentlich auch als Zuteilungsnormen oder Kollisionsnormen bezeichnet. Siehe zur Analyse der Terminologie *Vogel,* in: Vogel/Lehner, DBA, Einl. Rz. 71 sowie *Vogel,* in: Vogel/Lehner, DBA, MA Vor Art. 6–22, Rz. 1. Kritisiert wird diese Terminologie von *Wassermeyer,* in: Wassermeyer, DBA, MA Vor Art. 6–22, Rz. 1, der von Steuerbfreiungsnormen und Steuerermäßigungsnormen spricht, woraus sich inhaltlich jedoch kein Unterschied ergibt.

Arten des Vermögens zwischen dem Ansässigkeitsstaat und dem Quellenstaat ist die Kernaufgabe der Verteilungsvorschriften.[299] Grundlegend zielen die Verteilungsvorschriften darauf ab, das Besteuerungsrecht des Ansässigkeitsstaates aufrechtzuerhalten und dasjenige des Quellenstaates dergestalt zu regeln, dass die Steuerberechtigung des Quellenstaates aufrechterhalten, eingeschränkt oder gänzlich aufgehoben wird.[300]

Die Rechtsfolgen der Verteilungsnormen sind nicht einheitlich und auch nicht immer in der jeweiligen Vorschrift abschließend geregelt.[301] Es existieren Verteilungsvorschriften mit abschließender Rechtsfolge, die stets zur Freistellung führen[302] und solche, die eine offene Rechtsfolge beinhalten[303] und dementsprechend unter Zuhilfenahme der Methodenartikel[304] eine Freistellung oder Anrechnung bewirken.[305] Bei der Betrachtung der Gewinnabgrenzung bei Betriebstätten steht zunächst Art. 7 OECD-MA als die zentrale Norm zur Abgrenzung von Unternehmensgewinnen im Fokus. Daneben sind jedoch auch die Art. 6, 10, 11, 12 und 21 OECD-MA relevant, die sich mit speziellen Einkünften, aus unbeweglichem Vermögen (Art. 6 OECD-MA) oder in Form von Dividenden (Art. 10 OECD-MA), Zinsen (Art. 11 OECD-MA) sowie Lizenzgebühren (Art. 12 OECD-MA) und anderen Einkünften (Art. 21 OECD-MA) befassen. Ergeben sich aus den Abkommensvorschriften keine Besonderheiten, gilt als allgemeine Zuordnungsregel das Veranlassungsprinzip, welches durch das Erwirtschaftungsprinzip konkretisiert wird.[306]

aa) Anwendungsreihenfolge der Verteilungsnormen

Die Frage der Anwendungsreihenfolge der Verteilungsnormen untereinander wird durch eine Vielzahl von Regelungen in den Verteilungsvorschriften selbst

299 Siehe *Vogel*, in: Vogel/Lehner, DBA, MA Vor Art. 6–22, Rz. 1; *Wassermeyer*, in: Wassermeyer, DBA, MA Vor Art. 6–22, Rz. 1 ff. Die technische Umsetzung der Vermeidung von Doppelbesteuerungen wird in anderen Vorschriften geregelt, insbesondere in den Methodenartikeln des OECD-MA Art. 23 A und 23B OECD-MA.

300 Siehe *Schaumburg*, Internationales Steuerrecht, Rz. 16.211.

301 Siehe *Wassermeyer*, in: Wassermeyer, DBA, MA Vor Art. 6–22, Rz. 51.

302 Hierunter fallen diejenigen Abkommensartikel, deren Text die Formulierung „können nur“ oder „dürfen nur“ enthält.

303 Dies sind die Regelungen, deren Tatbestand von „können“ oder „dürfen“ sprechen und auf das „nur“ in der Formulierung verzichten.

304 Art. 23 A und 23 B OECD-MA.

305 Siehe *Vogel*, in: Vogel/Lehner, DBA, MA Vor Art. 6–22, Rz. 7.

306 Siehe *Schaumburg*, in: Lüdicke, Zurechnung von Wirtschaftsgütern, S. 75.

geregelt.[307] Ausgehend von der Frage, wie eine Gewinnabgrenzung in einem Einheitsunternehmen abkommensrechtlich erfolgt, ist Art. 7 OECD-MA zentraler Ausgangspunkt der Betrachtung. Dies bedeutet jedoch nicht, dass Art. 7 OECD-MA zwingend auf einen Betriebstättensachverhalt Anwendung finden muss, denn Art. 7 Abs. 7 OECD-MA 2008 respektive Art. 7 Abs. 4 OECD-MA 2010 enthalten eine Subsidiaritätsklausel, die anderen DBA-Normen Vorrang im Wege der Spezialität einräumen kann.[308]

Zunächst findet diese Subsidiaritätsvorschrift insbesondere im Verhältnis zu den spezielleren Art. 10, 11 und 12 OECD-MA Anwendung. Danach sind dann Dividenden, Zinsen und Lizenzgebühren nach den Verteilungsvorgaben der Art. 10, 11 und 12 OECD-MA zwischen Ansässigkeitsstaat und Betriebstättenstaat aufzuteilen. Während Art. 10 OECD-MA und Art. 11 OECD-MA ein Recht der Besteuerung des Ansässigkeitsstaates unter Anerkennung eines der Höhe nach limitierten Besteuerungsrechts durch den Quellenstaat vorsehen, ist Art. 12 OECD-MA als vollständige Verteilungsnorm in seiner Rechtsfolge insofern abschließend, als er dem Ansässigkeitsstaat das ausschließliche Recht der Besteuerung zuspricht. Ferner ist noch Art. 21 OECD-MA erwähnenswert, der als Auffangtatbestand „andere Einkünfte“ abkommensrechtlich

---

307 Hier stehen die Verhältnisse von Art. 6, 7, 10 Abs. 4, 11 Abs. 4 und 12 Abs. 3 OECD-MA im Fokus der Untersuchung.

308 Siehe *Wassermeyer*, in: Wassermeyer, DBA, MA Art. 7, Rz. 356; Art. 7 Abs. 7 OECD-MA 2008 bzw. Art. 7 Abs. 4 OECD-MA 2010 haben denselben Wortlaut: „Gehören zu den Gewinnen Einkünfte, die in anderen Artikeln dieses Abkommens behandelt werden, so werden die Bestimmungen jener Artikel durch die Bestimmungen dieses Artikels nicht berührt.“ In den von der Bundesrepublik Deutschland geschlossenen DBA enthalten beispielsweise die Abkommen mit der Volksrepublik China (dort Art. 7 Abs. 7), Irland (dort Art. 7 Abs. 7), dem Großherzogtum Luxemburg (dort Art. 7 Abs. 4) sowie dem Königreich Spanien (dort Art. 7 Abs. 6) wortgleiche Regelungen. Interessant ist hierbei, dass die mit Irland im Jahre 2011 und dem Großherzogtum Luxemburg im Jahre 2012 geschlossenen Abkommen nunmehr eine solche mit dem OECD-MA identische Vorschrift beinhalten, denn bis zum Neuabschluss dieser DBA enthielten sie überhaupt keine Subsidiaritätsvorschriften. In das DBA mit dem Vereinigten Königreich Großbritannien aus dem Jahre 2010, hat eine Regelung mit lediglich um den Begriff der Veräußerungsgewinne erweiterten Tatbestand Eingang gefunden (Art. 7 Abs. 7 DBA Großbritannien). Ebenso im DBA zwischen der Bundesrepublik Deutschland und der Republik Frankreich, welches (auch) in seinem Artikel zu Unternehmensgewinnen eine stark vom OECD-MA abweichende Struktur aufweist, findet sich eine jedenfalls inhaltlich mit dem Musterabkommen vergleichbare Subsidiaritätsklausel (Art. 4 Abs. 9 DBA Frankreich).

erfasst, also all diejenigen, die sich nicht unter die Art. 6 bis 20 OECD-MA subsumieren lassen.[309] Die Vorschrift nimmt eine ausschließliche Zuordnung des Besteuerungsrechts zum Ansässigkeitsstaat vor.[310] Ihr Anwendungsbereich in Bezug auf Gewinne im Einheitsunternehmen ist dann neben und nicht statt des Art. 7 OECD-MA eröffnet, wenn es sich um Unternehmensgewinne handelt, die entweder aus einem Drittstaat und nicht aus dem Betriebstättenstaat stammen (mit welchem der Ansässigkeitsstaat ein DBA geschlossen hat) oder aus dem Ansässigkeitsstaat selbst, denn diese Konstellation ist von den Art. 10 bis 12 OECD-MA nicht erfasst.[311] Gemein ist den hier beschriebenen Verteilungsnormen der Art. 10, 11, 12 und 21 OECD-MA, dass sie alle sogenannte Betriebstättenvorbehalte enthalten.[312] Diese Regelungen stellen darauf ab, ob Vermögensteile aus denen Dividenden, Zinsen, Lizenzgebühren oder andere Einkünfte generiert wurden, tatsächlich zur Betriebstätte des Einheitsunternehmens gehören und ordnen für diesen Fall an, dass die spezielleren Normen wieder hinter Art. 7 OECD-MA zurückzutreten haben. Hieraus folgt der Schluss, dass der Betriebstätte abkommensrechtlich nur Gewinne des Einheitsunternehmens zugerechnet werden können, die aus Vermögenswerten stammen, die der Betriebstätte auch dienen.[313] Diese Erkenntnis führt zu der hier zentralen Fragestellung, unter welchen genauen Voraussetzungen und nach welchen Kriterien eine Zurechnung von Wirtschaftsgütern zur Betriebstätte erfolgen kann.[314] Insoweit liegt eine Subsidiaritätskette vor: Grundsätzlich ist Art. 7 OECD-MA die zentrale Vorschrift zur Zuordnung von Unternehmensgewinnen zu Stammhaus und Betriebstätte. Art. 7 Abs. 7 OECD-MA 2008 respektive Art. 7 Abs. 4 OECD-MA 2010 führen jedoch zu einer Subsidiarität des Art. 7 OECD-MA gegenüber spezielleren Vorschriften der Gewinnabgrenzung im Einheitsunternehmen. Insoweit es sich bei diesen spezielleren Einkünfteartikeln um Art. 10, 11, 12 sowie 21 OECD-MA handelt, ist stets zu prüfen, ob die Betriebstättenvorbehalte der Art. 10 Abs. 4, Art. 11 Abs. 4, Art. 12 Abs. 3 oder Art. 21 Abs. 2 OECD-MA einschlägig sind. Ist dies der Fall, so bewirken die Betriebstättenvorbehalte die Anwendbarkeit des Art. 7 OECD-MA und

---

309 *Lehner*, in: Vogel/Lehner, DBA, MA Art. 21, Rz. 3; *Wassermeyer/Kaeser*, in: Wassermeyer, DBA, MA Art. 21, Rz. 1.

310 Siehe Art. 21 Abs. 1 OECD-MA.

311 Siehe *Lehner*, in: Vogel/Lehner, DBA, MA Art. 21, Rz. 4 und 44 ff.

312 Siehe hierzu die Regelungen in Art. 10 Abs. 4, Art. 11 Abs. 4, Art. 12 Abs. 3 und Art. 12 Abs. 2 OECD-MA.

313 *Schaumburg*, Internationales Steuerrecht, Rz. 16.264.

314 Siehe unten Kapitel 3.

verweisen somit zurück zur zentralen Vorschrift der abkommensrechtlichen Behandlung von Unternehmensgewinnen.

bb) Verhältnis von Art. 6 zu Art. 7 OECD-MA und weiteren Verteilungsnormen

Ein weiterer Zuordnungskonflikt im Rahmen von Unternehmensgewinnen besteht zwischen den Verteilungsnormen auch dann, wenn Einkünfte aus unbeweglichem Vermögen zugleich Unternehmensgewinne eines Einheitsunternehmens nach Art. 7 OECD-MA darstellen. Art. 6 Abs. 4 OECD-MA bestimmt positiv, dass der gesamte Art. 6 OECD-MA auch dann auf Einkünfte aus unbeweglichem Vermögen anwendbar ist, wenn es sich bei diesen um Unternehmensgewinne handelt. Art. 6 Abs. 1 OECD-MA ordnet im Falle des Vorliegens von Einkünften[315] aus unbeweglichem Vermögen[316] als Rechtsfolge dem Quellenstaat das Besteuerungsrecht zu. Hieraus lässt sich jedoch nicht eindeutig ableiten, wie das rechtliche Verhältnis von Art. 6 OECD-MA zu den anderen abkommensrechtlichen Verteilungsnormen ausgestaltet ist. Es bestehen hier grundsätzlich drei Möglichkeiten[317]: Erstens, Art. 6 OECD-MA schließt andere Verteilungsnormen, die ebenfalls Unternehmensgewinne zuordnen, im Wege eines Exklusivverhältnisses aus. Zweitens, andere Verteilungsnormen gelten neben Art. 6 OECD-MA fort, wobei letzterer aber als lex specialis eine eigene Rechtsfolge setzt, damit eine Rechtsfolgenverweisung bewirkt. Als dritte Möglichkeit kommt die Idealkonkurrenz in Betracht, die dann vorläge, wenn Art. 6 OECD-MA und die anderen Verteilungsnormen nebeneinander stünden und die Vertragsstaaten einer Doppelverpflichtung aus mehreren Vorschriften unterlägen. Sowohl Art. 6 Abs. 4 OECD-MA als auch Art. 7 Abs. 7 OECD-MA 2008 respektive Art. 7 Abs. 4 OECD-MA 2010 lassen grundsätzlich alle drei Auslegungsmöglichkeiten zu.[318] Die Vorschrift des Art. 6 Abs. 4 OECD-MA soll die Besteuerung der Einkünfte aus unbeweglichem Vermögen auch dann sicherstellen, wenn diese Einkünfteerzielung zu

315 Art. 6 Abs. 3 OECD-MA beschränkt die Einkünfte aus unbeweglichem Vermögen im Sinne des Abs. 1 „auf Einkünfte aus der unmittelbaren Nutzung, der Vermietung oder Verpachtung sowie jeder anderen Art der Nutzung unbeweglichen Vermögens."

316 Wann unbewegliches Vermögen vorliegt, bestimmt sich gemäß Art. 6 Abs. 2 OECD-MA nach dem nationalen Recht des Belegenheitsstaates.

317 Siehe *Reimer*, in: Vogel/Lehner, DBA, MA Art. 6, Rz. 200.

318 Siehe *Reimer*, in: Vogel/Lehner, DBA, MA Art. 6, Rz. 200; *Wassermeyer*, in: Wassermeyer, DBA, MA Art. 6, Rz. 102 m.w.N.

einem Betriebsvermögen gehört, im Belegenheitsstaat vom Unternehmer aber keine Betriebstätte unterhalten wird.[319]

Vorliegend ist aber von einem Exklusivitätsverhältnis zwischen Art. 6 OECD-MA und Art. 7 OECD-MA auszugehen, denn aufgrund der Subsidiaritätsregelung in Art. 7 Abs. 7 OECD-MA 2008 respektive Art. 7 Abs. 4 OECD-MA 2010 hätte es der Regelung des Art. 6 Abs. 4 OECD-MA (im Verhältnis dieser Verteilungsnormen) überhaupt nicht bedurft.[320] Somit statuiert Art. 6 Abs. 4 OECD-MA den Vorrang des Belegenheitsprinzips.[321] Dieses Prinzip erfasst nicht nur die Einkünfte, die aus dem unbeweglichen Vermögen selbst generiert werden, sondern erstreckt sich auch auf Einkünfte, die aus am unbeweglichen Vermögen eingeräumten Rechten stammen.[322]

Im Kontext der verschiedenen hier relevanten Verteilungsvorschriften für Unternehmensvermögen ist somit noch die Frage nach dem Verhältnis zwischen Art. 6 OECD-MA und den anderen speziellen Einkünfteartikeln unbeantwortet. Zunächst ist Art. 6 OECD-MA generell anwendbar, jedoch enthalten die Art. 10, 11, 12 und 21 OECD-MA keine Regelung wie die des Art. 7 Abs. 7 OECD-MA 2008 respektive Art. 7 Abs. 4 OECD-MA 2010, sodass es an einer ausdrücklichen Anordnung einer Sperrwirkung fehlt.[323] Auch in diesem Verhältnis ist die Annahme eines Exklusivitätsverhältnisses zu favorisieren. Würde eine Anwendbarkeit von zwei oder mehr Verteilungsnormen nebeneinander gebilligt, müsste sich stets die strengste Rechtsfolge aller konkurrierenden Normen durchsetzen mit der Folge, dass es im Rahmen solcher Idealkonkurrenzen leicht zu Besteuerungslücken kommen könnte.[324] Die Vermeidung eben solcher Lücken in der Besteuerung grenzüberschreitender Sachverhalte ist aber gerade das erklärte Ziel der DBA.

Im Falle von Dividendeneinkünften, welche aus Gesellschaften fließen, die ihre Einkünfte überwiegend aus Grundvermögen generieren, ist Art. 10 OECD-MA grundsätzlich vorrangig vor Art. 6 OECD-MA anzuwenden, insbesondere da Art. 10 Abs. 3 OECD-MA eine eigene Dividendendefinition enthält und somit als lex specialis Vorrang vor Art. 6 Abs. 2 OECD-MA genießt.[325]

---

319 Siehe *Wassermeyer,* in: Wassermeyer, DBA, MA Art. 6, Rz. 102.

320 So auch *Reimer,* in: Vogel/Lehner, DBA, MA Art. 6, Rz. 199 und 201 ff.; *Wassermeyer,* in: Wassermeyer, DBA, MA Art. 6, Rz. 102.

321 Siehe *Schaumburg,* Internationales Steuerrecht, Rz. 16.222.

322 Siehe *Schaumburg,* Internationales Steuerrecht, Rz. 16.222.

323 Siehe *Reimer,* in: Vogel/Lehner, DBA, MA Art. 6, Rz. 202.

324 Siehe *Reimer,* in: Vogel/Lehner, DBA, MA Art. 6, Rz. 202.

325 Siehe *Galke,* in: Haase, AStG/DBA, DBA, MA Art. 6, Rz. 15; *Reimer,* in: Vogel/Lehner, DBA, MA Art. 6, Rz. 98; *Wassermeyer,* in: Wassermeyer, DBA, MA Art. 6, Rz. 21 f.

Dieses Ergebnis kann nur dann wieder zugunsten des Art. 6 OECD-MA umgekehrt werden, wenn über Art. 6 Abs. 2 OECD-MA die nationalen Vorschriften die Dividendenquelle als unbewegliches Vermögen definieren oder die Quelle Einkünfte ausschüttet, die (nach Art. 10 Abs. 3 OECD-MA) nicht aus Aktien gleichgestellter Gesellschaftsanteile stammen.[326] In einem solchen Fall hängt die Einkünftequalifikation vom nationalen Recht des Ansässigkeitsstaates der ausschüttenden Gesellschaft ab.[327] Eine entgegenstehende Ansicht im Schrifttum will Art. 6 OECD-MA aufgrund der Sperrwirkung des Abs. 4 dieser Vorschrift gegenüber Art. 10 OECD-MA vorrangig zur Anwendung kommen lassen.[328] Diese letztgenannte Ansicht ist unter Verweis auf die zuvor ausgeführte Argumentation abzulehnen. Auch im Verhältnis des Art. 6 OECD-MA zu Art. 11 OECD-MA gilt, dass letzterem Artikel ein lex specialis-Charakter innewohnt und somit Art. 11 OECD-MA auf Zinseinkünfte Anwendung findet; dies sogar dann, wenn es sich um grundpfandrechtlich gesicherte Forderungen handelt.[329] Für die Abgrenzung von Art. 12 OECD-MA zu Art. 6 OECD-MA gilt grundsätzlich, dass das Besteuerungsrecht für Nutzungs- und Lizenzgebühren sich nach Art. 12 OECD-MA richtet. Lediglich Rechte zur Nutzung und Ausbeutung unbeweglichen Vermögens werden regelmäßig unter Art. 6 OECD-MA subsumiert.[330]

Somit ist dem Art. 6 OECD-MA ein Vorrang gegenüber dem Art. 7 OECD-MA einzuräumen. Den Art. 10 bis 12 OECD-MA verbleibt hingegen ihr spezieller Anwendungsbereich, der auch durch Art. 6 OECD-MA nicht

---

326 Siehe *Galke,* in: Haase, AStG/DBA, DBA, MA Art. 6, Rz. 15; *Wassermeyer,* in: Wassermeyer, DBA, MA Art. 6, Rz. 22.

327 Siehe *Galke,* in: Haase, AStG/DBA, DBA, MA Art. 6, Rz. 15; *Wassermeyer,* in: Wassermeyer, DBA, MA Art. 6, Rz. 22. Das bedeutet beispielsweise, dass aus deutscher Sicht Ausschüttungen eines inländischen Immobilien-Sondervermögens gemäß § 15 Abs. 2 InvStG nicht als Einkünfte in Form von Kapitaleinkünften (und somit Dividenden nach Art. 10 OECD-MA), sondern als Einkünfte aus Vermietung und Verpachtung qualifizieren und daher unter Art. 6 OECD-MA fallen.

328 Siehe *Reimer,* in: Vogel/Lehner, DBA, MA Art. 6, Rz. 98–100 und 202 ff. nach dessen Auffassung die von der Rechtsprechung anerkannte Ausschlusswirkung des Art. 7 Abs. 7 OECD-MA auch dem Art. 6 Abs. 4 OECD-MA zukommt, so *BFH* v. 23.10.1996 – I R 10/96, BStBl. II 1997, 313.

329 Siehe *OECD,* MK 2008, MA Art. 6, Rz. 2; *BFH* v. 28.4.1982 – I R 151/78, BStBl. II 1982, 566; *Galke,* in: Haase, AStG/DBA, MA Art. 6, Rz. 17; *Wassermeyer,* in: Wassermeyer, DBA, MA Art. 6, Rz. 22 ff.; *Reimer,* in: Vogel/Lehner, DBA, MA Art. 6, Rz. 9.

330 Siehe *OECD,* MK 2008, MA Art. 12, Rz. 19; *Reimer,* in: Vogel/Lehner, DBA, MA Art. 6, Rz. 10.

verdrängt wird. Das abkommensrechtliche Exklusivitätsverhältnis zwischen Einkünften aus unbeweglichen Vermögensgegenständen und Unternehmensgewinnen, die aus beweglichem Vermögen generiert werden, hat demgemäß Auswirkungen auf die Kriterien der Zuordnung von Wirtschaftsgütern zu Betriebstätten.[331]

cc) Die Vermeidungsnormen und ihr Verhältnis zu den Verteilungsvorschriften eines DBA

Wie oben bereits angeführt, greifen bei der Gewinnabgrenzung zur Doppelbesteuerungsvermeideung die Verteilungsnormen[332] und die Vermeidungsnormen[333] des DBA ineinander. Art. 7 Abs. 2 OECD-MA 2010 stellt hinsichtlich der Unternehmensgewinne klar, dass Art. 7 OECD-MA 2010 selbst und die Art. 23 A und Art. 23 B OECD-MA im Gleichklang und unter Berücksichtigung des Betriebstättenprinzips die Gewinne im Einheitsunternehmen besteuern sollen. In dieses Regelungsregime passt sich der ebenfalls im Wege der Reform des Art. 7 OECD-MA 2010 neu geschaffene Abs. 3 ein. Dieser regelt, dass im Falle einer Zurechnung von Gewinnen zu einer Betriebstätte und Besteuerung dieses Ergebnisses durch den Quellenstaat nach Art. 7 Abs. 2 OECD-MA 2010, der Sitzstaat eine steuerliche Entlastung des Einheitsunternehmens in korrespondierender Höhe vornehmen soll. Erforderlichenfalls verlangt Art. 7 Abs. 3 OECD-MA 2010 eine Konsultation der involvierten Behörden. Auch die Neuregelung des Art. 7 OECD-MA 2010 zeigt die dem System der Doppelbesteuerungsvermeidung im Wege der Gewinnabgrenzung zwischen den beiden Vertragsstaaten bezogen auf das Einheitsunternehmen innewohnende Verzahnung der Einkünfteartikel (Art. 6–22 OECD-MA) mit den speziellen Vermeidungsnormen, den sogenannten Methodenartikeln (Art. 23 A und 23 B OECD-MA).[334] Das OECD-MA sieht in diesen Methodenartikeln zwei Wege zur technischen Umsetzung der Doppelbesteuerungsvermeidung im Ansässigkeitsstaat vor. Hierbei handelt es sich einerseits um die Freistellungs- oder auch Befreiungsmethode in Art. 23 A OECD-MA sowie andererseits um die in Art. 23 B Abs. 1 OECD-MA normierte Anrechnungsmethode.

---

331 Siehe hierzu unten Kapitel 3. II.

332 Art. 6–22 OECD-MA.

333 Art. 23 A und 23 B OECD-MA.

334 *Bächle*, in: Bächle/Rupp/Ott, Internationales Steuerrecht, S. 180; *Haase*, Internationales und europäisches Steuerrecht, S. 243.

(1) Freistellungsmethode

Die Freistellungsmethode (Art. 23 A OECD-MA) nimmt Gewinne, die im Quellenstaat erzielt werden, von der Besteuerung im Ansässigkeitsstaat aus und stellt diese somit frei. Dies gilt in den jeweiligen DBA insoweit, als der Methodenartikel die Freistellungsmethode für die jeweiligen Einkünfte im Sinne der Art. 6 bis 22 OECD-MA für anwendbar erklärt. Für welche Einkünfte die Freistellungsmethode Geltung beanspruchen kann, ist dem Musterabkommen nicht direkt zu entnehmen, die Freistellung von Betriebstätteneinkünften sowie Schachteldividenden ist aber weit verbreitete Abkommenspraxis.[335] Die Methode der Freistellung vermeidet eine Doppelbesteuerung gänzlich[336] und verwirklicht damit das Prinzip der Kapitalimportneutralität, da sämtliche Investoren aus verschiedenen Ansässigkeitsstaaten sowie die Steuerinländer im Quellenstaat dieselben Bedingungen hinsichtlich der fiskalischen Belastung vorfinden.[337] Art. 23 A Abs. 1 OECD-MA stellt an eine Freistellung keine besonderen Anforderungen. Die Einkünfte müssen lediglich im anderen Vertragsstaat der Besteuerung unterliegen können. Dennoch ist es in der Abkommenspraxis nicht selten, dass ein DBA im Methodenartikel sogenannte Aktivitätsklauseln oder Aktivitätsvorbehalte aufweist. Hierbei handelt es sich um Regelungen, welche die Inanspruchnahme der in den deutschen DBA angeordneten Steuerfreistellungen hinsichtlich ihres Anwendungsbereiches begrenzen.[338] Derartige Aktivitätsklauseln sind häufig in Form von Katalogen ausgestaltet und enthalten entweder eine eigene Aufzählung aktiver Tätigkeiten oder verweisen auf den Katalog in § 8 AStG.[339] In Fällen, in denen die Einkünfte nicht aus aktiven Tätigkeiten der Betriebstätte stammen, wird sodann anstelle der Freistellungsmethode lediglich die Steueranrechnung gewährt, es findet ein Methodenwechsel statt.[340]

(2) Anrechnungsmethode

Die Steueranrechnung ist die zweite Methode zur Vermeidung einer Doppelbesteuerung im Ansässigkeitsstaat, die das OECD-MA vorsieht. Bei der

---

335 *Haase*, Internationales und europäisches Steuerrecht, S. 714 f.

336 Dies gestaltet sich bei der Anrechnungsmethode anders.

337 *Haase*, Internationales und Europäisches Steuerrecht, S. 714; *Mössner*, in: Mössner, Steuerrecht international tätiger Unternehmen, Rz. 2.468.

338 *Rupp*, in: Bächle/Rupp/Ott, Internationales Steuerrecht, S. 158.

339 Siehe für eine tabellarische Übersicht der geltenden Aktivitätsvorbehalte in den von der Bundesrepublik Deutschland geschlossenen DBA bei *Wassermeyer*, in: Wassermeyer, DBA, DBA, MA Anlage zu Art. 23A/B.

340 *Schaumburg*, Internationales Steuerrecht, Rz. 16.544 ff.

Anrechnungsmethode nach Art. 23 B Abs. 1 Satz 1 OECD-MA rechnet der Ansässigkeitsstaat die auf die Einkünfte oder das Vermögen im Quellenstaat entfallene ausländische Quellensteuer auf die Steuer im Ansässigkeitsstaat an. Art. 23 B Abs. 1 Satz 2 OECD-MA sieht eine Anrechnungsbeschränkung der Höhe nach vor, sodass der anzurechnende Betrag den Teil der vor der Anrechnung ermittelten Steuer vom Einkommen oder vom Vermögen nicht übersteigen darf. Die Durchführung der Anrechnung ist in der Mehrzahl der von der Bundesrepublik Deutschland abgeschlossenen DBA lediglich dergestalt angeordnet, dass die Anrechnungsmethode bei bestimmten Einkünften zur Anwendung gelangen soll.[341] Zumeist wird lediglich die Anrechnungsbegrenzung in der Höhe – entsprechend Art. 23 B Abs. 1 Satz 2 OECD-MA – im Abkommenstext niedergelegt und für die genaue Durchführung der Anrechnung auf die Regelungen der nationalen Rechtsordnungen der Vertragsstaaten verwiesen. Für das deutsche Steuerrecht bedeutet dies einen Verweis auf die Zentralnorm des § 34 c EStG.

(3) Rückfallklauseln

Neben den oben erwähnten Aktivitätsvorbehalten können sich weitere Beschränkungen der Steuerfreistellung von Gewinnen einer Betriebstätte durch die sogenannten „subject to tax-Klauseln" – auch als Rückfallklauseln bezeichnet – ergeben. Hierbei handelt es sich um uni- oder bilaterale Missbrauchsklauseln deren Regelungsziel die Verhinderung von Doppelfreistellung oder Steuerermäßigungen ist. Der zugrundeliegende Mechanismus in bilateralen Rückfallklauseln beabsichtigt der Entstehung von weißen Einkünften dadurch zu begegnen, dass die Steuerfreistellung oder Steuererleichterung, die im einen Vertragsstaat gewährt werden, bei Vorliegen der Voraussetzungen der „subject to tax-Klausel" zu einer Besteuerung der Gewinne im anderen Vertragsstaat führen.[342] Die „subject to tax-Klauseln" sind abschließende Missbrauchsvorschriften, welche eine kumulative Anwendung des § 42 AO nicht zulassen. Hingegen anwendbar bleiben die unilateralen Rückfallklauseln, wie zum Beispiel die des § 50d EStG[343], soweit die bilateralen Regelungen nicht bereits weitergehend sind und diese überlagern[344].

---

341 Vgl. die Abkommensübersicht zu Art. 23 A Abs. 2 und Art. 23 B Abs. 1 Durchführung der Anrechnung bei *Vogel*, in: Vogel/Lehner, DBA, MA vor Art. 23 B, Rz. 171.

342 Siehe *Vogel*, in: Vogel/Lehner, DBA, MA vor Art. 6–22, Rz. 19 f.

343 *Schaumburg*, Internationales Steuerrecht, Rz. 16.141.

344 Vgl. hierzu beispielhaft die Regelung in § 50d Abs. 9 Satz 3 EStG.

dd) Zusammenfassung

Somit ist zu konstatieren, dass, wenn Art. 6 OECD-MA als lex specialis nicht entgegensteht, die zentrale Vorschrift des Art. 7 OECD-MA Anwendung findet, welche sich den Unternehmensgewinnen widmet und in ihren Absätzen die Verteilungsgrundsätze für die Besteuerungsrechte an Gewinnen eines Einheitsunternehmens zwischen Stammhaus und Betriebstätte grundlegend statuiert. Unabhängig von der Reformierung des Art. 7 OECD-MA durch die OECD im Jahre 2010 ist sowohl nach alter wie neuer Fassung in Art. 7 Abs. 1 Satz 2 OECD-MA der maßgebliche Zurechnungsgrundsatz verankert: das Betriebstättenprinzip.[345] Die Kernaussage des Betriebstättenprinzips ist die Zuweisung des Besteuerungsrechts der Betriebstättengewinne an den Betriebstättenstaat; jedoch nur in dem Umfang, in dem diese Gewinne der Betriebstätte zuzurechnen sind.[346] Um das Ziel der Doppelbesteuerungsvermeidung zu erreichen, muss die Zuordnung des Gesamtgewinns des Einheitsunternehmens zu den Unternehmensteilen unter zwingender Einhaltung eines von Art. 7 Abs. 2 OECD-MA statuierten fremdvergleichskonformen Grundsatzes erfolgen: dem „dealing at arm's length"-Prinzip.[347]

c) Betriebstättenprinzip

Das Abkommensrecht statuiert in Art. 7 Abs. 1 OECD-MA die Zentralnorm der Aufteilung der Besteuerungsansprüche der beteiligten Staaten an den Unternehmensgewinnen. Hierbei gilt es, die Neufassung des Art. 7 OECD-MA vom Juli 2010 in Abgrenzung zur Vorgängerversion aus dem Jahre 2008 zu beachten. Hinsichtlich Art. 7 Abs. 1 OECD-MA ist zu konstatieren, dass die Formulierung des Satz 1 des Absatzes 1 sprachlich nur marginal geändert wurde, inhaltlich jedoch keine Änderung erfahren hat. In dem Art. 7 Abs. 1 Satz 2 OECD-MA 2010 hingegen ist ein Verweis auf den neu gefassten Art. 7 Abs. 2 OECD-MA 2010 aufgenommen worden, welcher sich detaillierter mit der Zurechnung von

---

345 Dieser Grundsatz wird auch als Veranlassungsprinzip, siehe *Schaumburg*, Internationales Steuerrecht, Rz. 18.13, oder als Erwirtschaftungsgrundsatz bezeichnet, siehe *Debatin*, DB 1989, 1739, 1740. Siehe zur detaillierten Darstellung des Betriebstättenprinzips unten Kapitel 2. IV. 3. c).

346 Hier weicht die Formulierung des Art. 7 Abs. 1 Satz 2 OECD-MA 2010 lediglich sprachlich von der des Art. 7 Abs. 1 Satz 2 OECD-MA 2008 ab. Zu einer genaueren Darstellung des Betriebstättenprinzips siehe unten Kapitel 2. IV. 3. c).

347 Siehe beispielhaft *Wassermeyer*, in: Wassermeyer, DBA, MA Art. 7, Rz. 184. Zur genaueren Beschreibung des „dealing at arm's length"-Prinzips siehe unten Kapitel 2. IV. 3. d) aa).

Gewinnen zu Betriebstätten befasst und hierfür einen Fremdvergleichsgrundsatz vorschreibt. Grundsätzlich können nach Art. 7 Abs. 1 Satz 1 OECD-MA Unternehmensgewinne nur von dem Ansässigkeitsstaat (auch als Sitzstaat bezeichnet) besteuert werden. Die einzige Ausnahme zu dieser Regel greift nach dem Wortlaut dann ein, wenn dieses Unternehmen seine Geschäftstätigkeit in einem anderen Vertragsstaat durch eine in diesem Staat belegene Betriebstätte ausübt, dem Quellenstaat oder auch Betriebstättenstaat. Die Rechtsfolge dieser Ausnahme wird sodann in Art. 7 Abs. 1 Satz 2 OECD-MA ausgeführt. Das Besteuerungsrecht am Unternehmensgewinn wird dem Vertragsstaat zugesprochen, in welchem sich die Betriebstätte befindet. Dieses Besteuerungsrecht des Betriebstättenstaates ist jedoch auf die Gewinne des Einheitsunternehmens begrenzt, welche der Betriebstätte zugerechnet werden können.[348] Dieser Grundsatz der Verteilung von Besteuerungsrechten zwischen Sitz- und Quellenstaat wird als Betriebstättenprinzip[349] bezeichnet. Dem Betriebstättenprinzip liegt die Idee zugrunde, dass es die Verflechtung unternehmerischer Tätigkeit ab einer gewissen graduellen Intensität mit den ökonomischen Gegebenheiten des Quellenstaates erforderlich werden lässt, unter Gesichtspunkten der Wettbewerbsfähigkeit das Steuerniveau des Quellenstaates auf die Gewinne der Betriebstätte anzuwenden.[350] Das Betriebstättenprinzip räumt dem Quellenstaat einen beschränkten steuerlichen Zugriff auf die Gewinne des Einheitsunternehmens ein. Dieses begrenzte Besteuerungsrecht des Quellenstaates macht deutlich, dass eine Attraktivkraft der Betriebstätte nicht besteht, der Quellenstaat sein Besteuerungsrecht also nicht lediglich an den Umstand knüpfen darf, dass sich die Betriebstätte in seinem Hoheitsbereich befindet, sondern die Abgrenzung des Betriebstättengewinns vom Gewinn des Stammhauses anhand von Zurechnungskriterien zu erfolgen hat.[351]

Das Betriebstättenprinzip normiert positiv, dass der Quellenstaat sein Besteuerungsrecht ausüben kann, insoweit es um Gewinne geht, die aus der

---

348 Siehe *OECD*, MK 2008, MA Art. 7, Rz. 5; Während dies in der Fassung des OECD-MA 2008 durch die Formulierung „jedoch nur insoweit, als sie dieser Betriebstätte zugerechnet werden können" klargestellt wurde, enthält die Fassung des Art. 7 Abs. 1 OECD-MA vom Juli 2010 einen Verweis auf den neugefassten Abs. 2 des Art. 7 OECD-MA und dessen Zurechnungsvoraussetzungen.

349 Gelegentlich auch als Veranlassungsprinzip bezeichnet.

350 Siehe *Jacobs*, Internationale Unternehmensbesteuerung, S. 65 f.; *Wassermeyer*, in: Wassermeyer, DBA, MA Art. 7, Rz. 2.

351 Siehe *OECD*, MK 2008, MA Art. 7, Rz. 5; *OECD*, in: OECD, MK 2010, MA Art. 7, Rz. 12; *Wassermeyer*, in: Wassermeyer, DBA, MA Art. 7, Rz. 2.

Geschäftstätigkeit der Betriebstätte stammen. Damit ist dem Ansässigkeitsstaat jedoch die Besteuerung des Unternehmensgewinns in seiner Gesamtheit noch nicht verwehrt. Eine Doppelbesteuerung ist durch das Betriebstättenprinzip allein noch nicht definitiv vermieden. Daraus folgt, dass das in Art. 7 Abs. 1 OECD-MA niedergelegte Betriebstättenprinzip elementarer, aber nur grundlegender Ausgangspunkt der Aufteilung von Besteuerungsrechten am Unternehmensgewinn ist. Einerseits ist die technische Vermeidung einer Doppelbesteuerung in den Methodenartikeln geregelt und andererseits beantwortet Art. 7 Abs. 1 Satz 2 OECD-MA auch nicht die Frage danach, welche Gewinne des Einheitsunternehmens der Betriebstätte und welche dem Stammhaus zuzuordnen sind. Die Vorgaben zur Abgrenzung des Gewinns des Einheitsunternehmens sind Art. 7 Abs. 2 bis 6 OECD-MA 2008 respektive Art. 7 Abs. 2 und 3 OECD-MA 2010 der Neufassung zu entnehmen.

d) Fremdvergleich als Maßstab der Gewinnabgrenzung

Art. 7 Abs. 2 bis 6 OECD-MA 2008 bzw. Art. 7 Abs. 2 und 3 OECD-MA 2010 beinhalten die Zuordnungsregeln von Unternehmensgewinnen nach Abkommensrecht und erheben hierbei den Grundsatz des Fremdvergleichs[352] zum Maßstab der Gewinnzuordnung.[353] Die zentrale Aussage der Zurechnungsvorschrift in Art. 7 Abs. 2 OECD-MA lautet in ihrer überarbeiteten Fassung aus dem Jahre 2010: Der Betriebstätte sind die Gewinne zuzuordnen, "die sie hätte erzielen können, insbesondere im Verkehr mit anderen Teilen des Unternehmens, dessen Betriebsstätte sie ist, wenn sie als selbstständiges und unabhängiges Unternehmen eine gleiche oder ähnliche Geschäftstätigkeit unter gleichen oder ähnlichen Bedingungen ausgeübt hätte; dabei sind die vom Unternehmen durch die Betriebsstätte und durch andere Unternehmensteile ausgeübten Funktionen, eingesetzten Wirtschaftsgüter und übernommenen Risiken zu berücksichtigen."

Art. 7 Abs. 2 OECD-MA 2008 rechnete dem Wortlaut nach einer Betriebstätte die Gewinne zu, „die sie hätte erzielen können, wenn sie eine gleiche oder ähnliche Geschäftstätigkeit unter gleichen oder ähnlichen Bedingungen als selbstständiges Unternehmen ausgeübt hätte und im Verkehr mit dem Unternehmen, dessen Betriebstätte sie ist, völlig unabhängig gewesen wäre."

---

352 Gelegentlich auch als Drittvergleich bezeichnet.

353 Siehe *Looks/Maier,* in: Löwenstein/Looks/Heinsen, Betriebsstättenbesteuerung, Rz. 694; *Schaumburg,* Internationales Steuerrecht, Rz. 16.266; *Wassermeyer,* in: Wassermeyer, DBA, MA Art. 7, Rz. 3 und 184 ff.

Das nach alter wie neuer Fassung des Art. 7 Abs. 2 OECD-MA normierte Fremdvergleichsprinzip ist dasjenige des „dealing at arm's length“[354].[355] Dieses Prinzip bezieht sich auf zwei Aspekte der Wirtschaftstätigkeit der Betriebstätte. Einerseits sollen der Betriebstätte die Gewinne zugerechnet werden, welche sie erwirtschaftet hätte, hätte sie nicht mit dem Stammhaus in Geschäftsbeziehungen gestanden, sondern mit fremden Unternehmen und hätte sie zu den Bedingungen und Preisen eines freien Marktes wirtschaften können. Andererseits findet dieser Fremdvergleichsansatz auch auf Gewinne Anwendung, die aus Geschäftsbeziehungen der Betriebstätte mit anderen Betriebstätten des Einheitsunternehmens resultieren.[356]

Ziel dieses Prinzips soll es sein, der Betriebstätte die Gewinne zuzurechnen, welche sie nach Fremdvergleichsgrundsätzen auch erwirtschaftet hätte.[357] Fingiert wird hierbei, die Betriebstätte wäre ein unabhängiges, vom Stammhaus selbstständiges Unternehmen, sodass dem Quellenstaat ein Besteuerungsrecht hinsichtlich der Betriebstättengewinne per Erlaubnisnorm eingeräumt wird.[358]

aa) Das „dealing at arm's length“-Prinzip

Das „dealing at arm's length“-Prinzip ist ein Grundsatz, der weder im nationalen Recht noch im Abkommensrecht als terminus technicus definiert oder als unbestimmter Rechtsbegriff Erwähnung findet.[359] Vielmehr entstammt das Prinzip den Abkommensregelungen Art. 7 Abs. 2 OECD-MA – in Bezug auf die Gewinnzuordnung zu Betriebstätten – sowie Art. 9 Abs. 1 OECD-MA, soweit sich die Gewinnermittlung auf verbundene Unternehmen bezieht. Es handelt sich um einen Grundsatz abkommensrechtlicher Art, der ürsprünglich nicht dem nationalen Recht entspringt[360], nunmehr aber im neu gefassten § 1 Abs. 5

354 Der Terminus “dealing at arm's length” stammt aus der Fechtersprache und besagt, dass die Kontrahenten auf Armes Länge, also in angemessenem Abstand voneinander Aufstellung beziehen müssen, um einen fairen Wettkampf zu gewährleisten.

355 Siehe *OECD*, MK 2008, MA Art. 7, Rz. 11 bzw. *OECD*, MK 2010, MA Art. 7, Rz. 3 und 16 ff.

356 Siehe zu diesen beiden Anwendungsfällen des “dealing at arm's length”-Prinzip *OECD*, MK 2008, MA Art. 7, Rz. 11.

357 *Heinsen/Looks*, in: Löwenstein/Looks/Heinsen, Betriebsstättenbesteuerung, Rz. 694.

358 Siehe *Wassermeyer*, in: Wassermeyer, DBA, MA Art. 7, Rz. 314; *OECD*, MK 2010, MA Art. 7, Rz. 16.

359 Siehe *Wassermeyer*, in: Piltz/Schaumburg, Internationale Betriebsstättenbesteuerung, S. 26.

360 Siehe *Schaumburg*, Internationales Steuerrecht, Rz. 16.266; *Wassermeyer*, in: Piltz/Schaumburg, Internationale Betriebsstättenbesteuerung, S. 28.

Sätze 2 und 3 AStG Niederschlag gefunden hat, und der des Weiteren auch nicht auf den Anwendungsbereich der Art. 7 und 9 OECD-MA beschränkt, sondern allgemeiner Natur ist.[361] Der Grund für die Existenz des Fremdvergleichsgrundsatzes folgt aus der Überlegung, dass ein rechnerisch ermitteltes Betriebstättenergebnis durch Entscheidungen innerhalb des Einheitsunternehmens dergestalt beeinflusst werden könnte, dass es dem „dealing at arm's length"-Prinzip nicht mehr genügt.[362]

(1) Self-executing Wirkung

Der Fremdvergleichsgrundsatz, der im Abkommensrecht in Art. 7 Abs. 2 OECD-MA in Form des „dealing at arm's length"-Prinzips Niederschlag gefunden hat, soll den Vertragsstaaten auf dem Feld der Abgrenzung eines ermittelten Gewinns eines Einheitsunternehmens zwischen Stammhaus und Betriebstätte Schranken auferlegen. Legt man dieses Verständnis zugrunde, so stellt sich unmittelbar die Frage nach der rechtstechnischen Umsetzung dieser beschränkenden Wirkung, genauer, die Frage danach, wie den Regelungen des Abkommensrechts im Verhältnis zu den Normen des nationalen Rechts der beteiligten Staaten im Rahmen der Gewinnermittlung und auch Gewinnabgrenzung Geltung zukommt. Wie diese Frage zu beantworten sei, ist im Schrifttum umstritten. Die vertretenen Theorien hinsichtlich der Methode nach der Art. 7 Abs. 2 OECD-MA seine Wirkung in den jeweiligen Vertragsstaaten entfaltet, reichen von einer umfassenden unmittelbaren Wirkung der Norm des Abkommensrechts im nationalen Steuerrecht – sogenannte self-executing-Wirkung – bis hin zur Notwendigkeit, den Regelungsgehalt des „dealing at arm's length"-Grundsatzes durch eine nationale Vorschrift umzusetzen. Einigkeit herrscht lediglich darüber, dass eine Übernahme des DBA in innerstaatliches Recht durch ein Zustimmungsgesetz nach Art. 59 Abs. 2 GG in jedem Fall erforderlich ist.[363]

(a) Theorie der Schranken- und Erlaubnisnorm

Eine maßgeblich von *Wassermeyer*[364] vertretene Auffassung begreift Art. 7 OECD-MA lediglich als Schranken- respektive Erlaubnisnorm und folgert daraus, dass eine abkommensrechtliche Erlaubnis zur Besteuerung einer

361 Siehe *Wassermeyer*, in: Wassermeyer, DBA, MA Art. 7, Rz. 311.

362 Siehe *BFH* v. 30.5.1990 – I R 97/88, BStBl. II 1990, 875; *Wassermeyer*, in: Wassermeyer, DBA, MA Art. 7, Rz. 317.

363 Siehe hierzu oben Kapitel 2. III. 1. b) cc).

364 *Wassermeyer*, in: Wassermeyer, DBA, MA Art. 7, Rz. 315.

Ausfüllung durch nationales Steuerrecht bedarf, weil jeder Vertragsstaat nur insoweit besteuern kann, als seine nationalen steuerrechtlichen Vorschriften dies zulassen.[365] *Wassermeyer* argumentiert, dass im Rahmen des Art. 9 Abs. 1 OECD-MA, der das „dealing at arm's length"-Prinzip für verbundene Unternehmen anordnet, eine self-executing-Wirkung von der herrschenden Meinung[366] abgelehnt wird.[367] Diese Ansicht beschränkt den Anwendungsbereich des Art. 7 Abs. 2 OECD-MA auf die Vorgabe eines abkommensrechtlichen Rahmens, innerhalb dessen die zuvor nach nationalen Vorschriften ermittelten Gewinne des Einheitsunternehmens aufzuteilen sind. Konsequenz dieses Verständnisses ist die strikte Negierung einer unmittelbaren Wirkung des abkommensrechtlichen „dealing at arm's length"-Prinzips sowohl auf Ebene der Gewinnabgrenzung als auch der Gewinnermittlung.

(b) Theorie der unmittelbaren Wirkung im Rahmen der Gewinnabgrenzung

Demgegenüber wird im Schrifttum und in der Rechtsprechung die Ansicht vertreten, Art. 7 Abs. 2 OECD-MA entfalte auf dem Gebiet der Gewinnabgrenzung eine unmittelbare Wirkung in beiden beteiligten Vertragsstaaten, habe jedoch im Bereich der Gewinnermittlung keine solche self-executing-Wirkung.[368] Daraus folgt, dass nach dieser Meinung die Gewinnabgrenzung nicht den nationalen Steuervorschriften der Vertragsstaaten überlassen werden darf. *Ditz* schränkt die Reichweite dieser Auffassung dahingehend ein, dass die Vorschrift nicht als Rechtsgrundlage für die Gewinnrealisation bei Leistungsbeziehungen zwischen Stammhaus und Betriebstätte Anwendung finden könne.[369]

(c) Theorie der umfassenden unmittelbaren Wirkung

Eine dritte Ansicht, die im Schrifttum vertreten wird, begreift Art. 7 Abs. 2 OECD-MA als eine Vorschrift, der sowohl auf Ebene der Gewinnabgrenzung als auch der Gewinnermittlung unmittelbare Anwendbarkeit, also eine umfassende

---

365 Siehe *Wassermeyer*, in: Wassermeyer, DBA, MA Art. 7, Rz. 315.

366 *BFH* v. 12.3.1980 - I R 186/76, BStBl. II 1980, 531; v. 21.1.81 - I R 153/77, BStBl. II 1981, 517; *Eigelshoven*, in: Vogel/Lehner, DBA, MA Art. 7, Rz. 18 f.; *Schaumburg*, Internationales Steuerrecht, Rz. 16.291; *Wassermeyer*, in: Wassermeyer, DBA, MA Art. 9, Rz. 4 und 76 ff.

367 Siehe *Wassermeyer*, in: Wassermeyer, DBA, MA Art. 7, Rz. 315.

368 *BFH* v. 9.11.1988 - I R 335/83, BStBl. II 1989, 510; v. 17.7.2008 - I R 77/06, BStBl. II 2009, 464; *Ditz*, IStR 2005, 37, 41; *Kempka*, Gewinnrealisierung, S. 108.

369 *Ditz*, IStR 2005, 37, 39.

self-executing-Wirkung, zukommt.[370] Dieser Auffassung nach wäre jede Leistungsbeziehung zwischen Stammhaus und Betriebstätte zu erfassen, das „dealing at arm's length"-Prinzip wäre hiernach auch Rechtsgrundlage für die Gewinnrealisierung auf der Ebene der Gewinnermittlung.[371]

(d) Stellungnahme

Der hier zweitgenannten Auffassung ist zuzustimmen und dem „dealing at arm's length"-Prinzip eine unmittelbare Wirkung im Bereich der Gewinnabgrenzung zuzusprechen. Eine self-executing-Wirkung für die Sphäre der Gewinnermittlung ist hingegen abzulehnen. Das Argument *Wassermeyers*, die Ablehnung einer self-executing-Wirkung durch die überwiegende Literaturmeinung bei Art. 9 Abs. 1 OECD-MA erzwinge logischerweise auch die Ablehnung bei Art. 7 Abs. 2 OECD-MA, vermag nicht zu überzeugen. Zwar umfassen beide Artikel das „dealing at arm's length"-Prinzip, jedoch wird bereits am Wortlaut ein Unterschied zwischen beiden Vorschriften deutlich.

Art. 9 Abs. 1 OECD-MA normiert, dass Vertragsstaaten für den Fall, dass Leistungen zwischen den Teilen des Einheitsunternehmens nicht in Übereinstimmung mit dem „dealing at arm's length"-Prinzip vergütet worden sind, eine Besteuerung des Gewinns, der unter fremdvergleichskonformen Bedingungen erzielt worden wäre, vornehmen „dürfen".[372]

Art. 7 Abs. 2 OECD-MA hingegen formuliert anders. Die Fassung von 2008 räumt ihrem Wortlaut nach nicht die Möglichkeit der Besteuerung von Gewinnen ein, sondern normiert, dass dem Betriebstättenstaat die Gewinne zugerechnet „werden", welche eine Betriebstätte erzielt hätte, wäre sie ein vom Stammhaus unabhängiges und selbstständiges Unternehmen. Die Musterkommentierung zu Art. 7 OECD-MA 2008 spricht davon, dass diejenigen Gewinne zuzurechnen sind, die diese Betriebstätte erzielt hätte, wenn sie nicht Teil des Einheitsunternehmens, sondern hiervon unabhängig gewesen wäre.[373] Der Wortlaut des Art. 7 Abs. 2 OECD-MA kann insofern als imperativ begriffen werden[374], mithin als eine an beide Vertragsstaaten gerichtete Anordnung, die Gewinne zwischen Betriebstätte und Stammhaus fremdvergleichskonform abzugrenzen.

---

370 *Becker*, DB 1989, 14; *Kluge*, StuW 1975, 302 ff.

371 So auch *Ditz*, IStR 2005, 37, 39.

372 Hinsichtlich des Art. 9 Abs. 1 OECD-MA gleichen sich die Fassungen von 2008 und 2010 im Wortlaut.

373 Siehe *OECD*, MK 2008, MA Art. 7, Rz. 11.

374 Ebenso *Ditz*, IStR 2005, 37, 40.

Die Neufassung des Art. 7 Abs. 2 OECD-MA 2010 weicht von der Vorgängerregelung zwar im Wortlaut ab, ist jedoch in ihrem Anwendungsbefehl nicht weniger streng, wenn sie vorschreibt, dass einer Betriebstätte die Gewinne „zuzurechnen sind", welche sie als selbstständiges und unabhängiges Unternehmen unter vergleichbaren Umständen erzielt hätte. Insofern wurde der Abkommenswortlaut an die zuvor schon existierende Formulierung der Musterkommentierung angepasst. Der Vergleich des Wortlauts des Art. 9 Abs. 1 OECD-MA mit beiden Versionen des Art. 7 Abs. 2 OECD-MA macht den Unterschied zwischen dem „Dürfen" einer Besteuerung bei verbundenen Unternehmen einerseits und dem „Anwendungs- und Zurechnungsbefehl" im Betriebstättenfall andererseits deutlich.

Das nach dem Wortlautvergleich gefundene Ergebnis hält ferner einer Verifizierung am Sinn und Zweck von Art. 7 Abs. 2 OECD-MA stand. Telos des Art. 7 Abs. 2 OECD-MA ist die Vermeidung einer Doppelbesteuerung bei grenzüberschreitenden Betriebstättensachverhalten.[375] Eine Doppelbesteuerung lässt sich aber nur dann vermeiden, wenn die Gewinne, welche der Betriebstättenstaat als Quellenstaat der Besteuerung unterwirft, in entsprechender Höhe auch eine Nichtbesteuerung im anderen Vertragsstaat erfahren. Der Abgrenzungsmaßstab muss für beide Abkommensparteien verbindlich sein, um eine korrespondierende Gewinnabgrenzung zu erreichen.[376] Nur nach diesem Verständnis kann Art. 7 Abs. 2 OECD-MA das „dealing at arm's length"-Prinzip dergestalt zur Anwendung bringen, dass ihm eine Beschränkungs- und Verteilungsfunktion[377] hinsichtlich des Besteuerungsrechts an den Gewinnen des Einheitsunternehmens zukommt. Daraus folgt auch nach dem Sinn und Zweck des Art. 7 Abs. 2 OECD-MA, dass dem hier eingebetteten „dealing at arm's length"-Prinzip eine self-executing-Wirkung zukommen muss.

Gegen eine weitergehende Ausweitung des „dealing at arm's length"-Prinzips auch auf den Bereich der Gewinnermittlung spricht ebenso das Telos der Vorschrift, wie Sinn und Zweck der DBA generell. Denn nach herrschender Auffassung sollen DBA in ihren Vorschriften, also auch in Art. 7 Abs. 2 OECD-MA, eine Schrankenwirkung für die Vertragsstaaten entfalten, nicht

---

375 Siehe *OECD*, MK 2008, MA Art. 7, Rz. 1.

376 So auch *Ditz*, IStR 2005, 37, 40; *Hemmelrath*, in: Vogel/Lehner, DBA, MA Art. 7, Rz. 70 f.; *Schaumburg*, Internationales Steuerrecht, Rz. 16.266.

377 Die Terminologie ist hier nicht einheitlich, sodass auch von Zuteilungsnormen und Kollisionsnormen die Rede ist. Siehe *Vogel*, in: Vogel/Lehner, DBA, Einl., Rz. 68; *Schaumburg*, Internationales Steuerrecht, Rz. 16.211; *Wassermeyer*, in: Wassermeyer, DBA, MA Art. 1, Rz. 9.

jedoch Steuerpflichten oder Besteuerungsansprüche begründen oder in ihrem Umfang modifizieren.[378] Auch die Betrachtung der Unterschiede in der Systematik zwischen Art. 7 und Art. 9 OECD-MA stützen die hier vertretene Ansicht, Art. 7 Abs. 2 OECD-MA komme eine self-executing-Wirkung für den Bereich der Gewinnabgrenzung zu.

Ferner ist zu konstatieren, dass Art. 9 OECD-MA systematisch eine Sonderregelung zu Art. 7 OECD-MA darstellt[379] und einer wirtschaftlichen Doppelbesteuerung vorbeugen soll[380], wohingegen Art. 7 OECD-MA eine rechtliche Doppelbesteuerung zu vermeiden versucht.[381] Für die Vermeidung der wirtschaftlichen Doppelbesteuerung ist Art. 9 OECD-MA abschließend und es bedarf auch nicht eines Rückgriffs auf die Methodenartikel der Art. 23 A und 23B OECD-MA. Die korrespondierende Gegenberichtigung des Gewinns als Rechtsfolge nicht fremdvergleichskonformer Bedingungen in den Beziehungen zwischen verbundenen Unternehmen ist in Art. 9 OECD-MA abschließend geregelt.[382] In Betriebstättenfällen, auf welche Art. 7 OECD-MA Anwendung findet, ist eine Kongruenz der Aufteilung der Besteuerungsrechte am Gewinn des Einheitsunternehmens dergestalt herzustellen, dass der Betriebstättenstaat die Gewinne in dem Umfang besteuern darf, in welchem der Ansässigkeitsstaat des Stammhauses diese von der Besteuerung freistellt.[383] Die Verpflichtung, den Gewinn des Einheitsunternehmens in korrespondierendem Umfang freizustellen respektive zu besteuern, hat in der Neufassung des Art. 7 OECD-MA 2010 Niederschlag gefunden. Art. 7 Abs. 3 OECD-MA 2010 schreibt explizit vor, dass für den Fall, dass „ein Vertragsstaat die einer Betriebsstätte eines Unternehmens eines Vertragsstaates zuzurechnenden Gewinne in Übereinstimmung mit Absatz 2 [ändert] und [...] er dementsprechend Gewinne des Unternehmens [besteuert], die bereits im anderen Staat besteuert worden sind, [...] der andere Staat eine entsprechende Änderung der von diesen Gewinnen erhobenen Steuer [vornimmt], soweit dies zur Beseitigung einer Doppelbesteuerung erforderlich ist.“ Die Neuregelung des Art. 7 Abs. 3 OECD-MA 2010 verdeutlicht

---

378 Siehe *RFH* v. 1.10.1936, RStBl. 1936, 1209; v. 22.11.1938, RStBl. 1939, 312; *BFH* v. 12.3.1980 – I R 186/76, BStBl. II 1980, 531; ebenso *Wassermeyer*, in: Wassermeyer, DBA, MA Art. 7, Rz. 315.

379 Siehe *Wassermeyer*, in: Wassermeyer, DBA, MA Art. 9, Rz. 2.

380 Siehe *Eigelshoven*, in: Vogel/Lehner, DBA, MA Art. 9, Rz. 6.

381 Siehe *Wassermeyer*, in: Wassermeyer, DBA, MA Art. 9, Rz. 1.

382 Siehe *Ditz*, IStR 2005, 37, 41.

383 Siehe *Ditz*, IStR 2005, 37, 41.

zwei wichtige Punkte hinsichtlich des Selbstverständnisses des OECD-MA bezüglich der unmittelbaren Geltung des Art. 7 Abs. 2:

Erstens wird deutlich, dass die Gewinnabgrenzung durch Art. 7 Abs. 2 OECD-MA unmittelbar geregelt werden soll, weil Abs. 3 der Vorschrift eine Änderung des von einem Staat zu besteuernden Gewinnanteils dann anerkennt, wenn diese in Übereinstimmung mit Art. 7 Abs. 2 OECD-MA 2010 erfolgt ist. Zweitens statuiert Abs. 3 einen automatischen Mechanismus, der die Kongruenz hinsichtlich des Umfangs der Besteuerungsrechte der Vertragsstaaten dann gewährleistet, wenn sich eine fremdvergleichskonforme Änderung des Besteuerungsanspruches auf Seiten eines Staates ergeben hat. Die Erweiterung des Besteuerungsumfangs durch einen Vertragsstaat hat automatisch die Reduzierung der Besteuerung des Gewinns durch den anderen Vertragsstaat zur Folge. Diese Neufassung des Art. 7 Abs. 3 OECD-MA 2010 zeigt, dass der Gewinnabgrenzung in Form des „dealing at arm's length"-Prinzips nach Auffassung der OECD eine unmittelbare Geltung inne wohnen soll. Ohne eine self-executing-Wirkung des Art. 7 Abs. 2 OECD-MA wäre der Kongruenz-Automatismus des Abs. 3 derselben Vorschrift gar nicht anwendbar und könnte der Gefahr einer rechtlichen Doppelbesteuerung nicht effektiv vorbeugen. Aufgrund der vorangestellten Ausführungen ist dem Art. 7 Abs. 2 OECD-MA und dem hierin normierten „dealing at arm's length"-Prinzip eine unmittelbare Geltung für den Bereich der Gewinnabgrenzung zu attestieren.

(2) Konkretisierendes Prinzip

Der international anerkannte Fremdvergleichsgrundsatz in Gestalt des „dealing at arm's length"-Prinzips erfordert die Behandlung von Betriebstätten als fiktiv selbstständige und unabhängige Unternehmen. Die Reichweite eben dieser Selbstständigkeitsfiktion wurde von den Vertragsstaaten oftmals unterschiedlich interpretiert, wodurch die beabsichtigte Vermeidung einer Doppelbesteuerung konterkariert wurde.[384] Diesem Umstand soll insbesondere die Neuregelung des Art. 7 OECD-MA 2010 Rechnung tragen, dessen Kernstück der Übergang von der bisher eingeschränkten Selbstständigkeitsfiktion hin zu einer uneingeschränkten Selbstständigkeitsfiktion darstellt, dem „functionally separate entity approach"[385], der als Konkretisierung – des unbestritten für die

384 Siehe *Kahle/Mödinger*, IStR 2010, 757, 758; *Kahle/Mödinger*, DB 2011, 2338, 2342.

385 Siehe *Kahle/Mödinger*, DB 2011, 2338, 2342; so bereits angelegt in *OECD*, Report on the Attribution of Profits to Permanent Establishments, Rz. 77 und nunmehr *OECD*, MK 2010, MA Art. 7, Rz. 19 ff.

Gewinnabgrenzung anzuwendenden[386] – „dealing at arm's length"-Grundsatzes fungiert.

bb) Fiktion der Selbstständigkeit von Betriebstätten

Die Fiktion der Selbstständigkeit von Betriebstätten ist die Grundidee der OECD, um eine Gewinnabgrenzung zwischen Stammhaus und Betriebstätte fremdvergleichskonform durchführen zu können.[387] Während über diesen grundlegenden Punkt Konsens herrscht, stehen sich nunmehr die in ihrer Reichweite unterschiedlichen Modelle der eingeschränkten Selbstständigkeitsfiktion („relevant business activity approach") und der uneingeschränkten Selbstständigkeitsfiktion („functionally separate entity approach") gegenüber. Der erst in den letzten zehn Jahren entwickelte „functionally separate entity approach" wurde von der WP 6 Steering Group im Februar 2001 erstmalig in einem Diskussionspapier vorgestellt und daraufhin von der OECD publiziert.[388] Die Notwendigkeit, diesen neuen Ansatz zu entwickeln, sah die Steering Group in dem unbefriedigenden Umstand gegeben, dass verschiedene OECD-Mitgliedstaaten die Selbstständigkeitsfiktion der Betriebstätte nach Art. 7 Abs. 2 OECD-MA hinsichtlich deren Reichweite unterschiedlich interpretierten. Insbesondere der Grad, zu dem Leistungsbeziehungen zwischen Stammhaus und Betriebstätte anerkannt und somit das „dealing at arm's length"-Prinzip angewendet wurde, unterlag bereits zum damaligen Zeitpunkt einer unterschiedlichen Behandlung, die zu divergierenden Ergebniseinordnungen führte und somit die Gefahr einer Doppel- respektive Minderbesteuerung barg.[389] Dies fand seinen Ursprung nicht zuletzt in den ambivalenten und inkonsistenten Ausführungen der damaligen Musterkommentierung zum Art. 7 OECD-MA, in welcher lediglich die eingeschränkte Umsetzung des Fremdvergleichsgrundsatzes nach dem „dealing at arm's length"-Prinzip im Rahmen der internationalen Betriebstättengewinnabgrenzung Erwähnung fand.[390]

---

386 Siehe *Schaumburg*, Internationales Steuerrecht, Rz. 16.266.

387 Siehe *OECD*, 2010 Report on the Attribution of Profits to Permanent Establishments, Rz. 8; *Jacobs*, Internationale Unternehmensbesteuerung, S. 676; *Looks/Maier*, in: Löwenstein/Looks/Heinsen, Betriebsstättenbesteuerung, Rz. 710.

388 *OECD*, Discussion Draft on the Attribution of Profits to Permanent Establishments, Rz. 22.

389 Siehe *Ditz*, IStR 2002, 210, 211; *Ditz*, IStR 2005, 37; *Konrad*, IStR 2003, 786; *OECD*, Report on the Attribution of Profits to Permanent Establishments, Rz. 8; *OECD*, 2010 Report on the Attribution of Profits to Permanent Establishments, Rz. 3.

390 Siehe *Ditz*, IStR 2005, 37.

Der „relevant business activity approach“, welcher auf die maßgebende Geschäftstätigkeit abstellt und somit eine eingeschränkte Selbstständigkeit der Betriebstätte fingiert, entspricht dem Verständnis des OECD-MA vor der Neufassung in 2010[391] und den korrespondierenden Regelungen in den abgeschlossenen DBA.[392] Dieser Ansatz garantiert zunächst einmal, dass der Quellenstaat Gewinne des Einheitsunternehmens nur insoweit besteuern kann, als diese der Betriebstätte zurechenbar sind. Hieraus folgt, dass sich das Besteuerungsrecht nur auf solche Gewinne erstrecken kann, die durch die Betriebstätte generiert wurden, also zumindest auch durch ihre Tätigkeit erwirtschaftet worden sind. Gewinne, welche das Einheitsunternehmen im Quellenstaat ohne Beteiligung der Betriebstätte erzielt, unterfallen demnach nicht dem Besteuerungsrecht dieses Vertragsstaates, weil die Betriebstätte keine Attraktivkraft entfalten kann.[393] Eine weitere Implikation dieses Ansatzes ist die Verminderung des Besteuerungsrechts des Quellenstaates in Bezug auf den der Betriebstätte zugeordneten Gewinn für den Fall, dass das Einheitsunternehmen im Rahmen der Tätigkeit, an der auch die Betriebstätte mitwirkt, in anderen Unternehmensteilen Verluste erwirtschaftet und diese in korrespondierender Höhe auch der Betriebstätte zugerechnet werden, sich ihr Gewinnanteil mithin reduziert.[394]

Die Konkretisierung des Fremdvergleichsgrundsatzes des Art. 7 OECD-MA durch den „functionally separate entity approach“ hingegen ist eine wortlautnahe Interpretation. Im Rahmen des „Report on the Attribution of Profits to Permanent Establishments“ aus dem Jahre 2008 haben die OECD-Mitgliedstaaten sich für die Qualifikation des „functionally separate entity approach“ als einheitlich anzuwendenden AOA entschieden.[395] Zunächst wurde von der OECD jedoch nur die Kommentierung des Art. 7 OECD-MA angepasst, während der Wortlaut der Vorschrift unverändert blieb und daher weiterhin der „Betriebstätte die Gewinne zugerechnet [werden sollen], die sie hätte erzielen können, wenn sie eine gleiche oder ähnliche Geschäftstätigkeit unter gleichen

391 Sogar die überarbeitete Kommentierung des Art. 7 OECD-MA aus dem Jahre 2008 ging von einer nur eingeschränkten Anwendung der Selbstständigkeitsfiktion aus; siehe hierzu *Ditz/Schneider*, DStR 2010, 81, 82.

392 *Jacobs*, Internationale Unternehmensbesteuerung, S. 676.

393 *Jacobs*, Internationale Unternehmensbesteuerung, S. 676; *Wassermeyer*, in: Wassermeyer, DBA, MA Art. 7, Rz. 324.

394 *Jacobs*, Internationale Unternehmensbesteuerung, S. 676.

395 Vergleiche *OECD*, Report on the Attribution of Profits to Permanent Establishments, 17.07.2008, S. 12; *OECD*, Report on the Attribution of Profits to Permanent Establishments, S. 12.

oder ähnlichen Bedingungen als selbstständiges Unternehmen ausgeübt hätte und im Verkehr mit dem Unternehmen, dessen Betriebstätte sie ist, völlig unabhängig gewesen wäre."[396]

Der Übergang von der bisher herrschenden eingeschränkten Selbstständigkeitsfiktion der Betriebsstätte, dem „relevant business activity approach", hin zu der uneingeschränkten Selbstständigkeitsfiktion der Betriebsstätte, dem „functionally separate entity approach" erfolgte abschließend erst mit der Neufassung des Art. 7 OECD-MA 2010.[397] Der reformierte Wortlaut des Art. 7 Abs. 2 im OECD-MA 2010 ist das Ergebnis des Betriebstättenberichts der OECD vom 22. Juli 2010[398] und stellt die Grundregel für die Gewinnzurechnung auf: Gewinne eines Einheitsunternehmens sind dessen Betriebstätte dann zuzuordnen, wenn anzunehmen ist, dass diese Gewinne solche der Betriebstätte darstellten, wäre die Betriebstätte ein selbstständiges und unabhängiges Unternehmen, welches die gleichen Aktivitäten unter den gleichen Bedingungen ausgeübt hätte, wobei die ausgeübten Funktionen, genutzten Wirtschaftsgüter und übernommenen Risiken Berücksichtigung finden müssen. Ferner enthält der neue Abs. 2 des Art. 7 OECD-MA 2010 eine Klarstellung dahingehend, dass diese Abgrenzungsregel auch auf die Beziehungen zwischen der Betriebstätte und anderen Teilen des Einheitsunternehmens, also dem Stammhaus und anderen Betriebstätten, Anwendung findet.[399] Zentrales Element des „functionally separate entity approach" ist damit die fiktive Behandlung der Betriebstätte als vom Stammhaus vollständig unabhängig. Dies erfordert die Aufgabe der Koppelung des der Betriebstätte zuzurechnenden Gewinns an den Gesamtgewinn des Einheitsunternehmens.[400] Die zweite tiefgreifende Änderung, die mit der stringenten Umsetzung des „functionally separate entity approach" einhergeht, birgt die nun im Art. 7 Abs. 2 OECD-MA 2010 kodifizierte Möglichkeit, sämtliche Leistungsbeziehungen zwischen Betriebstätte und

396 Art. 7 Abs. 2 OECD-MA 2008.

397 *Jacobs*, Internationale Unternehmensbesteuerung, S. 676; *Kahle/Mödinger*, DB 2011, 2338, 2342.

398 *OECD*, 2010 Report on the Attribution of Profits to Permanent Establishments, 22.07.2010.

399 In den bisher von der Bundesrepublik Deutschland abgeschlossenen DBA ist die Bezugnahme auf Funktionen, Wirtschaftsgüter und Risiken sowie die Geschäftsbeziehungen innerhalb des Einheitsunternehmens noch nicht enthalten.

400 *Jacobs*, Internationale Unternehmensbesteuerung, S. 677.

Stammhaus wie Geschäftsvorgänge zwischen rechtlich selbstständigen Einheiten eines Unternehmens zu Fremdvergleichspreisen abzurechnen.[401]

cc) Zweistufige Umsetzung des „functionally separate entity approach“

Die konkrete Realisierung des „functionally separate entity approach“ und damit die Zurechnung eines Gewinns zu einer Betriebstätte soll im Wege eines zwei Stufen umfassenden Verfahrens erfolgen[402], das seinen Ursprung bereits in einem 2001 von der OECD veröffentlichten Diskussionspapier[403] hat. Ausgangspunkt des Verfahrens ist der in der Neufassung des Art. 7 Abs. 2 OECD-MA 2010 manifestierte Fremdvergleichsgrundsatz, nach welchem Stammhaus und Betriebstätte als fiktiv eigen- und selbstständige Unternehmen behandelt werden. Auf der ersten Stufe wird im Rahmen einer Funktionsanalyse ermittelt, welcher Unternehmensteil im Einheitsunternehmen welche Funktionen ausführt, Wirtschaftsgüter nutzt und Risiken übernimmt.[404] Die zweite Stufe soll der Identifikation der innerbetrieblichen Leistungsbeziehungen zwischen Stammhaus und Betriebstätte dienen und zu einer Bewertung sowie Vergütung nach Fremdvergleichsgrundsätzen führen.[405]

Die erste Stufe umfasst eine Funktionsanalyse der Betriebstätte[406], der die Aufgabe einer detaillierten Sachverhaltsanalyse zukommen soll.[407] Ausweislich der Neufassung des Musterkommentars zu Art. 7 Abs. 2 OECD-MA 2010

---

401 *Jacobs*, Internationale Unternehmensbesteuerung, S. 677.

402 Siehe *OECD*, 2010 Report on the Attribution of Profits to Permanent Establishments, S. 13; *OECD*, MK 2010, MA Art. 7, Rz. 135 f.

403 *OECD*, Discussion Draft on the Attribution of Profits to Permanent Establishments, S. 14 ff.

404 Siehe hierzu *Förster*, IWB 2007, 1929, 1930; *Kahle/Mödinger*, IStR 2010, 757, 759; *Niehaves*, in: Haase, AStG/DBA, MA Art. 7, Rz. 164. Kritisch zur Zuordnung von Risiken *Andresen*, in: Wassermeyer/Andresen/Ditz/Schönfeld, Betriebsstätten Handbuch, Rz. 2.50 ff.; *Wassermeyer*, IStR 2004, 733, 734; *ders.*, DB 2006, 1176, 1178.

405 *Baldamus*, IStR 2012, 317, 318; *Ditz/Schneider*, DStR 2010, 81, 82; *Kahle/Mödinger*, IStR 2010, 757, 762; *Konrad*, IStR 2003, 786.

406 In den OECD Reports und der Musterkommentierung als „functional and factual analysis“ bezeichnet, vgl. *OECD*, Report on the Attribution of Profits to Permanent Establishments, S. 13; *OECD*, 2010 Report on the Attribution of Profits to Permanent Establishments, S. 14; *OECD*, MK 2010, MA Art. 7, Rz. 20 ff.

407 *Konrad*, IStR 2003, 786; *Baumhoff/Bodenmüller*, in: Grotherr, Verrechnungspreispolitik, S. 370.

verfolgt diese Analyse ein ganzes Zielbündel[408]: Neben der Feststellung der von Stammhaus und Betriebstätte ausgeübten Funktionen sollen dem Einheitsunternehmen allgemein und der Betriebstätte im Speziellen die Rechte und Pflichten zugeordnet werden, die der Betriebstätte aus Transaktionen (den sogenannten „dealings“) mit anderen Teilen des Einheitsunternehmens, dem sie angehört, erwachsen. Die Tätigkeiten der einzelnen Unternehmensteile des Einheitsunternehmens werden anhand der von den Mitarbeitern ausgeübten Funktionen, den sogenannten „people functions“, eruiert. Die „people functions“ können sich, gemessen an ihrer Bedeutung für die ausgeübte Funktion, in einem Bereich von lediglich untergeordneten und unterstützenden Tätigkeiten („support or ancillary functions“) bis hin zu signifikanten personellen Funktionen („significant people functions“) bewegen.[409] Elementare Aufgabe der Funktionsanalyse zur Erfolgs- und Vermögensabgrenzung zwischen Stammhaus und Betriebstätte ist es daher, die „significant people functions“ im jeweiligen Unternehmensteil zu identifizieren, denn auf dieser Basis soll die Zuordnung von Wirtschaftsgütern und Risiken zu den Teilen des Einheitsunternehmens erfolgen.[410] Die von Art. 7 Abs. 2 OECD-MA geforderte Zuordnung von Risiken zur Betriebstätte eines internationalen Einheitsunternehmens ist an den Funktionen der Betriebstätte auszurichten.[411] Einer Betriebstätte sollen danach die Risiken zugeordnet werden, welche vom Personal dieser Betriebstätte im Wege tatsächlicher Entscheidungen[412] übernommen werden und deren Management obliegen.[413] Die Bestimmung der einer Betriebstätte zugeordneten Risiken bildet im Rahmen der ersten Stufe der Umsetzung des „functionally separate entity approach“ auch die Basis für die Feststellung des angemessenen Dotationskapitals der Betriebstätte.[414]

408 *OECD,* MK 2010, MA Art. 7, Rz. 21.

409 Vgl. hierzu *OECD,* 2010 Report on the Attribution of Profits to Permanent Establishments, S. 25.

410 Siehe *Kahle/Mödinger,* IStR 2010, 757, 759; vlg. *OECD,* 2010 Report on the Attribution of Profits to Permanent Establishments, S. 25; *OECD,* MK 2010, MA Art. 7, Rz. 21.

411 *OECD,* 2010 Report on the Attribution of Profits to Permanent Establishments, S. 17. Diese funktionale Zuordnung von Risiken entstammt dem Grundsatz „risk follows function“.

412 Dies wird von der OECD mit dem Begriff „active decision-making“ bezeichnet, siehe *OECD,* 2010 Report on the Attribution of Profits to Permanent Establishments, S. 17.

413 *Kahle/Mödinger,* IStR 2010, 757, 760; *OECD,* 2010 Report on the Attribution of Profits to Permanent Establishments, S. 17 und 27 ff.

414 Diese kausale Verknüpfung zwischen zugeordneten Risiken und der Bestimmung des angemessenen Dotationskapitals entspricht dem Grundsatz des „capital follows risks“,

Ebenso soll die Zuordnung der Wirtschaftsgüter, die jeder Teil des Einheitsunternehmens benötigt, mit der Zuordnung der Funktionen zu Stammhaus und Betriebstätte korrespondieren.[415] Dieser Überblick des vom neugefassten Art. 7 Abs. 2 OECD-MA 2010 intendierten Zurechnungsmechanismus auf der ersten Stufe verdeutlicht, anhand welcher Maßstäbe Verantwortlichkeiten und Aktivitäten der Betriebstätte analysiert und sodann Risiken, Wirtschaftsgüter und Kapital zur Betriebstätte allokiert werden sollen: Entscheidend sind die zwischen der Betriebstätte und dem Stammhaus abgeschlossenen „dealings" sowie die „significant people functions".[416]

Die zweite Stufe befasst sich mit der Gewinnabgrenzung der Höhe nach und wendet auf die Leistungsaustauschbeziehungen zwischen Betriebstätte und Stammhaus die Vorgaben der OECD-Verrechnungspreisgrundsätze[417] für verbundene Unternehmen analog an.[418] Insbesondere werden die Vergleichbarkeitsanalyse der Verrechnungspreisgrundsätze mit ihren fünf Faktoren[419] für die Vergleichbarkeit von Transaktionen zwischen verbundenen Unternehmen im Wege einer Analogie herangezogen.[420] Die Darstellung der zweiten Stufe der Umsetzung des „functionally separate entity approach", mithin die Höhe der Vergütung von Innentransaktionen zwischen Stammhaus und Betriebstätte, soll

---

siehe *OECD*, 2010 Report on the Attribution of Profits to Permanent Establishments, S. 27 f.

415 Vgl. *Kahle/Mödinger*, IStR 2010, 757, 759.

416 Diese grundlegende Analyse wird – neben anderen Aspekten – Ausgangspunkt und Basis für die Frage der Zuordnung von Wirtschaftsgütern zu Betriebstätten sein. In Fällen, in welchen ein Einsatz von Personal nicht stattfindet, wie z.B. bei einer Serverbetriebstätte, will die OECD die Funktionsanalyse auf die sogenannten „automated functions" anwenden, vgl. *OECD*, 2010 Report on the Attribution of Profits to Permanent Establishments, S. 26; siehe zu den Grundsätzen der „E-Commerce-Betriebstätte" *Ditz*, IStR 2002, 210, 213 ff.

417 OECD-Transfer Pricing Guidelines for Multinational Enterprises and Tax Administrations v. 18.8.2010.

418 Siehe *OECD*, 2010 Report on the Attribution of Profits to Permanent Establishments, S. 49.

419 Die fünf Faktoren sind: characteristics of property or services, functional analysis, contractual terms, economic circumstances, business strategies, vgl. hierzu *OECD*, 2010 Report on the Attribution of Profits to Permanent Establishments, S. 51; insbesondere wird auf die Rz. 1.52 bis 1.54 der OECD-Verrechnungspreisgrundsätze verwiesen, vgl. hierzu *OECD*, 2010 Report on the Attribution of Profits to Permanent Establishments, S. 48.

420 Siehe für eine zusammenfassende Darstellung *Ditz/Schneider*, DStR 2010, 81, 82; *Kahle/Mödinger*, IStR 2010, 757, 762.

sich hierin erschöpfen, denn der Fokus der folgenden Ausführungen ist auf die Frage der Zuordnung von Wirtschaftsgütern zu den Teilen eines Einheitsunternehmens – Stammhaus und Betriebstätte – gerichtet, nicht hingegen auf die Bestimmung der fremdvergleichskonformen Vergütung.

dd) Rechtstechnische Umsetzung des „dealing at arm's length"-Prinzip

Die Besonderheit des Art. 7 OECD-MA 2010 ist seine Bindungswirkung, die sich sowohl auf den Betriebstättenstaat als auch den Ansässigkeitsstaat erstreckt.[421] Insofern folgt Art. 7 OECD-MA einer anderen Konzeptionsweise als andere Verteilungsvorschriften des OECD-MA (Art. 6 bis 22 OECD-MA), die vor allem Mechanismen der Besteuerung im Quellenstaat aufstellen.[422] Dies zeigt sich einerseits im Absatz 2 des Art. 7 OECD-MA 2010, welcher in seinem Wortlaut von Einkünften spricht, die der Betriebstätte im Sinne des Absatzes 1 „in jedem Vertragsstaat"[423] zugerechnet werden. Dies bedeutet, dass Quellenstaat und Sitzstaat die Wertungen des Art. 7 OECD-MA 2010 sowie der Art. 23 A und 23B OECD-MA entsprechend anwenden müssen, um eine Doppelbesteuerung zu vermeiden. Dies setzt eine Feststellung des Gewinns, welcher der Betriebstätte zuzurechnen ist, in gleicher Höhe durch beide Vertragsstaaten voraus.[424] Die Ermittlung eines gleichlautend hohen Gewinns in den beiden Vertragsstaaten ist keine Selbstverständlichkeit, denn das „dealing-at-arm's-length"-Prinzip soll zwar eine fremdvergleichskonforme Abgrenzung des Gewinns

---

421 Dies galt so bereits auch schon für Art. 7 OECD-MA a.F., vgl. hierzu bei *Hemmelrath*, in: Vogel/Lehner, DBA, Art. 7, Rz. 71.

422 Siehe hierzu *Hemmelrath*, in: Vogel/Lehner, DBA, Art. 7, Rz. 71; *Wassermeyer*, in: Wassermeyer, DBA, MA Vor Art. 6–22, Rz. 1.

423 Art. 7 Abs. 2 OECD-MA 2010 enthält in der englischen Originalfassung den Terminus „in each Contracting State".

424 Dies sieht Art. 7 Abs. 3 OECD-MA 2010 vor, der verlangt, dass wenn ein Vertragsstaat die einer Betriebsstätte eines Unternehmens eines Vertragsstaates zuzurechnenden Gewinne in Übereinstimmung mit Absatz 2 ändert und dementsprechend Gewinne des Unternehmens besteuert, die bereits im anderen Staat besteuert worden sind, so nimmt der andere Staat eine entsprechende Änderung der von diesen Gewinnen erhobenen Steuer vor, soweit dies zur Beseitigung einer Doppelbesteuerung erforderlich ist. Bei dieser Änderung werden die zuständigen Behörden der Vertragsstaaten einander erforderlichenfalls konsultieren. Von den durch die Bundesrepublik Deutschland nach der Veröffentlichung des OECD-MA 2010 abgeschlossene DBA enthält bisher lediglich das Abkommen mit dem Großherzogtum Luxemburg (dort Art. 7 Abs. 3) eine dem Art. 7 Abs. 3 OECD-MA 2010 struktur- und inhaltsgleiche Vorschrift.

zwischen Stammhaus und Betriebstätte bewerkstelligen, schreibt hierfür aber nicht unmittelbar eine Methode zur Ermittlung der Höhe des abzugrenzenden Gewinns vor.[425] Grundsätzlich können somit verschiedene Methoden eine Zuordnung von Gewinnen herbeiführen, die mit dem „dealing at arm's length"-Prinzip vereinbar ist.[426] Die Identität der Ergebnisse nach Anwendung zweier verschiedener fremdvergleichskonformer Methoden der Gewinnabgrenzung ist hierdurch mitnichten garantiert.

e) Methoden

Dem theoretischen Ansatz des „dealing at arm's length"-Prinzips zur Zuordnung der Gewinne des Einheitsunternehmens muss zugleich eine praktische Methode der Gewinnabgrenzung gegenüber stehen. Das „dealing at arm's length"-Prinzip soll bei der Aufteilung des vom Einheitsunternehmen erzielten Gewinns befolgt werden und findet seine Umsetzung in der Praxis grundsätzlich in Form von drei verschiedenen Verfahren: der direkten, der indirekten und der gemischten Methode. Im Einzelfall muss entschieden werden, welche Methode einerseits rein technisch sinnvoll Anwendung finden kann, andererseits ein Aufteilungsergebnis liefert, das am ehesten dem Fremdvergleichsgrundsatz Rechnung trägt[427] und zugleich von nationalen und abkommensrechtlichen Vorschriften als zulässige Methode anerkannt wird. Nach der Reform des Art. 7 OECD-MA im Jahre 2010 hat sich die OECD auf die direkte Methode festgelegt und daneben nur in klar benannten Ausnahmefällen die indirekte Methode für noch anwendbar erklärt. Trotz dieser Reform wird unter den vor 2010 geschlossenen und nicht angepassten DBA weiterhin die Möglichkeit bestehen, sich verschiedener Methoden der Gewinnabgrenzung zu bedienen.

aa) Direkte Methode

Die direkte Methode basiert auf der theoretischen Grundlage, dass jede Betriebstätte eines Einheitsunternehmens eine selbstständige Einheit bildet, der bestimmte Wirtschaftsgüter und Geschäftsvorfälle direkt zugerechnet werden.[428] Die direkte Methode ermittelt daher den Betriebstättengewinn gesondert auf Basis der Buchführung der Betriebstätte, was in der Regel die Aufstellung

---

425 Siehe *Wassermeyer,* in: Wassermeyer, DBA, MA Art. 7, Rz. 188.

426 So *Looks/Maier,* in: Löwenstein/Looks/Heinsen, Betriebsstättenbesteuerung, Rz. 700.

427 Siehe *Wassermeyer,* in: Wassermeyer, DBA, MA Art. 7, Rz. 188.

428 Siehe *Andresen,* in: Wassermeyer/Andresen/Ditz/Schönfeld, Betriebsstätten Handbuch, Rz. 2.137 ff.

einer eigenen Betriebstättenbilanz erfordert.[429] Diese Betriebstättenbilanz umfasst eine Gewinn- und Verlustrechnung ebenso wie außerbilanzielle Korrekturrechnungen und ist als ein gesonderter Ausschnitt der Gesamtbilanz des Einheitsunternehmens zu verstehen, denn in ihr sind nur die Vermögenswerte – die der Betriebstätte zuzuordnen sind – zu aktivieren oder zu passivieren, was auch in der Gesamtbilanz des Unternehmens Niederschlag gefunden hätte und zu eben diesen Werten anzusetzen. Handelt es sich um einen Inbound-Betriebstättenfall, so ist gedanklich von einer nach deutschem Recht aufgestellten Gesamtbilanz des Einheitsunternehmens auszugehen.[430] Ist für die Betriebstätte eine eigene Buchführung eingerichtet und wird ein gesonderter Jahresabschluss für sie erstellt, so begründet dies den Anwendungsvorrang der direkten Methode.[431] Insbesondere kommt die direkte Methode zum Tragen, wenn Stammhaus und Betriebstätte verselbstständigte Teile des Einheitsunternehmens darstellen, also in dem Falle, in welchem beide unterschiedliche Funktionen ausüben.[432] Ist das Verhältnis zwischen Stammhaus und Betriebstätte derart ausgestaltet, dass der Betriebstätte nur eine Hilfsfunktion zukommt, so bedarf es gewisser Ergebniskorrekturen[433], sodass dann die indirekte Methode an Einfluss gewinnt[434] und im Ergebnis die gemischte Methode Anwendung findet[435]. Auch die Finanzverwaltung erkennt die Notwendigkeit von Modifikationen des unter der direkten Methode gefundenen Zuordnungsergebnisses an und fordert sogar für den Fall, dass Betriebseinnahmen oder -ausgaben nicht einem der beiden Unternehmensteile eindeutig zuordenbar sind, diese im Wege der Schätzung sachgerecht aufzuteilen.[436] Hierbei handelt es sich dem Grunde nach um einen Verweis auf die ergänzende Anwendbarkeit der indirekten Methode.

---

429 Siehe *BMF*, Betriebsstätten-Verwaltungsgrundsätze, Rz. 2.3.1.; *Andresen*, in: Wassermeyer/Andresen/Ditz/Schönfeld, Betriebsstätten Handbuch, Rz. 2.137 ff.; *Förster/Naumann/Rosenberg*, IStR 2005, 617, 618; *Jacobs*, Internationale Unternehmensbesteuerung, S. 556; *Wassermeyer*, in: Wassermeyer, DBA, MA Art. 7, Rz. 189.

430 Siehe *Wassermeyer*, in: Wassermeyer, DBA, MA Art. 7, Rz. 189.

431 Siehe *Roth*, in: Lüdicke, Zurechnung von Wirtschaftsgütern, S. 92; zur Methodenrangfolge siehe unten bei Kapitel 2. IV. 3. e) dd).

432 Siehe *BMF*, Betriebsstätten-Verwaltungsgrundsätze, Rz. 2.3.1.; *Jacobs*, Internationale Unternehmensbesteuerung, S. 557; *Wassermeyer*, in: Wassermeyer, DBA, MA Art. 7, Rz. 189.

433 Siehe *Wassermeyer*, in: Wassermeyer, DBA, MA Art. 7, Rz. 189.

434 Dazu sogleich unten Kapitel 2. IV. 3. e) bb).

435 Siehe hierzu unten Kapitel 2. IV. 3. e) cc).

436 Siehe *BMF*, Betriebsstätten-Verwaltungsgrundsätze, Rz. 2.3.1.

Als Schwachstelle der direkten Methode ist daher der Umstand zu benennen, dass für das Verhältnis zwischen Stammhaus und Betriebstätte eine Fiktion der Trennung geschaffen werden muss, welche jedoch die Unternehmenseinheit nicht sprengen darf. Es kollidiert die Notwendigkeit der Zerlegung des Einheitsunternehmens in seine Betriebsteile mit der wirtschaftlichen Realität, der Zusammengehörigkeit des Unternehmens. Je größer die Verflechtung der Geschäftstätigkeit der Betriebstätte mit denen des Gesamtunternehmens ist, desto komplizierter wird die stringente Anwendung der direkten Methode.[437]

Ungeachtet dieser Kritik hat die OECD die direkte Methode im Rahmen der Neufassung des Art. 7 OECD-MA 2010 zur allein anwendbaren Methode der Gewinnabgrenzung zwischen Betriebstätte und Stammhaus erhoben.[438] Lediglich für Global Tradings von Finanzdienstleistungsunternehmen soll die indirekte Methode auch nach Vorstellung der OECD weiterhin anwendbar bleiben[439], welche ansonsten als zu komplex hinsichtlich der Erzielung eines fremdvergleichskonformen Ergebnisses erachtet wird.[440] Unter dem neuen, von der OECD geschaffenen, Regime der Unternehmensgewinne kommt der indirekten Methode demnach nur noch untergeordnete Bedeutung zu. In der (deutschen) Abkommenspraxis kann eine Tendenz hin zur fast ausschließlichen Anwendung der direkten Methode mithin noch nicht abgelesen werden.[441] Für die noch vor 2010 abgeschlossenen DBA, die nicht an die neuen Regelungen angepasst worden sind, ist die indirekte Methode entsprechend neben der direkten Methode weiterhin anwendbar.

---

437 Siehe *Debatin,* DB 1989, 1692, 1696.

438 Siehe *OECD,* MK 2010, MA Art. 7, Rz. 41; *OECD,* 2010 Report on the Attribution of Profits to Permanent Establishments, S. 229 f.; *Looks/Maier,* in: Löwenstein/Looks/Heinsen, Betriebsstättenbesteuerung, Rz. 706.

439 *OECD,* 2010 Report on the Attribution of Profits to Permanent Establishments, S. 142 f.

440 *OECD,* in: OECD, MK 2010, Art. 7, Rz. 41.

441 Bei Betrachtung der Regelungen zu Unternehmenesgewinnen in den DBA, welche die Bundesrepublik Deutschland nach Veröffentlichung des OECD-MA 2010 geschlossen hat, wurde der Wortlaut des Art. 7 OECD-MA 2010 in seiner Gesamtheit lediglich in das DBA mit dem Großherzogtum Luxemburg übernommen. Die im Jahre 2011 abgeschlossenen DBA mit Irland und dem Königreich Spanien ähneln in ihrer Struktur eher noch dem OECD-MA 2008. Dies kann seine Begründung darin finden, dass die Verhandlungen um den Abkommenstext geführt worden sind, bevor der Text und die Kommentierung des OECD-MA 2010 von der OECD veröffentlicht wurden. Insoweit bleibt es abzuwarten, ob die deutsche Abkommenspraxis den Vorgaben und Argumenten der OECD folgen wird.

bb) Indirekte Methode

Die indirekte Methode hat eine der direkten Methode diametral entgegengesetzte Herangehensweise, denn sie geht vom Gesamtgewinn des Einheitsunternehmens aus, wobei dieser nach deutschem Steuerrecht ermittelt wird.[442] Dieser Gewinn muss sodann anhand bestimmter Schlüssel auf Stammhaus und Betriebstätte(n) aufgeteilt werden. Dieses Vorgehen macht die Erstellung einer eigenen Betriebstättenbilanz entbehrlich, erfordert jedoch die Ermittlung derjenigen Aufteilungsschlüssel, die dem „dealing at arm's length"-Prinzip entsprechen, mithin ein fremdvergleichskonformes Ergebnis liefern.[443] Nach Art. 7 Abs. 4 OECD-MA 2008 ist die indirekte Methode ausdrücklich zulässig, soweit deren Anwendung in dem jeweiligen Vertragsstaat üblich ist. Bei der Suche nach sachgerechten Schlüsseln bedarf es der Vorentscheidung, welche Kriterien und Merkmale als Schlüsselgrößen dienen sollen. Der OECD-Musterkommentar geht (in seiner Fassung vor dem Jahre 2010) von der Grundidee aus, dass der Schlüssel den Anteil eines jeden Unternehmensteils an der Gesamtrentabilität widerspiegelt.[444] Des Weiteren ist bei der Wahl des Schlüssels nach Auffassung der OECD zwischen drei Hauptgruppen zu unterscheiden. Als Ausgangspunkt für die Schlüsselung sollen die Einnahmen, die Aufwendungen oder das Vermögen des Unternehmens dienen.[445] Die Finanzverwaltung[446] schließt sich – wie auch Vertreter in der Literatur[447] – dieser Grobschlüsselung weitgehend an. In der Literatur wird teilweise eine feinere Aufschlüsselung gefordert, die in detaillierter Form Faktoren berücksichtigen will, die das Ergebnis des Einheitsunternehmens beeinflusst haben.[448] Die indirekte Methode entspricht somit grundsätzlich eher den tatsächlichen Gegebenheiten, nämlich dem Vorliegen eines Einheitsunternehmens. Jedoch ist die indirekte Methode verschiedenen Kritikpunkten ausgesetzt. Zunächst wird eine Aufschlüsselung durch eine größere Anzahl an Schlüsseln unumgänglich sein, wenn eine Betriebstätte – wie heutzutage häufig – mehrere Funktionen ausübt.[449] Dieser Umstand führt zu einer massiven Verkomplizierung der Anwendung der indirekten Methode. Des Weiteren erfolgt

---

442 Siehe statt vieler nur *Strunk,* in: Mössner, Steuerrecht international tätiger Unternehmen, Rz. 4.84; *Wassermeyer,* in: Wassermeyer, DBA, MA Art. 7, Rz. 191.

443 *Wassermeyer,* in: Wassermeyer, DBA, MA Art. 7, Rz. 191.

444 *OECD,* MK 2008, MA Art. 7, Rz. 27.

445 *OECD,* MK 2008, MA Art. 7, Rz. 27.

446 *BMF,* Betriebsstätten-Verwaltungsgrundsätze, Rz. 2.3.2.

447 *Roth,* in: Lüdicke, Zurechnung von Wirtschaftsgütern, S. 93.

448 *Haiß,* Gewinnabgrenzung bei Betriebsstätten, S. 53.

449 *Strunk,* in: Grotherr/Herfort/Strunk, Internationales Steuerrecht, S. 601.

die Zuordnung von Ertrag und Aufwand nicht ausschließlich nach funktionalen Gesichtspunkten, sondern anhand betriebswirtschaftlicher Schlüsselgrößen, wie zum Beispiel Umsatz, Mitarbeiteranzahl, eingesetztem Kapital. Hierdurch wird eine fremdvergleichskonforme Zuordnung regelmäßig nicht erreicht werden können[450], denn durch den Gesamtverteilungsschlüssel würde einem ertragreichen Unternehmensteil unter Umständen anteilig der Verlust des gesamten Einheitsunternehmens zugeordnet, wodurch eine periodengerechte und der individuellen Leistungsfähigkeit entsprechende Besteuerung nicht stattfindet.[451] Der indirekten Methode wird in diesem Zusammenhang zugutegehalten, dass sie wirtschaftlich zutreffende Ergebnisse erst über eine längere Anwendungszeit erreiche.[452] Faktisch dürfte es jedoch im Ergebnis stets zu einem Garantiegewinn oder Garantieverlust führen, ein Ergebnis, welches mit dem „dealing at arm's length"-Grundsatz des Art. 7 Abs. 2 OECD-MA unvereinbar ist. Diese Schwierigkeiten einer ausschließlichen Anwendung der indirekten Methode in Übereinstimmung mit dem „dealing at arm's length"-Grundsatz und die mangelnde Bedeutung der indirekten Methode für die Zuordnung von Gewinnen zu Betriebstätten außerhalb des Global Tradings durch Finanzdienstleister waren ausschlaggebend dafür, dass die OECD Art. 7 Abs. 4 aus der Neufassung des Art. 7 OECD-MA 2010 – und somit den abkommensrechtlichen Anknüpfungspunkt der indirekten Methode – ersatzlos gestrichen hat.[453]

Begründet durch Schwierigkeiten und Verzerrungen, die sowohl die direkte, stärker jedoch noch die indirekte Methode in ihrer jeweiligen Reinform verursachen, wird in der Praxis die sogenannte gemischte Methode als Regelmethode anzusehen sein.[454] Dies gilt trotz der Neufassung des OECD-MA 2010, welches die Anwendung der direkten Methode vorsieht, weil die Mehrzahl der

450 *Jacobs,* Internationale Unternehmensbesteuerung, S. 556.

451 *Haiß,* Gewinnabgrenzung bei Betriebsstätten, S. 53.

452 *Ritter,* JbFSt 1976/1977, 295.

453 Siehe *OECD,* MK 2010, MA Art. 7, Rz. 41; *OECD,* 2010 Report on the Attribution of Profits to Permanent Establishments, S. 229 f.; *Looks/Maier,* in: Löwenstein/Looks/Heinsen, Betriebsstättenbesteuerung, Rz. 706. Zu beachten ist, dass für Global Tradings von Finanzdienstleistungsunternehmen die indirekte Methode auch nach Vorstellung der OECD weiterhin anwendbar bleiben soll.

454 *Looks/Maier,* in: Löwenstein/Looks/Heinsen, Betriebsstättenbesteuerung, Rz. 705; *Jacobs,* Internationale Unternehmensbesteuerung, S. 556; *Ritter,* JbFSt 1976/1977, S. 295; *Strunk,* in: Mössner, Steuerrecht international tätiger Unternehmen, Rz. 4.92; *Wassermeyer,* in: Wassermeyer, DBA, MA Art. 7, Rz. 192.

von der Bundesrepublik Deutschland geschlossenen DBA nach dem Muster des OECD-MA 2008 besteht.

cc) Gemischte Methode

Die gemischte Methode sieht vor, dass unter vorrangiger Anwendung der direkten Methode diejenigen Erträge und Aufwendungen zugerechnet werden sollen, bei denen dies möglich ist und lediglich das verbleibende nichtaufteilbare Vermögen und Ergebnis soll dann auf Basis der indirekten Methode im Sinne einer korrigierenden Schätzung zwischen Stammhaus und Betriebstätte aufgeteilt werden.[455] Ausgangspunkt der indirekten Methode ist sodann nicht das Gesamtergebnis des Einheitsunternehmens, sondern lediglich die Summe des nicht direkt zugeordneten Vermögens, respektive der Erträge oder Aufwendungen.[456] Die Aufteilungsschlüssel, welche für die Anwendung der indirekten Methode benötigt werden, können sich durchaus an Umsätzen, Arbeitslöhnen oder dem Vermögen orientieren, das direkt zugeordnet wurde.[457]

dd) Rangfolge und Wechsel der Methode

Unter der Annahme, dass Fremdvergleichskonformität stets durch die Wahl eines Wertes aus einer Bandbreite zulässiger Werte herzustellen ist, ergibt sich daraus unter Gestaltungsgesichtspunkten die Frage, ob dem Steuerpflichtigen ein Methodenwahlrecht zusteht oder eine Rangfolge der Methoden verpflichtend vorgegeben ist. Nach nationalem Recht ist gesetzlich keine der Abgrenzungsmethoden vorgeschrieben. Allerdings ergibt sich aus dem Abkommensrecht etwas anderes. Einerseits normiert Art. 7 Abs. 2 OECD-MA – sowohl in der Version des Musterabkommens aus 2008 als auch in der Neufassung aus 2010 – den „functionally separate entity approach“ und spricht sich hierdurch klar für den Vorrang der direkten Methode aus.[458] Andererseits ergibt sich ein Methodenwahlrecht aus dem Umkehrschluss zu Art. 7 Abs. 4 OECD-MA 2008[459] dergestalt, dass solange die Prinzipien des Art. 7 OECD-MA nicht verletzt werden, es der Bundesrepublik Deutschland freisteht nach einer anderen

---

455 Siehe *Looks/Maier,* in: Löwenstein/Looks/Heinsen, Betriebsstättenbesteuerung, Rz. 705.

456 *Wassermeyer,* in: Wassermeyer, DBA, MA Art. 7, Rz. 192.

457 *Wassermeyer,* in: Wassermeyer, DBA, MA Art. 7, Rz. 192.

458 Siehe *OECD,* MK 2008, MA Art. 7, Rz. 24; ebenso für die Neufassung *OECD,* MK 2010, MA Art. 7, Rz. 41.

459 So auch *Andresen,* in: Wassermeyer/Andresen/Ditz/Schönfeld, Betriebsstätten Handbuch, Rz. 2.60 ff.

Methode – zum Beispiel der indirekten – die Gewinnabgrenzung durchführen zu lassen.[460] Im Art. 7 OECD-MA 2010 findet sich der Passus des vorherigen Abs. 4 nicht wieder, da er durch die OECD bewusst gestrichen wurde.[461] Diese Modifikation des Musterabkommens verstärkt die von der OECD beabsichtigte Vorrangstellung der direkten Methode signifikant. Nach ihrer Auffassung ist für die indirekte Methode – von wenigen Ausnahmen abgesehen – kein Raum mehr. Insoweit wird in Abkommensfällen, die dem reformierten Regime des Art. 7 OECD-MA 2010 unterfallen, die direkte Methode zur Anwendung zu bringen sein.

Etwas anderes kann noch für Sachverhalte gelten, in denen das DBA dem Art. 7 OECD-MA 2008 nachgebildet ist und insofern eine Regelung entsprechend dessen Abs. 4 enthält. Dasselbe gilt in Sachverhalten, in denen gar kein DBA abgeschlossen worden ist. Die deutsche Finanzverwaltung begreift auf Basis der Rechtsprechung des BFH die direkte Methode als „Normal- bzw. Regelmethode".[462] Die in den Verwaltungsgrundsätzen zitierte BFH Rechtsprechung[463] – die wiederum auf einer seit jeher der direkten Methode vorranggewährenden Rechtsprechung beruht[464] – fordert zum Teil die Anwendung der direkten Methode nur als „Soll" und verzichtet auf die Nennung einer konkreten Rechtsgrundlage.[465] Der Zweite Senat des BFH urteilte in seinen Entscheidungen über Sachverhalte, die den Begriff des inländischen Vermögens im Sinne des § 121 BewG betrafen, und somit eine anders gelagerte Rechtsfrage.[466] In einer Entscheidung des Ersten Senats aus dem Jahre 2002 erklärt auch dieser die direkte Methode als vorrangig anwendbar, ebenfalls ohne auf eine Rechtsgrundlage zu rekurrieren.[467] Die Finanzverwaltung kann sich jedoch, trotz des Verzichts des BFH eine rechtliche Grundlage für den eingeräumten Vorrang der direkten Methode zu nennen, auf dessen Rechtsprechung als Beleg ihrer

460 Siehe hierzu auch *OECD*, MK 2008, MA Art. 7, Rz. 24.

461 Siehe *OECD*, MK 2010, MA Art. 7, Rz. 41; siehe hierzu auch *OECD*, 2010 Report on the Attribution of Profits to Permanent Establishments, S. 229 f.

462 *BMF*, Betriebsstätten-Verwaltungsgrundsätze, Rz. 2.3.

463 *BFH* v. 28.3.1985 – IV R 80/82, BStBl. II S. 405; v 25.6.1986 – II R 213/83, BStBl. II S. 785; v. 29.7.1992 – II R 39/89, BStBl. 1993 II S. 63.

464 Vgl. hierzu *RFH* v. 25.5.1932 III A 59/32, RStBl. 1932, 771; *BFH* v. 27.7.1965 I 110/63 S, BStBl. III 1966, 24.

465 So der *BFH* v. 28.3.1985 – IV R 80/82, BStBl. II 1985, S. 405.

466 Vgl. *BFH* v 25.6.1986 – II R 213/83, BStBl. II 1986, S. 785; v. 29.7.1992 – II R 39/89, BStBl. II 1993, S. 63.

467 *BFH* v. 18.12.2002 – I R 92/01, BFH/NV 2003, S. 964.

Auffassung beziehen. Hinzu kommt, dass der Gesetzgeber durch das SEStEG Abgrenzungsvorschriften betreffend die grenzüberschreitende Überführung von Wirtschaftsgütern geschaffen hat, die auf der direkten Methode beruhen.[468]

Die Vorgabe, der jede Methodenwahl der Gewinnabgrenzung genügen muss, ist die Konformität des Ergebnisses mit dem „dealing at arm's length"-Prinzip des Art. 7 Abs. 2 OECD-MA. Wie oben dargelegt, wird in Literatur, Rechtsprechung sowie Finanzverwaltung die direkte Methode favorisiert und auch die Fassung des Art. 7 OECD-MA 2010 enthält den Anknüpfungspunkt für die indirekte Methode nicht mehr. Unbestritten bietet die buchhalterische Erfassung aller Vorgänge, welche die Betriebstätte betreffen, einen hohen Grad an Genauigkeit, sind Außentransaktionen ebenso wie im Einheitsunternehmen interne Vorgänge präziser abbildbar. Nichtsdestoweniger mag es in Ausnahmefällen – zum Beispiel dann, wenn die wirtschaftliche Selbstständigkeit der Betriebstätte derart gering ist, dass die Umsetzung des „functionally separate entity approach" nur im Wege einer Schätzung möglich ist – erforderlich erscheinen, auf die indirekte Methode zurückzugreifen. Ferner kommt der indirekten Gewinnabgrenzung im Rahmen der gemischten Methode Bedeutung zu, da sie hier die Lücken der direkten Methode zu schließen und zur Vervollständigung eines detaillierteren Abgrenzungsergebnisses beizutragen vermag.

Wenn insoweit die Anwendung verschiedener Methoden und ihrer Mischform zulässig ist, wirft dies die Frage auf, unter welchen Umständen ein Wechsel der Methode in Betracht kommt. Die Finanzverwaltung vertritt die Auffassung, ein willkürlicher Methodenwechsel sei unzulässig.[469] Hierbei verweist sie auf das Abkommensrecht, das in Art. 7 Abs. 6 OECD-MA 2008 bisher jedenfalls einen grundlosen Wechsel ausschloss. Als willkürlich wird ein Methodenwechsel begriffen, wenn hierdurch in einer bestimmten Periode ein günstigeres Ergebnis ermittelt wird, das Unternehmen also eine Steuerersparnis durch den Methodenwechsel anstrebt.[470] Hieraus lässt sich die Schlussfolgerung ableiten, dass die OECD selber von einem divergierenden Ergebnis zwischen der Anwendung von direkter und indirekter Methode ausgeht.[471] In der Neufassung des OECD-MA aus dem Jahre 2010 hingegen findet sich eine solche

468 Siehe *Jacobs*, Internationale Unternehmensbesteuerung, S. 557: Zu den SEStEG-Normen siehe beispielsweise § 4 Abs. 1 Sätze 3 und 7 EStG, § 4 EStG sowie § 12 KStG.

469 Siehe *BMF*, Betriebsstätten-Verwaltungsgrundsätze, Rz. 2.3.

470 Siehe *OECD*, MK 2008, MA Art. 7, Rz. 31.

471 So auch *Looks/Maier*, in: Löwenstein/Looks/Heinsen, Betriebsstättenbesteuerung, Rz. 708.

Vorschrift nicht mehr. Dies ist nach der Streichung des Art. 7 Abs. 4 OECD-MA 2008 – dem Verweis auf die indirekte Methode – nur konsequent, denn eine Möglichkeit zum Methodenwechsel erscheint aus Sicht der OECD dort überflüssig, wo ausschließlich die direkte Methode Anwendung finden soll. Wie zuvor dargestellt, ist im Rahmen der nationalen Gewinnabgrenzung die Anwendung der indirekten Methode jedoch nicht ausgeschlossen, sodass die Gelegenheit zum Methodenwechsel nicht gänzlich verwehrt sein darf. Das Verständnis der Finanzverwaltung, willkürliche Methodenwechsel nicht anzuerkennen, stellt wohl lediglich eine wiederholte Betonung des Stetigkeitsgrundsatzes dar.[472]

Ein Methodenwechsel muss dann durchführbar sein, wenn die unter der bisher zur Anwendung gebrachten Methode ermittelten Abgrenzungsergebnisse nicht mehr dem Fremdvergleichsgrundsatz entsprechen. Der „functionally separate entity approach" muss hier als Maßstab und Indikator für die Notwendigkeit eines Methodenwechsels fungieren. Nichtsdestoweniger wird die Finanzverwaltung in der Praxis, insbesondere bei Wechseln hin zur indirekten Methode, deren Notwendigkeit kritisch prüfen, sodass die Erstellung einer umfänglichen Dokumentation der betriebswirtschaftlichen Gründe erforderlich werden wird.[473] Die deutsche Finanzverwaltung kann ihre Präferenz der direkten Methode in DBA-Sachverhalten als durch die Neufassung des Art. 7 OECD-MA 2010 gestützt betrachten. Der Blick auf die aktuelle Abkommenspraxis zeigt jedoch, dass die Neufassung in der Mehrzahl der von der Bundesrepublik Deutschland abgeschlossenen DBA (noch) keine Anwendung findet, weil diese noch am Regime des OECD-MA 2008 oder früheren Datums ausgerichtet sind. Bezugnehmend auf das in diesem Sinne „aktuelle" Abkommensrecht wird durch das OECD-MA nicht detailliert vorgegeben, welche Methode dem Fremdvergleichsgrundsatz entspricht. Im Inbound-Fall ist für die Betriebstätte in Deutschland das nationale Recht entscheidend und die deutsche Finanzverwaltung nennt in den Betriebstättenverwaltungsgrundsätzen zwei Methoden zur Gewinnaufteilung. Die direkte und die indirekte, wobei der direkten Methode Vorrang eingeräumt werden soll.[474] Dieses Nebeneinander der zwei Methoden wird durch Literatur und Rechtsprechung gestützt.[475] Somit muss grundsätzlich eine Wahlmöglichkeit zwischen den Methoden gegeben sein, auch wenn einer dieser Methoden eine Vorrangstellung eingeräumt werden soll.

---

472 Siehe *Strunk*, in: Grotherr/Herfort/Strunk, Internationales Steuerrecht, S. 602.

473 Siehe *Strunk*, in: Grotherr/Herfort/Strunk, Internationales Steuerrecht, S. 602.

474 *BMF*, Betriebsstätten-Verwaltungsgrundsätze, Rz. 2.3., 2.3.1. und 2.3.2.

475 *Hemmelrath*, in: Vogel/Lehner, DBA, MA Art. 7, Rz. 100; *BFH* v. 28.3.1985 IV R 80/82, BStBl. II 1985, 405; v. 29.7.1992 II R 39/89, BStBl. II 1993, 63.

Jede begründete Methodenwahl, die dem Fremdvergleichsgrundsatz genüge tut, muss Anerkennung durch die Finanzverwaltung finden. Auch die Neufassung des Art. 7 OECD-MA aus dem Jahre 2010 spricht dafür, dass grundsätzlich ein Methodenwechsel möglich sein muss. Denn Art. 7 Abs. 3 OECD-MA 2010 statuiert eine Verpflichtung der beteiligten Vertragsstaaten, die Höhe der zuzurechnenden Gewinne korrespondierend anzupassen, um eine Doppelbesteuerung zu vermeiden. Insofern ist es denkbar, dass ein Methodenwechsel hin zur indirekten Methode abkommensrechtlich initiiert wird, weil der andere Vertragsstaat seinerseits die indirekte Methode zur Gewinnabgrenzung zugelassen hat. Abschließend ist in Betracht zu ziehen, dass in der Praxis die gemischte Methode ohnehin den Regelfall darstsellt.[476] Insofern kann die indirekte Methode der Gewinnabgrenzung auf diesem Wege zumindest teilweise weiterhin Anwendung finden.

4. Zusammenfassung der erstragsteuerlichen Behandlung von Betriebstätten

Die Betriebstätte kann sowohl im Inbound-Fall als auch im Outbound-Fall Subjekt einer beschränkten Steuerpflicht nach nationalen Vorschriften sein. Abkommensrechtlich richtet sich die steuerliche Behandlung nach Art. 7 OECD-MA, welcher eine Allokation der Unternehmensgewinne durchzuführen sucht. Hierzu ist die Gewinnermittlung und Gewinnabgrenzung im Einheitsunternehmen und damit notwendigerweise auch bei der Betriebstätte durchzuführen. Die Gewinnermittlung unterliegt dem Primat des deutschen Steuerrechts, während in den hier interessierenden DBA-Fällen die Gewinnabgrenzung nach dem Recht der DBA erfolgt, mithin auf Grundlage des Fremdvergleichgrundsatzes: dem „dealing at arm's length"-Prinzip. Der in Art. 7 Abs. 2 OECD-MA 2010 niedergelegte Fremdvergleichsmaßstab fingiert die uneingeschränkte Selbstständigkeit der Betriebstätte in Form des „functionally separate entity approach". Dieser schafft die Vorgaben für eine Abgrenzung des Gewinns dem Grunde nach und damit auch der Wirtschaftsgutzuordnung anhand einer Funktions- und Risikoanalyse. Hierbei sind die entscheidenden Personalfunktionen in der Betriebstätte maßgebliches Kriterium. Dieser Ansatz der uneingeschränkten Selbstständigkeit der Betriebstätte stellt mithin den entscheidenden Anknüpfungspunkt in Art. 7 OECD-MA einerseits und in den Betriebstättenvorbehalten der Spezialeinkünfteartikel des OECD-MA andererseits dar, nach dem Wirtschaftsgüter einer Betriebstätte zuzuordnen sind.

476 Siehe oben Kapitel 2. IV. 3. e) cc).

V. Europarechtlicher Kontext

Die Vorschriften des deutschen Steuerrechts sowie des Abkommensrechts sind ebenso wie die Zuordnungsgrundsätze der Finanzverwaltung betreffend die Zuordnung von Wirtschaftsgütern im Einheitsunternehmen stets in den europarechtlichen Kontext einzuordnen, wenn in den grenzüberschreitenden Sachverhalt zwei Mitgliedstaaten der EU involviert sind. Diese europarechtliche Würdigung bewegt sich im Spannungsfeld des Verhältnisses von Europarecht zum internationalen Steuerrecht sowie zum nationalen Steuerrecht. Dies umfasst zweifelsfrei die Besteuerung von Betriebstätten und somit auch grenzüberschreitende Zuordnungsprozesse von Wirtschaftsgütern zu den Teilen des Einheitsunternehmens.

1. Verhältnis des Europarechts zum internationalen Steuerrecht

Das internationale Steuerrecht auf der einen und das Europarecht auf der anderen Seite haben zwei gänzlich unterschiedliche Regelungsgegenstände. Während das internationale Steuerrecht Doppelbesteuerungsrecht ist und Fragen der grenzüberschreitenden Steuergestaltungen sowie Besteuerungsrechte der am Sachverhalt beteiligten Staaten betrifft, dient das Europarecht der Schaffung eines einheitlichen Binnenmarktes, das europäische Steuerrecht der Anpassung der nationalen Steuerrechtsnormen an EU-Vorgaben und zur Diskriminierungsbeseitigung.[477] Dies zeigt sich explizit an der Entscheidung des EuGH in der Rechtssache *Kerckhaert/Morres*[478], in welcher der Gerichtshof entschied, eine Doppelbesteuerung sei per se kein Verstoß gegen das Gemeinschaftsrecht, sondern deren Beseitigung Sache der Mitgliedstaaten. Diese hätten Maßnahmen zu Vermeidung der Doppelbesteuerung zu ergreifen. Diesem Verständnis des EuGH wird mitunter kritisch begegnet. *Kofler* sieht durch den steuerlichen Zugriff zweier oder mehrerer Mitgliedstaaten vielmehr die Problematik einer exzessiven Besteuerung gegeben und erkennt für den Fall, dass die kumulierte Steuerlast die zu zahlende steuerlich ungünstigste Belastung eines der beteiligten Einzelstaaten übersteigt, eine grundfreiheitsrechtliche Relevanz dieses Sachverhalts.[479] Der EuGH verweist vielmehr auf den vor dem Inkrafttreten des Vertrages von Lissabon bestehenden Art. 293 EGV, der vorsah, dass die Mitgliedstaaten untereinander Verhandlungen einleiteten, um die

477 *Weber-Grellet*, Europäisches Steuerrecht, S. 33.

478 *EuGH* v. 14.11.2006 – Rs. C-513/04 Kerckhaert/Morres, Slg. 2006, I-10967.

479 Mit detaillierten weiterführenden Ausführungen und Verweisen *Kofler*, Doppelbesteuerungsabkommen und Europäisches Gemeinschaftsrecht, S. 231 ff.

Doppelbesteuerung in der Gemeinschaft zu beseitigen.[480] Art. 293 EGV ist aus der Fassung des AEUV ersatzlos gestrichen worden, sodass wohl hinsichtlich dieses Zieles nur ein Rückgriff auf die allgemeine Vorschrift des Art. 4 Abs. 3 Satz 3 AEUV bleibt, nach welcher die Mitgliedstaaten die Union bei der Erfüllung ihrer Aufgaben unterstützen und alle Maßnahmen unterlassen sollen, welche die Verwirklichung der Ziele der Union gefährden könnten. Mithin gelten im Grundsatz auch für das Recht der DBA die Grundfreiheiten des Gemeinschaftsrechts. Die Grundfreiheiten haben aber grundsätzlich Vorrang vor dem Abkommensrecht.[481] Dieses Ergebnis ist – jedenfalls – aus deutscher Sicht auch nicht überraschend, denn die umgesetzten DBA-Vorschriften haben nur den Rang eines einfachen Gesetzes (in Gestalt des jeweiligen Transformationsgesetzes), welches stets dem Vorrang des Europarechts unterworfen ist. Ebenso sind bei der Schaffung und Umsetzung von Abkommensrecht Beeinträchtigungen der Grundfreiheiten zu unterlassen.[482] Ferner besteht eine Entwicklung in diesem Spannungsfeld dahingehend, dass das Gemeinschaftsrecht das Abkommensrecht nicht nur überlagert, sondern zunehmend auch verdrängt.[483] Der EuGH erachtete in der Rechtssache *Wielockx*[484] eine Regelung im DBA Niederlande-Belgien, welche einen Verzicht auf die Besteuerung von im Ausland bezogenen Renten zum Gegenstand hatte, als ungeeignet, einen tragenden Rechtfertigungsgrund im Rahmen der Kohärenz für die erfolgte Diskriminierung darzustellen.

Ein weiteres Kollisionsfeld von Europarecht und den Vorschriften der DBA besteht im Falle von Einkünften in Form von Zinsen und Lizenzgebühren. Für diese Art der Einkünfte hat der Rat die Zins- und Lizenzgebührenrichtlinie erlassen, welche die Abschaffung sämtlicher Quellensteuern auf im EU-Konzernverbund gezahlten Zinsen und Lizenzgebühren anordnet.[485] Der persönliche Anwendungsbereich der Richtlinie erstreckt sich auf Kapitalgesellschaften, aber

480 Zu dem Streit darüber, ob Art. 293 EGV lediglich eine Absichtserklärung respektive ein Ziel festschreibt, oder eine Pflicht der Mitgliedstaaten begründet, siehe bei *Drüen,* in: Tipke/Kruse, AO/FGO, AO § 2, Rz. 54.

481 *Birk,* in: Hübschmann/Hepp/Spitaler, AO/FGO, AO § 2, Rz. 305; *Haase,* Internationales und europäisches Steuerrecht, Rz. 812.

482 Siehe hierzu nur *Weber-Grellet,* Europäisches Steuerrecht, S. 35.

483 *Haase,* Internationales und europäisches Steuerrecht, Rz. 813; *Weber-Grellet,* Europäisches Steuerrecht, S. 35.

484 *EuGH* v. 11.8.1995 – Rs. C-80/94 „Wielockx", Slg. 1995, I-02493.

485 *EU-Rat,* 2003/49/EG, ABl., L 157, S. 49. Im deutschen Steuerrecht wurde die Richtlinie in § 50g EStG umgesetzt.

ebenso auch auf Betriebstätten.[486] Das Ziel der Richtlinie, Zinsen und Lizenzgebühren ausschließlich beim Empfänger zu besteuern, stellt sich in krassen Widerspruch zu den Regelungen der Mitgliedstaaten untereinander im Wege bilateraler DBA die Besteuerungsrechte frei und somit auch oder teilweise den Quellenstaaten zuzuordnen.[487] Hieraus lässt sich ein Konkurrenzverhältnis ableiten, das mitunter zu Schwierigkeiten im Zusammenhang mit der Richtlinie geführt hat. Die Kollision zwischen Europarecht und Abkommensrecht führt in den Mitgliedstaaten zu Bemühungen, die Gesellschafterfremdfinanzierung[488] oder die Überprüfung der Verrechnungspreise bei Lizenzgebührzahlungen strenger zu regeln oder unilaterale Abwehrmaßnahmen beispielsweise in Gestalt des § 1 AStG einzuführen, wodurch letztlich der steuerliche Standort geschwächt und weitere europarechtliche Probleme verursacht werden.[489]

Diese Ausführungen zeigen, dass zwischen dem internationalen Steuerrecht, im Sinne des Rechts der Doppelbesteuerung durch zwei oder mehr Staaten, und dem Europarecht durchaus Friktionen bestehen. Ein Verstoß gegen das Unionsrecht ist – nach dargelegter Auffassung des EuGH – durch eine Doppelbesteuerung im Wege des Zugriffs mehrerer nationaler Steuersysteme auf einen steuerlichen Vorgang nicht zwingend gegeben. Dies ergibt sich aus der fehlenden Harmonisierung der Systeme der direkten Steuern in den Mitgliedstaaten der EU und bildet den Anlass für den EuGH, die Mitgliedstaaten auf die Generalklausel des Art. 4 Abs. 3 AEUV zu verpflichten. Insoweit stehen im Rahmen der Zuordnung von Wirtschaftsgütern zu Betriebstätten Konflikte zwischen Vorgaben des Unionsrechts und dem nationalen Steuerrecht – ggf. auch als Umsetzung eines DBA – im Zentrum dieser Untersuchung.

2. Verhältnis des Europarechts zum nationalen Steuerrecht

a) Allgemeines

Bei der Betrachtung des Verhältnisses des Europarechts zum nationalen Steuerrecht steht der Umstand im Mittelpunkt, dass die EU keine Steuerrechtsunion ist.[490] Eine Harmonisierung im Wege eines Kompromisses zwischen

---

486 *EU-Rat,* 2003/49/EG, ABl., L 157, S. 49, § 3.

487 Ebenso *Jacobs,* Internationale Unternehmensbesteuerung, S. 181.

488 In der Bundesrepublik Deutschland die sog. Zinsschrankenregelung in § 4h EStG.

489 Siehe zu dieser Kritik *Jacobs,* Internationale Unternehmensbesteuerung, S. 181 f.

490 Siehe hierzu statt vieler *Birk,* in: Hübschmann/Hepp/Spitaler, AO/FGO, AO § 2, Rz. 205.

nationaler Steuerhoheit und dem Ziel der Umsetzung eines gemeinsamen Binnenmarktes ist durch Art. 113 AEUV kodifiziert.[491] Diese Vorschrift enthält die Rechtsgrundlage für eine unionsrechtliche Harmonisierung; allerdings nur für indirekte Steuern. Hierunter fallen nach dem Wortlaut der Norm Umsatzsteuern, Verbrauchsabgaben und sonstige indirekte Steuern, wobei letztere beispielsweise Kapitalverkehrs-, Beförderungs- oder Versicherungsteuern umfassen.[492] Der größte Fortschritt im Rahmen der Harmonisierung der indirekten Steuern war die Einführung eines gemeinsamen Umsatzsteuersystems, welches – abgesehen von der Ausgestaltung der Steuersätze – in allen Mitgliedstaaten zur Anwendung kommt.[493] Insoweit darf der Harmonisierung der indirekten Steuern ein relativ weiter Fortschritt attestiert werden.

Im Gegensatz zur Harmonisierung bei den indirekten Steuern befinden sich die Anpassungen bei den direkten Steuern – die im Rahmen dieser Arbeit von zentralem Interesse sind – erst im Anfangsstadium, wofür die fehlende Kompetenz der EU ursächlich ist.[494] „Ein umfassendes, systematischen Gesichtspunkten standhaltendes Gesamtkonzept liegt noch nicht vor. Vielmehr konzentrierten sich die Bemühungen der Europäischen Kommission auf das politisch Machbare und das unter Wettbewerbsaspekten absolut Notwendige."[495] Insoweit bietet Art. 113 AEUV lediglich eine Rechtsgrundlage für die Harmonisierung der indirekten Steuern, während für das Gebiet der direkten Steuern nur auf die allgemeine Ermächtigung aus Art. 115 AEUV zurückgegriffen werden kann.[496] Art. 115 AEUV dient jedoch allgemein der Rechtsangleichung in der Union zur Errichtung des Binnenmarktes sowie dessen Funktionieren und ist eine gegenüber Art. 114 AEUV nur subsidiär eingreifende Auffangnorm, deren Anwendungsbereich ferner von Art. 114 Abs. 2 AEUV vorgegeben wird. Des Weiteren ist die Erforderlichkeit der Rechtsangleichung für die Errichtung

---

491 *Khan*, in: Geiger/Khan/Kotzur, AEUV Art. 113, Rz. 1 f.

492 *Waldhoff/Kahl*, in: Calliess/Ruffert, AEUV Art. 113, Rz. 4.

493 *Kahl*, in: Calliess/Ruffert, AEUV Art. 26, Rz. 26.

494 *Birk*, in: Hübschmann/Hepp/Spitaler, AO/FGO, AO § 2, Rz. 208; *Schaumburg*, Internationales Steuerrecht, Rz. 3.58; *Weber-Grellet*, Europäisches Steuerrecht, S. 140. Am weitesten fortgeschritten ist der Harmonisierungsprozess im Bereich der direkten Steuern auf dem Gebiet der Konzernbesteuerung, vgl. hierzu RL 90/434/EWG v. 23.7.1990, ABl. 1990 Nr. L 225, 1 (Fusions-Richtlinine).

495 *Jacobs*, Internationale Unternehmensbesteuerung, S. 167.

496 *Schaumburg*, Internationales Steuerrecht, Rz. 3.58. Seit der Einführung von Art. 114 AEUV liegt das Schwergewicht des Art. 115 AEUV in der Praxis auf Maßnahmen zur Angleichung der direkten Steuern, in diesem Sinne *Kahl*, in: Calliess/Ruffert, AEUV, Art. 115, Rz. 12.

und das Funktionieren des Binnenmarktes Tatbestandsvoraussetzung des Art. 115 AEUV; eine Spezialausprägung des Art. 5 Abs. 4 EUV.[497] Ferner unterfällt Art. 115 AEUV auch dem Vorbehalt des Subsidiaritätsprinzips nach Art. 5 Abs. 3 EUV, wonach die Union aufgrund nicht-ausschließlicher Kompetenz nur tätig werden darf, wenn die Ziele der in Betracht gezogenen Maßnahmen von den Mitgliedstaaten weder auf zentraler noch regionaler noch lokaler Ebene ausreichend verwirklicht werden können, sondern vielmehr wegen ihres Umfangs oder ihrer Wirkung auf Unionsebene besser zu verwirklichen sind.

Trotz dieser fehlenden Vollharmonisierung der direkten Steuern in der Union auf legislativem Wege, hat ein Prozess der „faktischen"[498] oder auch „stillen"[499] Harmonisierung durch die Rechtsprechung des EuGH stattgefunden. Dies findet seine Begründung darin, dass der EuGH die Grundfreiheiten zur Anwendung bringt und diesen einen grundsätzlichen Vorrang vor der Steuersouveränität der Mitgliedstaaten einräumt.[500] Der EuGH, in seinem Selbstverständnis als Motor der europäischen Integration, überprüft im Wege der Auslegung der Grundfreiheiten und Diskriminierungsverbote das Steuerrecht auf dessen Konformität mit dem Unionsrecht.[501] Die Mitgliedstaaten dürfen ihre Steuerangelegenheiten selbst regeln, müssen diese Befugnis aber unter Achtung des Gemeinschaftsrechts ausüben und haben somit jede offene oder versteckte Diskriminierung aufgrund der Staatsangehörigkeit zu unterlassen.[502] Verstärkt wird diese Wirkungsweise noch dadurch, dass die EuGH-Entscheidungen fast

---

497 Hierzu mit weiteren Nachweisen *Kahl*, in: Calliess/Ruffert, AEUV Art. 115, Rz. 8.

498 *Haase*, Internationales und europäisches Steuerrecht, Rz. 767.

499 *Schaumburg*, Internationales Steuerrecht, Rz. 3.59.

500 Seit *EuGH* v. 7.5.1985 – Rs. C-18/48 „Kommission/Frankreich", Slg. 1985, I-01339. Der Vorrang des Europarechts als eigenständige Rechtsordnung vor dem nationalen (Steuer)Recht wird durch den Integrationshebel des Art. 23 Abs. 1 GG bewirkt, siehe hierzu *Birk*, in: Hübschmann/Hepp/Spitaler, AO/FGO, AO § 2, Rz. 180.

501 *Weber-Grellet*, Europäisches Steuerrecht, S. 3.

502 *Birk*, in: Hübschmann/Hepp/Spitaler, AO/FGO, AO § 2, Rz. 213; *Bröhmer*, in: Calliess/Ruffert, AEUV Art. 49, Rz. 35; siehe hierzu die ständige Rechtsprechung des *EuGH* v. 15.5.1997 – Rs. C-250/95 „Futura", Slg. 1997, I-02471, Rz. 19; v. 16.7.1998 – Rs. C-264/96 „ICI", Slg. 1998, I-04695, Rz. 28; *EuGH* v. 29.4.1999 – Rs. C-311/97 „Royal Bank of Scotland", Slg. 1999, I-02651, Rz. 19; v. 13.4.2000 – Rs. C-251/98 „Baars", Slg. 2000, I-02787, Rz. 17; v. 6.6.2000 – Rs. C-35/98 „Verkooijen", Slg. 2000, I-4071, Rz. 32.

durchgehend zeitliche Rückwirkung beanspruchen.[503] Im Falle einer unionsrechtswidrigen nationalen Vorschrift führt der Vorrang des Unionsrechts dazu, dass diese Vorschrift nicht anwendbar ist.[504]

b) Grundfreiheiten

Im Rahmen der (internationalen) Unternehmensbesteuerung sind insbesondere die Niederlassungsfreiheit (Art. 49 AEUV) sowie die Kapitalverkehrsfreiheit (Art. 63 AEUV) von Bedeutung, während die Warenverkehrsfreiheit (Art. 34 AEUV) und die Freizügigkeit der Arbeitnehmer (Art. 45 AEUV) ebenso wie die Dienstleistungsfreiheit (Art. 56 AEUV) weniger im Fokus der europarechtlichen Konformitätsprüfung stehen.[505]

aa) Niederlassungsfreiheit des Art. 49 AEUV

Die Niederlassungsfreiheit ist spezielle Ausprägung des allgemeinen Diskriminierungsverbots aus Art. 18 AEUV. Die Entscheidung über den Ort der Niederlassung ist häufig essentieller Faktor im Rahmen steuerlicher Planung und Gestaltung, sodass die Niederlassungsfreiheit eine sehr hohe Relevanz in Bezug auf nationale Steuervorschriften besitzt.[506] Aus der vom EuGH geforderten Achtung des Unionsrechts durch die Mitgliedstaaten bei Ausgestaltung ihres nationalen Steuerrechts folgt, dass sich das deutsche Steuerrecht am Beschränkungsverbot des Art. 49 AEUV messen lassen muss.[507]

(1) Verhältnis zur Kapitalverkehrsfreiheit

Generell ist zur Frage der Konkurrenzen der Grundfreiheiten des AEUV zu konstatieren, dass der EuGH diese in seiner älteren Judikatur nebeneinander anwendete[508], während der Gerichtshof in seiner jüngeren Rechtsprechung

---

503 *Jacobs,* Internationale Unternehmensbesteuerung, S. 206 f.

504 *Weber-Grellet,* Europäisches Steuerrecht, S. 15; *BFH* v. 30.11.2004 - VII R 25/01, BFH/NV2005, 588.

505 *Jacobs,* Internationale Unternehmensbesteuerung, S. 206.

506 So zum Beispiel *Bröhmer,* in: Calliess/Ruffert, AEUV Art. 49, Rz. 35.

507 Siehe hierzu *Schön,* DB 2001, 940, 941.

508 So beispielsweise in den Entscheidungen des *EuGH* v. 28.1.1992 - Rs. C-204/90 „Bachmann“, Slg. 1992, I-00276, Rz. 28 ff.; v. 14.11.1995 - Rs. C-484/93 „Svensson und Gustavsson“, Slg. 1995, I-3955, Rz. 10 ff. Der Gerichtshof befand im ersten Fall sowohl die Arbeitnehmerfreizügigkeit als auch die Dienstleistungsfreiheit als betroffen. In der zweitgenannten Entscheidung nahm der EuGH einen Verstoß gegen die Kapitalverkehrs- und zugleich die Dienstleistungsfreiheit an.

grundsätzlich von einer parallelen Prüfung der Grundfreiheiten Abstand genommen hat[509].[510] Vorliegend wird dieser gegenwärtigen Praxis des EuGH, sich überwiegend auf die Prüfung einer Grundfreiheit zu beschränken, nicht gefolgt. Vielmehr sind alle Grundfreiheiten zu prüfen, da die Schutzbereiche zwar Überlappungen aufweisen, jedoch nicht kongruent sind. Die vom EuGH praktizierte Vorrangigkeit einer Grundfreiheit über eine zweite lässt sich bisher keiner eindeutigen Leitlinie zuordnen, es fehlt insoweit an klaren Kriterien, die ein Subsidiaritätsverhältnis begründen.

Diese Konkurrenzproblematik stellt sich – insbesondere im Bereich der direkten Steuern –bei der Niederlassungsfreiheit des Art. 49 AEUV und der Kapitalverkehrsfreiheit des Art. 63 AEUV. Diese stehen in engem Zusammenhang, da beinahe alle Vorgänge der Niederlassung auch mit Bewegungen von Zahlungen oder Kapital verbunden sind.[511] Es besteht demnach ein Konkurrenzverhältnis zwischen der Niederlassungs- und der Kapitalverkehrsfreiheit, welches aufgelöst werden muss, weil Sachverhalte, die europarechtliche Implikationen aufweisen, häufig beide Grundfreiheiten tangieren werden[512] und der Schutzbereich der Kapitalverkehrsfreiheit dergestalt weiter gefasst ist, dass Transaktionen zwischen Mitgliedstaaten und Drittstaaten – im Gegensatz zur Niederlassungsfreiheit – erfasst sind.

---

509 Siehe hierzu *EuGH* v. 12.9.2006 – Rs. C-196/04 „Cadbury Schweppes", Slg. 2006, I-7995, Rz. 33, in welcher die Prüfung auf die Niederlassungsfreiheit beschränkt wurde; v. 3.10.2006 – Rs. C-452/04 „Fidium Finanz", Slg. 2006, I-9521, Rz. 43 ff., in welcher der Gerichtshof die Dienstleistungs- und Kapitalverkehrsfreiheit für betroffen erkannte und sodann die Kapitalverkehrsfreiheit hinter die Dienstleistungsfreiheit zurücktreten ließ; v. 13.3.2007 – Rs. C-524/04 „Test Claimants in the Thin Cap Group Litigation", Slg. 2007, I-2107, Rz. 33 und 101, wobei diese Entscheidung entsprechend der Rs. „Cadbury Schweppes" der Niederlassungsfreiheit den Vorrang einräumt. Insoweit der *EuGH* v. 12.12.2006 – Rs. C 464/04 „Test Claimants in the FII Group Litigation", Slg. 2006, I-11753 die Anwendbarkeit der Kapitalverkehrsfreiheit neben der Niederlassungsfreiheit betont, wird dies auf den geteilten Sachverhalt mit mehreren Klägern zurückzuführen sein, der eine Prüfung der Kapitalverkehrsfreiheit dann zuließ, wenn die Niederlassungsfreiheit nicht berührt war. Somit kann hieraus nicht die parallele Anwendbarkeit zweier Grundfreiheiten durch den EuGH abgeleitet werden.

510 Für eine umfassend aufbereitete Übersicht hierzu siehe *Haslehner*, IStR 2008, 565.

511 *Forsthoff*, in: Grabitz/Hilf/Nettesheim, AEUV, Art. 49, Rz. 128.

512 So zum Beispiel implizit *EuGH* v. 1.6.1999 – Rs. C-302/97 „Konle", EuGHE 1999, I-03099, Rz. 22, hier hielt der Gerichtshof auch die Niederlassungsfreiheit für einschlägig, prüfte aber ausschließlich die Verletzung der Kapitalverkehrsfreiheit.

Hält man mit dem EuGH eine Abgrenzung für erforderlich, so kann diese im jeweiligen Einzelfall nach dem Schwergewicht der Beeinträchtigung[513] oder nach der größeren Sachnähe der einen oder anderen Grundfreiheit[514] erfolgen. Für diese Auffassung findet sich Rechtsprechung des EuGH, der bei der Bestimmung, welche Grundfreiheit anzuwenden ist, „auf den Gegenstand der betreffenden nationalen Regelung abstellt."[515] Der BFH geht (in Übereinstimmung mit dem EuGH) davon aus, dass „für die Beantwortung der Frage, ob eine nationale Regelung unter die eine oder unter die andere Grundfreiheit (oder unter beide Grundfreiheiten) fällt, [...] nach jedenfalls mittlerweile gefestigter Rechtsprechung des EuGH auf den Gegenstand der betreffenden nationalen Regelung abzustellen [ist]."[516] Der Erste Senat des BFH differenziert in dieser Entscheidung dergestalt, dass „nationale Bestimmungen, die nur auf solche Beteiligungen anwendbar sind, die es ermöglichen, einen sicheren Einfluss auf die Entscheidungen der Gesellschaft auszuüben und deren Tätigkeit zu bestimmen, danach unter die Niederlassungsfreiheit fallen."[517] Ferner führt das Gericht aus, dass nach seiner Interpretation der EuGH-Rechtsprechung in Fällen, in denen Rechtsvorschriften nur die Beziehungen innerhalb einer Unternehmensgruppe regeln, vorwiegend die Niederlassungsfreiheit betroffen ist.[518] „Wenn mit

---

513 *Freitag*, EWS 1997, 186, 190; *Loritz/Wagner*, BB 1991, 2266, 2273 f.

514 *Ohler*, WM 1996, 1801, 1804 f.; *Weber*, EuZW 1992, 561, 564 f.

515 Siehe *Bröhmer*, in: Calliess/Ruffert, AEUV Art. 63, Rz. 58.

516 *BFH* v. 26.11.2008 – I R 7/08, BFHE 224, 50, Rz. 11 mit Verweis auf Urteile des *EuGH* v. 24.5.2007 – Rs. C-157/05 „Holböck", Slg. 2007, I-4051, Rz. 22 f.; v. 13.3.2007 – Rs. C-524/04 „Test Claimants in the Thin Cap Group Litigation", Slg. 2007, I-2107, Rz. 26 ff. sowie v. 3.10.2006 – Rs. C-452/04 „Fidium Finanz", Slg. 2006, I-9521, Rz. 34 und 44–49. Siehe des Weiteren zur Abgrenzung eines Eingriffs durch eine nationale Rechtsvorschrift in Dienstleistungs- und oder Kapitalfreiheit die *EuGH*-Entscheidungen v. 12.12.2006 – Rs. C-374/04 „Test Claimants in Class IV of the ACT Group Litigation", Slg. 2006, I-11673, Rz. 37, 38; v. 12.12.2006 – Rs. C-464/04 „Test Claimants in the FII Group Litigation", Slg. 2006, I-11753, Rz. 36; v. 12.9.2006 – Rs. C-196/04 „Cadbury Schweppes", Slg. 2006, I-7995, Rz. 31 ff.

517 Hierzu verweist der Erste Senat des *BFH* auf folgende EuGH-Rechtsprechung: v. 12.9.2006 – Rs. C-196/04 „Cadbury Schweppes", Slg. 2006, I-7995, Rz. 31 f.; v. 13.3.2007 C-524/04 „Test Claimants in the Thin Cap Group Litigation", Slg. 2007, I-2107, Rz. 26 f.; v. 18.7.2007 – Rs. C-231/05 „Oy AA", Slg. 2007, I-6373, Rz. 20, 23; v. 21.11.2002 – Rs. C-436/00 „X und Y", Slg. 2002, I-10829, Rz. 37, 66 ff.; v. 13.4.2000 – Rs. C-251/98, „Baars", Slg. 2000, I-2787, Rz. 21 ff.

518 *BFH* v. 26.11.2008 – I R 7/08, BFHE 224, 50, Rz. 11 mit Verweis auf *EuGH*-Urteile v. 26.6.2008 – Rs. C-284/06 „Burda", Slg. 2008, I-04571, Rz. 68; v. 12.12.2006 – Rs. C-446/04, „Test Claimants in the FII Group Litigation", Slg. 2006, I-11753, Rz. 118;

solchen Vorschriften gleichzeitig Auswirkungen auf die Kapitalverkehrsfreiheit verbunden sind, rechtfertigt dies keine eigenständige Prüfung der Art. 56 ff. EG [Anmerkung des Verfassers: nunmehr Art. 63 ff. AEUV], weil diese Auswirkungen lediglich als zwangsläufige Folge einer eventuellen Beschränkung der Niederlassungsfreiheit anzusehen sind."[519] Dies spricht für eine Differenzierung nach Schwerpunkt der Beeinträchtigung und Sachnähe der nationalen Regelung zu einer der beiden Grundfreiheiten.

Andererseits erscheint es jedenfalls nicht ganz zweifelsfrei möglich, stets das Schwergewicht der Beeinträchtigung oder die größere Sachnähe einer Grundfreiheit in steuerrechtlichen Sachverhalten zu bestimmen.[520] Die Unschärfe der Abgrenzung zwischen beiden Grundfreiheiten wird auch nicht durch die gegenläufigen Vorbehalte in Art. 49 Abs. 2 AEUV sowie Art. 65 Abs. 2 AEUV aufgelöst, wenn man diese als Vorrangregelung der einen vor der anderen Grundfreiheit interpretierte, denn dann wäre das Konkurrenzproblem lediglich auf die Ebene der Vorbehalte verlagert.[521] Eine mit der Gesetzeslage zu vereinbarende Interpretation wäre ein Verständnis, welches besagt, dass die jeweilige Grundfreiheit in ihrem Anwendungsbereich zur Anwendung kommt, ohne durch die andere Grundfreiheit im Wege der Spezialität verdrängt zu werden.[522] Dies spräche für ein Nebeneinanderstehen von Niederlassungs- und Kapitalverkehrsfreiheit. Tatsächlich hat der EuGH in seiner Rechtsprechung immer wieder die parallele Anwendbarkeit der Niederlassungsfreiheit und der Kapitalverkehrsfreiheit angenommen[523], auch wenn er letztlich nicht alle anwendbaren Grundfreiheiten geprüft hat. Dies lässt den Schluss zu, dass Niederlassungsfreiheit und

v. 13.3.2007 – Rs. C-524/04 „Test Claimants in the Thin Cap Group Litigation", Slg. 2007, I-2107, Rz. 33; v. 18.7.2007 – Rs. C-231/05 „Oy AA", Slg. 2007, I-6373, Rz. 23; v. 12.12.2006 – Rs. C -374/04 „Test Claimants in Class IV of the ACT Group Litigation", Slg. 2006, I-11673, Rz. 33.

519 *BFH* v. 26.11.2008 – I R 7/08, BFHE 224, 50, Rz. 11 unter Hinweis auf die *EuGH*-Entscheidungen v. 18.7.2007 – Rs. C-231/05 „Oy AA", Slg. 2007, I-6373, Rz. 24; v. 12.9.2006 – Rs. C-196/04 „Cadbury Schweppes", Slg. 2006, I-7995, Rz. 33; v. 13.3.2007 – Rs. C-524/04 „Test Claimants in the Thin Cap Group Litigation", Slg. 2007, I-2107, Rz. 34.

520 *Haferkamp,* Die Kapitalverkehrsfreiheit im System, S. 195 ff.; *Loose,* Das Steuerrecht als Schranke, S. 51.

521 So auch *Jacobs,* Internationale Unternehmensbesteuerung, S. 215.

522 *Forsthoff,* in: Grabitz/Hilf/Nettesheim, AEUV Art. 49, Rz. 128.

523 Siehe hierzu *EuGH* v. 1.6.1999 – Rs. C-302/97 „Konle", Slg. 1999, I-03099, Rz. 21 ff.; v. 13.4.2000 – Rs. C-251/98 „Baars", Slg. 2000, I-2787, Rz. 16 ff.; v. 6.6.2000 – Rs. C-35/98 „Verkooijen", Slg. 2000, I-4071.

Kapitalverkehrsfreiheit ihre jeweils eigene Schutzrichtung in Bezug auf denselben Sachverhalt entfalten können, wobei die Niederlassungsfreiheit die Ausübung als solche schützt, während der häufig damit einhergehende Transfer von Kapital dem Schutz der Kapitalverkehrsfreiheit unterfällt. Insbesondere in steuerrechtlichen Sachverhalten lässt sich nur schwerlich eine konturenscharfe Trennung der beiden Schutzrichtungen ermitteln, sodass sich der Adressat der Grundfreiheiten sowohl auf die Niederlassungsfreiheit als auch auf die Kapitalverkehrsfreiheit berufen kann.[524]

Insoweit sind auf die später europarechtlich zu würdigenden Fragestellungen die Niederlassungsfreiheit und die Kapitalverkehrsfreiheit kumulativ anwendbar, es sei denn, der Sachverhalt tangiert ausschließlich eine der beiden Grundfreiheiten. Dieses Ergebnis erscheint sachgerecht, weil steuerrechtliche Sachverhalte häufig kongruente Bereiche von Niederlassungs- und Kapitalverkehrsfreiheit betreffen. Zudem erstreckt sich die Kapitalverkehrsfreiheit auch auf Sachverhalte zwischen Mitgliedstaaten und Drittstaaten. Folgt man dem vom EuGH dargelegten Verständnis in der Rechtssache *Burda*[525] und nimmt an, dass schon das Vorliegen einer faktischen Kontrollbeteiligung stets zum Ausschluss des Schutzbereiches der Kapitalverkehrsfreiheit (und Anwendung der Niederlassungsfreiheit) führt, käme man zu dem Resultat, dass mit zunehmender Größe des Investments der Schutz durch die Grundfreiheiten abnimmt. Handelt es sich bei der wesentlichen Beteiligung um die eines Drittstaatsangehörigen, so ginge der Schutz der Kapitalverkehrsfreiheit gänzlich verloren[526], was im Ergebnis unbillig erscheint. Des Weiteren weist immerhin ein Teil der neueren Rechtsprechung des EuGH auf ein solches Verständnis des Konkurrenzverhältnisses zwischen den beiden Grundfreiheiten als angemessene Handhabung in der Vielzahl der Fälle hin. Nichtdestoweniger bedarf es der genauen Beobachtung der Streitigkeiten vor dem EuGH, denn in Einzelfällen kann der Drittlandbezug der Kapitalverkehrsfreiheit dazu führen, dass nicht intendierte Besserstellungen von nicht gebietsansässigen Angehörigen aus Drittstaaten erlangt werden, wodurch dann eine Reduktion des Anwendungsbereiches der Kapitalverkehrsfreiheit erforderlich würde[527]; eine Maßnahme, die nicht im Interesse der Rechtsfortbildung liegen kann.

---

524 *Loose*, Das Steuerrecht als Schranke, S. 52; *Schön* (Hrsg.), GS für Brigitte Knobbe-Keuk, S. 749 f.; so auch *Kemmerer*, Kapitalverkehrsfreiheit und Drittstaaten, S. 161; ebenso *Remplik*, Die grenzüberschreitende Organschaftsbesteuerung in Deutschland, S. 219.

525 *EuGH* v. 26.6.2008 – Rs. C-284/06 „Burda“, Slg. 2008, I-4571.

526 So mit berechtigter Kritik *Haslehner*, IStR 2008, 565, 575.

527 Siehe hierzu auch *Bröhmer*, in: Calliess/Ruffert, AEUV Art. 63, Rz. 30.

(2) Schutzbereich

Die Niederlassungsfreiheit ist nach dem Wortlaut des Art. 49 Abs. 1 AEUV eine Grundfreiheit, die nur den Staatsangehörigen der Mitgliedstaaten der Union zusteht,[528] wird aber über den Bereich der Gemeinschaft hinaus auch auf die Staatsangehörigen der Mitgliedstaaten des Europäischen Wirtschaftsraums erstreckt.[529] Art. 49 Abs. 2 AEUV erweitert den Schutzbereich sodann auf „Gesellschaften", mithin neben den von Abs. 1 erfassten natürlichen auch auf juristische Personen.

Der sachliche Schutzbereich wird nicht von Art. 49 AEUV legaldefiniert, es findet sich in Abs. 2 der Vorschrift jedoch eine Beschreibung des Gewährleistungsinhalts. Hiernach wird die Aufnahme und Ausübung selbstständiger Erwerbstätigkeiten sowie die Gründung und Leitung von Unternehmen nach den Bestimmungen des Aufnahmestaates für seine eigenen Angehörigen gewährleistet. Ausgehend von diesem Gewährleistungsinhalt, ist der Begriff der Niederlassung weit zu verstehen[530] und wird definiert als eine feste Einrichtung, die bei Eingliederung in die nationale Volkswirtschaft der tatsächlichen Ausübung einer selbstständigen Erwerbstätigkeit zu dienen bestimmt ist.[531] Als Formen der Niederlassung werden sowohl die primäre[532] als auch die sekundäre[533] Niederlassung geschützt. Die primäre Form erfasst Niederlassungsvorgänge, bei denen eine Neuaufnahme der Tätigkeit in einem anderen Mitgliedstaat erfolgt oder die Übersiedlung des Hauptsitzes in einem anderen Mitgliedstaat durchgeführt wird. Die sekundäre Niederlassung stellt auf die Gründung abhängiger Zweigstellen, Agenturen oder Tochtergesellschaften in anderen Unionsstaaten,

---

528 Siehe *EuGH* v. 8.9.2010 – Rs. C-409/06 „Winner Wetten", DVBl. 2010, 1298.

529 Siehe hierzu statt vieler nur *Bröhmer*, in: Calliess/Ruffert, AEUV Art. 49, Rz. 7.

530 Siehe statt vieler Entscheidungen nur *EuGH* v. 12.12.1996 – Rs. C-3/95 „Broede", Slg. 1996, I-06511, Rz. 20; v. 8.9.2010 – Rs. C-409/06 „Winner Wetten", DVBl. 2010, 1298, Rz. 46; ebenso *Forsthoff*, in: Grabitz/Hilf/Nettesheim, AEUV Art. 49, Rz. 16; *EuGH* v. 14.9.2006 – Rs. C-386/04 „Stauffer", Slg. 2006, I-08203, Rz. 21.

531 *EuGH* v. 25.7.1991 – Rs. C-221/89 „Factortame II", Slg. 1991, I-03905, Rz. 20; v. 30.11.1995 – Rs. C-55/94 „Gebhard", Slg. 1995, I-04165, Rz. 25; v. 12.9.2006 – Rs. C-196/04 „Cadbury Schweppes", Slg. 2006, I-7995, Rz. 53 f.; v. 14.9.2006 – Rs. C-386/04 „Stauffer", Slg. 2006, I-08203, Rz. 18; v. 11.12.2007 – Rs. C-438/05 „International Transport Worker's Federation (Viking)", Slg. 2007, I-10779, Rz. 70; v. 8.9.2010 – Rs. C-409/06, „Winner Wetten", DVBl. 2010, 1298, Rz. 46; siehe hierzu auch mit weiteren Nachweisen *Forsthoff*, in: Grabitz/Hilf/Nettesheim, AEUV, Art. 49, Rz. 16.

532 Siehe Art. 49 Abs. 1 Satz 1 AEUV.

533 Siehe Art. 49 Abs. 1 Satz 2 AEUV.

unter Beibehaltung des Hauptsitzes, ab.[534] Im Falle von Betriebstättengründungen ist daher insbesondere die sekundäre Niederlassungsfreiheit von Interesse. Eine Unterscheidung hinsichtlich Inhalt oder Umfang der Gewährleistung der Niederlassungsfreiheit danach, ob es sich um eine primäre oder sekundäre Niederlassung handelt, erfolgt nicht.[535]

bb) Kapitalverkehrsfreiheit des Art. 63 AEUV

Eine Definition des Begriffs des Kapitalverkehrs findet sich weder in den Gemeinschaftsverträgen noch im sekundären Gemeinschaftsrecht und auch der EuGH hat keine präzise Definition in seinen Judikaten herausgearbeitet.[536] Der Verzicht auf eine enge oder starre Definition ist wohl der Vorsicht vor der Schaffung einer unvollständigen Begriffsbestimmung sowie der Vermeidung verschiedener parallel existierender Bedeutungen des Kapitalverkehrsbegriffes geschuldet.[537] Nichtsdestoweniger ist die Definition aus der Zusammenschau primärrechtlicher und sekundärrechtlicher Vorschriften sowie der Rechtsprechung des EuGH ableitbar.[538]

Das Primärrecht bietet direkt keine konkreten legaldefinitorischen Anhaltspunkte. Aus Art. 64 Abs. 1 und Abs. 2 AEUV lässt sich allenfalls ableiten, dass von der Kapitalverkehrsfreiheit grundsätzlich auch Direktinvestitionen[539] inklusive Immobilien erfasst werden sowie Transaktionen, welche im Zusammenhang mit der Niederlassung, der Erbringung von Finanzdienstleistungen oder der Zulassung von Wertpapieren zu den Kapitalmärkten stehen.[540] Deutlich sachdienlicher für eine praxisnahe Interpretation des Kapitalverkehrsbegriffes erscheint eine Bezugnahme auf das Sekundärrecht, also die Richtlinien, wobei zu beachten ist, dass das Sekundärrecht weder den Inhalt des Primärrechts determinieren noch derogieren kann und ihm daher insofern Hinweischarakter

---

534 *Forsthoff*, in: Grabitz/Hilf/Nettesheim, AEUV Art. 49, Rz. 52.

535 *Forsthoff*, in: Grabitz/Hilf/Nettesheim, AEUV Art. 49, Rz. 53.

536 *Bröhmer*, in: Calliess/Ruffert, AEUV Art. 63, Rz. 8; vgl. auch *Ress/Ukrow*, in: Grabitz/Hilf, EGV Art. 56, Rz. 127 ff.

537 *Ress/Ukrow*, in: Grabitz/Hilf, EGV Art. 56, Rz. 127.

538 *Bröhmer*, in: Calliess/Ruffert, AEUV Art. 63, Rz. 8; *Ress/Ukrow*, in: Grabitz/Hilf, EGV Art. 56, Rz. 127.

539 Zur Definition von Direktinvestitionen siehe *EuGH* v. 24.5.2007 – Rs. C-157/05 „Holböck", Slg. 2007, I-4051, Rz. 33 ff.; v. 12.12.2006 – Rs. C-446/04 „Test Claimants in the FII Group Litigation", Slg. 2006, I-11753, Rz. 182 ff.

540 *Bröhmer*, in: Calliess/Ruffert, AEUV Art. 63, Rz. 10.

zukommt.[541] So ergibt sich aus dem Annex I der Richtlinie 88/361/EG[542] eine nicht abschließende Aufzählung von Kapitalverkehrsvorgängen innerhalb der folgenden Klassen: Direktinvestitionen, Immobilientransaktionen, Geschäfte mit Wertpapieren, Geschäfte mit Anteilscheinen, Investmentfonds, Geschäfte mit Geldmarktpapieren, Kontokorrent und Termingeschäfte mit Finanzinstituten, Kreditgeschäfte im Zusammenhang mit Handelsgeschäften und Dienstleistungen, Darlehen und Finanzkredite, Kreditsicherheiten, Transferzahlungen auf Versicherungsverträge, Kapitalverkehrsgeschäfte mit persönlichem Charakter, Ein- und Ausfuhr von Vermögenswerten. Diese Klassifizierung erachtet auch der EuGH als dienliche Spezifizierung des Kapitalverkehrs[543] und erlaubt einen Rückgriff auf die beschriebenen Kapitalverkehrstransaktionen.[544]

Werteübertragungen in Gestalt von Sachkapital und Geldkapital verkörpern also den Kapitalverkehr, welcher von Art. 63 AEUV gewährleistet werden soll; jedenfalls dann, wenn es um die Investition dieser übertragenen Werte, sei es auch im Zusammenhang mit der Niederlassung[545], geht und jedenfalls nicht um die Vergütung einer Dienstleistung.[546]

c) Eingriff in den Schutzbereich der Grundfreiheiten

Die Ausgestaltung des nationalen Steuerrechts kann einen Eingriff in die vorgehend dargestellten Schutzbereiche von Niederlassungs- und Kapitalverkehrsfreiheit bedeuten. Dies kann Ausdruck in einem Verstoß gegen das allgemeine Diskriminierungsverbot des Art. 18 Abs. 1 AEUV sowie gegen die Beschränkungsverbote finden, welche hier kurz dargestellt werden. Ein solcher Eingriff stellt letztlich aber nur dann einen Verstoß gegen das Unionsrecht dar, wenn er in einer nicht zu rechtfertigenden Weise erfolgt. Auf dem Gebiet der nicht harmonisierten direkten Steuern hat der EuGH verschiedene Rechtfertigungsgründe anerkannt. Überblicksartig sind hiervon die angemessene Aufteilung der Besteuerungsbefugnis zwischen den Mitgliedstaaten[547], die Verhinderung

---

541 *Bröhmer*, in: Calliess/Ruffert, AEUV Art. 63, Rz. 13; Rz. 7.

542 Richtlinie des Rates vom 24.6.1988, 88/361/EG.

543 Siehe hierzu beispielhaft *EuGH* v. 14.12.1995 – verb. Rs. C-163/94, C-165/94 und C-250/94 „Sanz de Lera“, Slg. 1995, I-4830, Rz. 34.

544 *EuGH* v. 16.3.1999 – Rs. C-222/97 „Trummer“, Slg. 1999, I-1661 Rz. 21.

545 *Bröhmer*, in: Calliess/Ruffert, AEUV Art. 63, Rz. 10.

546 *Glaesner*, in: Schwarze, EU, AEUV Art. 63, Rz. 7, 13; *EuGH* v. 31.1.1984 – RS 286/82 „Luisi und Carbone“, Slg. 1984, I-00377, Rz. 21.

547 Siehe *EuGH* v. 13.12.2005 – Rs. C-446/03 „Marks & Spencer“, Slg. 2005, I-10866; v. 12.9.2006 – Rs. C-196/04 „Cadbury Schweppes“, Slg. 2006, I-07995; v. 29.3.2007 – Rs. C-347/04 „Rewe Zentralfinanz“, Slg. 2007, I-02647.

von Steuerumgehungen und Steuerhinterziehungen[548], die Gewährleistung der Wirksamkeit der Steueraufsicht[549], die Gefahr einer doppelten Entlastung (in Gestalt doppelten Steuerabzugs)[550] sowie Gründe der Kohärenz des nationalen Steuersystems[551] erfasst.[552]

aa) Allgemeines Diskriminierungsverbot

Der AEUV verbietet in Art. 18 Abs. 1 jede Diskriminierung aus Gründen der Staatsangehörigkeit, wobei neben natürlichen auch juristische Personen erfasst werden, sodass sinngemäß von einer „Staatszugehörigkeit" gesprochen werden kann.[553] Hierbei handelt es sich auch nach den Änderungen durch den Vertrag von Lissabon um ein Grundprinzip des Unionsrechts[554], welches in verschiedenen Vorschriften Niederschlag gefunden hat, insbesondere in den Grundfreiheiten.[555]

Das Diskriminierungsverbot umfasst sowohl unmittelbare als auch mittelbare Diskriminierungen sowie als Auffangtatbestand die Beschränkung oder Behinderung. Während bei der unmittelbaren Diskriminierung das Differenzierungskriterium die Staatsangehörigkeit ist, verbietet Art. 18 Abs. 1 AEUV aber auch die mittelbare Diskriminierung, die auch als versteckte, verschleierte,

548 Siehe hierzu *EuGH* v. 11.3.2004 - Rs. C-9/02 „Lasteyrie du Saillant", Slg. 2004, I-02431, Rz. 50.

549 *EuGH* v. 15.5.1997 - Rs. C-250/95 „Futura", Slg. 1997, I-02471, Rz. 31.

550 Grundlegend hierzu *EuGH* v. 13.12.2005 - Rs. C-446/03 „Marks & Spencer", Slg. 2005, I-10866; v. 7.9.2006 - Rs. C-470/04 „N", Slg. 2006, I-07409; v. 29.3.2007 - Rs. C-347/04 „Rewe Zentralfinanz", Slg. 2007, I-2647.

551 Die Kohärenz war als Rechtfertigungsgrund in der *Bachmann*-Entscheidung des EuGH noch tragendes Argument, *EuGH* v. 28.1.1992 - Rs. C-204/90 „Bachmann", Slg. 1992, I-00276. Im Laufe der Rechtsprechungsentwicklung hat die Kohärenz jedoch „an Durchschlagskraft verloren", siehe hierzu *Englisch,* in: Tipke/Lang, Steuerrecht, § 4, Rz. 102 sowie *EuGH* v. 7.9.2004 - Rs. C-319/02 „Manninen", Slg. 2004, I-07477, Rz. 86; v. 6.3.2007 - Rs. C-292/04 „Meilicke", Slg. 2007, I-01835, Rz. 25 ff.; ebenso v. 29.3.2007 - Rs. C-347/04 „Rewe Zentralfinanz", Slg. 2007, I-02647, Rz. 60.

552 Auf eine umfassende Darstellung wird hier verzichtet und hierfür auf die Darstellung bei *Englisch,* in: Tipke/Lang, Steuerrecht, § 4, Rz. 96 ff. einerseits sowie auf die Anwendung der Rechtfertigungsgründe im Einzelnen im Rahmen der konkreten Prüfung der nationalen Regeln zur Zuordnung von Wirtschaftsgütern zu Betriebstätten weiter unten verwiesen.

553 So *Schaumburg,* Internationales Steuerrecht, Rz. 4.12.

554 Siehe nur *EuGH* v. 27.10.2009 - Rs. C-115/08 „CEZ", Slg. 2009, I-10265, Rz. 89.

555 *Haratsch/Koenig/Pechstein,* Europarecht, Rz. 699.

materielle oder indirekte Diskriminierung bezeichnet wird und bei der die belastende Regelung nicht direkt an die Staatsangehörigkeit anknüpft. Das mittelbar diskriminierende Unterscheidungsmerkmal ist derart ausgestaltet, dass es stets oder zumindest regelmäßig nur von ausländischen Staatsangehörigen eines Mitgliedstaats verwirklicht wird und somit faktisch zum gleichen Ergebnis führt wie die direkte Diskriminierung.[556] Der EuGH geht insbesondere im Steuerrecht bei indirekten Diskriminierungen mittels eines zweistufigen Prüfungsschemas vor.

In einem ersten Schritt wird anhand von Vergleichsgruppen wertend ermittelt, ob überhaupt eine Ungleichbehandlung gegeben ist.[557] Hierbei wird auf die Formel zurückgegriffen, dass eine Ungleichbehandlung nur dann vorliegt, wenn vergleichbare Sachverhalte rechtlich unterschiedlich behandelt werden oder nicht vergleichbare Sachverhalte rechtlich gleich behandelt werden.[558] Entscheidend ist daher, dass Unterschiede im rechtlichen Ergebnis in Bezug auf zwei Vergleichsgruppen nur dann zu einer indirekten Diskriminierung führen können, wenn die verglichenen Gruppen auch vergleichbar sind.[559]

Gegenstand des zweiten Prüfungsschritts ist die Untersuchung der im ersten Schritt identifizierten Unterschiede auf deren Gewicht und auf die Frage hin, ob eine solche unterschiedliche Behandlung gerechtfertigt werden kann.[560] Die Kategorie der bloßen Beschränkung oder Behinderung ist hingegen gegeben, wenn die fragliche Maßnahme die Freiheiten eines Einzelnen begrenzt, ohne in die Kategorie der unmittelbaren oder mittelbaren Diskriminierungen zu fallen.[561]

bb) Beschränkungsverbot

Die Beschränkungsverbote haben die Funktion, Eingriffe in die Ausübung der Grundfreiheiten des Unionsrechts zu verhindern, welche diese behindern oder

---

556 *Haratsch/Koenig/Pechstein*, Europarecht, Rz. 717; vgl. *von Bogdandy*, in: Grabitz/Hilf/Nettesheim, AEUV Art. 18, Rz. 10.

557 *Forsthoff*, in: Grabitz/Hilf/Nettesheim, AEUV Art. 49, Rz. 82.

558 Siehe hierzu grundlegend *EuGH* v. 13.11.1984 – Rs. C-283/83 „Racke", Slg. 1984, I-03791, Rz. 7; v. 14.2.1995 – Rs. C-279/93 „Schumacker", Slg. 1995, I-00225, Rz. 30; v. 14.9.1999 – Rs. C-391/97 „Gschwind", Slg. 1999, I-05451, Rz. 21.

559 So beispielhaft *EuGH* v. 14.9.1999 – Rs. C-391/97 „Gschwind", Slg. 1999, I-05451, Rz. 26–30; v. 11.4.2000 – Rs. C-356/98 „Kaba", Slg. 2000, I-2219, Rz. 31 f.

560 So *Forsthoff*, in: Grabitz/Hilf/Nettesheim, AEUV Art. 49, Rz. 82; siehe zur Funktion der Grundfreiheiten als Beschränkungsverbote auch *Kingreen*, in: Calliess/Ruffert, AEUV Art. 36, Rz. 57.

561 Siehe zu dieser Einteilung in eine Trias *von Bogdandy*, in: Grabitz/Hilf/Nettesheim, AEUV Art. 18, Rz. 10.

weniger attraktiv machen.[562] Nach der vom EuGH kreierten Gebhard-Formel werden daher auch nichtdiskriminierende Maßnahmen dem Schutzbereich der Niederlassungsfreiheit unterworfen.[563] Die Beschränkungsverbote wurden vom EuGH im Wege der Rechtsfortbildung entwickelt, um den „effet utile" zu gewährleisten, mithin um unterschiedslos wirkende Maßnahmen, die bisweilen Grundfreiheiten ihrer Wirksamkeit berauben konnten, am Maßstab der Verhältnismäßigkeit zu messen und dadurch zu überprüfen, ob solche Beschränkungen gerechtfertigt sind.[564] Unterschiedslose Maßnahmen sind solche, die der Divergenz der Rechtsnormen der verschiedenen Mitgliedstaaten entspringen und insoweit nicht beabsichtigt beschränkend wirken, sondern einen Eingriff in den Schutzbereich der Grundfreiheiten in Gestalt eines nicht beabsichtigten Schadens mit sich bringen.[565] Die Ausweitung der Interpretation der Grundfreiheiten als Beschränkungsverbote steht im Dienste der Wettbewerbsneutralität und bewirkt, dass nicht lediglich der einzelne Unionsbürger vor Diskriminierung geschützt wird, sondern die Grundfreiheiten Beschränkungsverbote in Bezug auf die nationalen Gesetzgebungen entfalten.[566]

Insbesondere die Kapital- und Zahlungsverkehrsfreiheit sind ausdrücklich durch Beschränkungsverbote im Vertrag von Maastricht abgesichert worden. Im Vertrag von Amsterdam erfolgte auch für die Niederlassungsfreiheit eine Formulierung, die explizit ein Beschränkungsverbot postuliert, auch wenn das Beschränkungsverbot im Falle der Niederlassungsfreiheit wohl weniger weitgehend ist, als bei Waren-, Dienstleistungs- und Kapitalverkehrsfreiheit. Dies ergibt sich aus der Intention der Niederlassungsfreiheit, es einer Person zu ermöglichen und zu erleichtern in die Rechtsordnung eines anderen Mitgliedstaates integriert zu werden.[567]

d) *Sekundärrecht*

Im Bereich der direkten Steuern sind die sekundärrechtlichen Ausprägungen des Unionsrechts in lediglich überschaubarem Umfange vorhanden. Zu nennen

562 Siehe *Weber-Grellet,* Europäisches Steuerrecht, S. 44 f.

563 *EuGH* v. 30.11.1995 – Rs. C-55/94 „Gebhard", Slg. 1995, I-04165, Rz. 35 ff.

564 *Streinz,* Europarecht, Rz. 804 f.; *EuGH* v. 25.7.1991 – Rs. C-76/90 „Säger", Slg. 1991, I-04221, Rz. 12.

565 *Haratsch/Koenig/Pechstein,* Europarecht, Rz. 784; *Streinz,* Europarecht, Rz. 805.

566 Siehe hierzu mit weiteren Nachweisen *Weber-Grellet,* Europäisches Steuerrecht, S. 48.

567 Siehe zu dieser Genese der Beschränkungsverbote bezogen auf die einzelnen Grundfreiheiten im Gemeinschafts- respektive Unionsrecht *Streinz,* Europarecht, Rz. 806.

sind hier die Harmonisierungsmaßnahmen der Mutter-Tochter-Richtlinie[568], der Fusionsrichtlinie[569], der Zins- und Lizenzgebühren-Richtlinie[570], der Zinsrichtlinie[571] und der EU-Schiedskonvention[572]. Bezogen auf die steuerliche Behandlung von Betriebstätten findet sich nur sehr vereinzelt deren direkte Inbezugnahme. Dies ist etwa der Fall, wenn Art. 1 Mutter-Tochter-Richtlinie die Betriebstätte in ihren Geltungsbereich miteinbezieht und gemäß Art. 4 Abs. 1 Mutter-Tochter-Richtlinie den Gewinnzufluss an eine Muttergesellschaft dem Zufluss zu einer Betriebstätte dieser Muttergesellschaft gleichstellt. Auch im Rahmen der Zins- und Lizenzgebühren-Richtlinie wird die Betriebstätte in Bezug genommen, wenn sie unter speziellen Voraussetzungen als Nutzungsberechtigter einer Entgeltzahlung fungiert.[573] Lediglich mittelbar wirkt sich die Fusionsrichtlinie auf die Zuordnung von Wirtschaftsgütern auf Betriebstätten aus, wenn es um Fragen der Holdingtätigkeit von Betriebstätten geht.[574]

VI. Zwischenfazit

Die Betriebstätte ist eine zivilrechtlich unselbstständige Form der Entfaltung unternehmerischer Geschäftstätigkeit. Sie ist auch nicht an eine bestimmte Art der Betätigung gebunden, sondern kann in ganz unterschiedlicher Gestalt auftreten. Das Vorliegen des steuerlichen Tatbestandes einer Betriebstätte richtet sich nach den Tatbestandsvoraussetzungen des § 12 AO – für die Betriebstätte nach deutschem Recht – sowie des Art. 5 OECD-MA respektive diesem nachgebildeter Vorschriften – für die Betriebstätte der DBA. Der nationale und

---

568 Richtlinie 90/435/EWG v. 23.7.1990 über das gemeinsame Steuersystem der Mutter- und Tochtergesellschaften verschieder Mitgliedstaaten, ABl. EG 1993 Nr. L 225, 6.

569 Richtlinie 90/434/EWG v. 23.7.1990 über das gemeinsame Steuersystem für Fusionen, Spaltungen, die Einbringung von Unternehmensteilen und den Austausch von Anteilen, die Gesellschaften verschiedener Mitgliedstaaten betreffend, ABl. EG 1990 Nr. L 225, 1.

570 Richtlinie 2003/49/EG v. 3.6.2003 über eine gemeinsame Steuerregelung für Zahlungen von Zinsen und Lizengebühren zwischen verbundenen Unternehmen verschiedener Mitgliedstaaten, ABl. EG 2003 Nr. L 175, 49.

571 Richtlinie 2003/48/EWG v. 3.6.2003 im Bereich der Besteuerung von Zinserträgen, ABl. EG 2003 Nr. L 175, 38.

572 Richtlinie 90/436/EWG v. 23.7.1990 über die Beseitigung der Doppelbesteuerung im Falle von Gewinnberichtigungen zwischen verbundenen Unternehmen, ABl. EG 1990 Nr. L 225, 10.

573 Siehe hierzu die Art. 1 Abs. 1 und Art. 3 lit. c Zins- und Lizenzgebühren-Richtlinie.

574 Siehe hierzu unten Kapitel 3. V. 5. c) cc).

der abkommensrechtliche Betriebstättenbegriff sind inhaltlich nicht deckungsgleich. Zur Vermeidung von Besteuerungslücken und dem Entstehen „weißer Einkünfte“ ist der Anwendungsbereich des Art. 5 OECD-MA enger gefasst als der des § 12 AO.

Dies findet seine Begründung und Notwendigkeit in der Schrankenwirkung der DBA hinsichtlich der Besteuerungsansprüche zweier Fisken auf denselben Sachverhalt. Das Abkommensrecht begrenzt das innerstaatliche Besteuerungsrecht der Vertragsstaaten eines DBA und grenzt die Gewinne ab. Das nationale Steuerrecht regelt jedoch weiterhin die Gewinnermittlung. Somit bestünde die Gefahr, dass abkommensrechtlich ein Besteuerungsrecht einem Staat zugewiesen würde, der nach seinen nationalen Regelungen auf dieses Steuersubstrat dann aber gar nicht zugreift.

Die nach dem Recht der DBA durchzuführende Gewinnabgrenzung dem Grunde nach entscheidet sich anhand der Zuordnung des Wirtschaftsguts zu Betriebstätte oder Stammhaus. Die Abgrenzung des Gewinns richtet sich nach den Vorschriften des Abkommensrechts, hier Art. 7 OECD-MA und den Betriebstättenvorbehalten (z.B. in Art. 10 Abs. 4, 11 Abs. 4, 12 Abs. 3 und 21 Abs. 2 OECD-MA). Die Grundlage für diese Abgrenzung der Gewinne ist der Fremdvergleichgrundsatz: das sogenannte „dealing at arm's length“-Prinzip. In Art. 7 Abs. 2 OECD-MA 2010 statuiert der Grundsatz der Fremdvergleichskonformität das Betriebstättenprinzip, welches von einer uneingeschränkt selbstständigen Betriebstätte ausgeht. Nach diesem Betriebstättenprinizip sind zunächst die Funktionen des Betriebstättenpersonals zu ermitteln. In einem zweiten Schritt ist auf dieser Basis anhand sachlicher Kriterien die funktionale Zuordnung von Wirtschaftsgütern zur Betriebstätte vorzunehmen.

3. Kapitel: Zuordnung von Wirtschaftsgütern zu Betriebstätten

I. Grundlagen

Die Problematik der Zuordnung von Wirtschaftsgütern im Einheitsunternehmen wird dann offenbar, wenn die im vorangegangenen Kapitel dargestellten Voraussetzungen eines Einheitsunternehmens mit einem Stammhaus sowie einer oder mehreren Betriebstätten gegeben sind. Es bedarf sodann einer Zuordnung des Vermögens und der Gewinne, die diesem Unternehmen insgesamt zugeflossen sind, um die Besteuerungsrechte der beteiligten Staaten (idealiter überschneidungsfrei) abzugrenzen. Ausgangspunkt aller Zuordnungsüberlegungen muss hierbei das Verständnis dafür sein, dass die zivilrechtlich unselbstständige Betriebstätte keine originär eigenen Gewinne erwirtschaftet und keine originär eigenen Aufwendungen verursacht, sondern diese nur im und durch das Einheitsunternehmen anfallen. Daher werden nicht bereits aufgrund der Belegenheit einer Betriebstätte im Quellenstaat alle Ergebnisse, die in diesem Betriebstättenstaat anfallen, auch dort besteuert. Dieses Verständnis liefe auf eine Attraktivkraft der Betriebstätte hinaus, die heute richtigerweise ganz überwiegend abgelehnt wird.[575] Vielmehr ist entscheidend, ob die jeweiligen Ergebnisse durch die jeweilige Betriebsstätte erzielt worden und ihr deshalb zuzurechnen sind.[576] Dieses Verständnis der Zuordnung und Abgrenzung ist eben nicht auf das wirtschaftliche Ergebnis von Betriebstätte und Einheitsunternehmen beschränkt, sondern gilt in besonderem Maße für die vorgelagerte Zuordnung der Wirtschaftsgüter zu der im Quellenstaat befindlichen Betriebstätte.[577] Ausgehend von der Überlegung der herrschenden Meinung in Literatur und Rechtsprechung, dass es kein betriebstättenloses Vermögen geben kann, ist grundsätzlich die vermögensmäßige Zuordnung eines jeden Wirtschaftsguts zu einer Betriebstätte im Einheitsunternehmen zwingend erforderlich.[578] Diese

575 Siehe *BFH* v. 1.4.1987 - II R 186/80, BStBl. II 1987, 550; *OECD*, MK 2008, MA Art. 7, Rz. 5; *OECD*, MK 2010, MA Art. 7, Rz. 12; *Looks/Maier*, in: Löwenstein/Looks/Heinsen, Betriebsstättenbesteuerung, Rz. 725; *Wassermeyer*, in: Wassermeyer, DBA, MA Art. 7, Rz. 2.

576 Vgl. *Wied*, in: Blümich, EStG/KStG/GewStG, EStG § 49, Rz. 77.

577 *BFH* v. 1.4.1987 - II R 186/80, BStBl. II 1987, 550.

578 So nimmt die vorzugswürdige herrschende Meinung in Literatur und Rechtsprechung die Pflicht der Zuordnung aller Wirtschaftsgüter entweder zu Stammhaus oder

Doktrin gilt auch in dem Falle, in welchem ein Unternehmen nur eine Betriebstätte unterhält: die Geschäftsleitungsbetriebstätte, welche auch als Stammhaus bezeichnet wird. Dann sind dieser alle Wirtschaftsgüter zuzurechnen. Dieser Ansatz gilt unabhängig davon, ob ein grenzüberschreitender Sachverhalt vorliegt oder ein rein nationaler[579], wobei im ausschließlich nationalen Steuersachverhalt die Notwendigkeit der exakten Zuordnung von Wirtschaftsgütern zu Stammhaus oder Betriebstätte nicht erforderlich ist. Dies liegt darin begründet, dass der Unternehmer unabhängig von der Zuordnung der Wirtschaftsgüter ohnehin mit seinem gesamten Gewinn im Inland der Steuerpflicht unterliegt.

Entscheidend kommt es dann auf die Zuordnung der Wirtschaftsgüter zu den Teilen des Einheitsunternehmens an, wenn ein grenzüberschreitender Sachverhalt vorliegt, Stammhaus und Betriebstätte in zwei verschiedenen Staaten angesiedelt sind. Grenzüberschreitende Betriebstättensachverhalte gewinnen so exponentiell an Komplexität einerseits und Gestaltungsmöglichkeiten andererseits. Dies folgt aus der Zuordnungspflicht hinsichtlich der Wirtschaftsgüter und damit der aus ihnen fließenden Gewinne zu Betriebstätte oder Stammhaus (Geschäftsleitungsbetriebstätte) des Einheitsunternehmens, denn diese ist Anlass für die an dem Steuersachverhalt Beteiligten, ihre Interessen wahrzunehmen. Neben dem Steuerpflichtigen mit seinen wirtschaftlichen Interessen sind dies namentlich die beteiligten Staaten, in denen Betriebstätte respektive Stammhaus ansässig sind und deren Fiskalinteressen. Die wirtschaftlichen Interessen des Steuerpflichtigen werden neben einer seinem Geschäft dienlichen Struktur seines Unternehmens auch die (hier interessierende) steuerliche Optimierung dieser Struktur umfassen. Hierbei erlangt die Zuordnung der Wirtschaftsgüter zu den

---

Betriebstätte an, siehe *Roth*, in: Herrmann/Heuer/Raupach, EStG/KStG, EStG § 49, Rz. 260; *Wassermeyer*, in: Wassermeyer, DBA, MA Art. 7, Rz. 240; *BMF*, Betriebsstätten-Verwaltungsgrundsätze, Rz. 2.4.; *BFH* v. 12.1.1994 – II R 95/89, BFH/NV 1994, 690, anderer Ansicht ist *Kramer*, DB 2011, 1882, 1882 ff., der argumentiert, der BFH pauschaliere bei Gewerbetreibenden zu stark und komme daher immer dazu, dass mindestens eine Betriebstätte – nämlich das Stammhaus – vorliege, in Wirklichkeit seien aber Sachverhalte denkbar, in denen keine Betriebstätte gegeben ist respektive Sachverhalte, in denen eine Betriebstätte gegeben ist, die fraglichen Wirtschaftsgüter ihr jedoch nicht zwingend zuzuordnen sind. *Kramer* ist der Auffassung, dass in Betriebstättensachverhalten sogenanntes „floating income", also betriebstättenlose Einkünfte, existieren können. Anhand ausgewählter Beispiele greift *Kramer* insbesondere die Sonderbetriebsvermögensproblematiken auf und setzt sich mit dem Verständnis des BFH vom tatsächlichen Gehören (effectively connected) auseinander, wobei er dem BFH eine falsche Auslegung des abkommensrechtlichen Terminus vorwirft.

579 *Wassermeyer*, in: Wassermeyer, DBA, MA Art. 7, Rz. 240.

Teilen des Einheitsunternehmens unter dem Aspekt eines Gefälles der Steuersätze zwischen verschiedenen Staaten Bedeutung. Des Weiteren hat die Zurechnung eines Wirtschaftsguts und der aus ihm stammenden Gewinne zu einer Betriebstätte Relevanz bei der Frage, ob der Steuerpflichtige ihm entstandene Aufwendungen in einer bestimmten Betriebstätte in einem bestimmten Staat geltend machen kann, oder ob dies beispielsweise durch einen abgeltenden Quellensteuerabzug versagt bleibt. Das Gestaltungsinteresse des Steuerpflichtigen erstreckt sich ferner auf Fragen der direkten oder indirekten Zuordnung von Wirtschaftsgütern zum Steuerpflichtigen in Sachverhalten mit drei oder mehr involvierten Staaten. Die beteiligten Staaten, in erster Linie handelnd durch ihre Fisken, werden das Interesse verfolgen, das aufzuteilende Steuersubstrat – im Rahmen der rechtlichen Vorgaben – den in ihrem Hoheitsbereich ansässigen Unternehmensteilen zuzurechnen, um hieran ein Besteuerungsrecht auszuüben. Diese Zuweisung und Aufteilung des Rechts der Besteuerung dieses Substrats ist Aufgabe des Abkommensrechts.

Für die Zuordnung von Wirtschaftsgütern kommt es demnach darauf an, welchen Wirtschaftsgütern Zuordnungsrelevanz zukommt und nach welchen rechtlichen Vorgaben und Rahmenbedingungen bei der Zuordnung zu verfahren ist. Kern dieser Analyse ist das Auffinden sachlicher Kriterien, anhand derer eine Zuordnung der Wirtschaftsgüter im Einheitsunternehmen gelingen kann. Die von Rechtsprechung und Finanzverwaltung auf Betriebstättensachverhalte angewendeten Kriterien gilt es kritisch zu würdigen und auf Basis dieser Erkenntnisse einen modifizierten Ansatz zu entwickeln.

II. Zuordnungsrelevante Wirtschaftsgüter

Die Kriterien und Merkmale für eine Zuordnung von Wirtschaftsgütern zu Betriebstätten herauszuarbeiten macht es zugleich erforderlich, zu untersuchen, ob gewisse Wirtschaftsgüter oder gewisse Gruppen von Wirtschaftsgütern aus der Untersuchung bereits ausgesondert werden können, weil sie ohnehin der Möglichkeit einer Zuordnung zu Stammhaus oder Betriebstätte gar nicht unterworfen sind. Das – theoretisch – frei zuordenbare Vermögen gilt es insofern zunächst weitestmöglich einzugrenzen.

1. Eingrenzung des Vermögens

Die Ausführungen im Grundlagenteil zur Betriebstättenbesteuerung[580], insbesondere zur Frage der Gewinnabgrenzung im Einheitsunternehmen, haben

580 Siehe oben Kapitel 2.

gezeigt, dass für Einkünfte, die unmittelbar oder als Unternehmensgewinne mittelbar aus unbeweglichem Vermögen stammen, Art. 6 OECD-MA Anwendung findet.[581] Das Resultat dieser abkommensrechtlichen Struktur der Zuordnung von Einkünften aus unbeweglichem Vermögen statuiert den Vorrang des Belegenheitsprinzips vor dem Betriebstättenprinzip des Art. 7 OECD-MA. Die Reichweite des Belegenheitsprinzips ist in Bezug auf die erfassten Einkünfte sehr weit.[582] Einzig Einkünfte aus der Veräußerung unbeweglichen Vermögens sind nicht unter Art. 6 OECD-MA zu fassen, sondern unter Art. 13 OECD-MA, den Spezialartikel für Einkünfte aus der Veräußerung von Vermögen.[583] Die Anwendbarkeit des Art. 13 OECD-MA auf die Veräußerung von unbeweglichem Vermögen führt jedoch zu keinem anderen Ergebnis, als die Anwendung von Art. 6 OECD-MA, denn Art. 13 Abs. 1 OECD-MA ordnet das Recht zur Besteuerung wiederum dem Belegenheitsstaat zu. Nichts anderes ergibt sich gemäß Art. 22 Abs. 1 OECD-MA für die Vermögensbesteuerung unbeweglichen Vermögens.[584]

In Bezug auf die Zugehörigkeit des Vermögensgegenstandes selbst vermag das Gehören eines unbeweglichen Vermögensgegenstandes zu einer Betriebstätte das Belegenheitsprinzip nicht zu überwinden;[585] selbst dann nicht, wenn dem Belegenheitsstaat nach Art. 7 OECD-MA an diesen Unternehmensgewinnen kein Besteuerungsrecht zustand.[586] Auch in einem Szenario, in dem das unbewegliche Vermögen in einem Staat belegen ist, in welchem der Unternehmer

581 Siehe oben Kapitel 2. IV. 3. b) bb); siehe hierzu *Reimer*, in: Vogel/Lehner, DBA, MA Art. 6, Rz. 203 ff.

582 Siehe unter Angabe von Beispielen *Schaumburg*, Internationales Steuerrecht, Rz. 16.228.

583 Siehe *Wassermeyer*, in: Wassermeyer, DBA, MA Art. 6, Rz. 91.

584 Dieser Regelungsmechanismus der Art. 6, 13, 21 OECD-MA findet sich beispielsweise im DBA Luxemburg (dort Art. 6, 13 und 21), DBA Spanien (dort Art. 6, 13 und 21) und DBA Großbritannien (dort Art. 6, 13 und 22) sowie DBA China (dort Art. 6, 13, 23). Das DBA Frankreich sieht trotz seiner historisch bedingten abweichenden Struktur vom OECD-MA ebenfalls in seinem Art. 3 Abs. 1 das Besteuerungsrecht des Belegenheitsstaates an den Einkünften aus unbeweglichem Vermögen vor und in seinem Art. 3 Abs. 4 eine dem Art. 13 Abs. 1 OECD-MA entsprechende Regelung, in der dem Belegenheitsstaat auch das Recht zur Besteuerung der Veräußerungsgewinne unbeweglichen Vermögens eingeräumt wird. Zudem findet sich in Art. 19 Abs. 1 DBA Frankreich zudem eine Entsprechung des Art. 22 Abs. 1 OECD-MA.

585 So auch *Roth*, in: Lüdicke, Zurechnung von Wirtschaftsgütern, S. 105.

586 *Reimer*, in: Vogel/Lehner, DBA, MA Art. 6, Rz. 205.

keine Betriebstätte unterhält, steht diesem Quellenstaat das Besteuerungsrecht an diesen Einkünften zu.

Somit kann der Untersuchungsgegenstand dieser Arbeit auf „bewegliches Vermögen" im abkommensrechtlichen Sinne des Musterabkommens beschränkt werden, da nur diese Wirtschaftsgüter eines Einheitsunternehmens überhaupt für eine Zuordnung zwischen Stammhaus und Betriebstätte zur Verfügung stehen. Dementsprechend sind Wirtschaftsgüter, die unbewegliches Vermögen darstellen, im weiteren Verlauf nicht Gegenstand der Untersuchung.

2. Abgrenzung „beweglichen Betriebsvermögens" von „beweglichem Privatvermögen"

Durch die erfolgte Eingrenzung des Vermögens auf „bewegliches Vermögen" im abkommensrechtlichen Sinne, wird eine Anschlussfrage aufgeworfen: Gibt es bewegliche Vermögensgegenstände, die einer Betriebstätte nicht zugeordnet werden können, weil sie einem Privatvermögen[587] und eben nicht dem Unternehmensvermögen eines Einheitsunternehmens zuzurechnen sind? Ließe sich diese Frage bejahen, müsste eine weitere Eingrenzung der Wirtschaftsgüter, die generell Betriebstätten zurechenbar sind, auf „bewegliches Betriebsvermögen" erfolgen.

Der Text des OECD-MA sieht keine explizite Differenzierung zwischen betrieblichem Vermögen und Privatvermögen vor. Insbesondere erfolgt eine Definition dieses Begriffspaars nicht innerhalb des Art. 3 OECD-MA, der ansonsten den übrigen Artikeln allgemeine Begriffsbestimmungen voranstellt. Art. 3 Abs. 1 OECD-MA definiert den Begriff der „Person" sowie den des „Unternehmens" und auch den der „Geschäftstätigkeit", enthält jedoch keinen Anhaltspunkt für eine abkommensrechtliche Unterscheidung zwischen Vermögen, das einer Unternehmens- oder Betriebssphäre zuzuordnen ist und Vermögen, welches einer privaten Sphäre zugehörig ist.[588]

---

587 Der Begriff Privatvermögen soll hier als Antonym zum Begriff des Unternehmensvermögens gebraucht werden, also ein Nicht-Unternehmensvermögen erfassen.

588 Diese Ausgestaltung der vorangestellten Definitionen findet sich beispielsweise in den von der Bundesrepublik Deutschland geschlossenen DBA mit dem Großherzogtum Luxemburg, Irland, dem Königreich Großbritannien, dem Königreich Spanien und der Volksrepublik China, hier jeweils in dem Art. 3 des entsprechenden Abkommens. Im DBA mit der Republik Frankreich findet sich eine Vorschrift mit Begriffsdefinitionen in Art. 2, wo bei hier lediglich der Begiff der „Person" legaldefiniert wird und dabei natürliche wie juristische Personen und darüber hinaus Personenvereinigung und Vermögensmassen umfasst. Das DBA Frankreich verzichtet

Art. 13 Abs. 2 OECD-MA sowie Art. 22 Abs. 2 OECD-MA benutzen den Ausdruck des „Betriebsvermögens einer Betriebstätte". Diese Formulierung, welche sich in dieser Form nirgends sonst im OECD-MA wiederfindet, stellt allerdings keine Abgrenzung zwischen einem „beweglichen Unternehmensvermögen" und einem „beweglichen Privatvermögen" dar, sondern soll schwerpunktmäßig der Zuordnung von Wirtschaftsgütern als Teil des Betriebsvermögens zu Stammhaus oder Betriebstätte dienen.[589] Eine Definition des Begriffes „Betriebsvermögen" liefert jedoch keine der Vorschriften. Vielmehr setzt das Musterabkommen den Begriff und die Existenz eines „Betriebsvermögens" voraus.[590] Letztlich ist noch nicht einmal eine begriffliche Abgrenzung zwischen „Betriebsvermögen" und „Unternehmensvermögen" feststellbar, sondern es ist – gerade nach Analyse der englischsprachigen Fassung des OECD-MA – davon auszugehen, dass beide Termini vom Musterabkommen synonym verstanden und verwendet werden.[591]

Somit liegt eine abkommensrechtliche Definition der Begriffe „Betriebsvermögen" respektive „Unternehmensvermögen" und „Privatvermögen" nicht vor, sodass im Schrifttum die Anwendung von Art. 3 Abs. 2 OECD-MA in Betracht gezogen wird.[592] Art. 3 Abs. 2 OECD-MA befasst sich mit der Auslegung von Abkommenstermini, die nicht im Abkommen selbst definiert sind, denen jedoch nach den Rechtsvorschriften der beiden Vertragsstaaten eine Bedeutung

---

insofern auf die Definition des Begriffs „Gesellschaft", obwohl dieser Terminus im Abkommen gebraucht wird, so z.B. in Art. 8 und 9 DBA Frankreich.

589 Siehe *Reimer,* in: Vogel/Lehner, DBA, MA Art. 13, Rz. 77; *Stockmann,* in: Vogel/Lehner, DBA, MA Art. 22, Rz. 36; *Wassermeyer,* in: Wassermeyer, DBA, MA Art. 13, Rz. 77 ff.; *Wassermeyer,* in: Wassermeyer, DBA, MA Art. 22, Rz. 44. Deutlicher wird diese Funktion noch bei Analyse des englischen sowie französischen Abkommenstextes, die noch eindeutiger formulieren und klarstellen, dass es um die Zuordnung eines Teils des Betriebsvermögens geht: „property forming part of the business property of a permanent establishment" sowie „partie de l'actif d'un établissement stable".

590 So auch *Stockmann,* in: Vogel/Lehner, DBA, MA Art. 22, Rz. 36.

591 In der englischen Fassung des OECD-MA ist Art. 7 mit „Business Profits" überschrieben und wird in der deutschen Version mit „Unternehmensgewinne" übersetzt. Hier benutzt das Musterabkommen mit dem Begriff „Business" denselben Ausdruck, der in den Art. 13 Abs. 2 und 22 Abs. 2 OECD-MA (hier ist von „Business Property" die Rede) mit „Betriebsvermögen" übersetzt wird. So auch *Nowotny,* Betriebstättengewinnermittlung, S. 34.

592 Siehe *Wassermeyer,* in: Wassermeyer, DBA, MA Art. 13, Rz. 77; *Land,* in: Flick/Wassermeyer/Kempermann, MA Art. 13, Rz. 57; *Kempermann,* in: Flick/Wassermeyer/Kempermann, MA Art. 22, Rz. 39.

zukommt. Die Auslegungsregel besagt, dass jeder der Vertragsstaaten die Begriffe nach seinem nationalen Steuerrecht auszulegen habe, also nach der „lex fori“.[593] Abweichungen von dieser Auslegungsregel sind dann zulässig, wenn sich die Auslegung in Widerspruch zum abkommensrechtlichen Zusammenhang setzen würde.

3. „Zuordnungsneutrale“ Wirtschaftsgüter als zentraler Untersuchungsgegenstand

In der Gruppe der Wirtschaftsgüter, die das bewegliche Vermögen bilden, steht eine Gruppe von Vermögensgegenständen im Mittelpunkt dieser Untersuchung: die sogenannten „zuordnungsneutralen“ Wirtschaftsgüter. Der Terminus „zuordnungsneutral“ meint hierbei nicht, dass sich diese Wirtschaftsgüter einer Zuordnung verschließen, sondern vielmehr, dass es sich um solche Wirtschaftsgüter handelt, die sowohl dem Stammhaus als auch der Betriebstätte zugeordnet werden können.[594] Eine solche Neutralität der Zuordnung wohnt diesen Wirtschaftsgütern deshalb inne, weil sie ihre Aufgabe und Funktion im Einheitsunternehmen sowohl im Stammhaus als auch in der Betriebstätte erfüllen können. Namentlich wird es sich hierbei um Wirtschaftsgüter wie Beteiligungen, Forderungen und Rechte handeln, also eben diejenigen Vermögensgegenstände, welche von den Art. 10 bis 12 OECD-MA erfasst werden.[595] Mithin handelt es sich bei der Zuordnung dieser Wirtschaftsgüter um die wichtige Weichenstellung für die Entscheidung darüber, welchem Abkommensstaat die Besteuerungsrechte an Dividenden, Zinsen und Lizenzeinkünften zufallen. Hiervon hängt ab, ob es dem Unternehmer gelingt, durch die Funktionszuweisung zu Stammhaus oder Betriebstätten, also durch Strukturierungsmaßnahmen, diesen Verteilungsmechanismus im Wege der Gestaltung zu nutzen. Der Mangel an zwingenden Gründen, diese Wirtschaftsgüter ausschließlich einer Betriebstätte oder ausschließlich dem Stammhaus zuzuordnen, schafft den Boden für die hier untersuchte äußerst umfangreiche wie umstrittene Thematik: Die Zuordnung der Wirtschaftsgüter an sachlichen Kriterien vorzunehmen, die zu einem

593 Siehe *Vogel*, in: Vogel/Lehner, DBA, MA Art. 3, Rz. 98.

594 *Buciek*, in: Flick/Wassermeyer/Kempermann, DBA-Schweiz Art. 7, Rz. 401; *Jacobs*, Internationale Unternehmensbesteuerung, S. 651; *Strunk/Kaminski*, IWB Fach 3 Gruppe 2, 1024.

595 Ebenso *Buciek*, in: Flick/Wassermeyer/Kempermann, DBA-Schweiz Art. 7, Rz. 401; *Jacobs*, Internationale Unternehmensbesteuerung, S. 651; *Nowotny*, Betriebstättengewinnermittlung, S. 143; *Strunk/Kaminski*, IWB Fach 3 Gruppe 2, 1024.

sachgerechten Ergebnis führen, welches im Einklang mit nationalen, abkommensrechtlichen sowie europarechtlichen Vorgaben steht.

III. Vorgaben des nationalen Rechts

Nationale Gesetze enthalten keine konkreten Zuordnungsregeln für Wirtschaftsgüter, insbesondere keinen konkreten Rechtssatz wie das „dealing at arm's length"-Prinzip aus Art. 7 Abs. 2 OECD-MA. Lediglich das BewG bietet für den Inbound-Fall (inländische Betriebstätte eines im Ausland ansässigen Stammhauses) in § 121 Nr. 3 Satz 2 BewG eine Definition zur Bestimmung des inländischen Betriebsvermögens. So soll im Falle des Unterhaltens einer inländischen Betriebstätte dasjenige Vermögen als inländisches Betriebsvermögen gelten, welches dem im Inland betriebenen Gewerbe dient. Diese Norm und das Merkmal des „Dienens" ist Gegenstand verschiedener Entscheidungen des BFH und somit die einzige mittelbare Zuordnungsvorschrift zur Vermögensaufteilung zwischen inländischer Betriebstätte und ausländischem Stammhaus.

Regelungen zur Zuordnung von Wirtschaftsgütern finden sich lediglich in den Betriebsstätten-Verwaltungsgrundsätzen. Diese Verwaltungsanweisung des BMF hat den rechtlichen Charakter einer allgemeinen Weisung nach Art. 108 Abs. 3 Satz 2 GG i.V.m. Art. 85 Abs. 3 GG und bindet insoweit die Vollzugsbehörden, nicht jedoch die Gerichte.[596] Der Regelungsbereich ist regelmäßig auf aktuelle Rechts- und Verfahrensfragen beschränkt. Trotz des untergesetzlichen Ranges sind die Betriebsstätten-Verwaltungsgrundsätze die zentrale Quelle und Auslegungshilfe im Hinblick auf die nationalen Zuordnungsmaßstäbe. Die Finanzverwaltung will die Zuordnung von Wirtschaftsgütern nach dem Prinzip der wirtschaftlichen Zugehörigkeit vornehmen.[597] Zugleich sind nach dem Veranlassungsprinzip die mit den Wirtschaftsgütern in Zusammenhang stehenden Betriebseinnahmen sowie Betriebsausgaben der Betriebstätte zuzuordnen. Das Ziel ist eine am Fremdvergleich ausgerichtete Vermögenszuordnung, welche wiederum die Basis für eine fremdvergleichskonforme Gewinnzuordnung zur Betriebstätte legen soll.[598] Entgegen der rechtlichen und tatsächlichen Einheit des Einheitsunternehmens soll bei der Zurechnung von Wirtschaftsgütern die Frage im Mittelpunkt stehen, welche Wirtschaftsgüter ein selbstständiger Gewerbebetrieb unter vergleichbaren Bedingungen zur Vornahme vergleichbarer Geschäfte benötigt hätte. Im Rahmen dieser Betrachtungsweise sind die

---

596 Siehe hierzu *Maunz*, in: Maunz/Dürig, GG Art. 108, Rz. 60.
597 *BMF*, Betriebsstätten-Verwaltungsgrundsätze, Rz. 2.2.
598 *BMF*, Betriebsstätten-Verwaltungsgrundsätze, Rz. 2.2.

tatsächlichen Gegebenheiten sowie insbesondere die Struktur, Organisation und Aufgabenstellung der Betriebstätte im Unternehmen zu beachten.[599] Daneben ist ein umstrittenes Kernstück der Betriebsstätten-Verwaltungsgrundsätze die Zentralfunktion des Stammhauses, welche bestimmte Wirtschaftsgüter im Regelfall dem Stammhaus zuzuordnen beabsichtigt.[600]

IV. Vorgaben des Abkommensrechts

Das Abkommensrecht basiert je nach individuellem DBA zu weiterem oder weniger weitem Umfange auf dem OECD-MA. Nichtsdestoweniger wohnt allen Abkommen der Hauptzweck des Musterabkommens inne, „die dringendsten, auf dem Gebiet der internationalen Doppelbesteuerung auftauchenden gemeinsamen Probleme auf einheitlicher Grundlage zu lösen."[601] Das Abkommensrecht, in Form des OECD-MA, setzt sich an verschiedenen Stellen mit der Zugehörigkeit von Wirtschaftsgütern zu Teilen des Einheitsunternehmens, insbesondere zu Betriebstätten, auseinander. Mit der Frage, welchem Unternehmensteil gewisse Wirtschaftsgüter zugerechnet werden müssen, ist unweigerlich die Frage verknüpft, welchem Staat das Besteuerungsrecht an den aus diesem Wirtschaftsgut stammenden Gewinnen zusteht. Aus abkommensrechtlicher Perspektive ergibt sich ein drei Schritte umfassendes Prüfungsschema:

In einem ersten Schritt stellt Art. 7 OECD-MA die zentrale Vorschrift für die Behandlung von Unternehmensgewinnen dar[602], der im Jahre 2010 eine Neufassung erfahren hat. Während Art. 7 OECD-MA in seiner Fassung aus 2008 keinen direkten Bezug zur Zuordnung von Wirtschaftsgütern aufwies, findet sich in Art. 7 Abs. 2 OECD-MA 2010 ein Verweis darauf, dass bei der Gewinnabgrenzung der Betriebstätte die eingesetzten Wirtschaftsgüter zu berücksichtigen sind. Doch bereits vor der Neufassung des Art. 7 OECD-MA konnte der in dieser Vorschrift niedergelegte Fremdvergleichsgrundsatz Anknüpfungsmerkmal für die Zuordnung von Wirtschaftsgütern und Erträgen sein.[603] Die Zuordnung

599 *BMF,* Betriebsstätten-Verwaltungsgrundsätze, Rz. 2.4.

600 Vgl. *BMF,* Betriebsstätten-Verwaltungsgrundsätze, Rz. 2.4. und zur kritischen Auseinandersetzung unten Kapitel 3. V. 6. b).

601 *OECD,* MK 2008, MA Vor Art. 1, Rz. 3.

602 Siehe bereits oben Kapitel 2. IV. 3.

603 Siehe hierzu bereits die Ausführungen oben Kapitel 2. IV. 3. Anderer Auffassung ist *Kumpf,* Besteuerung inländischer Betriebstätten, S. 100, der Art. 7 OECD-MA lediglich auf die Zuordnung der Unternehmensgewinne beschränkt wissen will.

der Wirtschaftsgüter zur Betriebstätte begründet sodann das ausschließliche Besteuerungsrecht des Quellenstaates.

In einem zweiten Schritt ist zu überprüfen, ob die Gewinne den abkommensrechtlichen Einkunftsarten Dividenden, Zinsen, Lizenzgebühren oder sonstige Einkünfte unterfallen und somit die Zuordnung der Wirtschaftsgüter als Ertragsquellen über diese Spezialeinkünfteregelungen des OECD-MA zu erfolgen hat. Die Art. 10 bis 12 und 21 OECD-MA sind dann die einschlägigen Vorschriften, nach denen grundsätzlich die Rechte zur Besteuerung dem Ansässigkeitsstaat zugesprochen werden.[604]

Der dritte Prüfungsschritt umfasst die Frage, ob in den speziellen Einkünfteartikeln Betriebstättenvorbehalte einschlägig sind. Kommen diese zur Anwendung, so wird das Besteuerungsrecht wieder an den Quellenstaat zurückverwiesen, sodass Art. 7 OECD-MA wieder zur Anwendung gelangt. Diese Rückverweisung ist an die tatbestandliche Voraussetzung geknüpft, dass die gewinngenerierenden Wirtschaftsgüter der Betriebstätte tatsächlich zuzurechnen sind.[605]

Insofern bilden im Abkommensrecht Art. 7 und Art. 10 bis 12 sowie Art. 21 OECD-MA diejenigen Regelungen, welche sich mit Zuordnungsfragen hinsichtlich der beweglichen Wirtschaftsgüter sowie der aus diesen generierten Gewinnen zu den Unternehmensteilen des Einheitsunternehmens entweder unmittelbar oder – über die von ihnen statuierten Prinzipien – mittelbar befassen. Diese Feststellung wirft die zu untersuchende Frage auf, nach welchen Maßstäben und Kriterien Wirtschaftsgüter einer Betriebstätte zugeordnet werden können bzw. müssen. Diese Zuordnungskriterien gilt es im Weiteren aus den Tatbeständen des Abkommensrechts herauszuarbeiten und unter Beachtung der hierzu ergangenen Rechtsprechung sowie den einschlägigen Erlassen der Finanzverwaltung auszulegen und einer kritischen Würdigung zu unterziehen.

1. Einfluss des Art. 7 OECD-MA

Die abkommensrechtliche Vorschrift des Art. 7 OECD-MA befasst sich mit der Besteuerung von Unternehmensgewinnen und in ihrer Fassung vor der Reformierung im Jahre 2010 nicht ausdrücklich mit der Zuordnung von

604 Das Besteuerungsrecht des Ansässigkeitsstaates kann durch beschränkte Rechte des Betriebstättenstaates zu Erhebung von Quellensteuer eingeschränkt sein; siehe Art. 10 Abs. 2 sowie Art. 11 Abs. 2 OECD-MA.

605 Betriebstättenvorbehalte finden sich im OECD-MA in Art. 10 Abs. 4, Art. 11 Abs. 4, Art. 12 Abs. 3 sowie Art. 21 Abs. 2.

Wirtschaftsgütern.[606] Dies gilt jedoch nur insoweit, als sich die Analyse auf eine strenge Wortlautauslegung der Vorschrift beschränkt. Aus der Systematik der DBA folgt nämlich vielmehr eine Parallelität der Zuordnungsregeln betreffend Gewinne und Wirtschaftsgüter einerseits und der Notwendigkeit Wirtschaftsgüter zuzuordnen, um die daraus generierten Gewinne zuordnen zu können, andererseits.[607] Die Finanzverwaltung stützt diese Auffassung in den Betriebstätten-Verwaltungsgrundsätzen, indem in diesen angeordnet wird, dass „die Ausführungen zur Aufteilung der Einkünfte [...] für die Aufteilung des Vermögens entsprechend [gelten]."[608]

Die Kernaussage des Betriebstättenprinzips im Rahmen der Gewinnabgrenzung im Einheitsunternehmen nach Art. 7 Abs. 1 Satz 2 OECD-MA ist die Ablehnung einer Attraktivkraft der Betriebstätte.[609] Vielmehr schreibt Art. 7 Abs. 1 Satz 2 OECD-MA nach alter wie neuer Fassung vor, dass der Quellenstaat nur dann Gewinne des Einheitsunternehmens besteuern darf, wenn die Geschäftstätigkeiten im Quellenstaat mittels einer Betriebstätte ausgeübt werden. Übertragen von der Gewinnzurechnung auf die Zuordnung von Wirtschaftsgütern bedeutet dies, dass einer Betriebstätte nicht automatisch alle im Betriebstättenstaat belegenen oder genutzten Wirtschaftsgüter zuzurechnen sind[610], sondern nur diejenigen, welche zur Ausübung der Geschäftstätigkeit der Betriebstätte beigetragen haben. Hieraus wird die Notwendigkeit eines Prinzips offenbar, das eine rechtlich belastbare Basis schafft, auf der – anhand ökonomisch realistischer Kriterien – eine Zuordnung von Wirtschaftsgütern zur Betriebstätte erfolgt.

Art. 7 Abs. 1 OECD-MA 2008 hatte im Gegensatz zu seiner reformierten Version aus dem Jahre 2010 noch keinen Verweis auf ein Zuordnungsprinzip im

---

606 So bereits *Kumpf*, Besteuerung inländischer Betriebstätten, S. 100; zum Regelungsgehalt der Vorschrift siehe auch oben Kapitel 2. IV. 3.

607 *Andresen*, in: Wassermeyer/Andresen/Ditz/Schönfeld, Betriebsstätten Handbuch, Rz. 2.36 ff.; *Kumpf*, Besteuerung inländischer Betriebstätten, S. 106; *Schaumburg*, Internationales Steuerrecht, Rz. 18.9; ebenso wohl auch *Strunk/Kaminski*, IStR 2003, 181, 184.

608 *BMF*, Betriebsstätten-Verwaltungsgrundsätze, Rz. 2.1.

609 Siehe oben Kapitel 2. IV. 3. c).

610 Siehe *BFH* v. 1.4.1987 – II R 186/80, BStBl. II 1987, 550; ebenso *Looks/Maier*, in: Löwenstein/Looks/Heinsen, Betriebsstättenbesteuerung, Rz. 725. Die von der Bundesrepublik Deutschland mit anderen Staaten geschlossenen DBA enthalten sämtlich eine dem Art. 7 Abs. 1 OECD-MA inhaltlich entsprechende Regelung, wobei lediglich bei den vom „Gewinnbegriff" erfassten Einkunftsarten sich Unterschiede ergeben. Für eine umfassende Übersicht hierzu s. bei *Hemmelrath*, in: Vogel/Lehner, DBA, MA Art. 7, Rz. 48.

Abs. 2 der Vorschrift. Der Verweis in Art. 7 Abs. 1 OECD-MA auf den Abs. 2 wurde erst durch die umfassende Neugestaltung des Art. 7 OECD-MA 2010 geschaffen. Nichtsdestoweniger war auch im Art. 7 Abs. 2 OECD-MA 2008 bereits der elementare Grundsatz enthalten, der als Maßstab für Gewinnzuordnung, aber auch die Zuordnung von Wirtschaftsgütern im Einheitsunternehmen herangezogen wird: Der Fremdvergleichsgrundsatz in Form des „dealing at arm's length"-Prinzips.[611] Die Zuordnungsregeln des „dealing at arm's length"-Prinzips gelten nicht nur für die Gewinnzuordnung, sondern eben auch für die Zuordnung des Vermögens im Einheitsunternehmen.[612] Art. 7 Abs. 2 OECD-MA und der hierin enthaltene Fremdvergleichsgrundsatz stehen in engem Sachzusammenhang mit dem in Art. 7 Abs. 1 Satz 2 OECD-MA positivierten Betriebstättenprinzip.[613] Aufgrund seines allgemeinen abkommensrechtlichen Charakters[614], ist die Anwendbarkeit des „dealing at arm's length"-Prinzips auf die Zuordnung von Wirtschaftsgütern zu Betriebstätten zu untersuchen. Insbesondere ist der Frage nachzugehen, ob der Fremdvergleichsgrundsatz Kriterien zur Zuordnung von Wirtschaftsgütern zu Betriebstätten liefert. Der Charakter des Einheitsunternehmens ist die zivilrechtliche Unselbstständigkeit der einzelnen Unternehmensteile und die damit einhergehende Unsicherheit bei der Zuordnung von Wirtschaftsgütern und der Besteuerung der von diesen generierten Gewinnen. Dieser zivilrechtlichen Ausgangslage setzt das Abkommensrecht die Fiktion der Selbstständigkeit der Betriebstätte entgegen.[615] Die OECD legt der Selbstständigkeitsfiktion der Betriebstätte das Modell des „functionally separate entity approach" zugrunde[616] und ergänzt ihre Kernaussage hinsichtlich der Selbstständigkeitsfiktion von Betriebstätten in Art. 7 Abs. 2 OECD-MA 2010 um die Anordnung, der Betriebstätte die Risiken, die Wirtschaftsgüter und das Kapital zuzuordnen, welches ein selbstständiges

---

611 Vgl. *Schaumburg*, Internationales Steuerrecht, Rz. 16.265 f.

612 Siehe *Kahle/Mödinger*, DB 2011, 2338, 2338; *Kumpf*, Besteuerung inländischer Betriebstätten, S. 106; *Roth*, in: Herrmann/Heuer/Raupach, EStG/KStG, EStG § 49, Rz. 242; *Schaumburg*, in: Lüdicke, Zurechnung von Wirtschaftsgütern, S. 53 ff.; *ders.*, Internationales Steuerrecht, Rz. 18.15.

613 Siehe hierzu *Wassermeyer*, in: Wassermeyer, DBA, MA Art. 7, Rz. 311. Die von der Bundesrepublik Deutschland mit anderen Staaten geschlossenen DBA enthalten sämtlich eine dem Art. 7 Abs. 2 OECD-MA 2008 und das DBA Luxemburg in Art. 7 Abs. 2 eine dem Art. 7 Abs. 2 OECD-MA 2010 entsprechende Regelung und statuieren somit den Fremdvergleichsgrundsatz.

614 Siehe *Wassermeyer*, in: Wassermeyer, DBA, MA Art. 7, Rz. 311.

615 Siehe oben Kapitel 2. IV. 3. d) bb).

616 Siehe oben Kapitel 2. IV. 3. d) bb) und cc).

Unternehmen – ceteris paribus – anstelle der Betriebstätte notwendigerweise zur Ausübung der gleichen oder ähnlichen Geschäftstätigkeit benötigt hätte.[617] Die Fassung des Art. 7 Abs. 2 OECD-MA 2010 verlangt dem Abkommenstext nach, dass die Betriebstätte wie ein unabhängiges und selbstständiges Unternehmen betrachtet werden soll, welches eine gleiche oder ähnliche Geschäftstätigkeit unter gleichen oder ähnlichen Bedingungen ausgeübt hätte; „dabei sind die vom Unternehmen durch die Betriebsstätte und durch andere Unternehmensteile [...], eingesetzten Wirtschaftsgüter [...] zu berücksichtigen."[618]

Die Zuordnung der Wirtschaftsgüter erfolgt im Rahmen der ersten von zwei Stufen des „functionally separate entity approach" und soll an die Voraussetzung des „wirtschaftlichen Eigentums" der Betriebstätte an dem jeweiligen Wirtschaftsgut geknüpft sein.[619] Das „wirtschaftliche Eigentum" („economic ownership") versteht die OECD ausweislich ihrer Betriebstättenberichte als das Äquivalent einer Zuordnung von Wirtschaftsgütern zu rechtlich selbstständigen Unternehmen, wobei diese Zuordnung die verbundenen Nutzen und Lasten mit einschließt.[620] Darüber, dass die Zuordnung grundsätzlich dem Prinzip der wirtschaftlichen Zugehörigkeit zu folgen habe und daher einen wirtschaftlichen Zusammenhang der Wirtschaftsgüter zum Betrieb der Betriebstätte erfordere, bestand in Teilen des Schrifttums bereits vor über vier Jahrzehnten Einigkeit.[621] Ebenso sollte nach dieser Auffassung der wirtschaftliche Zusammenhang noch eine Objektivierung durch das „dealing at arm's length"-Prinzip erfahren[622], denn einer Betriebstätte – so der BFH – können nur die Wirtschaftsgüter zugeordnet werden, „die ein selbstständiger Gewerbetrieb am gleichen Ort und unter gleichen oder ähnlichen Bedingungen zur Erzielung eines vergleichbaren

---

617 *OECD,* Report on the Attribution of Profits to Permanent Establishments, S. 12 ff.; *OECD,* 2010 Report on the Attribution of Profits to Permanent Establishments, S. 14.

618 Art. 7 Abs. 2 OECD-MA 2010. Ein inhaltlich identischer Abkommenstext findet sich bisher lediglich im DBA zwischen der Bundesrepublik Deutschland und dem Großherzogtum Luxemburg, dort Art. 7 Abs. 2.

619 Siehe zu der zweistufigen Durchführung des „functionally separate entity approach" oben Kapitel 2. IV. 3. d) cc).

620 *OECD,* Report on the Attribution of Profits to Permanent Establishments, S. 14 und 32 ff.; *OECD,* 2010 Report on the Attribution of Profits to Permanent Establishments, S. 14.

621 Siehe hierzu bereits bei *Kumpf,* Besteuerung inländischer Betriebstätten, S. 103; *Storck,* Ausländische Betriebstätten im Ertrag, S. 337 ff.; *Haas*, RIW 1978, 583.

622 Siehe *Kumpf,* Besteuerung inländischer Betriebstätten, S. 103 f.; *Storck,* Ausländische Betriebstätten im Ertrag, S. 338.

Geschäftserfolges benötigt."[623] Eine solche Zuordnung von Wirtschaftsgütern, ausgerichtet am „wirtschaftlichen Eigentum" im Rahmen des „dealing at arm's length"-Prinzips, bedarf nach Auffassung der OECD einer vorhergehenden funktionalen und faktischen Analyse der Besonderheiten der Betriebstätte.[624] Denn mit der Aufteilung der Funktionen auf Stammhaus und Betriebstätte im Wege des „functionally separate entity approach" ist eng die Zuordnung der hierfür benötigten Wirtschaftsgüter zu den Teilen des Einheitsunternehmens verzahnt. Die von der Betriebstätte ausgeübten Funktionen sollen Berücksichtigung finden, wobei nicht nur auf die von der Betriebstätte ausgeübten Funktionen selbst abzustellen ist, sondern auch auf die äußeren Umstände unter denen diese ausgeübt werden.[625] Der Begriff der Funktion ist als „ein Bündel wirtschaftlich erheblicher Tätigkeiten und Verantwortungen, die vor dem Hintergrund der Struktur und Organisation des Gesamtunternehmens und der mit ihm verbundenen Unternehmen erbracht werden"[626] zu verstehen. Als konkrete Beispiele für derartige Funktionen in der Unternehmenspraxis werden Geschäftstätigkeiten genannt, die zur Geschäftsleitung, Forschung und Entwicklung, Materialbeschaffung, Lagerhaltung, Produktion, Verpackung, Vertrieb, Montage, Bearbeitung oder Veredelung von Produkten, Qualitätskontrolle, Finanzierung, Transport, Organisation, Verwaltung, Marketing, Kundendienst gehören.[627] Diese Zuordnung von Wirtschaftsgütern unter dem ersten Schritt der Gewinnabgrenzung nach dem „functionally separate entity approach" soll im Wege der Erstellung einer Steuerbilanz der Betriebstätte erfolgen. Neben den zur Funktionsausübung der Betriebstätte benötigten Wirtschaftsgütern, müssen insbesondere die Bedingungen analysiert werden, unter denen diese Wirtschaftsgüter von der Betriebstätte genutzt werden; z.B. als alleiniger Eigentümer, gesamthänderischer Eigentümer, Lizenznehmer oder Partei einer Umlagevereinbarung.[628]

Diese Grundsätze des Art. 7 OECD-MA müssen im Kontext mit den spezielleren Einkünfteartikeln des OECD-MA gesehen werden. Für die hier

623 *BFH* v. 21.1.1972 – III R 57/71, BStBl. II 1972, 374.

624 *OECD,* 2010 Report on the Attribution of Profits to Permanent Establishments, S. 14; so auch *Kahle/Mödinger,* IStR 2010, 757, 759.

625 Siehe *Looks/Maier,* in: Löwenstein/Looks/Heinsen, Betriebsstättenbesteuerung, Rz. 712.

626 *Looks/Maier,* in: Löwenstein/Looks/Heinsen, Betriebsstättenbesteuerung, Rz. 712.

627 Siehe *Looks/Maier,* in: Löwenstein/Looks/Heinsen, Betriebsstättenbesteuerung, Rz. 712.

628 Vgl. *OECD,* 2010 Report on the Attribution of Profits to Permanent Establishments, S. 28.

interessierenden Wirtschaftsgüter sind das insbesondere die Art. 10 bis 12 sowie 21 OECD-MA. Diese Vorschriften vermögen die Zuordnung von Einkünften zu einer Betriebstätte nach Art. 7 OECD-MA zu modifizieren und ein Besteuerungsrecht des Stammhaus-Ansässigkeitsstaates auszulösen. Andererseits weisen die genannten Normen sämtlich Betriebstättenvorbehalte auf, also Regelungen, die wiederum das Besteuerungsrecht des Betriebstättenstaates begründen und eine Rückverweisung auf Art. 7 OECD-MA bewirken können. Entscheidend ist hierbei die Zuordnung der Wirtschaftsgüter, welche die Einkünfte generieren. Insoweit stellen die Betriebstättenvorbehalte die zentralen und wichtigen Vorschriften zur Aufteilung des Steuersubstrats zwischen den Abkommensstaaten dar.

2. Einfluss der Betriebstättenvorbehalte

a) Regelungsgegenstand

Die Art. 10 bis 12 und 21 OECD-MA behandeln im Einzelnen die Aufteilung des Besteuerungsrechts hinsichtlich Dividenden (Art. 10 OECD-MA), Zinsen (Art. 11 OECD-MA), Lizenzgebühren (Art. 12 OECD-MA) sowie sonstige Einkünfte (Art. 21 OECD-MA). Diese Vorschriften genießen aufgrund ihres Spezialitätscharakters Vorrang vor Art. 7 OECD-MA.[629]

Art. 10 und 11 OECD-MA eröffnen grundsätzlich zwei Möglichkeiten, das Besteuerungsrecht aufzuteilen. Sowohl in Art. 10 Abs. 1 als auch Art. 11 Abs. 1 OECD-MA ist vorgesehen, das Recht der Besteuerung dem Staat zuzusprechen, in dem die Person ansässig ist, welche die Dividenden respektive Zinsen empfängt. Zugleich sehen Art. 10 Abs. 2 und Art. 11 Abs. 2 OECD-MA jedoch auch die Möglichkeit vor, dass der Quellenstaat die Gewinne einer Quellenbesteuerung unterwirft, wobei für diese eine Begrenzung der Höhe nach vorgesehen ist.[630] Im Falle von Lizenzgebühren im Sinne des Art. 12

---

629 Die Verweisung erfolgt über Art. 7 Abs. 7 OECD-MA 2008 respektive über Art. 7 Abs. 4 OECD-MA 2010.

630 Das OECD-MA sieht für die Bruttoerträge der Dividenden in Art. 10 Abs. 2 a) eine Begrenzung auf maximal 5 v.H. im Falle einer Schachteldividende und in Abs. 2 b) eine Begrenzung auf maximal 15 v.H. in allen anderen Fällen vor. Art. 11 Abs. 2 OECD-MA sieht die Begrenzung der Quellensteuer auf maximal 10 v.H. der Bruttoerträge der Zinsen vor.
Nach sämtlichen von der Bundesrepublik Deutschland geschlossenen DBA können Dividenden (entsprechend der Regelung des Art. 10 Abs. 1 OECD-MA) im Wohnsitzstaat des Empfängers respektive Nutzungsberechtigten besteuert werden, auch

OECD-MA ist ein ausschließliches Besteuerungsrecht des Staates vorgesehen, in welchem die empfangende Person ansässig ist.[631] Art. 21 Abs. 1 OECD-MA

---

wenn in wenigen Abkommen keine ausdrückliche Bekräftigung aufgenommen wurde (so in den DBA Australien, Bolivien, Ecuador, Israel, Jugoslawien, Malaysia, Mongolei, Namibia, Russische Förderation, Uruguay, Venezuela). Dies bedeutet zugleich die Möglichkeit einer Besteuerung im Quellenstaat, wobei die Quellensteuersätze in den DBA differieren. Eine Übersicht unter Berücksichtigung von Streubesitz- sowie Schachteldividenden und der quellensteuerbegrenzenden Wirkung der Mutter-Tochter-Richtlinie bietet *Tischbirek*, in Vogel/Lehner, DBA, MA Art. 10, Rz. 67.
Anders als bei Art. 10 Abs. 1 OECD-MA wurde Art. 11 Abs. 1 OECD-MA nicht in entsprechend weitgehendem Umfange in die von der Bundesrepublik Deutschland geschossenen DBA übernommen. So sehen beispielsweise die DBA mit Frankreich in Art. 10 Abs. 1, Großbritannien in Art. 11 Abs. 1, Luxemburg in Art. 11 Abs. 1, Spanien in Art. 11 Abs. 1, Irland in Art. 11 Abs. 1 ein ausschließliches Besteuerungsrecht des Ansässigkeitsstaates vor und schließen damit eine Quellenbesteuerung per se aus. Konsequenterweise verzichten solche DBA auf die Übernahme einer Art. 11 Abs. 2 OECD-MA entsprechenden Regelung. Dieser Regelungsmechanismus ist in vielen DBA zwischen der Bundesrepublik Deutschland und Industriestaaten vereinbart und entspricht auch der Regelung des nationalen deutschen Steuerrechts, nach dem Zinsen aus deutscher Quelle, die einem beschränkt Steuerpflichtigen zufließen, grundsätzlich keine Einkünfte im Sinne des § 49 Abs. 1 EStG und somit in Deutschland auch nicht steuerbar sind. Hierzu hinsichtlich des DBA Frankreichs *Kramer*, in: Wassermeyer, DBA, DBA-Frankreich, Art. 10, Rz. 17. Daneben existieren aber auch Abkommen, deren Regelungen denen im Musterabkommen entsprechen: beispielsweise das DBA Australien (s. dort Art. 11 Abs. 1) oder das DBA China (dort Art. 11 Abs. 1 und 2). Diese Regelungen sehen die Möglichkeit einer Besteuerung von Zinseinkünften im Quellenstaat vor.

631 Siehe Art. 12 Abs. 1 OECD-MA. Dies entspricht nicht der bisher überwiegenden Praxis deutscher Abkommen, als in den DBA häufig Quellenbesteuerungsrechte vorgesehen sind, vgl. hierzu *Pöllath/Lohbeck*, in: Vogel/Lehner, DBA, MA Art. 12, Rz. 29 f. Ein Beispiel ist das DBA-China, welches eine begrenzte Besteuerung der Lizenzeinkünfte im Quellenstaat vorsieht. Es differenziert des Weiteren noch bei der Höhe des Steuersatzes nach der Art der Lizenzgebühr, vgl. Art. 12 Abs. 2 (Steuersatz 10 v.H.) und Protokoll (5) zu Art. 12 DBA China, welches den Steuersatz auf 7 v.H. reduziert, wenn es sich um Engelt für die Benutzung oder das Recht auf Benutzung gewerblicher, kaufmännischer oder wissenschaftlicher Ausrüstung handelt.
Andererseits ist bei erst in jüngster Vergangenheit geschlossenen DBA festzustellen, dass diese wiederum mehrheitlich dem Art. 12 Abs. 1 OECD-MA entsprechen und das Besteuerungsrecht dem Ansässigkeitsstaat des Empfängers zubilligen, so beispielsweise das DBA Großbritannien (dort Art. 12 Abs. 1), DBA Spanien (dort Art. 12 Abs. 1) und DBA Irland (dort Art. 12 Abs. 1).

sieht ein ausschließliches Besteuerungsrecht des Ansässigkeitsstaates hinsichtlich anderer Einkünfte eines Steuerpflichtigen vor.[632] Jede dieser Vorschriften enthält einen sogenannten Betriebstättenvorbehalt, der wiederum eine Verteilungsvorschrift hinsichtlich der Besteuerungsrechte darstellt. Im OECD-MA sind die Betriebstättenvorbehalte in den Art. 10 Abs. 4, 11 Abs. 4, 12 Abs. 3 sowie 21 Abs. 2 niedergelegt. [633] Im Rahmen der abkommensrechtlichen Zuordnung von Wirtschaftsgütern stellen sie den dritten Schritt dar.[634] Die Betriebstättenvorbehalte verkörpern eine konsistente Ergänzung der Selbstständigkeitsfiktion des Art. 7 OECD-MA, indem sie Gewinne aus Beteiligungen, Forderungen, lizenzfähigen Gütern sowie anderen Rechten und Vermögenswerten der Betriebstätte zuordnen, wenn diese „tatsächlich zu dieser Betriebstätte gehören".[635]

Die Betriebstättenvorbehalte führen zu einer abkommensrechtlich differenzierenden Behandlung von Dividenden, Zinsen, Lizenzgebühren oder anderen Erträgen, wenn diese im Quellenstaat durch eine dort belegene Betriebstätte anstatt durch den Steuerpflichtigen unmittelbar generiert werden.[636] Faktisch führt der Betriebstättenvorbehalt dazu, dass aus der Perspektive des Quellenstaates gar kein grenzüberschreitender Einkünftefluss mehr vorliegt, sondern Einkünfte durch einen inländischen Schuldner an eine im Quellenstaat belegene

---

632 Hinsichtlich der Abkommensregelung zu anderen Einkünften weicht die deutsche Abkommenspraxis – ähnlich wie bei Art. 12 – von dem Muster der OECD mitunter dergestalt ab, dass auch ein Besteuerungsrecht des Quellenstaates vorgesehen ist; so z.B. im DBA China (dort Art. 22 Abs. 3) oder DBA Kanada (dort Art. 21 Abs. 3). Des Weiteren regelt eine Vielzahl der DBA die Vorschrift als subsidiären Auffangtatbestand für Einkünfte, die von den übrigen Regelungen des Abkommens nicht erfasst sind; so beispielsweise Art. 18 DBA Frankreich, Art. 18 Abs. 1 DBA Luxemburg, Art. 20 Abs. 1 DBA Irland. Für eine vollständige Übersicht siehe bei *Lehner*, in: Vogel/Lehner, DBA, MA Art. 21, Rz. 26.

633 Die von der Bundesrepublik Deutschland geschlossenen DBA enthalten sämtlich Betriebstättenvorbehalte in ihren den Art. 10 Abs. 4, 11 Abs. 4, 12 Abs. 3 und Art. 21 Abs. 2 OECD-MA nachgebildeten Vorschriften und verdeutlichen somit ihre Erheblichkeit im Rahmen der Zuordnung der Wirtschaftsgüter im Einheitsunternehmen. Für eine umfassende Übersicht s. bei *Tischbirek*, in Vogel/Lehner, DBA, MA Art. 10, Rz. 242; *Pöllath/Lohbeck*, in: Vogel/Lehner, DBA, MA Art. 11, Rz. 94; *Pöllath/Lohbeck*, in: Vogel/Lehner, DBA, MA Art. 12, Rz. 95; *Lehner*, in: Vogel/Lehner, DBA, MA Art. 21, Rz. 26.

634 Siehe oben Kapitel 3. IV.

635 Vgl. *Vogel*, in: Vogel/Lehner, DBA, MA Vor Art. 10–12, Rz. 31.

636 *Staringer*, in: Gassner/Lang/Lechner, Die Betriebstätte im Recht der DBA, S. 226.

Betriebstätte gezahlt werden. Hierin kommt das Verständnis des Betriebstättenvorbehalts zum Ausdruck, welches die hier in Frage stehenden Einkünfte – trotz fehlender Ansässigkeit des Steuerpflichtigen im Quellenstaat – so behandelt, als ob sie von einem im Quellenstaat ansässigen Unternehmen empfangen worden wären. Diese Gleichbehandlung wird durch die im Quellenstaat befindliche Betriebstätte vermittelt[637] und im Abkommensrecht durch das Betriebstättendiskriminierungsverbot festgeschrieben.[638] Entscheidend ist daher, welchem Unternehmensteil des Einheitsunternehmens das Stammrecht, das den Gewinn generierende Wirtschaftsgut, „tatsächlich gehört".

Schaumburg geht in seinem Verständnis der Betriebstättenvorbehalte so weit, dass er diesen gar keinen Zurechnungscharakter beimessen will, sondern sie als Vorschriften zur Vermeidung missbräuchlicher Abkommensgestaltungen qualifiziert.[639] Als Ausprägung des „substance over form"-Grundsatzes seien die Betriebstättenvorbehalte geeignet, nicht bereits die Reduktion der Steuer im Quellenstaat dadurch zu ermöglichen, dass im anderen Staat ein Formalberechtigter ansässig ist, der als tatsächlicher Empfänger dazwischengeschaltet wird.[640] Diese Ansicht *Schaumburgs* ist im Ergebnis insoweit korrekt, als ein lediglich Formalberechtigter nicht ausreichend sein wird, um ihm gewisse Einkünfte zuzurechnen. Hieraus jedoch den Schluss zu ziehen, es handele sich bei den Betriebstättenvorbehalten des OECD-MA um Missbrauchsbekämpfungsvorschriften, scheint zu weit zu gehen und ist folglich abzulehnen. Die Art. 10 bis 12 und Art. 21 OECD-MA sind Zurechnungsvorschriften, die Vorrang vor der allgemeinen Zurechnungsvorschrift des Art. 7 OECD-MA genießen. Jede dieser speziellen Zurechnungsnormen enthält einen Betriebstättenvorbehalt und somit eine Rückverweisung auf das Zurechnungsgefüge des Art. 7 OECD-MA, wenn und soweit das die Einkünfte generierende Stammrecht der im Quellenstaat ansässigen Betriebstätte tatsächlich gehört. Die Frage nach dem „tatsächlichen Gehören" des Stammrechts zur Betriebstätte im Quellenstaat ist die zentrale Frage der Zurechnung. Der Tatbestand stellt im Wortlaut explizit darauf ab und schafft durch die Voraussetzung des „tatsächlichen Gehörens" eine Mindestschwelle, die bei nur formaler Zuordnung des Stammrechts eben nicht

---

637 *Staringer*, in: Gassner/Lang/Lechner, Die Betriebstätte im Recht der DBA, S. 226.

638 Siehe hierzu Art. 24 Abs. 3 OECD-MA, der einen besonderen Diskriminierungsschutz für Betriebstätten in der Form gewährt, dass die Besteuerung im Quellenstaat für eine Betriebstätte nicht ungünstiger sein darf, als für ein im Quellenstaat ansässiges Unternehmen.

639 *Schaumburg*, in: Lüdicke, Zurechnung von Wirtschaftsgütern, S. 73.

640 *Schaumburg*, in: Lüdicke, Zurechnung von Wirtschaftsgütern, S. 73.

erreicht wird. Jede Gestaltung, welche diese Anforderung nicht erfüllt, wird keine Zurechnung der Einkünfte über den Betriebstättenvorbehalt zur Betriebstätte im Quellenstaat auslösen können, sodass es dann bei der Besteuerung der Einkünfte im Ansässigkeitsstaat bleibt. Deshalb qualifizieren die Betriebstättenvorbehalte aber noch nicht als Missbrauchsbekämpfungsvorschriften. Sie sind vielmehr Ursprung der tatbestandlichen Ausgangsfrage danach, unter welchen Voraussetzungen ein „tatsächliches Gehören" eines Wirtschaftsguts zu einer Betriebstätte angenommen werden kann.

b) Zuordnungsregel

Der Begriff der tatsächlichen Zugehörigkeit zu einer Betriebstätte wird im Abkommensrecht nicht definiert. Die englischsprachige Fassung des OECD-MA benutzt in den Artikeln mit Betriebstättenvorbehalten den Ausdruck „effectively connected", der aus dem angelsächsischen Rechtsraum stammt und in dieser Form im US-Steuerrecht Verwendung findet. Dort umschreibt er die Anforderungen an die Betriebsvermögenszugehörigkeit von Wirtschaftsgütern, aus denen Erträge fließen.[641] Der Musterkommentar zum OECD-MA postuliert einheitlich für die verschiedenen Betriebstättenvorbehalte, dass es für die Frage des „tatsächlichen Gehörens" eines Wirtschaftsguts zu einer Betriebstätte darauf ankomme, ob dieses Wirtschaftsgut „Teil des Betriebsvermögens der Betriebstätte" ist oder „auf andere Weise tatsächlich zu dieser Betriebstätte gehört".[642] Dieses Tatbestandsmerkmal der Betriebstättenvorbehalte ist wiederum Bestätigung dafür, dass es eine Attraktivkraft der Betriebstätte nach dem Verständnis des OECD-MA nicht gibt.[643]

Der BFH legt den Begriff des „tatsächlichen Gehörens" aus den abkommensrechtlichen Betriebstättenvorbehalten seit dem Urteil des Ersten Senats vom 27.2.1991[644] regelmäßig unabhängig von jedweden nationalen Zuordnungsregeln aus.[645] Die Finanzgerichtsrechtsprechung führt das Tatbestandsmerkmal des „tatsächlichen Gehörens" daher einer abkommensrechtlichen Interpretation zu, welche auf das Telos der Norm abstellend der Betriebstätte

---

641 Siehe *Wolff*, in: Gocke/Gosch/Lang, FS Wassermeyer, S. 661; *ders.*, in Wassermeyer, DBA, DBA-USA, Art. 7, Rz. 8 f.

642 *OECD*, MK 2008, Art. 10, Rz. 31; *OECD*, MK 2008, Art. 11, Rz. 24; *OECD*, Art. 12, Rz. 20; ebenso *Wolff*, in: Gocke/Gosch/Lang, FS Wassermeyer, S. 662.

643 Siehe hierzu nur bei *Vogel*, in: Vogel/Lehner, DBA, MA Vor Art. 10–12, Rz. 40.

644 *BFH* v. 27.2.1991 – I R 15/89, BStBl. II 1991, 444

645 *Ehlermann/Petersen*, IStR 2011, 747, 749.

die Gewinne zurechnen will, welche aus den von ihr genutzten Wirtschaftsgütern stammen.[646] Der BFH fordert eine funktionale Zuordnung der Wirtschaftsgüter zur Betriebstätte, um ein „tatsächliches Gehören" bejahen zu können[647] und begreift das Kriterium der funktionalen Zuordnung als Ausfluss des Fremdvergleichsgrundsatzes aus Art. 7 Abs. 2 OECD-MA.[648] Der BFH schlussfolgert daher in einer Entscheidung jüngeren Datums den Gleichlauf der funktionalen Zuordnung von Wirtschaftsgütern zu Betriebstätten in den Anwendungsfällen von Betriebstättenvorbehalten und der Zuordnung nach Art. 7 Abs. 2 OECD-MA.[649]

3. Einheitliche Vorgaben

Art. 7 OECD-MA einerseits und die Betriebstättenvorbehalte andererseits sind Quelle der abkommensrechtlichen Vorgaben zur Zuordnung von Wirtschaftsgütern zu Betriebstätten. Die Schlussfolgerung des BFH in seiner Entscheidung vom 8.9.2010[650], es bestehe ein Gleichlauf dieser Zuordnung unter Art. 7 OECD-MA und den Betriebstättenvorbehalten der Art. 10 bis 12 sowie 21 OECD-MA, überrascht nicht. Das oben dargelegte, drei Schritte umfassende Gewinnzuordnungsschema (welches zugleich die Frage der Zuordnung von Wirtschaftsgütern an sich bindet) stützt die Aussage des BFH, denn sowohl Art. 7 OECD-MA als auch die Betriebstättenvorbehalte sind Teil dieser Abgrenzungsvorschriften. Ausgehend von der ersten Stufe, der Gewinnzuordnung, dem Abkommensartikel für Unternehmensgewinne (Art. 7 OECD-MA), wird auf der zweiten Prüfungsstufe die Gewinnabgrenzung anhand speziellerer Einkünfteartikel (Art. 10 bis 12 oder 21 OECD-MA) vorgenommen.[651] Die dritte Stufe, die Betriebstättenvorbehalte (in Art. 10 Abs. 4, 11 Abs. 4, 12 Abs. 3 und 21 Abs. 2 OECD-MA), verdeutlichen das Zusammenspiel von Art. 7 OECD-MA als der lex generalis und den anderen Einkünfteartikeln als lex specialis, denn letztere verweisen für die Fragen der Gewinnzuordnung wieder auf Art. 7 OECD-MA, wenn das Wirtschaftsgut, welches den Gewinn generiert, der Betriebstätte „tatsächlich gehört", also der Betriebstätte zuzuordnen ist.

---

646 *BFH* v. 27.2.1991 – I R 15/89, BStBl. II 1991, 444; v. 26.2.1992 – I R 85/91, BStBl. II 1993, 937; v. 30.8.1995 – I R 112/94, BStBl. II 1996, 563.

647 So der Erste Senat in seiner richtungsweisenden Entscheidung *BFH* v. 30.8.1995 – I R 112/94, BStBl. II 1996, 563.

648 *BFH* v. 17.10.2007 – I R 5/06, BStBl. II 2009, 356.

649 *BFH* v. 8.9.2010 – I R 74/09, BFHE 231, 84.

650 *BFH* v. 8.9.2010 – I R 74/09, BFHE 231, 84.

651 Siehe Art. 7 Abs. 7 OECD-MA 2008 respektive Art. 7 Abs. 4 OECD-MA 2010.

Dieses dreistufige Schema der Zuordnung wird über alle Stufen hinweg vom Gedanken des „dealing at arm's length"-Prinzips getragen und soll daher eine fremdvergleichskonforme Zuordnung von Gewinnen und Wirtschaftsgütern zu den Teilen des Einheitsunternehmens gewährleisten.[652] Der Fremdvergleichsgrundsatz kann Geltung im Anwendungsbereich des Art. 7 OECD-MA ebenso beanspruchen, wie bei den Betriebstättenvorbehalten der spezielleren Einkünfteartikel.[653] Die Selbstständigkeitsfiktion der Betriebstätte wird in Art. 7 Abs. 2 OECD-MA 2010 explizit genannt und erfährt eine Konkretisierung durch den von der OECD entwickelten „functionally separate entity approach", der eine Aufteilung von Funktionen, Risiken sowie Wirtschaftsgütern zwischen Stammhaus und Betriebstätte anhand der von den Unternehmensteilen wahrgenommenen Funktionen im Einheitsunternehmen anstrebt. Der OECD-Betriebstättenbericht aus dem Jahre 2010 beabsichtigt im Rahmen des ersten Schrittes des „functionally separate entity approach" die Herstellung einer Verbindung zwischen dem Erfolg und den von einer Betriebstätte ausgeübten Funktionen, wobei diese Funktionen mit Geschäftstätigkeiten gleichgesetzt werden sollen.[654] Entsprechend den Funktionen und der sie ausübenden Mitarbeiter sind der Betriebstätte die Wirtschaftsgüter zuzuordnen, an welchen ihr das wirtschaftliche Eigentum zusteht.[655] Dies führt zu dem Schluss, dass im Rahmen des Art. 7 OECD-MA eine Zuordnung der Wirtschaftsgüter der Zuordnung von Funktionen und der sie ausübenden Mitarbeiter zu den verschiedenen Unternehmensteilen des Einheitsunternehmens folgt.

Die Betriebstättenvorbehalte sind die lediglich konsequente Fortführung der in Art. 7 OECD-MA niedergelegten Grundsätze: „Wenn der Betriebstätte die Gewinne zuzurechnen sind, die sie als selbstständiges und unabhängiges Unternehmen erzielt hätte, dann müssen darin auch die Erträge aus den von ihr gehaltenen Beteiligungen, Forderungen und lizenzfähigen Gütern [sowie anderen Rechten] einbezogen werden."[656] Die Betriebstättenvorbehalte haben das Tatbestandsmerkmal des „tatsächlichen Gehörens" eines Wirtschaftsguts zu einer Betriebstätte zum entscheidenden Kriterium erhoben. Dieses bedarf

652 Zur weitreichenden und allgemeinen Geltung des „dealing at arm's length"-Prinzips siehe nur bei *Wassermeyer,* in: Wassermeyer, DBA, MA Art. 7, Rz. 311.

653 So auch *Häck,* in: Flick/Wassermeyer/Kempermann, DBA-Schweiz Art. 11, Rz. 86.

654 Vgl. *OECD,* 2010 Report on the Attribution of Profits to Permanent Establishments, S. 24.

655 *OECD,* 2010 Report on the Attribution of Profits to Permanent Establishments, S. 24.

656 *Vogel,* in: Vogel/Lehner, DBA, MA Vor Art. 10–12, Rz. 31.

dennoch der Ausfüllung durch detailliertere sachliche Zuordnungskriterien. Ebenso wie bei den Zuordnungskriterien des Art. 7 OECD-MA stellt im Rahmen der Betriebstättenvorbehalte die enge Verknüpfung der Funktionen der Betriebstätte mit den zur Ausfüllung derselben benötigten Wirtschaftsgütern das essentielle Merkmal dar. Die sachlichen Kriterien haben in jedem Falle an einem funktionalen Zuordnungsverständnis als Kernstück des „dealing at arm's length"-Prinzips auszurichten.

V. Sachliche Kriterien der Zuordnung von Wirtschaftsgütern zu Betriebstätten

1. Quellen sachlicher Zuordnungskriterien

Als Quellen, aus denen sich sachliche Zuordnungskriterien für die Zuordnung von Wirtschaftsgütern zu Betriebstätten ergeben, sind zwei als maßgeblich zu bezeichnen. Dies ist einerseits der aus dem Bewertungsrecht stammende und nur auf Inbound-Betriebstätten anwendbare Fall, in dem Vermögen der inländischen Betriebstätte oder dem ausländischen Stammhaus im Rahmen der Bestimmung des Inlandsvermögens (hier nach § 121 Nr. 3 BewG der Unterfall der Bestimmung des inländischen Betriebsvermögens) des in der Bundesrepublik Deutschland nur beschränkt steuerpflichtigen Einheitsunternehmens zuzuordnen ist.[657]

Zum zweiten existiert das Tatbestandsmerkmal des „tatsächlichen Gehörens" aus den Betriebstättenvorbehalten der speziellen Einkünfteartikel des OECD-MA, welches für Zuordnungsfragen bei Bestehen eines DBA von höherer Relevanz ist. Hierbei handelt es sich um eine unmittelbare Zuordnungsvorschrift, welcher der Hauptanwendungsbereich im Rahmen der abkommensrechtlichen Wirtschaftsgutszuordnung im internationalen Einheitsunternehmen zukommt. Die Betriebstättenvorbehalte des OECD-MA erheben das „tatsächliche Gehören" eines Wirtschaftsguts zu einer Betriebstätte zu dem entscheidenden Tatbestandsmerkmal. Das Kernproblem betrifft die Rechtsfrage, unter welchen Voraussetzungen eine solche tatsächliche Zugehörigkeit eines Wirtschaftsguts[658] zu einer Betriebstätte angenommen werden kann.[659] Die Wortlautauslegung ergibt unter Einbeziehung der englischen und französischen

657 Siehe hierzu bereits oben Kapitel 3. III.

658 Das Wirtschaftsgut wird in diesem Zusammenhang häufig auch als Stammrecht bezeichnet. Im Folgenden werden beide Termini synonym verwendet.

659 *Kaeser/Wassermeyer*, in: Wassermeyer, DBA, MA Art. 10, Rz. 162.

Textfassung des Musterabkommens, dass der Begriff „tatsächlich" nicht als Gegensatz zu „rechtlich" zu verstehen ist, sondern im Sinne von „wirklich".[660] Insofern verlangt das Schrifttum danach, dass sich die Prüfung auf die Frage konzentriert, ob das Stammrecht seiner Substanz und nicht (nur) seiner äußerlichen Form nach zur Betriebstätte gehört.[661] Hier wird ferner teilweise gefordert, dass eine an den tatsächlichen wirtschaftlichen Umständen ausgerichtete Zuordnung erfolgt, weil dies dem Betriebstättenprinzip entspreche, welches ein Besteuerungsrecht dem Betriebstättenstaat nur bei Vorliegen „besonders intensiver wirtschaftlicher Beziehungen" zuspricht.[662] Diese Wortlautinterpretationen mögen richtungsweisenden Charakter haben, geben aber keine trennscharfe Definition der Voraussetzungen der „tatsächlichen Zugehörigkeit" eines Wirtschaftsguts zu einer Betriebstätte vor. Das Tatbestandsmerkmal bedarf insofern der Ausfüllung durch konkrete Kriterien. Diese Kriterien müssen idealiter derart beschaffen sein, in jedem Einzelfall und unabhängig vom Typus des Wirtschaftsguts eine Prüfung zu ermöglichen, die zu einem klaren Zuordnungsergebnis hinsichtlich des Wirtschaftsguts zu einer Betriebstätte führt. Dieses Bedürfnis und die Komplexität des Vorhabens spiegeln sich in den zahlreichen Entscheidungen des BFH zu dieser Rechtsfrage wider. Auch die Bemühungen um eine Spezifizierung des Begriffes im DBA USA verdeutlichen den Bedarf an einer klaren und praktikablen Definition des „tatsächlichen Gehörens". Im Folgenden werden daher das Revisisonsprotokoll des DBA USA und insbesondere die Rechtsprechung des BFH einer detaillierten Analyse auf die Ausfüllung des Tatbestandsmerkmals des „tatsächlichen Gehörens" hin untersucht, um daraus die Grundlagen und Anhaltspunkte der Zurechnung abzuleiten. Ferner wird in die Analyse die Auffassung der Finanzverwaltung aus den Betriebsstätten-Verwaltungsgrundsätzen einbezogen. Die verschiedenen Interpretationsquellen und ihre Ausfüllung des Tatbestandsmerkmals des „tatsächlichen Gehörens" durch unterschiedliche sachliche Kriterien werden einer kritischen Würdigung unterzogen. Abschließend wird auf Basis dieser Würdigung ein eigener Ansatz zur funktionalen Zuordnung von Wirtschaftsgütern zu Betriebstätten erarbeitet.

660 In der englischen Fassung wird der Begriff des „effectively connected with" gebraucht und die französische Fassung benutzt die Formulierung „s' y rattache effectivement"; vgl. *Vogel,* in: Vogel/Lehner, DBA, MA Vor Art. 10–12, Rz. 40; *Kaeser/Wassermeyer,* in: Wassermeyer, DBA, MA Art. 10, Rz. 162.

661 Siehe hierzu *Vogel,* in: Vogel/Lehner, DBA, MA Vor Art. 10–12, Rz. 40; *Kaeser/Wassermeyer,* in: Wassermeyer, DBA, MA Art. 10, Rz. 162.

662 *Häck,* in: Flick/Wassermeyer/Kempermann, DBA-Schweiz Art. 11, Rz. 86.

2. Kriterien am Beispiel des Koordinierten Ländererlasses betreffend das Revisionsprotokoll des DBA USA

Das DBA USA vom 22.7.1954 wurde durch das Revisionsprotokoll vom 17.9.1965 geändert. Zu den Änderungen, welche die Besteuerung von Dividenden, Zinsen und Lizenzgebühren betrafen, erging ein Koordinierter Ländererlass.[663] Dieser Erlass umfasst unter anderem Präzisierungen betreffend die Frage, wann ein Wirtschaftsgut „als zur Betriebstätte tatsächlich gehörend anzusehen" ist.[664] Dieselben Kriterien finden sich auch im Erlass betreffend das Verständigungsmemorandum über das Revisionsprotokoll zum DBA USA vom 23.8.1966.[665] Die Klarstellungen in den beiden Erlassen sind in ihrer Präzisierung der „tatsächlichen Zugehörigkeit" identisch und definieren drei Fälle, in denen Einkünfte zur Betriebstätte gehören sollen. Dies gilt, wenn der Empfänger Einkünfte durch Wirtschaftsgüter erzielt, die

(i) entweder in der Betriebstätte gehalten werden oder
(ii) vom Empfänger zu dem Zweck gehalten werden, die Geschäftstätigkeit der Betriebstätte zu fördern oder
(iii) wenn die Tätigkeit der Betriebstätte wesentlich zur Erzielung dieser Einkünfte beigetragen hat.

Der erste Fall lässt bereits das bloße Halten eines Wirtschaftsguts durch die Betriebstätte ausreichen, um die Schwelle des „tatsächlichen Gehörens" zu einer Betriebstätte zu überschreiten. Diese Interpretation des bloßen Haltens ist in der Literatur auf Kritik gestoßen, insbesondere, wenn das fragliche Wirtschaftsgut eine Beteiligung ist.[666] Die Entscheidung darüber, ob eine Betriebstätte ein Wirtschaftsgut hält, unterläge somit der alleinigen Entscheidungsgewalt des Unternehmers, der – insbesondere, wenn er für Stammhaus und Betriebstätte separate Bilanzen erstellt – per buchhalterischer Zuordnung bestimmen kann, welchem Teil des Einheitsunternehmens das Wirtschaftsgut tatsächlich gehört.

---

663 *FM Nordrhein-Westfalen,* S 1301 - USA 19 - VB 1, BStBl. II 1966, 143.

664 Für Beteiligungen siehe Abschnitt A. Nr. 3. Abs. 2 lit. a) bis c) sowie für Zinsen und Lizenzgebühren siehe Abschnitt B. Nr. 11 Abs. 4 lit. a) bis c) *FM Nordrhein-Westfalen,* S 1301 - USA 19 - VB 1, BStBl. II 1966, 143.

665 *FM Nordrhein-Westfalen,* S 1301 - USA 7 - V B 1.

666 Siehe hierzu bei *Kumpf,* Besteuerung inländischer Betriebstätten, S. 101 f.; das bloße Halten als unzureichend ablehnend *Storck,* Ausländische Betriebstätten, S. 341 ff.; ebenso *Haas,* RIW 1978, 581, 582 f., der einen wirtschaftlichen Zusammenhang neben dem Halten für erforderlich hält.

Der zweite Fall stellt darauf ab, ob der Einkünfteempfänger zweckgerichtet das Wirtschaftsgut hält, um hierdurch die Geschäftstätigkeit zu fördern. Diese Voraussetzung der Förderung findet ihren Ursprung wohl im amerikanischen Recht, genauer in Sec. 864 (c) (2) (A) IRC.[667] Diese Regelung gestattet die Zurechnung von Wirtschaftsgütern zu Betriebstätten dann, wenn sie für deren gewerbliche Tätigkeit gebraucht oder bereitgehalten werden.[668] Eine präzisere Definition hinsichtlich der Frage, wann ein Wirtschaftsgut für die gewerbliche Tätigkeit eines Unternehmens gebraucht oder zu diesem Zweck gehalten wird, findet sich in den Treasury Regulations – den Richtlinien – des Internal Revenue Service.[669] Hier wird in Sec. 1.864-4 (c) (2) der sogenannte „asset-use-test" als Prüfstein vorgeschlagen. Dieser Test hat seinen Hauptanwendungsbereich im Falle der Zuordnung passiver Einkünfte, insbesondere dort, wo der Einkünfteempfänger nicht in den Vereinigten Staaten von Amerika ansässig ist und die Einkünfte daher nicht in unmittelbarer Verbindung zu einer Geschäftstätigkeit im amerikanischen Inland stehen. Der „asset-use-test" soll in einem solchen Fall überprüfen, ob die Einkünfte nicht doch tatsächlich zu den im amerikanischen Inland ausgeübten Geschäftstätigkeiten gehören.[670] Zur Präzisierung der Frage, wann der „asset-use-test" ein Wirtschaftsgut dem amerikanisch inländischen Unternehmen zurechnen will, führt die Richtlinie des IRS drei Fallgruppen an: (i) Den Fall, in welchem das Wirtschaftsgut zum Zwecke der Förderung des im amerikanischen Inland ansässigen Geschäftsbetriebes gehalten wird[671]; (ii) Die Zurechnung eines Wirtschaftsguts zum Geschäftsbetrieb in den Vereinigten Staaten soll von Amerika dann erfolgen, wenn es zum Zwecke der gewöhnlichen Geschäftstätigkeit erworben und gehalten wird[672]; (iii) In Gestalt eines Auffangtatbestands soll eine Zurechnung des Wirtschaftsguts zum amerikanischen Geschäftsbetrieb erfolgen, wenn das Wirtschaftsgut auf andere Weise in direktem Zusammenhang mit der Geschäftstätigkeit im amerikanischen Inland

667 So bereits *Storck*, Ausländische Betriebstätten, S. 342.

668 Sec. 864 (c) (2) (A) IRC beinhaltet diese definitorische Regelung auch in der heute aktuellen Fassung noch und formuliert: „In determining whether income from sources [...] is effectively connected with the conduct of a trade or business within the United States, the factors taken into account shall include whether the income, gain, or loss is derived from assets used in or held for use in the conduct of such trade or business, [...]."

669 Abgekürzt als IRS. Es handelt sich hierbei um die amerikanische Bundessteuerbehörde.

670 Siehe zur grundsätzlichen Funktion des „asset-use-test" Sec. 1.864-4 (c) (2) (i) Treasury Regulations.

671 Sec. 1.864-4 (c) (2) (ii) (a) Treasury Regulations.

672 Sec. 1.864-4 (c) (2) (ii) (b) Treasury Regulations.

steht.[673] Diese dritte Fallgruppe wird in den Treasury Regulations noch insoweit ergänzt, als dass Vermutungsregelungen aufgestellt werden.[674] Ein Wirtschaftsgut soll demnach regelmäßig dann in direktem Zusammenhang zum Geschäftsbetrieb in den Vereinigten Staaten von Amerika stehen, wenn es (i) mit Mitteln erworben wurde, die dem amerikanischen Geschäftsbetrieb entstammen, (ii) die Einkünfte aus diesem Wirtschaftsgut im amerikanischen Geschäftsbetrieb eine Thesaurierung oder Reinvestition erfahren oder (iii) in den Vereinigten Staaten von Amerika ansässiges Personal aktiv mit den Geschäftstätigkeiten des Betriebes befasst ist und hierbei wichtige Verwaltungs- und Kontrollfunktionen über den Einsatz des Wirtschaftsguts ausübt. Bei vergleichender Betrachtung der Formulierung des zweiten Falles im Koordinierten Ländererlass – der Förderung der Geschäftstätigkeit der Betriebstätte – einerseits und Sec. 864 (c) (2) (A) IRC andererseits fällt auf, dass sich der Wortlaut beider Vorschriften nicht gleicht. Während der Ländererlass die Förderung der Geschäftstätigkeit der Betriebstätte fordert, stellt Sec. 864 (c) (2) (A) IRC auf die Notwendigkeit des Gebrauchens dieses Wirtschaftsgutes für die Tätigkeit des Geschäftsbetriebes ab. Trotz dieser Unterschiede in der Formulierung, kann angenommen werden, dass beide Vorschriften denselben Regelungsgehalt haben, es mithin auch im Anwendungsbereich des Koordinierten Ländererlasses eines tatsächlichen Gebrauchens des Wirtschaftsguts durch die Betriebstätte bedarf.[675] Diese These wird massiv durch einen Vergleich des Koordinierten Ländererlasses mit dem aus den Richtlinien zu Sec. 864 (c) (2) IRC hervorgehenden „asset-use-test" gestützt. Der „asset-use-test" kennt in seinen Tatbestandsmerkmalen durchaus die Zuordnung eines Wirtschaftsguts zu einem inländischen (amerikanischen) Geschäftsbetrieb, wenn das Wirtschaftsgut gehalten wird, um die Geschäftstätigkeit eben dieses Geschäftsbetriebes zu fördern.[676]

Der dritte Fall des Koordinierten Ländererlasses stellt maßgeblich darauf ab, ob die Tätigkeit der Betriebstätte wesentlich zur Erzielung dieser Einkünfte beigetragen hat, welche aus dem zuzuordnenden Wirtschaftsgut fließen. Wie schon zuvor, findet sich auch zu dieser Vorschrift ein Pendant im Steuerrecht der Vereinigten Staaten von Amerika. Sec. 864 (c) (2) (B) IRC nimmt eine tatsächliche Zugehörigkeit von Einkünften zu einem im amerikanischen Inland ansässigen Geschäftsbetrieb an, wenn dessen Geschäftstätigkeit wesentlich zur Erzielung dieser Einkünfte beigetragen hat. Der IRS hat in seinen Richtlinien auch zu

673 Sec. 1.864-4 (c) (2) (ii) (c) Treasury Regulations.
674 Siehe hierzu in Sec. 1.864-4 (c) (2) (iv) (a) Treasury Regulations.
675 Ebenso *Bock*, AWD 1970, 171, 172.
676 Sec. 1.864-4 (c) (2) (ii) (a) Treasury Regulations.

Sec. 864 (c) (2) (B) IRC spezifizierende Ausführungen aufgenommen.[677] Diese Richtlinienbestimmung enthält den sogenannten „business-activities-test". Ähnlich wie bei der Ausgangsfrage im Rahmen des „asset-use-test" geht es auch hier darum, ob Einkünfte, die überwiegend passiver Natur sind, zu aktiven Einkünften umzuqualifizieren sind, weil sie unmittelbar durch die Geschäftstätigkeit des im amerikanischen Inland ansässigen Geschäftsbetriebs veranlasst sind.[678] Insbesondere sollen vom „business-activities-test" Dividenden und Zinszahlungen aus Wertpapierhandel, Gewinne aus dem Verkauf von Finanzanlagevermögen als Bestandteil der Geschäftstätigkeit des Betriebes, Lizenzeinkünfte aus der aktiven Geschäftstätigkeit mit immateriellen Wirtschaftsgütern sowie Gewinne für erbrachte Dienstleistungen erfasst werden.[679]

Zusammenfassend lassen sich die drei Fallgruppen des Koordinierten Ländererlasses hinsichtlich des Merkmals des „tatsächlichen Gehörens" eines Wirtschaftsguts zu einer Betriebstätte in subjektive und objektive Kriterien einteilen. Die erste Fallgruppe stellt ein subjektiv geprägtes Kriterium dar, während die Fallgruppen zwei und drei auf objektivere Kriterien abstellen. Das erste Kriterium im Koordinierten Ländererlass verlangt lediglich das bloße Halten des Wirtschaftsguts durch die Betriebsstätte und kreiert dadurch die Freiheit des Unternehmers, das Wirtschaftsgut bilanziell oder rein vermögensmäßig der Betriebstätte zuzuordnen. Somit wäre die Zuordnungsentscheidung ausschließlich dem unternehmerischen Willen überlassen.

Das Kriterium der zweiten Fallgruppe stellt darauf ab, ob das Wirtschaftsgut zur Förderung der Geschäftstätigkeit der Betriebstätte gehalten wird. Das objektive Element manifestiert sich hierbei in dem Erfordernis der Förderung der Betriebstättentätigkeit.

In der dritten Fallgruppe zeigt sich die Objektivität des Zuordnungskriteriums darin, dass das Wirtschaftsgut zu dem Zwecke gehalten wird, dass die hierdurch ausgeübte Tätigkeit der Betriebstätte wesentlich zur Erzielung dieser Einkünfte beigetragen hat.

3. Kritische Würdigung der Kriterien des Koordinierten Ländererlasses betreffend das Revisionsprotokoll des DBA USA

Das Kriterium des bloßen Haltens des Wirtschaftsguts durch die Betriebstätte stellt ein rein subjektives Kriterium dar, anhand dessen der Unternehmer frei

677 Sec. 1.864-4 (c) (3) Treasury Regulations.
678 Sec. 1.864-4 (c) (3) (i) Treasury Regulations.
679 Sec. 1.864-4 (c) (3) (i) (a) bis (d) Treasury Regulations.

die Zuordnung der Wirtschaftsgüter bestimmen kann, ohne dass irgendeine Kontrolle anhand objektiver Maßstäbe erfolgt. Der oben bereits angesprochenen Kritik[680] ist beizupflichten, denn eine freie Zuordnung der Wirtschaftsgüter, ohne dass irgendein tatsächlicher, wirtschaftlicher Bezug des betreffenden Wirtschaftsguts zur Betriebstätte gegeben sein muss, stellt ein bei weitem zu missbrauchsanfälliges Zuordnungskriterium dar. Grundsätzlich ist nach der hier vertretenen Auffassung der Entscheidung des Unternehmers im Ergebnis mehr Gewicht einzuräumen, als dies durch Finanzverwaltung und Rechtsprechung gegenwärtig der Fall ist.[681] Auf das bloße Halten eines Wirtschaftsguts in Gestalt der lediglich bilanziellen Zuordnung des Wirtschaftsguts zu einer Betriebstätte, ohne eine Grenzziehung in Gestalt einer objektiven Kontrollüberlegung dahingehend, ob sich durch diese Zuordnung ein Widerspruch zu kaufmännischen und wirtschaftlichen Erfordernissen ergibt, kann es somit allein nicht ankommen. Der bilanzielle Ausweis mag einiges an indiziellem Gewicht haben, vorbehaltlos kann er jedoch nicht als Zuordnungskriterium gewährleistet werden.[682]

Das Kriterium der Förderung der Geschäftstätigkeit erfährt in der entsprechenden Regelung des us-amerikanischen Steuerrechts seine Konkretisierung durch die Anwendung des „asset-use-test". In Bezug auf den „asset-use-test" ist jedoch ein schwerwiegender Kritikpunkt anzuführen. Der Test soll nach Auffassung des IRS im us-amerikanischen Steuerrecht und somit aufgrund des identischen Wortlauts dann auch für den Koordiniertern Ländererlass, auf das Wirtschaftsgut Beteiligung keine Anwendung finden.[683] Dieser Umstand macht den „asset-use-test" zu einem nur beschränkt gültigen sachlichen Kriterium der Zuordnung, welches auf das sehr relevante Wirtschaftsgut der Beteiligung nicht angewendet werden soll. Folglich kann der „asset-use-test" bei der Suche nach allgemein gültigen sachlichen Kriterien, die sachgerechte Zuordnungsergebnisse von Wirtschaftsgütern zu Betriebstätten liefern, keine taugliche Hilfestellung leisten, mithin im Weiteren keine Berücksichtigung finden.

---

680 Siehe bei *Kumpf*, Besteuerung inländischer Betriebstätten, S. 101 f.; *Storck*, Ausländische Betriebstätten, S. 341 ff.; ebenso *Haas*, RIW 1978, 581, 582 f.

681 Siehe hierzu unten Kapitel 3. VI. 2. b) bb).

682 Eine derart weitgehende subjektive Zuordnungsfreiheit gewährte noch nicht einmal die sehr liberale Zuordnungsdoktrin des RFH, vgl. *RFH* v. 19.12.1935 – I A 236/35, RFHE 39, 1 oder die ihr zunächst noch folgende Rechtsprechung des BFH, vgl. *BFH* v. 29.7.1992 – II R 39/89, BStBl. II 1993, 63.

683 Sec. 1864–4 (c) (2) (iii) Treasury Regulations; ebenso *Wolff*, in: Wassermeyer, DBA, DBA-USA Art. 10, Rz. 157.

Einer ähnlich gelagerten Fundamentalkritik wie zum Kriterium der Förderung der Geschäftstätigkeit ist auch das dritte Kriterium des Koordinierten Ländererlasses – dem wesentlichen Beitrag der Betriebstätte zur Erzielung der Einkünfte – ausgesetzt. Der diesem Kriterium zugrunde liegende „business-activity-test" des us-amerikanischen Steuerrechts unterliegt nämlich ebenfalls Beschränkungen in seinem Anwendungsbereich. So findet ausweislich der Konkretisierungen des IRS in Sec. 1.864-4 (c) (3) (i) Treasury Regulations der „business-activity-test" nur Anwendung auf Wertpapierhändler, Investmentgesellschaften, Dienstleistungsunternehmen sowie Lizenzvergabeunternehmen. Ein Kriterium, welches auf Unternehmen mit spezialisierten Tätigkeiten beschränkt ist, taugt allenfalls zur Ergänzung eines grundlegenden Kriteriums, es kann aber selbst den Status eines solchen grundlegenden Kriteriums, das alle Formen der unternehmerischen Betätigung erfasst, nicht erreichen. Insofern ist auch dieser Maßstab ungeeignet, um grundlegende sachliche Kriterien zu bilden, nach denen Wirtschaftsgüter im Einheitsunternehmen Betriebstätten zugeordnet werden können.

Im Ergebnis liefert der Koordinierte Ländererlass betreffend das Revisionsprotokoll zum DBA USA keinen relevanten Erkenntnisgewinn hinsichtlich der Frage, welche sachlichen Kriterien verlässlich eine sachgerechte Zuordnung von Wirtschaftsgütern im Einheitsunternehmen gewährleisten. Entweder ist das Kriterium, welches das „tatsächliche Gehören" ausfüllen soll zu weit, weil es gänzlich ohne Kontrolle durch objektive Maßstäbe vom Unternehmer dominiert werden kann oder es gerät in seinem Anwendungsbereich zu eng, weil bestimmte Wirtschaftsgüter oder gewisse Unternehmenstätigkeiten nicht erfasst werden. Der Ländererlass als stark vom us-amerikanischen Steuerrecht beeinflusste Auslegung des Merkmals der „tatsächlichen Zugehörigkeit" eines Wirtschaftsguts zu einer Betriebstätte, ist für die in dieser Untersuchung intendierte Ermittlung von einheitlich auf Betriebstättenfälle anwendbaren Kriterien bei der Zuordnung von Wirtschaftsgütern zu Betriebstätten mithin ungeeignet.

4. Kriterien der Rechtsprechung

Die Rechtsprechung zur Zuordnung von Wirtschaftsgütern zu Betriebstätten geht bis auf Entscheidungen des RFH zurück. Ausgehend von dem Zuordnungsverständnis des RFH haben sich im Laufe der Zeit immer neue Kriterien und Ansätze in der Rechtsprechung des BFH herausgebildet, die später wiederum im Wege von Rechtsprechungsänderungen Modifikationen erfahren haben.

Im Folgenden erfolgt anhand der Analyse der Rechtsprechung eine Deduktion der angewendeten Kriterien sowie eine Einteilung dieser Entscheidungen in Gruppen. Gruppiert wird die nationale höchstrichterliche Rechtsprechung nach den sachlichen Zuordnungskriterien, welche Kern der Entscheidung und maßgeblich dafür sind, unter welchen Voraussetzungen Wirtschaftsgüter Betriebstätten im Einheitsunternehmen zugeordnet werden. Mitunter findet in den Gerichtsentscheidungen auch eine Kombination mehrerer Zuordnungskriterien Anwendung, sodass aus einzelnen Urteilen auch mehrere Kriterien hervorgehen können und gelegentlich auch eine Rangfolge derselben untereinander ableitbar ist. Die konzentrierte Einordnung der Urteile in Gruppen sachlicher Zuordnungskriterien von Wirtschaftsgütern zu Betriebstätten in grenzüberschreitenden und abkommensrechtlichen Steuersachverhalten resultiert in der Herausarbeitung des Ansatzes der heute ständigen Rechtsprechung des BFH zur Zurechnung von Wirtschaftsgütern zu Betriebstätten im Abkommensrecht. Dieser Ansatz der Rechtsprechung ist Basis und Bestandteil aller weitergehenden Analysen und wird daher einer kritischen Würdigung unterzogen.

a) Wille der Geschäftsleitung und bilanzieller Ausweis

Der Wille der Geschäftsleitung wurde in der Rechtsprechung als Zuordnungskriterium für Wirtschaftsgüter zu Betriebstätte oder Stammhaus anerkannt.[684] Der Umstand, dass sich ein Wirtschaftsgut im Inland oder im Ausland befindet, kann hingegen nicht ohne weiteres als Ausdruck des unternehmerischen Willens verstanden werden.[685] Es handelt sich hierbei um einen liberalen Ansatz, dessen subjektives Kriterium der Steuerpflichtige zur Gestaltung der Vermögenszuordnung im Einheitsunternehmen nach seiner Vorstellung nutzen kann. Dieses Nutzungspotential birgt steuerlichen Gestaltungsspielraum, der aufgrund seiner weitreichenden Freiheiten bis an die Grenze des Missbrauchs und darüber hinaus ausgestaltet werden kann. Dieser Umstand hat die Rechtsprechung veranlasst, dem Kriterium der willentlichen Zuordnung durch den Unternehmer Restriktionen aufzuerlegen. Zunächst soll der Wille der Geschäftsleitung nur dann als tragendes Kriterium anzuerkennen sein, wenn die bloße Widmung nicht ausreichend Klarheit hinsichtlich der tatsächlichen Zuordnung des Wirtschaftsguts schafft und ferner eine Zuordnung nach der Zweckbestimmung des

684 So bereits *RFH* v. 19.12.1935 – I A 236/35, RFHE 39, 1 und später *BFH* v. 29.7.1992 – II R 39/89, BStBl. II 1993, 63.

685 *BFH* v. 29.7.1992 – II R 39/89, BStBl. II 1993, 63, Rz. 23 unter Verweis auf *RFH* v. 19.4.1934 – III A 140/30, RStBl. 1934, 738.

Wirtschaftsguts sich deshalb nicht durchführen lässt, weil das Wirtschaftsgut die ihm zugedachte Funktion sowohl in der Betriebstätte als auch im Stammhaus ausüben kann.[686] Hinsichtlich der Frage, wie der Wille des Geschäftsführers nach außen erkennbar in Erscheinung tritt, stellt die Rechtsprechung insbesondere auf die bilanzielle Behandlung des konkreten Wirtschaftsguts ab.[687] Der Buchungsvorgang des Steuerpflichtigen soll zunächst einmal für die Finanzbehörden maßgebliche Willensbekundung des Geschäftsführers zur Zuordnung von Wirtschaftsgütern sein. Unter dem Aspekt einer Missbrauchsgefahr schränkt die Rechtsprechung die Maßgeblichkeit der bilanziellen Behandlung dergestalt ein, dass die Buchungsart dann keine Zuordnung des Wirtschaftsguts zu begründen vermag, wenn diese im Widerspruch zu kaufmännischen und wirtschaftlichen Erfordernissen steht.[688] Der buchmäßige Ausweis hat also Indizwirkung, stellt aber keine Voraussetzung für die Zuordnung eines Wirtschaftsguts dar.[689]

Die willentliche Zuordnung eines Wirtschaftsguts durch den Geschäftsführer stellt mithin ein bereits aus der Rechtsprechung des RFH stammendes subjektives Kriterium dar, um Vermögensgegenstände im Einheitsunternehmen dessen Unternehmensteilen zuzuordnen. Dieser liberale und gestaltungsfreundliche Ansatz wird jedoch nicht voraussetzungslos gewährt, sondern erfordert, dass weder die Widmung noch die Zweckbestimmung die Zuordnung des Wirtschaftsguts zu Betriebstätte oder Stammhaus bereits zwingend vorgeben. Der bilanzielle Ausweis, als Ausdruck der willentlichen Zuordnungsentscheidung des Geschäftsführers, muss sich ferner an kaufmännischen und wirtschaftlichen Erfordernissen messen lassen.

b) Dienen

Die Zuordnung eines Wirtschaftsguts anhand des Kriteriums des Dienens entstammt dem deutschen BewG und kommt dann zur Anwendung, wenn ein in der Bundesrepublik Deutschland beschränkt Steuerpflichtiger im Inland eine Betriebstätte unterhält und infolgedessen das Inlandsvermögen – genauer das inländische Betriebsvermögen nach § 121 Nr. 3 BewG – bestimmt werden

686 Vgl. *RFH* v. 19.12.1935 – I A 236/35, RFHE 39, 1, 4.
687 Vgl. hierzu *RFH* v. 19.12.1935 – I A 236/35, RFHE 39, 1, 4 f. und *BFH* v. 29.7.1992 – II R 39/89, BStBl. II 1993, 63, Rz. 23.
688 So *RFH* v. 19.12.1935 – I A 236/35, RFHE 39, 1, 5.
689 *BFH* v. 29.7.1992 – II R 39/89, BStBl. II 1993, 63, Rz. 23.

muss. Nach dem Wortlaut der Norm gilt das Vermögen als inländisches Betriebsvermögen, „das einem im Inland betriebenen Gewerbe dient, wenn hierfür im Inland eine Betriebsstätte unterhalten wird [...].“[690] Aufgrund mangelnder Attraktivkraft der (inländischen) Betriebstätte kann nicht lediglich das gesamte im Inland befindliche Vermögen der Betriebstätte zugeordnet werden, sondern entscheidend ist, „ob das jeweilige Wirtschaftsgut dieser Betriebstätte dient, mit anderen Worten, ihr wirtschaftlich zuzuordnen ist.“[691] Ein Anknüpfen der Zuordnung daran, ob das Wirtschaftsgut sich im Inland oder Ausland befindet, verbietet sich daher, sodass die Belegenheit des Vermögensgegenstandes als sachliches Kriterium nicht in Betracht kommt.[692]

Bereits der RFH griff das Kriterium des „zum Dienen bestimmt sein“ in einer Entscheidung auf, in welcher das Gericht die willentliche Zuordnung eines per se nicht eindeutig der Betriebstätte oder dem Stammhaus zuzuordnenden Wirtschaftsguts durch die Entscheidung des Geschäftsführers konstituierte.[693] Im Rahmen der Ausführungen des RFH zu den Grenzen der Freiheit der willentlichen Zuordnung, führte dieser aus, dass der buchmäßige Ausweis als Ausdruck des Zuordnungswillens an der kaufmännischen und wirtschaftlichen Sinnhaftigkeit der Buchungsart zu messen ist.[694] Für diese Überprüfung gab der Erste Senat des RFH dem Finanzgericht auf, darüber zu befinden, ob das Wirtschaftsgut aufgrund seiner besonderen Eigenart ausschließlich und unmittelbar nur den Zwecken der inländischen Betriebstätte zu dienen bestimmt ist und daher als Bestandteil des inländischen Betriebsvermögens zu gelten hat.[695] Das Dienen ist nach diesem Verständnis also an den Zweck der (inländischen) Betriebstätte gekoppelt. Dieser Ansatz des RFH, die unbestimmten Rechtsbegriffe genauer zu fassen, stellt einen Rückgriff auf das Veranlassungsprinzip dar.[696] Der BFH judizierte in einer späteren Entscheidung, dass ein Wirtschaftsgut insbesondere dann der Erreichung des Betriebszwecks eines im Inland betriebenen Gewerbes diene, wenn es das wirtschaftliche Ergebnis der Betriebstätte „zwangsläufig und maßgeblich beeinflussen und ihre Erträge zu gewährleisten oder zu steigern imstande

690 § 121 Nr. 3 Satz 2 BewG.

691 *BFH* v. 1.4.1987 – II R 186/80, BStBl. II 1987, 550, Rz. 8.

692 So bereits *RFH* v. 19.4.1934 – III A 140/30, RStBl. 1934, 738; dem folgend *BFH* v. 29.7.1992 – II R 39/89, BStBl. II 1993, 63.

693 *RFH* v. 19.12.1935 – I A 236/35, RFHE 39, 1.

694 *RFH* v. 19.12.1935 – I A 236/35, RFHE 39, 1, 6.

695 *RFH* v. 19.12.1935 – I A 236/35, RFHE 39, 1, 6.

696 *Suchanek/Herbst,* IStR 2007, 620, 623.

ist."[697] Der BFH stellte ferner fest, dass eine Stilllegung von Anlagenteilen einer Pipeline noch nicht für die Feststellung ausreicht, diese Rohranlage diene nicht mehr der (inländischen) Betriebstätte, denn insoweit eine weitere Verwendung der Anlagenteile in der Betriebstätte noch in Betracht kommt und zu diesem Zweck vorgehalten werden, ist die Rohranlage der Betriebstätte auch wirtschaftlich zuzuordnen.[698]

Der BFH konkretisiert in seiner Rechtsprechung das Merkmal des Dienens weiter und definiert, dass es „für die Zuordnung einzelner Wirtschaftsgüter zu einer inländischen Betriebsstätte allein darauf an[komme], ob das jeweilige Wirtschaftsgut dieser Betriebsstätte dient, mit anderen Worten, ihr wirtschaftlich zuzuordnen ist."[699] Die zwingende Zuordnung eines Wirtschaftsguts zu einer inländischen Betriebstätte erfordert eine konkrete Feststellung, wonach das fragliche Wirtschaftsgut gerade nicht dem Gesamtunternehmen, sondern speziell einer oder mehreren inländischen Betriebstätten zu dienen bestimmt ist.[700] In seiner Rechtsprechung vollzieht der BFH sodann ausdrücklich, die bereits in der Entscheidung des RFH[701] angelegte Verbindung zwischen dem Kriterium der willentlichen Zuordnung von Wirtschaftsgütern durch den Unternehmer und dem Kriterium des Dienens.[702] Der BFH bejaht die Möglichkeit der voluntativen Zuordnung von Wirtschaftsgütern unter der Bedingung der kaufmännischen und wirtschaftlichen Plausibilität der vom Unternehmer vorgenommenen Zuordnungsentscheidung. Somit wendet das Gericht das Kriterium der willentlichen Zuordnung durch den Geschäftsführer für den Fall an, dass eine eindeutige Zuordnung zu ausländischem Stammhaus oder inländischer Betriebstätte anhand des Kriteriums des Dienens nicht gelingt.[703]

Das Kriterium, nach welchem ein Wirtschaftsgut der Betriebstätte zuzuordnen ist, wenn es ihr dient, hat der BFH ferner auch in einem Fall angewendet, in welchem unter dem DBA Großbritannien der Betriebstätte des Einheitsunternehmens Vermögensgegenstände nach dem „dealing at arm's length"-Prinzip

697 *BFH* v. 29.7.1992 – II R 39/89, BStBl. II 1993, 63 unter Verweis auf *RFH* v. 10.9.1936 – III A 213/35, RStBl. 1936, 1161; vgl. hierzu auch *Dötsch,* in: Gürsching/Stenger, Bewertungsrecht - BewG § 121, Rz. 118.

698 *BFH* v. 30.10.1996 – II R 12/92, BStBl. II 1997, 12, Rz. 33.

699 *BFH* v. 1.4.1987 – II R 186/80, BStBl. II 1987, 550, Rz. 8; ebenso *Richter,* in: Viskorf/Knobel/Schuck, Erbschaft-/ Schenkungssteuer/BewG, BewG § 121, Rz. 11.

700 *BFH* v. 1.4.1987 – II R 186/80, BStBl. II 1987, 550, Rz. 11.

701 *RFH* v. 19.12.1935 – I A 236/35, RFHE 39, 1.

702 *BFH* v. 1.4.1987 – II R 186/80, BStBl. II 1987, 550, Rz. 9 f.

703 Siehe hierzu *BFH* v. 1.4.1987 – II R 186/80, BStBl. II 1987, 550, Rz. 9.

zuzuordnen waren.[704] Dementsprechend sollen „der Betriebstätte im Inland sämtliche Wirtschaftsgüter dienen, die ein selbstständiger Gewerbebetrieb am gleichen Ort und unter gleichen oder ähnlichen Bedingungen zur Erzielung eines vergleichbaren Geschäftserfolges benötigt."[705] Dies verdeutlicht, dass das Zuordnungskriterium des Dienens auch im abkommensrechtlichen Zusammenhang Verwendung gefunden hat und seinen Anknüpfungspunkt nicht ausschließlich im deutschen BewG findet.

c) Funktionaler Zusammenhang

Das Kriterium des funktionalen Zusammenhangs ist das Ergebnis einer zu Beginn der 1990er Jahre einsetzenden Rechtsprechungsänderung des BFH[706] und muss heute als das zentrale Kriterium der Rechtsprechung zur Zuordnung von Wirtschaftsgütern zu Betriebstätten betrachtet werden. Die Kriterien der Zuordnung wurden in diesem Zusammenhang maßgeblich von der liberalen subjektiven Zuordnung hin zu einer objektiveren modifiziert.

Bei der Auslegung des abkommensrechtlichen Tatbestandsmerkmals der tatsächlichen Zugehörigkeit eines Wirtschaftsguts zu einer Betriebstätte aus den Betriebstättenvorbehalten der DBA fordert der BFH – insbesondere der Erste Senat –, dass der zuzuordnende Vermögenswert in einem funktionalen Zusammenhang zu der von der Betriebstätte ausgeübten Tätigkeit steht[707] und sich deshalb die Erträge aus diesem Wirtschaftsgut bei funktionaler Betrachtung als Nebenerträge der aktiven Betriebstättentätigkeit darstellen sollen.[708] Dabei ist die Tätigkeit maßgebend, auf der nach allgemeiner Verkehrsauffassung das wirtschaftliche Schwergewicht liegt.[709]

---

704 *BFH* v. 21.1.1972 – III R 57/71, BStBl. II 1972, 374.

705 *BFH* v. 21.1.1972 – III R 57/71, BStBl. II 1972, 374, Rz. 13.

706 Diese Fortentwicklung erfolgte unter der Ägide des Ersten Senats des BFH, vgl. hierzu *BFH* v. 27.2.1991 – I R 15/89, BStBl. II 1991, 444; v. 27.2.1991 – I R 96/89, BFH/NV 1992, 385; v. 26.2.1992 – I R 85/91, BStBl. II 1993, 937.

707 *BFH* v. 30.8.1995 – I R 112/94, BStBl. II 1996, 563, Rz. 17 und ebenso im zweiten Rechtsgang derselben Sache v. 29.11.2000 – I R 84/99, HFR 2001, 1053, Rz. 32; v. 23.10.1996 – I R 10/96, BStBl. II 1997, 313, Rz. 10; v. 21.7.1999 – I R 110/98, BStBl. II 1999, 812, Rz. 22; v. 7.8.2002 – I R 10/01, BStBl. II 2002, 848; v. 17.12.2003 – I R 47/02, BFH/NV 2004, 771; v. 19.12.2007 – I R 66/06, BStBl. II 2008, 510, Rz. 17.

708 *BFH* v. 26.2.1992 – I R 85/91, BStBl. II 1993, 937, Rz. 21; v. 23.10.1996 – I R 10/96, BStBl. II 1997, 313, Rz. 10; v. 19.12.2007 – I R 66/06, BStBl. II 2008, 510, Rz. 17.

709 *BFH* v. 30.8.1995 – I R 112/94, BStBl. II 1996, 563, Rz. 17 mit Verweis auf das zu § 8 AStG ergangene Grundsatzurteil *BFH* v. 16.5.1990 – I R 16/88, BStBl. II 1990; v. 29.11.2000 – I R 84/99, HFR 2001, 1053, Rz. 32; v. 7.8.2002 – I R 10/01, BStBl. II 2002, 848.

Diese Definitionen sind dem Außensteuerrecht entlehnt. Die Idee der Anwendung einer funktionalen Betrachtungsweise im Rahmen der Zuordnung von Wirtschaftsgütern zu Betriebstätten entstammt dem Regelungsgegenstand des § 8 AStG.[710] Im Kontext der §§ 7 bis 14 AStG regelt § 8 AStG die Abgrenzung der Hinzurechnungseinkünfte, bei deren Verlagerung in niedrig besteuerte Länder Abschirmwirkungen nicht anerkannt werden.[711] Hierbei umfasst die Norm des § 8 AStG einen Katalog aktiver Einkünfte[712], welche das AStG von der Hinzurechnungsbesteuerung ausnimmt. Alle (passiven) Zwischeneinkünfte, die bei der Zwischengesellschaft einer niedrigen Besteuerung[713] unterliegen, werden der Hinzurechnungsbesteuerung unterworfen. Der Positivkatalog des § 8 Abs. 1 AStG ordnet die Einkünfte zehn verschiedenen Tätigkeitsbereichen zu und stellt darauf ab, ob die Einkünfte jeweils aus einem solchen Bereich stammen. Die Einteilung der Einkünfte des Steuerpflichtigen hat anhand der von diesem ausgeübten Tätigkeiten zu erfolgen, die häufig zu einer differenzierteren Unterteilung der Einkünfte führen, als dies im Rahmen des § 2 Abs. 1 Satz 1 EStG der Fall ist.[714] Der Positivliste liegt ausweislich der Gesetzesbegründung eine funktionale Betrachtungsweise zugrunde, welche auch als Auslegungsmaßstab fungiert.[715] Wirtschaftlich zusammenhängende Tätigkeiten sollen einheitlich als Tätigkeitsbündel subsumiert werden[716], sodass Einkünfte, die Vor-, Neben- und Folgeerträge einer Haupttätigkeit darstellen, einer steuerlich einheitlichen Einkünftequalifikation unterworfen werden, welche sich an der Tätigkeit der ausländischen Gesellschaft orientiert, die nach allgemeiner Verkehrsauffassung das Schwergewicht[717] darstellt und deren Gepräge[718] ausmacht. Je intensiver die aktive Tätigkeit ist, desto umfangreicher vermag

710 Vgl. *BFH* v. 30.8.1995 - I R 112/94, BStBl. II 1996, 563.

711 *Vogt,* in: Blümich, EStG/KStG/GewStG, AStG § 8, Rz. 3.

712 Häufig als sogenannte Positivliste bezeichnet.

713 § 8 Abs. 3 Satz 1 AStG definiert den Begriff der niedrigen Besteuerung als einschlägig, wenn die Ertragsteuerbelastung der Einkünfte einer ausländischen Gesellschaft weniger als 25 v.H. unterliegt.

714 *Reiche,* in: Haase, AStG/DBA, AStG § 8, Rz. 13; *Vogt,* in: Blümich, EStG/KStG/GewStG, AStG § 8, Rz. 9.

715 Siehe BGBl. I S. 1713 v. 8.9.1972.

716 *BFH* v. 16.5.1990 - I R 16/88, BStBl. II 1990, Rz. 15; *Gropp,* in: Lademann, AStG § 8, Rz. 10.

717 *Rödel,* in: Kraft, AStG § 8, Rz. 33; *Vogt,* in: Blümich, EStG/KStG/GewStG, AStG § 8, Rz. 15 ff.; *BFH* v. 16.5.1990 - I R 16/88, BStBl. II 1990; *BMF,* Anwendungsschreiben AStG, BMF IV B 4 - S 1340 - 11/04, BStBl. I 2004, 3, 14. Mai 2004, Rz. 8.0.2.

718 So *Schaumburg,* Internationales Steuerrecht, Rz. 10.75.

sie Nebenerträge zu binden.[719] „Aus einer aktiven Tätigkeit stammen damit insbesondere die in branchenüblicher Weise bei dieser Tätigkeit anfallenden laufenden Einkünfte, Einkünfte aus der Veräußerung ihr dienenden Betriebsvermögens und Nebenerträge.“[720] Die funktionale Betrachtung erfordert die Analyse von verflochtenen Betriebsfunktionen nach der Verkehrsauffassung unter Bildung eines Schwerpunktes und Einbeziehung betriebswirtschaftlicher Überlegungen, mithin die Feststellung der einzelnen Tätigkeitsschwerpunkte sowie der wirtschaftlichen Zusammenhänge.[721] Das Merkmal Zusammenhang ist als kausale Verbindung zu interpretieren[722], sodass es auf eine gemeinsame Veranlassung der zusammenzufassenden Tätigkeiten ankommt.[723] Ein wirtschaftlicher Zusammenhang kann dann bejaht werden, wenn verschiedene Vorgänge mit demselben wirtschaftlichen Ereignis in Verbindung stehen.[724]

Kernstück dieser Rechtsprechungsänderung durch den BFH ist insbesondere die Abkehr von der zuvor vertretenen Auffassung, dass bei Betriebstätten in Form von Personengesellschaften eine nach deutschem Steuerrecht gebotene Behandlung von Wirtschaftsgütern als Sonderbetriebsvermögen nach § 15 Abs. 1 Nr. 2 EStG zur Anwendung des jeweiligen Betriebstättenvorbehalts führe[725], sich insoweit die rechtliche Qualifikation nach nationalen Vorschriften direkt auf das Abkommensrecht auswirke. Der BFH vertritt ausgehend von seinen beiden Entscheidungen vom 27.2.1991[726], dass die steuerrechtlichen Grundsätze des nationalen Rechts rechtlicher Art seien und daher nicht mit tatsächlicher Zugehörigkeit im Sinne der Betriebstättenvorbehalte des Abkommens gleichgesetzt werden können.[727] Die Einheit von Gewinnanteil

---

719 *Vogt,* in: Blümich, EStG/KStG/GewStG, AStG § 8, Rz. 15.

720 *Vogt,* in: Blümich, EStG/KStG/GewStG, AStG § 8, Rz. 15.

721 *Rödel,* in: Kraft, AStG § 8, Rz. 33 f.; *Vogt,* in: Blümich, EStG/KStG/GewStG, AStG § 8, Rz. 15.

722 *Geurts,* in: Mössner/Fuhrmann, AStG § 8, Rz. 38; *Reiche,* in: Haase, AStG/DBA, AStG § 8, Rz. 15.

723 *Gropp,* in: Lademann, AStG § 8, Rz. 11.

724 *Geurts,* in: Mössner/Fuhrmann, AStG § 8, Rz. 38; *Reiche,* in: Haase AStG/DBA, AStG, § 8, Rz. 16.; *Rödel,* in: Kraft, AStG § 8, Rz. 34; ebenso *Vogt,* in: Blümich, EStG/KStG/GewStG, AStG § 8, Rz. 15.

725 *Looks/Maier,* in: Löwenstein/Looks/Heinsen, Betriebsstättenbesteuerung, Rz. 729; *Piltz/Wassermeyer,* in: Wassermeyer, DBA, MA Art. 7, Rz. 108; *Wassermeyer,* in: Wassermeyer, DBA, MA Art. 11, Rz. 108.

726 *BFH* v. 27.2.1991 – I R 15/89, BStBl. II 1991, 444; v. 27.2.1991 – I R 96/89, BFH/NV 1992, 385.

727 *BFH* v. 27.2.1991 – I R 96/89, BFH/NV 1992, 385, Rz. 30.

und Sondervergütung (beispielsweise Zinsen) nach inländischem Recht ist im Abkommen durch dessen Bestimmungen aufgelöst, wodurch die Einkünfte (beispielsweise Zinsen) aus dem Gewerbegewinn grundsätzlich herausgelöst werden.[728]

Im Fortgang seiner Rechtsprechung in Fällen der Zuordnung von Wirtschaftsgütern zu Betriebstätten wendet der BFH – hier insbesondere der Erste Senat – das Kriterium des funktionalen Zusammenhangs in der Mehrzahl der zu entscheidenden Fälle an, wobei dann häufig die Zuordnung von Beteiligungen im Einheitsunternehmen Gegenstand des Verfahrens war.[729] Daneben gab es aber auch Fälle, in denen die Zuordnung von Darlehen[730] und lizenzfähigen Wirtschaftsgütern[731] entscheidungserheblich waren. Das Kriterium des funktionalen Zusammenhangs muss nach Auffassung des BFH hierbei nicht alleiniges Kriterium sein, sondern kann auch ergänzt werden, jedoch nur um solche Kriterien, die tatsächlichen Charakter haben.

d) Wirtschaftliche Zugehörigkeit

In nur einer Entscheidung des BFH wird die wirtschaftliche Zugehörigkeit eines Wirtschaftsguts als maßgebliches Zuordnungskriterium herangezogen[732], eine Entscheidung, die von dem Kriterium des funktionalen Zusammenhanges klar abweicht. Der Sachverhalt behandelte im Kern die Frage, ob Erträge einer in der Schweiz ansässigen natürlichen Person aus der Veräußerung einer Beteiligung an einer in den Vereinigten Staaten von Amerika ansässigen Kapitalgesellschaft dieser (schweizerischen) Betriebstätte zuzurechnen sind oder einer Betriebstätte in Deutschland, die in der Form einer GmbH & Co. KG besteht und an welcher die natürliche Person als alleiniger Kommanditist und als einziger Gesellschafter an der Komplementär-GmbH beteiligt ist, wenn die amerikanische Gesellschaft Produkte der GmbH & Co. KG in Lizenz fertigt und hierfür Komponenten von ersterer bezieht. Kurz gefasst, steht die Beteiligung im Spannungsfeld der Zuordnung zwischen zwei Betriebstätten. Der BFH jedenfalls prüft gar nicht, ob die

---

728 *BFH* v. 27.2.1991 – I R 15/89, BStBl. II 1991, 444, Rz. 33.

729 *BFH* v. 26.2.1992 – I R 85/91, BStBl. II 1993, 937; v. 23.10.1996 – I R 10/96, BStBl. II 1997, 313; v. 21.7.1999 – I R 110/98, BStBl. II 1999, 812; v. 7.8.2002 – I R 10/01, BStBl. II 2002, 848; v. 17.12.2003 – I R 47/02, BFH/NV 2004, 771; v. 19.12.2007 – I R 66/06, BStBl. II 2008, 510.

730 *BFH* v. 31.5.1995 – I R 74/93, BStBl. II 1995, 683.

731 *BFH* v. 30.8.1995 – I R 112/94, BStBl. II 1996, 563 sowie im zweiten Rechtsgang v. 29.11.2000 – I R 84/99, HFR 2001, 1053.

732 *BFH* v. 13.2.2008 – I R 63/06, BStBl. II 2009, 414.

Erträge aus der Beteiligung an der amerikanischen Kapitalgesellschaft Nebenerträge aus der Beteiligung an der deutschen Personengesellschaft sind, sondern stellt ausschließlich darauf ab, ob das Wirtschaftsgut Beteiligung „von seiner wirtschaftlichen Funktion her" zum Bereich der GmbH & Co. KG gehört.[733] Die hier vom BFH festgestellte vorrangige wirtschaftliche Zugehörigkeit der Kapitalgesellschaftsbeteiligung zur (Personengesellschafts-) Betriebstätte in Deutschland, ergibt sich aus ihrer Qualifikation als Sonderbetriebsvermögen, welches dem Bereich der Personengesellschaft zuzurechnen ist und eine Wertung darstellt, die auch auf die abkommensrechtliche Zuordnung durchschlagen soll.

e) Aktivposten

Für die Zuordnung von Wirtschaftsgütern unter dem aus dem Betriebstättenvorbehalt stammenden Tatbestandsmerkmal des tatsächlichen Gehörens hat der BFH neben dem von ihm entwickelten funktionalen Zusammenhang in verschiedenen Entscheidungen darauf abgestellt, ob das Wirtschaftsgut „aus Sicht der Betriebstätte einen Aktivposten bildet"[734].[735]

Unter Auslegung des Verständigungsmemorandums betreffend das DBA USA[736] untersuchte der BFH in mehreren Fällen, ob ein Darlehen tatsächlich zu einer Betriebstätte gehörte, anhand des Kriteriums, ob es in der Bilanz der amerikanischen Betriebstätte „als von ihr ‚gehaltenes' Aktivvermögen [...] angesehen und behandelt [wurde]."[737] Denselben Maßstab legte der BFH bei der Zuordnung eines Darlehens in einem anderen Fall an, in welchem er mit der Auslegung des englischen Abkommenstextes argumentiert, welcher das deutsche „tatsächliche Gehören" mit dem Terminus des „effectively connected" übersetzt.[738] Nach diesem Tatbestandsmerkmal „gelten nur die zur Förderung des Geschäftsbetriebs der Betriebstätte gehaltenen Aktiva [...] als mit der dem Gewerbebetrieb in den USA ‚effectively connected'."[739] Der BFH schließt im

733 *BFH* v. 13.2.2008 – I R 63/06, BStBl. II 2009, 414, Rz. 45.

734 *BFH* v. 21.7.1999 – I R 110/98, BStBl. II 1999, 812, Rz. 22.

735 Siehe hierzu auch die Entscheidungen *BFH* v. 27.2.1991 – I R 15/89, BStBl. II 1991, 444; v. 27.2.1991 – I R 96/89, BFH/NV 1992, 385; v. 26.2.1992 – I R 85/91, BStBl. II 1993, 937; v. 31.5.1995 – I R 74/93, BStBl. II 1995, 683; v. 10.8.2006 – II R 59/05, BStBl. II 2009, 758; v. 17.10.2007 – I R 5/06, BStBl. II 2009, 356.

736 Siehe zu einer detaillierten Darstellung oben Kapitel 3. V. 2.

737 *BFH* v. 27.2.1991 – I R 15/89, BStBl. II 1991a, 444, Rz. 39; v. 27.2.1991 – I R 96/89, BFH/NV 1992, 385, Rz. 36.

738 *BFH* v. 31.5.1995 – I R 74/93, BStBl. II 1995, 683, Rz. 26.

739 *BFH* v. 31.5.1995 – I R 74/93, BStBl. II 1995, 683, Rz. 26.

Rahmen der Prüfung des Betriebstättenvorbehalts in Art. 11 Abs. 4 OECD-MA das tatsächliche Gehören einer Darlehensforderung zu einer Betriebstätte dann aus, wenn diese bei der Betriebstätte zu passivieren ist.[740] Der BFH wendet das Kriterium des funktionalen Zusammenhangs häufig in Kombination mit dem Kriterium der Bilanzierung des Wirtschaftsguts als Aktivposten in der Betriebstättenbilanz an.[741] In einer Entscheidung des BFH aus dem Jahre 2007 judizierte dessen Erster Senat, dass in dem Fall, in welchem das Abkommensrecht das tatsächliche Gehören eines Wirtschaftsguts zu einer Betriebstätte und damit die Anwendbarkeit der abkommensrechtlichen Vorschriften über Unternehmensgewinne davon abhängig macht, ob eine Forderung aus ihrer Sicht einen Aktivposten bildet, dies letztlich Ausfluss des Fremdvergleichsgrundsatzes sei.[742]

Das Kriterium des Aktivpostens fordert, dass die Annahme, ein Wirtschaftsgut gehöre tatsächlich zu einer Betriebstätte, nur dann gerechtfertigt ist, wenn aus der Sicht der Betriebstätte das zuzuordnende Wirtschaftsgut ein in der Betriebstättenbilanz aktivierbarer Vermögensgegenstand ist. Dieses Kriterium, welches der BFH neben seinem Ansatz vom funktionalen Zusammenhang anwendet, enthält eine zumindest teilweise subjektive Komponente, wenn es hinsichtlich der bilanziellen Behandlung auf die Sichtweise der Betriebstätte – und somit des Unternehmers – abstellt.

f) Zusammenfassung der heute gültigen Rechtsprechungskriterien

Aus der Analyse der Rechtsprechung und der von ihr zur Anwendung gebrachten sachlichen Kriterien zur Zuordnung von Wirtschaftsgütern zur Betriebstätte lässt sich folgender Ansatz des BFH zur Zuordnung von Wirtschaftsgütern zu Betriebstätten als Resultat ableiten:

Der BFH stellt heute in ständiger Rechtsprechung entweder auf das „Dienen“ oder das „tatsächliche Gehören“ eines Wirtschaftsguts zu einer Betriebstätte als tatbestandliches Merkmal ab.[743] Die Auslegung dieser Tatbestände umfasst die Analyse des Sachverhalts daraufhin, ob ein tatsächlicher „funktionaler Zusammenhang“ zwischen Wirtschaftsgut und der von der Betriebstätte ausgeübten

740 *BFH* v. 27.2.1991 – I R 15/89, BStBl. II 1991, 444; v. 26.2.1992 – I R 85/91, BStBl. II 1993, 937, Rz. 23; v. 10.8.2006 – II R 59/05, BStBl. II 2009, 758.

741 *BFH* v. 26.2.1992 – I R 85/91, BStBl. II 1993, 937; v. 21.7.1999 – I R 110/98, BStBl. II 1999, 812.

742 *BFH* v. 17.10.2007 – I R 5/06, BStBl. II 2009, 356, Rz. 22 f.

743 Ebenso *Looks/Maier*, in: Löwenstein/Looks/Heinsen, Betriebsstättenbesteuerung, Rz. 741.

Tätigkeit besteht. Der Terminus „tatsächlich“ ist weder im Tatbestand des „tatsächlichen Gehörens“ aus den Betriebstättenvorbehalten des OECD-MA noch im Tatbestandsmerkmal des „tatsächlichen funktionalen Zusammenhangs“ in der Rechtsprechung des BFH im rechtlichen Sinne zu verstehen, sondern stellt stets auf die realen Verhältnisse im Einheitsunternehmen ab. Die Erträge aus diesem Wirtschaftsgut müssen sich bei funktionaler Betrachtung als Nebenerträge der aktiven Betriebstättentätigkeit darstellen, wobei die Tätigkeit maßgebend ist, auf der nach allgemeiner Verkehrsauffassung das wirtschaftliche Schwergewicht liegt. Die BFH-Rechtsprechung hat sich mit dem Erfordernis einer „funktionalen Zuordnung“ weg von subjektiven Anknüpfungspunkten in der Sphäre des Steuerpflichtigen hin zu objektiven Umständen bewegt, wobei die Auslegung des Merkmals des funktionalen Zusammenhanges über den Zeitraum der letzten 20 Jahre hinweg sehr differenziert vorgenommen wurde und auch heute noch steten und durch die Einzelfälle getriebenen Modifikationen ausgesetzt ist. Im krassen Gegensatz zu diesem Ergebnis der Rechtsprechungsanalyse, das die Merkmale des „Dienens“ und des „funktionalen Zusammenhangs“ als tatsächliche Anknüpfungspunkte der Wirtschaftsgüter zu Betriebstätten sieht, steht nur die Entscheidung des BFH zur Zuordnung einer veräußerten Kapitalgesellschaftsbeteiligung, bei welcher es auf deren „wirtschaftliche Zugehörigkeit“ ankommen soll[744], mithin auf ein rechtliches Kriterium. Die weitere Untersuchung der Rechtsprechungskriterien konzentriert sich folglich schwerpunktmäßig auf das Kriterium des „funktionalen Zusammenhanges“ zwischen Wirtschaftsgut und Tätigkeit der Betriebstätte.

5. Kritische Würdigung der Kriterien der Rechtsprechung

a) *Wille der Geschäftsleitung und bilanzieller Ausweis*

Der bereits vom RFH angelegte und an subjektive Elemente anknüpfende Ansatz des Unternehmerwillens wird durch die objektiveren Merkmale begrenzt. An die zunächst freie unternehmerische Zuordnungsentscheidung, die sich indiziell aus der bilanziellen Behandlung von Wirtschaftsgütern ablesen lässt, ist stets der Maßstab eines kaufmännisch und wirtschaftlich sinnvollen Handelns anzulegen. Dieser Maßstab ist somit eine Plausibilitätsprüfung des durch die Buchungsart ausgedrückten unternehmerischen Willens. Dieses liberale und subjektiv geprägte Kriterium ist grundsätzlich zu begrüßen. Es verkörpert den Ausgangspunkt

744 *BFH* v. 13.2.2008 – I R 63/06, BStBl. II 2009, 414.

jeder Betrachtung eines steuerlichen Sachverhalts: Die Sachverhaltsschilderung des Steuerpflichtigen als Ausdruck seiner Gestaltungsentscheidungen.

Eine Grundentscheidung der Rechtsprechung, das liberale und subjektiv geprägte Kriterium der unternehmerischen Zuordnungsentscheidung zugunsten objektiverer Kriterien massiv zurückzudrängen, ist eindeutig festellbar.[745] Die mit Blick auf diese Entwicklung der Rechtsprechung zu übende – negative – Kritik wird detailliert bei den von der Rechtsprechung heute favorisierten Kriterien, der funktionalen Zuordnung von Wirtschaftsgütern zu Betriebstätten sowie dem eigenen Zuordnungsansatz, dargebracht. An dieser Stelle sei bereits angemerkt, dass unternehmerischen Zuordnungsentscheidungen durchaus ein nicht zu geringes Gewicht beizumessen ist, auch wenn eine Bewertung der Frage, wann ein Wirtschaftsgut tatsächlich zu einer Betriebstätte gehört, nicht ausschließlich an subjektiven und allein vom Steuerpflichtigen beeinflussbaren Kriterien durchzuführen ist.

b) Dienen

In den Entscheidungen der Rechtsprechung, welche bei der Zuordnung von Wirtschaftsgütern zu Betriebstätten primär das Merkmal des Dienens zum Kern ihrer Argumentation erhoben haben, stellten die Gerichte zunächst darauf ab, ob anstatt der Betriebstätte ein selbstständiger Gewerbebetrieb am gleichen Ort und unter gleichen oder ähnlichen Bedingungen zur Erzielung eines vergleichbaren Geschäftserfolges dieses Wirtschaftsgut benötigt hätte.[746] Kann diese Frage bejaht werden, so dient nach dem Verständnis des BFH ein Wirtschaftsgut der Betriebstätte. Dieses Kriterium stellt eine eingeschränkte Selbstständigkeitsfiktion dar und bringt insofern einen Fremdvergleichsgedanken zur Anwendung, der als wenig praktikabel und zu unilateral kritisiert wurde.[747] Diese Kritik erscheint berechtigt, wenn man die regelmäßig auftretenden Probleme des Auffindens eines vergleichbaren Sachverhalts in Betracht zieht. Dies gilt umso mehr, als der BFH offensichtlich einen Fremdvergleich der Betriebstätte mit einem in derselben Situation befindlichen (zivilrechtlich) selbstständigen Gewerbebetrieb – unter der Prämisse der Selbstständigkeitsfiktion der Betriebstätte – durchführt.[748] Der BFH selbst führt aus, dass es für die Aufteilung des Vermögens zwischen inländischer Betriebstätte und dem ausländischen Stammhaus auf wirtschaftliche

745 Vgl. hierzu lediglich *BFH* v. 29.7.1992 – II R 39/89, BStBl. II 1993, 63, Rz. 22 f.
746 *BFH* v. 21.1.1972 – III R 57/71, BStBl. II 1972, 374, Rz. 13.
747 Vgl. *Suchanek/Herbst,* IStR 2007, 620, 623.
748 *BFH* v. 21.1.1972 – III R 57/71, BStBl. II 1972, 374, Rz. 13 f.

Überlegungen ankomme, welche wiederum von den vielfältigen tatsächlichen Gegebenheiten abhängig sind.[749] Die eingeschränkte Selbstständigkeit, welche hier für die Betriebstätte fingiert wird und dem Fremdvergleich zugrunde gelegt werden soll, macht es besonders schwierig, die tatsächlichen Gegebenheiten der Betriebstätte und eines an deren Stelle befindlichen selbstständigen Gewerbebetriebes festzustellen. Denn die tatsächlichen Gegebenheiten, mit denen ein selbstständiges Unternehmen konfrontiert wäre, werden mit hoher Wahrscheinlichkeit andere sein, als jene, die eine unselbstständige Betriebstätte vorfindet. Hieraus folgt, dass ein solcher fremdvergleichsorientierter Ansatz des Dienens in der praktischen Umsetzung erheblichen Schwierigkeiten begegnet.

Diese Problematik hat (zumindest) der Erste Senat des BFH erkannt und infolgedessen Wirtschaftsgüter der Betriebstätte zugeordnet, „wenn sie nach ihrer Zweckbestimmung der Erreichung des Betriebszwecks dienen."[750] Mit dieser Entscheidung führt der BFH das Kriterium des Dienens aus der vorgenannten Problematik heraus, mithin an das Kriterium des funktionalen Zusammenhanges heran. Mit der Übertragung des funktionalen Zusammenhanges aus dem § 8 AStG auf die Zuordnung von Wirtschaftsgütern zu Betriebstätten setzt eine Rechtsprechungsänderung ein, wobei hierdurch erst die Entwicklung des bis heute maßgeblichen Zuordnungskriteriums des BFH begonnen hat.

c) Funktionaler Zusammenhang

Der BFH hat seine Rechtsprechung hinsichtlich der Kriterien, nach denen Wirtschaftsgüter Betriebstätten zuzuordnen sind, von einer zunächst an subjektiven Kriterien (Willen der Geschäftsführung sowie bilanzieller Ausweis) ausgerichteten Betrachtungsweise zu einem an der tatsächlichen Zugehörigkeit ausgerichteten Verständnis einer „funktionalen Zuordnung" weiterentwickelt. Hierbei sind, wie oben bereits dargestellt[751], unter dem Kriterium des funktionalen Zusammenhanges Elemente der vorhergehenden Rechtsprechung, wie zum Beispiel das Dienen und das tatsächliche Gehören, in diesem neuen Kriterium der ständigen Rechtsprechung aufgegangen. Daher muss das Kriterium des funktionalen Zusammenhanges im Zentrum der kritischen Begutachtung stehen. Insbesondere werden der außensteuerrechtliche Ursprung sowie die Vereinbarkeit des Kriteriums des funktionalen Zusammenhanges mit der betriebswirtschaftlichen Unternehmensorganisation kritisch zu untersuchen

---

749 *BFH* v. 21.1.1972 – III R 57/71, BStBl. II 1972, 374, Rz. 14.

750 *BFH* v. 29.7.1992 – II R 39/89, BStBl. II 1993, 63, Rz. 23.

751 Siehe oben Kapitel 3. V. 4. f).

sein. Die Kritik an der restriktiven Rechtsprechung des BFH zur Zuordnung von Wirtschaftsgütern zu Betriebstätten soll dann anhand des Beispiels einer Holding-Betriebstätte verdeutlicht werden.

aa) Übertragbarkeit der Maßstäbe des § 8 AStG auf Betriebstättensachverhalte in DBA

(1) Gegenüberstellung der Regelungsgedanken beider Rechtsmaterien

(a) § 8 AStG

Als der BFH Anfang der 1990er Jahre seiner Rechtsprechung zur Zuordnung von Wirtschaftsgütern im Einheitsunternehmen das Kriterium des funktionalen Zusammenhanges zugrundelegte, entlehnte er dieses dem § 8 Abs. 1 AStG. Das Kriterium des funktionalen Zusammenhangs findet seinen Ursprung in der Notwendigkeit im Außensteuerrecht aktive von passiven Einkünften zu scheiden und dadurch über die Rechtsfolge der Hinzurechnungsbesteuerung zu befinden.[752] Um dieser Aufgabe gerecht zu werden, bedient sich der § 8 AStG des Katalogs aktiver Tätigkeiten in Abs. 1 der Vorschrift. Die Subsumtion unter die Tatbestände des Aktivkatalogs des § 8 Abs. 1 AStG erfordert, dass die einzelnen Tätigkeiten der ausländischen Gesellschaft analysiert werden.[753] Der Begriff der Tätigkeit wurde bereits früh funktional interpretiert[754] und hat sowohl bei der Finanzverwaltung[755] als auch bei einem großen Teil der Vertreter des Schrifttums Anklang gefunden.[756] Die Entscheidung für das Kriterium der funktionalen Betrachtungsweise zieht zugleich die größte Schwierigkeit in diesem Zusammenhang nach sich, denn sie erfordert die Feststellung darüber, „inwieweit eine Unterteilung potentiell mehrerer Tätigkeiten zu erfolgen hat und inwieweit Tätigkeiten zusammengefasst werden können."[757] Die zentrale Fragestellung bei der Anwendung der Betrachtungsweise des funktionalen Zusammenhangs ist darauf gerichtet, herauszufinden, welche Tätigkeiten

---

752 Siehe hierzu *Vogt*, in: Blümich, EStG/KStG/GewStG, AStG § 8, Rz. 3 ff.; so bereits oben Kapitel 3. V. 4. c).

753 *Reiche*, in: Haase, AStG/DBA, AStG § 8, Rz. 13.

754 Vgl. *Flick/Wassermeyer*, BB 1973, 857; *Wassermeyer*, in: Flick/Wassermeyer/Baumhoff/Schönfeld, Außensteuerrecht, AStG § 8, Rz. 31.

755 BMF v. 14.5.04, BStBl. I 2004, Sondernr. 1, Rz. 8.0.2.

756 Vgl. hierzu bei *Baumgärtl/Perlet*, Hinzurechnungsbesteuerung bei Auslandsbeteiligungen, S. 16 f.; *Wassermeyer*, in: Flick/Wassermeyer/Baumhoff/Schönfeld, Außensteuerrecht, AStG § 8, Rz. 31.

757 *Reiche*, in: Haase, AStG/DBA, AStG § 8, Rz. 13.

einer einheitlichen Funktion zuzuordnen sind und wo eine neue Funktion beginnt.[758] Mangels gesetzlicher Definition des funktionalen Zusammenhanges müssen Subkriterien herangezogen werden, um die Tätigkeiten einheitlich unter die zehn verschiedenen Nummern des § 8 Abs. 1 AStG zu subsumieren und gegebenenfalls vorher zusammenzufassen. Die Finanzverwaltung zieht in ihrem Anwendungsschreiben die unterschiedlichsten Kriterien – wohl je nach fiskalischer Auswirkung im Einzelfall – heran und stellt mithin auf das wirtschaftliche Schwergewicht[759], die allgemeine Verkehrsauffassung[760], die Verkehrsauffassung[761], die Branchenüblichkeit[762] oder Funktionen[763] selbst ab. Diese auf den Einzelfall fokussierten Kriterien der Finanzverwaltung sind als zu einzelfallbezogen und in dem Verdacht, lediglich fiskalischer Interessen zu dienen, abzulehnen. Es ist *Wassermeyer* zuzustimmen, wenn dieser als „Maßstab, nach dem mehrere Tätigkeiten zusammenzufassen sind, […] in erster Linie das Gesetz selbst" heranziehen will.[764] § 8 Abs. 2 Nr. 2 AStG a.F. stellte in seinem Wortlaut auf den „wirtschaftlichen Zusammenhang" ab, während § 14 Abs. 1 AStG – welcher sich mit nachgeschalteten Zwischengesellschaften befasst und auf den § 8 AStG verweist – darauf abstellt, ob Tätigkeiten der Gesellschaft „dienen". Das Kriterium des Dienens entstammt, wie oben bereits dargelegt[765], der Bestimmung des Betriebsvermögens im Ertragsteuerrecht und ist Ausdruck des Veranlassungsprinzips[766], sodass die Zusammenfassung der Tätigkeiten zu einer Funktion anhand des Kriteriums des wirtschaftlichen Zusammenhanges erfolgen soll, wobei auch dieser gesetzlich nicht definiert ist. Der wirtschaftliche Zusammenhang wird jedenfalls dann bejaht, wenn die Einkünfte nach Entstehung und Zweckbestimmung durch eine einheitliche wirtschaftliche Betätigung veranlasst sind.[767] Insbesondere wird ein solcher Zusammenhang

---

758 *Flick/Wassermeyer*, BB 1973, 857, 859.

759 *BMF* v. 14.5.04 BStBl. I 2004, Sondernr. 1, Rz. 8.0.2 Sätze 2, 5 und 6.

760 *BMF* v. 14.5.04 BStBl. I 2004, Sondernr. 1, Rz. 8.0.3 Satz 2.

761 *BMF* v. 14.5.04 BStBl. I 2004, Sondernr. 1, Rz. 8.1.2.2.

762 *BMF* v. 14.5.04 BStBl. I 2004, Sondernr. 1, Rz. 8.1.3.4.

763 *BMF* v. 14.5.04 BStBl. I 2004, Sondernr. 1, Rz. 8.1.4.3.1 Satz 1, Rz. 8.1.5.3.2 Satz 1, Rz. 8.1.6.3.

764 *Wassermeyer*, in: Flick/Wassermeyer/Baumhoff/Schönfeld, Außensteuerrecht, AStG § 8, Rz. 35.

765 Siehe oben Kapitel 3. V. 4. b).

766 So auch *Wassermeyer*, in: Flick/Wassermeyer/Baumhoff/Schönfeld, Außensteuerrecht, AStG § 8, Rz. 35.

767 *Rödel*, in: Kraft, AStG § 8, Rz. 34; *Wassermeyer*, in: Flick/Wassermeyer/Baumhoff/Schönfeld, Außensteuerrecht, AStG § 8, Rz. 35.

dann angenommen, wenn die Tätigkeiten entweder aufeinander abgestimmt sind und sich gegenseitig ergänzen[768] oder in einem Über-Unterordnungsverhältnis zueinander stehen[769]. Nichtsdestoweniger bereitet das Fehlen einer gesetzlichen Definition des wirtschaftlichen Zusammenhangs im Bereich der Anwendung des § 8 AStG Schwierigkeiten.[770] Dies rührt unter anderem daher, dass bei der Abgrenzung aktiver und passiver Einkünfte nach § 8 Abs. 1 AStG eine Analyse der Tätigkeiten der ausländischen Gesellschaft häufig zu dem Ergebnis führen wird, dass diese „gemischten" Tätigkeiten nachgeht.[771] Erforderlich ist dann die getrennte Feststellung der unterschiedlichen einzelnen Tätigkeiten und Zuordnung zu den in § 8 Abs. 1 Nr. 1 bis 10 AStG aktiven Katalogtätigkeiten, soweit möglich. Dies führt im Ergebnis dazu, dass eine Gesellschaft nicht nur mehrere Einkünfte unter den verschieden Kategorien des Katalogs in § 8 Abs. 1 AStG erzielen, sondern aktive und passive Tätigkeiten zugleich ausüben kann.[772] Die Bemühung, verschiedene Tätigkeiten, welche auf eine gemeinsame Veranlassung zurückzuführen sind, einer einheitlichen Betrachtung im Rahmen des § 8 AStG zu unterwerfen, kann zu stark divergierenden Ergebnissen führen.

Im Falle einer für sich genommen aktiven Tätigkeit kann diese trotzdem zu einer Hinzurechnungsbesteuerung der durch sie generierten Einkünfte führen, wenn sich die (aktive) Tätigkeit als Nebentätigkeit einer passiven Tätigkeit darstellt; sie teilt dann deren Schicksal. Die Finanzverwaltung formuliert in ihrem Anwendungsschreiben hierzu: „Einkünfte sind in vollem Umfang dem passiven Erwerb zuzurechnen, wenn sie zwar durch eine aktive Tätigkeit mitverursacht sind, die passive Tätigkeit aber nach der Verkehrsauffassung einen Bereich mit eigenständigem wirtschaftlichen Schwergewicht darstellt."[773] Diese Formel entstammt der Rechtsprechung zur funktionalen Zuordnung.[774] Dasselbe gilt im umgekehrten Fall, in welchem eine an sich passive Tätigkeit der aktiven Haupttätigkeit wirtschaftlich zugeordnet

---

768 *Wassermeyer*, in: Flick/Wassermeyer/Baumhoff/Schönfeld, Außensteuerrecht, AStG § 8, Rz. 32.

769 *Rödel*, in: Kraft, AStG § 8, Rz. 34.

770 *Rödel*, in: Kraft, AStG § 8, Rz. 34.

771 *Geurts*, in: Mössner/Fuhrmann, AStG § 8, Rz. 45; *Wassermeyer*, in: Flick/Wassermeyer/Baumhoff/Schönfeld, Außensteuerrecht, AStG § 8, Rz. 24.

772 *Geurts*, in: Mössner/Fuhrmann, AStG § 8, Rz. 45.

773 *BMF*, Anwendungsschreiben AStG, v. 14.5.2004, BMF IV B 4 - S 1340 - 11/04, BStBl. I 2004, 3, Rz. 8.0.2.

774 So beispielsweise *BFH* v. 30.8.1995 – I R 112/94, BStBl. II 1996, 563, Rz. 17.

wird und infolgedessen die aus ihr generierten Einkünfte dann nicht der Hinzurechnungsbesteuerung unterworfen werden.[775] Neben den Schwierigkeiten der Unterordnung von Nebentätigkeiten unter Haupttätigkeiten ist im Anwendungsbereich des § 8 AStG auch die Problematik der Folge- und Nebenerträge gegeben. Denn auch hier besteht grundsätzlich im Rahmen der wirtschaftlichen Betrachtungsweise die Möglichkeit, dass an sich selbstständig generierte Erträge steuerlich das Schicksal einer sie beherrschenden Einkunftsquelle teilen müssen.[776] Hierbei soll intensiven Tätigkeiten eine starke Bindungswirkung zukommen, die geeignet ist, auch untypische Nebenerträge für sich zu vereinnahmen, sodass je nach Qualifizierung der Tätigkeit als aktiv oder passiv sich dies sowohl zu Gunsten als auch zu Lasten des Steuerpflichtigen auswirken kann.[777] Die konkrete Abgrenzung zwischen selbstständigen und unselbstständigen Einkunftsquellen ist mitunter sehr schwierig durchzuführen. Eine Orientierung soll der Missbrauchsvermeidungsgedanke des AStG sein, mit dem der Gesetzgeber künstlichen Gestaltungen entgegenwirken will.[778]

(b) Betriebstättensachverhalte in DBA

Der BFH überträgt die im Kontext der Hinzurechnungsbesteuerung des § 8 AStG auftretenden Problematiken der Einteilung und Unterteilung von Tätigkeiten durch das Heranziehen des Kriteriums des funktionalen Zusammenhangs in Betriebstättensachverhalten auf die abkommensrechtliche Zuordnung von Wirtschaftsgütern zu Betriebstätten. Die Anwendung des Kriteriums des funktionalen Zusammenhangs auf die Rechtsprechung zur Zuordnung von Wirtschaftsgütern zu Betriebstätten führt dazu, dass der für § 8 Abs. 1 AStG relevante Gedanke der Unterteilung in Einkünfte aus aktiver und solche aus passiver Tätigkeit auf die Betriebstättensachverhalte abfärbt. Dies zeigt sich daran, dass der BFH sich seit der vom Ersten Senat durchgesetzten Anwendung des funktionalen Zusammenhanges und damit des Kriteriums des tatsächlichen Gehörens mit seiner Rechtsprechung am Telos des AStG orientiert: Der Vermeidung der Zurechnung von passiven Einkünften zur Betriebstätte. Die

---

775 Zu diesen Abgrenzungsproblemen *Geurts*, in: Mössner/Fuhrmann, AStG § 8, Rz. 43.

776 *Wassermeyer*, in: Flick/Wassermeyer/Baumhoff/Schönfeld, Außensteuerrecht, AStG § 8, Rz. 36.

777 Vgl. *Wassermeyer*, in: Flick/Wassermeyer/Baumhoff/Schönfeld, Außensteuerrecht, AStG § 8, Rz. 36.

778 Siehe *Lehfeldt*, in: Strunk/Kaminski/Köhler, AStG/DBA, AStG § 8, Rz. 2.

beispielhaft von *Ege* formulierte Sorge, die Betriebstätte könnte gezielt als Instrument zur Umwandlung passiver Einkünfte in aktive dienen,[779] zeigt sich insbesondere in einer richtungsweisenden Entscheidung des BFH, in welcher die Begründung des Judikats durchweg die missbrauchsvermeidende Haltung des Spruchkörpers in sich trägt[780], wenn als Indiz gegen die Zugehörigkeit eines Wirtschaftsguts zu einer Betriebstätte angeführt wird, dass die aus der Nutzung erzielten Einkünfte in gleicher Weise hätten vom Ansässigkeitsstaat aus erzielt werden können.

(c) Kritische Würdigung

Die Übertragung des Kriteriums des funktionalen Zusammenhanges aus dem AStG in den Bereich der Betriebstättenvorbehalte ist deshalb kritisch zu beurteilen, weil die Zuordnung eines Wirtschaftsguts zu einer Betriebstätte im Einheitsunternehmen in einem abkommensrechtlichen Sachverhalt, eine völlig andere Problemstellung aufwirft als die Frage nach der Unterscheidung von aktiven und passiven Einkünften im grenzüberschreitenden Sachverhalt des Außensteuerrechts.

Zunächst sind die Intentionen beider Rechtsmaterien grundsätzlich verschieden. Während das Außensteuerrecht in § 8 AStG eine Abgrenzung aktiver von passiven Tätigkeiten zum Zwecke der Begründung einer Hinzurechnungsbesteuerung zum Gegenstand hat, dienen die Betriebstättenvorbehalte des OECD-MA der Durchsetzung des Betriebstättenprinzips.[781]

Die Intention des AStG hat die Bundesregierung im Rahmen des Gesetzgebungsverfahrens zum Außensteuerreformgesetz bereits im Jahre 1970 klargestellt, als sie die Einschaltung der damals sogenannten Basisgesellschaften im Ausland als eines der Zentralprobleme der Steuerflucht ansah und dieses durch die Schaffung des AStG zu bekämpfen suchte und dies bis heute beabsichtigt. Solche zur Abschirmung im Ausland eingesetzten Körperschaften, die keiner aktiven werbenden Tätigkeit nachgingen und ihr Einkommen im Sitzstaat nur gering oder gar nicht versteuerten, waren zentrales Ziel der außensteuerlichen Gesetzgebung. Die Abschirmwirkung der im Ausland ansässigen Basisgesellschaft gegenüber der deutschen Besteuerung galt es damals und gilt

779 *Ege*, Betriebsstätte, in: Crezelius/Raupach/Schmidt/Uelner, FS Haas, S. 104.

780 Siehe *BFH* v. 30.8.1995 – I R 112/94, BStBl. II 1996, 563 sowie im zweiten Rechtsgang v. 29.11.2000 – I R 84/99, HFR 2001, 1053; vgl. ebenso *Ziehr*, Einkünftezurechnung, S. 200.

781 *Häck*, in: Flick/Wassermeyer/Kempermann, DBA Deutschland-Schweiz Art. 11, Rz. 87.

es heute immer noch aus Sicht des AStG zu unterlaufen.[782] Zunächst ist also zu konstatieren, dass der Gesetzgeber sich bei der Schaffung des AStG von der Idee einer Missbrauchsabwehrregelung leiten ließ.[783] An dieser Ausrichtung der §§ 7 bis 14 AStG hat sich bis heute nichts geändert.[784]

Dass ein Spannungsverhältnis zwischen der Hinzurechnungsbesteuerung nach dem AStG und dem Regelungszweck von DBA besteht, ist unstreitig; wie dieses konkret aufgelöst oder damit umgegangen werden kann, wird hingegen widerstreitend diskutiert[785] und soll an dieser Stelle nur als Beleg dafür angeführt werden, dass die beiden Regelungsmaterien an ein und demselben Ausgangssachverhalt ansetzen (können), nicht jedoch denselben Regelungszweck verfolgen. Bereits vor der Schaffung des AStG hat der Gesetzgeber diesen Konflikt zwischen Außensteuerrecht und den bereits bestehenden DBA vorhergesehen und es folglich ganz bewusst unterlassen, sein Regelungsziel im Rahmen des AStG zu erreichen, indem er die unbeschränkte Steuerpflicht des in Deutschland Ansässigen auf dessen ausländische Gesellschaften ausdehnte.[786] Das gewünschte Ergebnis – eine Besteuerung von Einkünften der ausländischen Zwischengesellschaften durch Umgehung deren Abschirmwirkung – hätte der Gesetzgeber auch durch die vorbeschriebene Weise erreichen können. Stattdessen beschritt die Legislative den Weg, die ausländische Gesellschaft und deren Einkünfteerzielung anzuerkennen und die Besteuerung auf fiktiv angenommene Dividendenerzielungen des in Deutschland unbeschränkt Steuerpflichtigen auszudehnen.[787] Diese Grundüberlegung hinsichtlich des Konflikts zwischen den bestehenden DBA und der Schaffung einer Hinzurechnungsbesteuerung durch das AStG verdeutlichen zweierlei: Erstens, der Gesetzgeber hat einen potentiellen Konflikt zwischen den beiden Regelungsmaterien bereits im Gesetzgebungsverfahren ausgemacht und somit der Verschiedenheit beider Normengebilde Ausdruck

782 *Wassermeyer*, in: Flick/Wassermeyer/Baumhoff/Schönfeld, Außensteuerrecht, AStG vor §§ 7–14, Rz. 1.

783 Siehe BGBl. I S. 1713 v. 8.9.1972.

784 *Wassermeyer*, in: Flick/Wassermeyer/Baumhoff/Schönfeld, Außensteuerrecht, AStG vor §§ 7–14, Rz. 21.

785 Das Verhältnis der §§ 7–14 AStG zu den DBA ist nicht Gegenstand dieser Abhandlung, siehe hierzu die Darstellung bei *Wassermeyer*, in: Flick/Wassermeyer/Baumhoff/Schönfeld, Außensteuerrecht, AStG vor §§ 7–14, Rz. 101.

786 *Wassermeyer*, in: Flick/Wassermeyer/Baumhoff/Schönfeld, Außensteuerrecht, AStG vor §§ 7–14, Rz. 1.

787 *Wassermeyer*, in: Flick/Wassermeyer/Baumhoff/Schönfeld, Außensteuerrecht, AStG vor §§ 7–14, Rz. 1 f.

verliehen. Zum Zweiten wird hierdurch deutlich, dass Sinn und Zweck von DBA und AStG grundverschieden sind.

Im Gegensatz zu der Hinzurechnungsbesteuerung des Außensteuerrechts fungieren die abkommensrechtlichen Betriebstättenvorbehalte als Zuordnungsmaßstab von solchen Einkünften, die sowohl Unternehmensgewinne im Sinne des Art. 7 OECD-MA als auch ein speziell im Abkommen geregelter Einkünftetypus sind. Die Betriebstättenvorbehalte grenzen Einkünfte auf Basis der Zuordnung der die Einkünfte generierenden Wirtschaftsgütern ab und werden somit zum Aufteilungsmaßstab von Besteuerungszugriffen zwischen zwei Staaten. Nun kommt es für den Regelungsbereich des Abkommensrechts zwar darauf an, ob sich die gewählte Zuordnung von Wirtschaftsgütern zur Betriebstätte in Widerspruch zur Unternehmensorganisation setzt oder Ausdruck einer wirtschaftlich nachvollziehbaren Organisation ist. Hierdurch ist aber keineswegs dargebracht, dass den Betriebstättenvorbehalten mit ihrem Tatbestandsmerkmal des „tatsächlichen Gehörens" eines Wirtschaftsgutes zur Betriebstätte der Grundgedanke einer Missbrauchsvermeidung innewohnt. Der BFH betrachtet bei der rechtlichen Einordnung der Betriebstättensachverhalte dieselben sicherlich kritisch auf missbräuchliche Gestaltungen hin. Dies kann und darf dem Gericht nicht untersagt werden. Allerdings sind die Betriebstättenvorbehalte nicht der richtige Ansatzpunkt, um eine Prüfung am Maßstab potentiell missbräuchlicher Gestaltungen zu verorten, denn das Tatbestandsmerkmal der „tatsächlichen Zugehörigkeit" von Wirtschaftsgütern zu Betriebstätten ist nicht als Missbrauchsvermeidungsvorschrift geschaffen worden.

(2) Einfluss der Aktivitätsvorbehalte in Doppelbesteuerungsabkommen

Für die hier vorgebrachte Kritik, die Betriebstättenvorbehalte der DBA seien in Bezug auf ihren Regelungscharakter gänzlich verschieden vom Telos der Missbrauchsvermeidung des § 8 AStG, spricht des Weiteren die Tatsache, dass DBA Regelungen enthalten können, die dem Regelungsgegenstand des § 8 AStG viel eher entsprechen, sich häufig sogar direkt auf diesen beziehen: die sogenannten Aktivitätsvorbehalte.[788]

(a) Funktionsweise der Aktivitätsvorbehalte

Aktivitätsvorbehalte, welche Bestandteil der meisten von der Bundesrepublik Deutschland abgeschlossenen DBA sind[789], stellen die Freistellung von Einkünften

788 Häufig auch als Aktivitätsklausel bezeichnet.

789 *Wassermeyer*, in: Wassermeyer, DBA, MA Art. 23A, Rz. 156; vgl. hierzu ebenfalls die Übersicht von Aktivitätsvorbehalten in von der Bundesrepublik

in einem Vertragsstaat unter den Vorbehalt, dass das Unternehmen einer aktiven werbenden Tätigkeit nachgeht. Telos der Aktivitätsvorbehalte ist die Überlegung, dass eine Freistellung von der Steuer in dem einen Staat nur dann gewährt werden soll, wenn das betreffende Unternehmen in dem anderen Staat auch tatsächlich im Wettbewerb steht. Eine solche Wettbewerbssituation ist nach dem Verständnis der Abkommensparteien jedoch nur im Falle aktiver Einkünfte gegeben.[790] Es existiert kein einheitlicher Katalog aktiver Tätigkeiten, sondern in jedem DBA wird der Aktivitätsvorbehalt in Form einer enumerativen Aufzählung von den Vertragsstaaten gesondert festgelegt.[791] Dies geschieht nicht selten in Protokollen, Schlussprotokollen sowie Brief- und Notenwechseln, welche – ebenso wie der Haupttext – Bestandteil des Abkommens sind. Lediglich aus formalen Gründen stellen sie vom Haupttext abgesetzte Verhandlungsergebnisse dar, die jedoch ebenfalls Gegenstand des Ratifikationsverfahrens der Vertragsstaaten sind.[792] Trotz des Mangels an Einheitlichkeit hinsichtlich der Kataloge aktiver Tätigkeiten kann in den DBA, die bis zum Jahre 1995 abgeschlossen worden sind, eine Kernformulierung erkannt werden, welche „Herstellung und Verkauf von Gütern und Waren, technische Beratung oder technische Dienstleistung oder Bank- oder Versicherungsgeschäfte“ in einer Liste aktiver Tätigkeiten zusammenfasst. Bei den von der Bundesrepublik Deutschland seit 1996 abgeschlossenen DBA wurde auf die Aufnahme dieses Kerns aktiver Tätigkeiten zumeist verzichtet und statt ihrer ein (teilweiser) Verweis auf den Katalog des § 8 AStG aufgenommen.[793]

Gegen diese Verweisungstechnik regt sich Kritik im Schrifttum mit der Begründung, dass der Regelungsgehalt des Abkommens vom jeweiligen veränderlichen Bestand der nationalen Vorschrift des § 8 AStG abhängig gemacht werde.[794] Diskutiert wurde die Frage, auf welchen Stand und Bestand der Norm abgestellt werden sollte; denjenigen bei Abkommensunterzeichnung oder die stets aktuelle Fassung der Vorschrift. Erstere Variante wird als „starre“ Verweisung bezeichnet und hat den Vorteil, dass im Falle einer Aufhebung der Norm,

Deutschland abgeschlossenen DBA bei *Wassermeyer*, in: Wassermeyer, DBA, MA Art. 23A/B.

790 *Schaumburg*, Internationales Steuerrecht, Rz. 16.515; *Wassermeyer*, in: Wassermeyer, DBA, MA Art. 23A, Rz. 156.

791 *Wassermeyer*, in: Wassermeyer, DBA, MA Art. 23A, Rz. 156.

792 *Vogel*, in: Vogel/Lehner, DBA, Einl., Rz. 48 und 91 ff.; *Wassermeyer*, in: Wassermeyer, DBA, MA Art. 1, Rz. 7.

793 Siehe zu dieser Unterteilung und der Verweisung auf konkrete DBA *Vogel*, in: Vogel/Lehner, DBA, MA Art. 23, Rz. 75.

794 Siehe hierzu nur *Wassermeyer*, in: Wassermeyer, DBA, MA Art. 23A, Rz. 156.

auf welche verwiesen wird, der Verweis im Abkommen seine Gültigkeit behält, denn Gegenstand des Verweises ist dann eine frühere Version der Vorschrift. Allerdings hätte dieses Verständnis zur Folge, dass zwei DBA mit einem identischen Verweis auf den Katalog des § 8 AStG eine gänzlich andere Rechtsfolge herbeiführen könnten, wenn sie nämlich zu unterschiedlichen Zeitpunkten abgeschlossen worden wären und § 8 AStG zu einem späteren Zeitpunkt eine tatbestandliche Änderung erfahren hätte. Das alternative Verständnis hierzu ist denklogisch die „bewegliche" Verweisung, welche stets auf die jeweils aktuelle Fassung der nationalen Vorschrift verweist. Dieser Ansatz umgeht somit das Problem eines unterschiedlichen Inhalts der Verweisung und sorgt für eine einheitliche Auslegung der Verweisung in den Aktivitätsklauseln der DBA. Als Nachteil lässt sich anführen, dass im Falle einer Aufhebung der Norm auf die verwiesen wird, die „bewegliche" Verweisung dann unanwendbar würde.[795] Trotz des zuletzt angeführten Nachteils hat sich die OECD in der Kommentierung zu Art. 3 Abs. 2 OECD-MA dafür ausgesprochen, dass im Falle, in welchem zur Abkommensauslegung Recht herangezogen werden muss, das außerhalb des Abkommens steht, das „Recht im Zeitpunkt der Abkommensanwendung (d.h. der Erhebung der Steuer)" anzuwenden ist.[796] Dementsprechend ist davon auszugehen, dass die DBA, welche keinen (eigenen) Aktivitätskatalog enthalten, sondern mit einem Verweis auf § 8 AStG ausgestattet sind, auf die jeweils aktuelle Fassung dieser Norm Bezug nehmen.[797]

(b) Rechtsfolgen der Aktivitätsvorbehalte

Die Rechtsfolge der Aktivitätsvorbehalte ist auf die Anwendung der Methodenartikel der DBA gerichtet. Die Freistellungsmethode kommt zur Anwendung, wenn und solange die Einkünfte der Betriebstätte „ausschließlich oder fast ausschließlich" aus den angeführten aktiven Tätigkeiten stammen.[798] Sind die Voraussetzungen an die Herkunft der Einnahmen im jeweiligen Wirtschaftsjahr nicht im vorgesehenen Umfang erfüllt, so besteht die Rechtsfolge im Methodenwechsel von der Freistellung der Einkünfte von der Besteuerung hin zur Anrechnung der im Ausland gezahlten Steuern auf die deutsche Einkommensteuer oder Körperschaftsteuer.[799]

---

795 *Vogel,* in: Vogel/Lehner, DBA, MA Art. 23, Rz. 75.

796 *OECD,* MK 2008, MA Art. 3, Rz. 11.

797 So z.B. *Vogel,* in: Vogel/Lehner, DBA, MA Art. 23, Rz. 75.

798 *Vogel,* in: Vogel/Lehner, DBA, MA Art. 23, Rz. 80; *Wassermeyer,* in: Wassermeyer, DBA, MA Art. 23A, Rz. 157.

799 Vorschriften mit dieser Rechtsfolge werden aufgrund des eintretenden Methodenwechsels auch als „switch-over-Klauseln" bezeichnet.

Die Wechselwirkung respektive das Zusammenspiel von Betriebstättenvorbehalten und Aktivitätsvorbehalten muss daher als zweistufiges Verfahren begriffen werden.[800] Auf der ersten Stufe wird über die Betriebstättenvorbehalte in den speziellen Einkünfteartikeln zunächst ermittelt, ob überhaupt ein Besteuerungsrecht für gewisse Einkünfte dem Betriebstättenstaat zufällt. Ist dies der Fall, so ist die Rechtsfolge grundsätzlich das Besteuerungsrecht des Betriebstättenstaates. Dies kann durch eine Freistellung dieser Einkünfte von der Besteuerung durch den Sitzstaat des Stammhauses nach Art. 23 A OECD-MA erfolgen. Es kann jedoch hinsichtlich der Methode zur Vermeidung der Doppelbesteuerung, auf der zweiten Stufe, über einen Aktivitätsvorbehalt dann eine Modifikation eintreten, wenn dieser Aktivitätsvorbehalt nicht erfüllt wird, also keine aktive Tätigkeit gegeben ist, sodass dann als Rechtsfolge nur die Anrechnungsmethode im Sinne des Art. 23 B OECD-MA zum Tragen kommt. Die im Betriebstättenstaat entrichtete Steuer wird im Sitzstaat des Stammhauses angerechnet. Dieses Verständnis weist eine klare sachliche Trennung von Betriebstättenvorbehalt einerseits und Aktivitätsvorbehalt andererseits aus. Während die Betriebstättenvorbehalte die Frage der Einkünftezurechnung auf Basis der Zuordnung der Wirtschaftsgüter regeln, entscheiden die Aktivitätsvorbehalte darüber, welche Methode zur Vermeidung von einer Doppelbesteuerung zur Anwendung kommt. Es sind daher die Aktivitätsvorbehalte und nicht die Betriebstättenvorbehalte, die den Gedanken der Missbrauchsvermeidung – wie § 8 AStG im nationalen Recht – in sich tragen. Sie unterwerfen grundsätzlich vom Stammhausstaat freizustellende Einkünfte, an denen dann nur im niedrig oder gar nicht besteuernden Betriebstättenstaat ein Besteuerungsrecht bestünde, der Anrechnungsmethode, wenn diese der Betriebstätte zuzurechnenden Einkünfte kein Ergebnis aktiver Betriebstättentätigkeit sind.

(c) Zwischenergebnis

Als Zwischenergebnis kann hier unter der Zielsetzung der DBA, Doppelbesteuerungen zu vermeiden, festgehalten werden, dass die festgestellte Zuordnung eines Wirtschaftsguts zu einer Betriebstätte unter einem Betriebstättenvorbehalt das Besteuerungsrecht der Betriebstätteneinkünfte dem Quellenstaat nach Art. 7 OECD-MA überträgt. Als zwingende Folge muss der Ansässigkeitsstaat das Stammhaus einheitlich von der Besteuerung dieser Einkünfte des Einheitsunternehmens freistellen, gemäß Art. 23 A OECD-MA. Dies ist die lediglich konsequente Umsetzung der Systematik der DBA-Vorschriften in Gestalt

800 Siehe hierzu *Strunk/Kaminski*, IStR 2003, 181, 182.

der dreistufigen Prüfung, ob Einkünfte einer Betriebstätte zuzurechnen sind. Grundsätzlich kann der Quellenstaat, in welchem sich die Betriebstätte befindet, nach Art. 7 Abs. 1 und 2 OECD-MA 2010 die Einkünfte besteuern, welche der Betriebstätte zuzurechnen sind. Ein anderes kann sich dann lediglich aus Spezialeinkünftenormen ergeben, wie zum Beispiel den Art. 10 bis 12 OECD-MA. Diese weisen für die dort bezeichneten Einkünfte das Besteuerungsrecht dem Ansässigkeitsstaat des Stammhauses zu. Auf der dritten Stufe kann sodann das Besteuerungsrecht wieder über die Rechtsfolge des Art. 7 OECD-MA an den Quellenstaat zurückfallen, wenn ein Betriebstättenvorbehalt in den Spezialeinkünftevorschriften eines DBA eingreift. Die Verteilung des Rechts zur Besteuerung der Betriebstätteneinkünfte an den Quellenstaat erfolgt sodann gemäß Art. 7 Abs. 2 OECD-MA 2010 einheitlich hinsichtlich aller der Betriebstätte zuzurechnenden Einkünfte.[801] Diese Einheitsbetrachtung der Einkünftezurechnung zu einer Betriebstätte hat zur Konsequenz, dass in dem Fall, in welchem – auf der zweiten Stufe – festgestellt wird, dass ein Aktivitätsvorbehalt nicht erfüllt ist, die Betriebstätte also einer passiven Tätigkeit nachgeht, ein einheitlicher Methodenwechsel zur Anrechnung der im Quellenstaat auf diese Einkünfte entrichteten Steuer nach Art. 23 B OECD-MA im Ansässigkeitsstaat des Stammhauses erfolgt.

(d) Umgang der Rechtsprechung mit Betriebstättenvorbehalten und Aktivitätsvorbehalten

Die Rechtsprechung des BFH lässt diese Trennung der Anwendungsbereiche von Betriebstättenvorbehalt und Aktivitätsvorbehalt zweifelsfrei noch bis Anfang der 1990er Jahre deutlich erkennen. Dies gilt insofern, als dass der BFH bis dato zur Zuordnung von Wirtschaftsgütern auf Ebene der Betriebstättenvorbehalte nicht die Frage der Aktivität der Tätigkeit aus den Aktivitätsvorbehalten herangezogen hat. Hieraus darf geschlussfolgert werden, dass der BFH die Trennung von Betriebstättenvorbehalten und Aktivitätsvorbehalten als auf zwei Stufen zu prüfende Vorschriften des jeweils einschlägigen DBA verstanden hat. Dieses Verständnis schließt gerade nicht aus, dass Einkünfte, an denen mittels eines Betriebstättenvorbehalts dem Quellenstaat das unbeschränkte Besteuerungsrecht zugesprochen wurde, dieses später durch die Nichterfüllung eines Aktivitätsvorbehalts im Wege eines Wechsels zur Anrechnungsmethode wieder eingeschränkt wird.[802]

---

801 Dies galt auch schon unter dem Art. 7 OECD-MA 2008.

802 Ebenso *Kaeser/Wassermeyer*, in: Wassermeyer, DBA, MA Art. 10, Rz. 155.

Dieses Verständnis der Trennung zwischen Betriebstättenvorbehalten und Aktivitätsvorbehalten hat die Rechtsprechung offenbar aufgeweicht und in zunehmender Abhängigkeit vom jeweils zu entscheidenden Einzelfall modifiziert. Erstmals in der Entscheidung des Ersten Senats vom 26.2.1992[803] urteilte der BFH, dass das Wirtschaftsgut (in diesem Fall eine Beteiligung) in einem funktionalen Zusammenhang zu einer in der Betriebstätte ausgeübten aktiven Tätigkeit steht und infolgedessen die Erträge aus der Beteiligung als Nebenerträge der aktiven Betriebstättentätigkeit anzuerkennen sind. Diese Entscheidung setzt den Startpunkt für eine Verlagerung der Frage, ob Einkünfte aus aktiver Tätigkeit vorliegen, auf die erste Stufe, also die Zuordnung der Wirtschaftsgüter zu den Teilen des Einheitsunternehmens anhand sachlicher Kriterien.

(e) Kritische Würdigung der Rechtsprechung zu Betriebstättenvorbehalten und Aktivitätsvorbehalten

Dem Umgang der Rechtsprechung mit Aktivitätsvorbehalten und Betriebstättenvorbehalten ist kritisch zu begegnen. Es ist der bei *Strunk* und *Kaminski*[804] anklingenden Kritik beizupflichten, dass es sich hierbei um eine Vermengung zweier Aspekte handelt. Die Heranziehung des Kriteriums der Aktivität bezogen auf die Tätigkeit, welche die Einkünfte generiert, ist sogar als unzulässige Vermengung von Wirtschaftsgutszuordnung und Frage eines Methodenwechsels der Doppelbesteuerungsvermeidung zu beurteilen. Wie zuvor dargelegt, handelt es sich um zwei getrennte Sachfragen, wobei auf der Ebene der Zuordnung der Wirtschaftsgüter der Aktivität der Tätigkeit keine Entscheidungserheblichkeit zukommt. Vielmehr wird an dieser Stelle gerade diskutiert, ob das Heranziehen des Kriteriums des funktionalen Zusammenhanges aus § 8 AStG überhaupt geeignet ist, um eine abkommenskonforme Auslegung von Betriebstättenvorbehalten zu erreichen.

(aa) Aufweichung der Grenzziehung

Diese Untersuchung geht der Frage nach, ob der BFH bei der entsprechenden Anwendung des Kriteriums des funktionalen Zusammenhanges auf Betriebstättensachverhalte nicht in unzulässiger Weise den Missbrauchsvermeidungsgedanken des AStG in Gestalt der Qualifikation der Einkünfte als aktiv oder passiv auf das Abkommensrecht überträgt. Daher erscheint die Vorverlegung der Einstufung von Einkünften als aktiv oder passiv auf die Ebene der Zuordnung

803 *BFH* v. 26.2.1992 – I R 85/91, BStBl. II 1993, 937.

804 *Strunk/Kaminski*, IStR 2003, 181, 183 ff.

von Wirtschaftsgütern im Abkommensrecht als voreilig und nicht sachgerecht. Selbst im direkten Anwendungsbereich des AStG führt erst die Untersuchung der Unternehmenstätigkeiten auf ihren funktionalen Zusammenhang hin zu einem Ergebnis, welches dann erst erkennen lässt, ob eine aktive oder passive Tätigkeit im Sinne des § 8 Abs. 1 AStG gegeben ist. Wenn aber im Außensteuerrecht bereits die Untersuchung des funktionalen Zusammenhanges als Tatbestandsmerkmal der daraus folgenden Qualifikation von Einkünften als aktiv oder passiv vorgelagert ist, muss bei entsprechender Anwendung des Kriteriums des funktionalen Zusammenhanges im Abkommensrecht durch den BFH erst recht die Trennung zwischen funktionalem Zusammenhang als Prüfungsschritt des „tatsächlichen Gehörens" eines Wirtschaftsgutes zu einer Betriebstätte und einer mit diesem Wirtschaftsgut ausgeübten aktiven oder passiven Tätigkeit als Einkunftsquelle durchgehalten werden. Dies findet im Übrigen im Abkommensrecht seine Ausprägung darin, dass es Spezialvorschriften in Gestalt der Aktivitätsvorbehalte gibt, die über die anzuwendende Methode zur Doppelbesteuerungsvermeidung entscheiden. Ihnen ist das Merkmal der Aktivität von Einkünften eigen, den Betriebstättenvorbehalten hingegen nicht. Letztere dienen der Beantwortung der Frage der tatsächlichen Zugehörigkeit eines Wirtschaftsgutes zu einer Betriebstätte mit der Folge der Erfüllung oder Nichterfüllung des Betriebstättenvorbehalts. Der BFH zeigt jedoch durch diese Vermengung von tatsächlicher Zugehörigkeit eines Wirtschaftsguts zu einer Betriebstätte und der Frage, ob die Betriebstätte einer aktiven oder passiven Tätigkeit nachgeht, dass er die klare Grenzziehung zwischen Betriebstättenvorbehalten und Aktivitätsvorbehalten aufzuweichen gedenkt.

(bb) Unzulässige Vermengung der Regelungen durch Rechtsprechungsänderung des BFH

Selbst wenn man diese zuvor dargestellte Einbeziehung der Aktivität der Tätigkeit auf der Ebene des Betriebstättenvorbehalts als eine etwas ungenaue und zu weitgehende Ausdehnung des Gedankens des funktionalen Zusammenhanges durch den BFH begreifen will, stellt die später ergangene Entscheidung des Ersten Senats vom 7.8.2002[805] eine elementare Rechtsprechungsänderung in diesem Zusammenhang dar. Der BFH entschied, dass die streitgegenständliche Beteiligung funktional der Betriebstätte zuzuordnen war. Da die Betriebstätte in der Schweiz lag, sprach das Gericht über den Betriebstättenvorbehalt des Dividendenartikels das unbeschränkte Besteuerungsrecht an den Dividendeneinkünften

805 *BFH* v. 7.8.2002 - I R 10/01, BStBl. II 2002, 848.

grundsätzlich der Schweiz zu. Somit wäre anhand der hier vertretenen klaren Unterscheidung von Betriebstättenvorbehalt und Aktivitätsvorbehalt unter der Prämisse der Einheitsbetrachtung eine Freistellung der Betriebstätteneinkünfte von der Besteuerung des Stammhauses in Deutschland die Folge gewesen. Der BFH hatte in diesem Fall jedoch zugleich den im DBA Schweiz enthaltenen Aktivitätsvorbehalt zu berücksichtigen. Regulär würde dieser einen einheitlichen Methodenwechsel von der Freistellung zur Anrechnung der in der Schweiz auf die durch die Tätigkeit der Betriebstätte erzielten Einkünfte gezahlten Steuer zur Folge haben. Der BFH jedoch durchbrach den Grundsatz der Einheitsbetrachtung und teilte die Betriebstätteneinkünfte in zwei Gruppen auf. Die eine Gruppe umfasste danach die freizustellenden originären Einkünfte und die andere Gruppe die nicht freizustellenden sonstigen Einkünfte. In die erste Gruppe fielen demnach Einkünfte, die aus im Tätigkeitskatalog als aktiv qualifizierten Einkunftsquellen stammen, während alle anderen Einkünfte, hier insbesondere Dividenden, der zweiten Gruppe zugeordnet und somit als eigenständig passive Einkünfte der Betriebstätte behandelt wurden. Der BFH vollführt hierdurch eine Abkehr vom Grundsatz der Einheit der Einkünfte. Das Gericht trennt diese auf, ohne eine Begründung hierfür zu liefern. Die Anordnung der Methode zur Doppelbesteuerungsvermeidung wird gänzlich der Frage der funktionalen Zuordnung entzogen und separiert die Dividendeneinkünfte der Betriebstätte als eigenständige passive Einkünfte, die (schon gar) nicht der Freistellung unterworfen werden. Diese Kreation einer Gruppe eigenständiger passiver Einkünfte aus einem Wirtschaftsgut stellt einen Verstoß gegen die Systematik des Art. 7 OECD-MA auf der einen und die der speziellen Einkünfteartikeln wie Art. 10 bis 12 OECD-MA auf der anderen Seite dar. Wird ein Wirtschaftsgut explizit in einem Spezialartikel des DBA erfasst und unterfällt es dort dem Betriebstättenvorbehalt, so ist es der Betriebstätte komplett zuzuordnen; letzteres sieht ja der BFH in seiner Entscheidung zweifelsfrei ebenso. Insbesondere die in der Urteilsbegründung unterbliebenen Ausführungen dazu, warum der Senat die Einkünfte in diese Gruppen aufteilt, leistet der Vermutung Vorschub, dass der BFH durch diese Entscheidung einer möglichen Verlagerung von Steuersubstrat ins Ausland und somit dem Wechsel des Besteuerungsrechts hieran entgegentreten, mithin eine Subsumption der Einkünfte unter Art. 7 OECD-MA oder die ihr entsprechende Norm verhindern wollte.[806] Solche aufgrund fiskalischer Motive geschaffenen eigenen Gruppen passiver Einkünfte sind jedoch kategorisch abzulehnen. Dies gilt insbesondere dann, wenn sie die

806 So auch *Blumers*, DB 2006, 856, 858.

Systematik der Anwendung des Artikels zu Unternehmensgewinnen (Art. 7 OECD-MA) und der Artikel zu spezielleren Einkünften (Art. 10 bis 12 OECD-MA beispielsweise) umgehen sollen mit dem Ergebnis, dass es auf die Qualifikation eines Wirtschaftsguts als tatsächlich zu einer Betriebstätte gehörig und somit der Erfüllung des Betriebstättenvorbehalts im Spezialeinkünfteartikel nicht mehr ankommen soll.

Der BFH macht es sich leicht, um zur Anwendbarkeit der Anrechnungsmethode durch die Einordnung der Dividenden als per se passive Einkünfte unter dem zugegebenermaßen sehr eng gefassten Aktivitätsvorbehalt des DBA Schweiz[807] zu gelangen und entzieht sich somit der Prüfung und Diskussion, ob der Aktivitätsvorbehalt die zunächst vom Betriebstättenvorbehalt angeordnete Freistellungsmethode tatsächlich verdrängt. Denkbar wäre es, dass die Betriebstätte in der Schweiz die Beteiligung nicht nur hält, sondern vielmehr Dienstleistungen erbringt und anderen Tätigkeiten nachgeht, die als aktiv zu qualifizieren gewesen wären, sodass dann die Dividenden – unter Beibehaltung der Einheitsbetrachtung – nicht als Einkünfte aus passiver Tätigkeit hätten eingestuft werden können. Ein solches Ergebnis wäre jedoch nach der Entscheidung des BFH in diesem Fall gänzlich ohne Belang, denn die Einordnung der Dividenden als eigene Gruppe passiver Einkünfte würde unter Umgehung der Zuordnung des Wirtschaftsguts zur Betriebstätte eine Besteuerung in Deutschland auslösen. Das vom BFH in dieser Entscheidung gefundene Ergebnis ähnelt stark der These der Zentralfunktion des Stammhauses der Finanzverwaltung.[808] Letztlich führt diese Handhabung des Aktivitätsvorbehalts durch den BFH dazu, dass dem Stammhaus regelmäßig die Einkünfte aus Beteiligungen zuzurechnen sind, auch wenn die Beteiligung per Betriebstättenvorbehalt der Betriebstätte zugeordnet wurde. Die Wirkung der eigenständigen passiven Einkünfte aus Beteiligungen wirken ähnlich der Zentralfunktion des Stammhauses, welche regelmäßig Beteiligungen, die nicht einer in der Betriebstätte ausgeübten Tätigkeit dienen, dem Stammhaus zuordnen.[809] Eine solche pauschalierende Regel, wie der BFH sie in dieser Entscheidung aufgestellt hat, ist nicht der richtige Ansatz, um die Fragen der Zuordnung von Wirtschaftsgütern zu beantworten. Ein antizipierendes Zurechnen der Einkünfte aus gewissen

807 Im hier diskutierten Fall handelte es sich um Art. 24 Abs. 1 Satz 1 Nr. 1 lit. a) und b) DBA Schweiz.

808 Unter diesem Aspekt diskutiert diese Entscheidung auch *Blumers*, DB 2006, 856, 858. Zur Zentralfunktion des Stammhauses und der Kritik an dieser Auffassung der Finanzverwaltung siehe unten Kapitel 3. V. 7. a).

809 *BMF*, Betriebsstätten-Verwaltungsgrundsätze, Rz. 2.4.

Wirtschaftsgütern über den Aktivitätsvorbehalt zum Stammhaus, indem diese als eigene passive Einkünfte qualifiziert werden, bewirkt im Ergebnis nichts anderes, als das Wirtschaftsgut selbst direkt und ohne Prüfung eines Betriebstättenvorbehalts dem Stammhaus zuzuordnen. Dies bedeutet, die Behauptung aufzustellen, dass gewisse Funktionen Betriebstätten gar nicht zugeordnet werden können. Faktisch wird damit eine Attraktivkraft der Geschäftsleitungsbetriebstätte festgeschrieben. Dies ist ein Ergebnis, das zu der zuvor ergangenen Rechtsprechung sowie zu einer großen Zahl von in der Literatur vertretenden Auffassungen in Widerspruch steht[810] und richtigerweise abgelehnt werden muss. Insbesondere gilt dies im Hinblick auf die Zuordnung von Beteiligungen zu Betriebstätten, denn hierfür ist zuvor der Nachweis geführt worden, dass einer Betriebstätte in der Funktion einer Holding Beteiligungen zugeordnet werden können, wenn sie die dafür erforderlichen Funktionen ausübt, auch wenn der BFH die exakte Darstellung dieser Kriterien bisher schuldig blieb. Vielmehr muss davon ausgegangen werden, dass einer Betriebstätte jede Art von Funktion und Aufgabe zukommen kann. Eine pauschalierende Schaffung von Gruppen passiver Einkünfte, deren Zurechnung zu einer Betriebstätte sich per se verbietet, ist als strikt unvereinbar mit den Betriebstättenvorbehalten und ihrem Regelungscharakter abzulehnen.

Der BFH wäre im konkret entschiedenen Fall zum DBA Schweiz unter Anwendung dessen strengen Aktivitätsvorbehalts ohnehin zu dem von ihm intendierten Ergebnis gelangt: Dem Bestehen eines Besteuerungsrechts des deutschen Fiskus unter Anwendung der Anrechnungsmethode beim Stammhaus. Insofern hätte der BFH unter Wahrung der Systematik der DBA zunächst die Beteiligungen als Wirtschaftsgüter der Betriebstätte in der Schweiz qualifizieren und folglich zunächst der Schweiz das unbeschränkte Besteuerungsrecht unter Anwendung der Freistellungsmethode zusprechen können respektive müssen. Dies entspräche der korrekten Prüfung und Anwendung des Betriebstättenvorbehalts des Dividendenartikels im DBA Schweiz sowie der darin enthaltenen Rückverweisung auf den Artikel über Unternehmensgewinne. Im Folgenden kommt es auf der zweiten Prüfungsstufe zur Anwendung des Aktivitätsvorbehalts, der das zuvor gefundene Ergebnis abändert und der Anrechnungsmethode zur

810 Siehe hierzu *Andresen,* in: Wassermeyer/Andresen/Ditz/Schönfeld, Betriebsstätten Handbuch, Rz. 2.74 ff.; *Ditz/Schneider,* DStR 2010, 81, 84; *Kumpf/Roth,* DB 2000, 741, 746; *Roth,* in: Lüdicke, Zurechnung von Wirtschaftsgütern, S. 104; *BFH* v. 29.7.1992 – II R 39/89, BStBl. II 1993, 63, der Senat nimmt in dieser Entscheidung Bezug auf § 121 Nr. 3 BewG, der als inländisches Betriebsvermögen auch das Vermögen einer Betriebstätte anerkennt, wenn es dem betriebenen Gewerbe dient.

Geltung verhilft. Die Tatsache, dass der vom BFH gewählte Prüfungsweg zu keinen Veränderungen im Ergebnis führt, ist dem Aktivitätsvorbehalt geschuldet. Dies rechtfertigt den Verstoß gegen die Systematik und die Abweichung von der vorherigen Rechtsprechungspraxis, zumal ohne diese zu begründen, jedoch nicht.

(cc) Unbillige Rechtsfolge der Rechtsprechungsänderung

Überträgt man nämlich eben diese neu kreierte Methode des BFH als generellen Prüfungsmaßstab auf einen Fall, in welchem das zwischen der Bundesrepublik Deutschland und dem anderen Vertragsstaat geschlossene DBA keinen oder keinen derart eng gesteckten Aktivitätsvorbehalt enthält, so wäre ein inakzeptables Ergebnis die Folge.

Bei regulärer Prüfung des Sachverhalts würde die Beteiligung – so ja auch im vom BFH entschiedenen Fall zum DBA Schweiz – der Betriebstätte über den Betriebstättenvorbehalt zugeordnet. Dieses Ergebnis hätte jedoch keinen Bestand, wenn man der These des BFH folgte und die Dividenden als per se passive Einkünfte qualifizierte, welche niemals einer aktiven Betriebstättentätigkeit entstammen und somit die Beteiligung der Betriebstätte keinesfalls zugeordnet werden könnte. Die vom BFH durchgeführte Aufteilung der Betriebstätteneinkünfte in originäre freizustellende Einkünfte und nicht freizustellende Einkünfte, wie Dividenden, würde zu einer Aushöhlung des vom BFH selbst entwickelten Gedankens des funktionalen Zusammenhanges führen, weil dieser im Rahmen der Betriebstättenvorbehalte auf bestimmte Wirtschaftsgüter gar nicht mehr zur Anwendung käme. Eine tatsächliche Prüfung, welche Funktion die Betriebstätte ausübt, fände danach gar nicht mehr statt. Stattdessen würde sich der Prüfungsmaßstab auf die Einkünfte selbst beschränken und die Quelle – das Wirtschaftsgut – gänzlich unberücksichtigt lassen.

Diese in der Literatur[811] zu recht massiv kritisierte Rechtsprechungsänderung im Zusammenhang mit dem DBA Schweiz darf in keinem Falle verallgemeinernd auf andere DBA-Sachverhalte übertragen werden. Die Entscheidung folgt für sich gesehen bereits keiner systematisch korrekten Analyse und Anwendung von Betriebstättenvorbehalt und Aktivitätsvorbehalt sowie deren Rechtsfolgen.

(dd) Zwischenergebnis

Die Rechtsprechungsänderung des BFH unter Vermengung der Bereiche von Betriebstättenvorbehalt und Aktivitätsvorbehalt zeitigt Folgen, die als fehlgehend

811 *Blumers*, DB 2006, 856, 858; *Kinzl*, IStR 2005, 693, 695; *Strunk/Kaminski*, IStR 2003, 181, 187.

zurückzuweisen sind. Erstens, eine starke dem strengen Aktivitätsvorbehalt geschuldete Tendenz, das Besteuerungsrecht nach Deutschland zu verlagern, indem die Anrechnungsmethode zur Doppelbesteuerungsvermeidung angewendet wird, ist abzulehnen. Zweitens, die Durchbrechung der eindeutigen Systematik der DBA darf niemals aus rein fiskalischen Motiven erfolgen, es muss die Frage nach der Zuordnung des Wirtschaftsguts beantwortet werden und daran die Zurechnung der daraus resultierenden Einkünfte erfolgen.

Trotz der umfassenden hier vorgebrachten Kritik an dieser Entscheidung des Ersten Senats vom 7.8.2002, lässt sich folgende Erkenntnis gewinnen: Aus der Durchbrechung der Systematik und vorrangigen Anwendung des Aktivitätsvorbehalts vor dem Betriebstättenvorbehalt zeigt sich, dass Missbrauchs- und Umgehungsvermeidung zweifelsfrei Sache der Aktivitätsvorbehalte ist, nicht jedoch die der Betriebstättenvorbehalte. Hieraus folgt, dass der Regelungsgedanke des § 8 AStG mit seiner Missbrauchsvermeidungsintention das Telos der Betriebstättenvorbehalte weder verkörpern kann noch darf. Die Anwendung des Kriteriums des funktionalen Zusammenhangs durch den BFH muss diesen Unterschied von Sinn und Zweck des AStG einerseits und den der Betriebstättenvorbehalte aus DBA andererseits respektieren und in der Folge das Kriterium abkommenskonform zur Anwendung bringen. Die in den diskutierten Entscheidungen zum Ausdruck gekommene Vermengung und die Schaffung von Interdepenzen, welche das Abkommensrecht so zwischen Betriebstättenvorbehalten und Aktivitätsvorbehalten nicht vorsieht, ist als schlicht im Widerspruch zum geltenden Recht stehend abzulehnen.

(3) Zusammenfassung

Die Analyse des Regelungsgedanken des § 8 AStG einerseits und der Betriebstättenvorbehalte in DBA andererseits haben die Unterschiede zwischen beiden Regelungsmaterien aufgezeigt. Als Ergebnis wurde festgehalten, dass ein Außerachtlassen dieser Unterschiede und mithin eine unmittelbare Übertragung des Gedankens der Missbrauchsverhinderung durch Überwindung der Abschirmwirkung ausländischer Basisgesellschaften auf abkommensrechtliche Sachverhalte sich verbietet. Das Abkommensrecht befasst sich mit der Aufteilung von Steuersubstrat zwischen den Vertragsstaaten, die an einem grenzüberschreitenden Steuersachverhalt beteiligt sind. Ist in diesen Sachverhalt eine Betriebstätte verstrickt, so erfordert dies eine exakte Prüfung hinsichtlich der Zuordnung der die Einkünfte generierenden Wirtschaftsgüter. Diese Analyse des Sachverhalts unter der Tatbestandsvoraussetzung der Betriebstättenvorbehalte stellt die Fragen danach, wann ein Wirtschaftsgut tatsächlich zu einer Betriebstätte gehört und erfordert eine Prüfung anhand objektiver Maßstäbe unter Einbeziehung subjektiver Merkmale der Geschäftsleiters. Der Ansatz darf hingegen nicht die dem § 8 AStG innewohnende Missbrauchsverhinderung sein. Diese intendiert ja vielmehr ein Unterlaufen der Schutzwirkung der DBA, indem sie die Gewinne der ausländischen Gesellschaft dem im Grundsatz unbeschränkt steuerpflichtigen Anteilseigner im Inland fiktiv als dessen eigene Einkünfte zurechnet.[812] Es ist ferner deutlich geworden, dass DBA durchaus Missbrauchs- und Umgehungsvermeidungsvorschriften kennen, diese jedoch nicht Gegenstand der speziellen Einkünfteartikel und ihrer Betriebstättenvorbehalte sind, sondern in Gestalt der sogenannten Aktivitätsvorbehalte Ausdruck im Abkommensrecht finden. Der Umstand, dass der BFH ausgehend von seiner Entscheidung vom 26.2.1992[813] in mehreren Fallkonstellationen, in denen die entscheidungsrelevanten DBA solche Aktivitätsvorbehalte enthielten, diese zunehmend ohne klare Abgrenzung zwischen Betriebstättenvorbehalt und Aktivitätsvorbehalt weiterentwickelt und mitunter vorschnell das deutsche Besteuerungsrecht angenommen hat, ist Anlass für die hier vorgebrachte grundlegende Kritik. Die klare Trennung zwischen Betriebstättenvorbehalt und Aktivitätsvorbehalt als auf zwei nacheinander gelagerten Stufen anzuwendende Prüfungsschritte ist essentiell für die korrekte Durchführung der Zuordnung von Wirtschaftsgütern zu Betriebstätten.

Der Ansatz, auf einen funktionalen Zusammenhang abzustellen, ist deshalb aber nicht grundsätzlich abzulehnen. Lediglich muss dieser sich von seinem „Ursprung", der außensteuerrechtlichen Abgrenzung aktiver von passiven Einkünfte, emanzipieren. Diese Emanzipation erscheint nicht nur notwendig, sondern auch interessengerecht. Denn der Katalog des § 8 Abs. 1 AStG stellt eine außensteuerrechtliche Besonderheit dar. Die Positivliste setzt sich in ihrer Kategorisierung nach aktiv und passiv grundsätzlich in Widerspruch zum deutschen Ertragssteuerrecht, welches auf den sieben Einkunftsarten aufbaut, denen gewisse Tätigkeiten oder Rechtsverhältnisse zugeordnet werden.[814] Von dieser kritischen Einordnung ausgehend, spricht nichts dagegen, die Idee des funktionalen Zusammenhanges aus dem Außensteuerrecht für den Bereich des Rechts der Doppelbesteuerungsabkommen gangbar zu machen. Sie muss jedoch einen objektiven Blick auf die vom Steuerpflichtigen dargelegte Funktionsaufteilung innerhalb des Einheitsunternehmens zulassen und darf eben nicht vom Standpunkt einer Missbrauchsvermeidungsnorm – wie § 8 AStG

812 *Wassermeyer*, in: Flick/Wassermeyer/Baumhoff/Schönfeld, Außensteuerrecht, AStG vor §§ 7–14, Rz. 3.

813 *BFH* v. 26.2.1992 – I R 85/91, BStBl. II 1993, 937.

814 *Wassermeyer*, in: Flick/Wassermeyer/Baumhoff/Schönfeld, Außensteuerrecht, AStG § 8, Rz. 11.

eine ist – dem Regelungscharakter der Betriebstättenvorbehalte der DBA zuwiderlaufen.

bb) Betriebswirtschaftliche und unternehmensorganisatorische Aspekte der Funktionsverteilung im Einheitsunternehmen und die Multifunktionalität von Betriebstätten

Die Rechtsprechung leitet aus § 8 AStG das Prinzip der Differenzierung zwischen Hauptfunktionen und Nebenfunktionen ab, welches sie dann auf Betriebstättensachverhalte zur Anwendung bringt. Erträge – und die sie generierenden Wirtschaftsgüter – sollen danach nur dann der Betriebstätte zuzurechnen sein, wenn sie sich als Nebenerträge der Hauptfunktion der Betriebstätte darstellen.[815] Die Einteilung in Hauptfunktion und Nebenfunktionen erfordert die eindeutige Identifikation einer Funktion als zentral und somit als charakterisierend für die Tätigkeit der Betriebstätte. Diese Vorgehensweise des BFH erscheint praktikabel für den Fall, in welchem eine Betriebstätte exakt eine Funktion ausübt. In diesem Fall lässt sich mangels Alternativen eine Zuordnung von Wirtschaftsgütern zur Betriebstätte problemlos vornehmen, indem sich die Prüfung darauf beschränkt, ob die Erträge, die von dem infrage stehenden Wirtschaftsgut generiert werden, Nebenerträge der Hauptfunktion sind. Deutlich schwieriger erscheint eine solche Ermittlung der Hauptfunktion, wenn eine Betriebstätte mehr als nur eine Funktion ausübt. Durchführbar mag die Abgrenzung zwischen den Funktionen auch dann noch sein, wenn eine Funktion eindeutig in den Vordergrund der Betriebstättentätigkeit tritt und alle übrigen Funktionen in ihrer Intensität dahinter (deutlich) zurückbleiben. Die Praktikabilität dieses Ansatzes erscheint jedoch fraglich, wenn eine Betriebstätte deshalb keine Hauptfunktion innehat, weil ihr eine Mehrzahl von Funktionen zugeordnet worden ist und sie diese als gleichberechtigt nebeneinanderstehend wahrnimmt. Ein Gebot, welches Betriebstätten vorschreibt, sich auf eine Funktion zu beschränken, ist aus den Gesetzesmaterialien nicht zu entnehmen. Die Vorstellung, jeder Betriebstätte sei eine maßgebliche Funktion zuzuordnen, findet sich jedoch in den Betriebsstätten-Verwaltungsgrundsätzen in Gestalt der sogenannten Zentralfunktion des Stammhauses.[816] Das Verständnis der Finanzverwaltung von der Zentralfunktion

815 *BFH* v. 26.2.1992 – I R 85/91, BStBl. II 1993, 937, Rz. 21; *BFH* v. 23.10.1996 – I R 10/96, BStBl. II 1997, 313, Rz. 10; *BFH* v. 19.12.2007 – I R 66/06, BStBl. II 2008, 510, Rz. 17.

816 *BMF*, Betriebsstätten-Verwaltungsgrundsätze, Rz. 2.4.; auf die Zentralfunktion des Stammhauses wird im Folgenden noch ausführlich eingegangen, siehe unten Kapitel 3. V. 6. b).

des Stammhauses ist jedoch grundlegend abzulehnen.[817] Es basiert auf einem traditionellen und nicht mehr zeitgemäßen Unternehmensbild, welches an klar definierten und getrennten Funktionen wie Produktion, Vertrieb und Dienstleistung ausgerichtet ist und die Vermögensverwaltung streng von den Dienstleistungen separiert[818].[819] Ein solches Verständnis spiegelt eine antiquierte Aufgaben- und Funktionsverteilung im Einheitsunternehmen wider, die nicht Basis einer Funktionsanalyse sein darf.

In den Entscheidungen des BFH wird im Rahmen der Prüfung, ob ein Wirtschaftsgut in einem funktionalen Zusammenhang mit der Betriebstätte steht, nicht selten auf die Tätigkeit der Betriebstätte abgestellt, welche das Schwergewicht ausmacht. Das Gericht verlangt dann stets, dass sich die Erträge aus diesem Wirtschaftsgut bei funktionaler Betrachtung als Nebenerträge der aktiven Betriebstättentätigkeit darstellen, also derjenigen Tätigkeit, welcher eben das Schwergewicht zukommt.[820] Hieraus lässt sich positiv ablesen, dass der BFH davon auszugehen scheint, dass eine Betriebstätte mehrere Tätigkeiten ausüben kann, somit wohl auch mehrere Funktionen nebeneinander inne haben kann. Negativ gewendet, ist zu kritisieren, dass das Gericht nach der Identifikation mehrerer Tätigkeiten einer Betriebstätte sodann verlangt, dass eine dieser Tätigkeiten als Haupttätigkeit der Betriebstätte festgesetzt wird, welche dann die Hauptfunktion darstellt, während alle sonstigen Tätigkeiten lediglich als Nebentätigkeiten zu qualifizieren sind. Denn hieraus folgt, dass Wirtschaftsgüter, die einer Nebentätigkeit nach dem Verständnis des BFH zugehörig sind, nur dann im Rahmen des funktionalen Zusammenhanges tatsächlich zur Betriebstätte gehören können, wenn sich diese Funktion als Nebentätigkeit zur aktiven Haupttätigkeit darstellt. Folglich muss auch das Verständnis der Rechtsprechung hinsichtlich der Fähigkeit einer Betriebstätte, mehrere Funktionen nebeneinander ausüben zu können, als nicht mehr zeitgemäß bewertet werden. Weitere Kritik an der Entscheidung des BFH vom 30.8.1995[821] im Zusammenhang mit der Funktionszuordnung im Einheitsunternehmen ist an

817 Siehe hierzu unten Kapitel 3. V. 7. a).

818 Siehe *BMF*, Betriebsstätten-Verwaltungsgrundsätze, Rz. 3.1.1.

819 Ebenso *Roth*, in: Herrmann/Heuer/Raupach, EStG/KStG, EStG § 49, Rz. 261; *Roth*, in: Lüdicke, Zurechnung von Wirtschaftsgütern, S. 99.

820 Siehe hierzu *BFH* v. 30.8.1995 – I R 112/94, BStBl. II 1996, 563, Rz. 17 mit Verweis auf das zu § 8 AStG ergangene Grundsatzurteil *BFH* v. 16.5.1990 – I R 16/88, BStBl. II 1990; v. 23.10.1996 – I R 10/96, BStBl. II 1997, 313; v. 29.11.2000 – I R 84/99, HFR 2001, 1053, Rz. 32; v. 7.8.2002 – I R 10/01, BStBl. II 2002, 848.

821 *BFH* v. 30.8.1995 – I R 112/94, BStBl. II 1996, 563.

dem indiziellen Zuordnungsgesichtspunkt des Gerichtes anzubringen, bei dem der Senat davon ausgeht, dass gegen die Zugehörigkeit eines Vermögenswertes zu einer Betriebstätte spreche, dass die aus der Nutzung dieses Wirtschaftsguts erzielten Einkünfte in gleicher Weise hätten vom Inland aus (und somit durch das Stammhaus) erzielt werden können.[822] Ein solches Subkriterium zur Ermittlung des funtionalen Zusammenhanges eines Wirtschaftsguts mit den in der Betriebstätte ausgeübten Funktionen entspricht keiner objektiven Funktionsanalyse, sondern statuiert faktisch die Attraktivkraft des Stammhauses[823], mithin die Attraktivkraft hinsichtlich der Geschäftsleitungsbetriebstätte. Eine solche Attraktivkraft einer Betriebstätte gibt es jedoch nicht[824], auch nicht bei der Geschäftsleitungsbetriebstätte.

Richtigerweise muss für die Funktionszuordnung davon ausgegangen werden, dass moderne betriebswirtschaftliche Unternehmensstrukturen die Zuordnung mehrerer Funktionen respektive die Zuordnung von Funktionsbündeln zu einer Betriebstätte erforderlich machen und sich solche Strukturen in der Praxis bereits implementiert haben. Es muss einer Betriebstätte zugestanden werden, mehrere Funktionen nebeneinander auszuüben.[825] Unter einer solchen Vielzahl von Funktionen vermag es sich sodann schwierig zu gestalten, eine dieser Funktionen als zentrale Betriebstättentätigkeit zu identifizieren. Die Konzentration sämtlicher Aufgabenbereiche einer Sparte in einer Betriebstätte dergestalt, dass sämtliche Aufgaben durch diese Betriebstätte von einem sinnvollen Ort aus gesteuert werden – sogenanntes Centre Entrepreneur Concept –[826] bereitet Schwierigkeiten, wenn das Zuordnungsschema für Wirtschaftsgüter starr von nur einer Hauptfunktion ausgeht. Der BFH muss folglich seine Schwergewichtsformel aufgeben und aus dem Kanon der Subkriterien des funktionalen Zusammenhanges als überholt ausscheiden.

Die unternehmensorganisatorische Wirklichkeit entspricht nicht mehr zwingend dem Bild von einem im Stammhaus wahrgenommenen Kerngeschäft in Gestalt der Unternehmensführung, sondern je nach Einzelfall können auch

---

822 *BFH* v. 30.8.1995 – I R 112/94, BStBl. II 1996, 563, Rz. 17.

823 *Strunk/Kaminski*, IStR 2003, 181, 184.

824 Vgl. hierzu *OECD*, MK 2008, MA Art. 7, Rz. 5; *OECD*, MK 2010, MA Art. 7, Rz. 12; *Jacobs*, Internationale Unternehmensbesteuerung, S. 676; *Vogel*, in: Vogel/Lehner, DBA, MA Vor Art. 10–12, Rz. 40; *Wassermeyer*, in: Wassermeyer, DBA, MA Art. 7, Rz. 324.

825 So auch *Staringer*, in: Gassner/Lang/Lechner, Betriebstätte im Recht der DBA, 223, 239.

826 Vgl. *Blumers*, DB 2008, 1765, 1768.

Funktionen der Unternehmensleitung auf einzelne Geschäftsbereiche und somit Betriebstätten übertragen worden sein.[827] Dieser Funktionsaufteilung auf verschiedene Betriebstätten hat sodann die Zuordnung der Wirtschaftsgüter zu folgen, wenn und soweit sie für die Ausübung der Funktion erforderlich sind. In derartigen Strukturen kann es jedoch auch zu einer Ausstattung einer Betriebstätte mit zwei elementaren Geschäftsbereichen kommen, sodass dann auch von der Ausübung zweier (gleich) wichtiger Funktionen in einer Betriebstätte auszugehen ist.

Die Prüfung der Wirtschaftsgutszuordnung nach dem Kriterium des funktionalen Zusammenhangs muss eine objektive Analyse der Betriebstättenfunktionen umfassen. Diese Analyse muss unvoreingenommen und losgelöst von der Intention erfolgen, dass eine Betriebstätte regelmäßig lediglich eine Hauptfunktion ausübt. Erst wenn das erkennende Gericht im Rahmen der Rechtsfindung die Möglichkeit der Ausübung multipler Funktionen durch eine Betriebstätte als potentielles und gleichberechtigtes Ergebnis in Betracht zieht, darf davon ausgegangen werden, dass der „tatsächliche funktionale Zusammenhang" zwischen Wirtschaftsgut und der Tätigkeit respektive den Tätigkeiten der Betriebstätte ermittelt worden ist. Eine rechtliche Analyse, welche den Fokus auf eine Hauptfunktion (oder in der Diktion der Finanzverwaltung auf eine Zentralfunktion) legt, kann für sich nicht in Anspruch nehmen, die tatsächlichen und wirklichen wirtschaftlichen Verhältnisse eines Einheitsunternehmens ergründet und damit die richtige und zeitgemäße Basis für die Zuordnung der Wirtschaftsgüter gelegt zu haben. Einem dergestalt vorgefertigten Ansatz der Analyse, der starr von einer Hauptfunktion und allenfalls mehrerer Nebenfunktionen ausgeht, ist daher eine klare Absage zu erteilen. Er entspricht nicht mehr der betriebswirtschaftlichen Wirklichkeit. Die Wirklichkeit im Wege der Zuordnung von Wirtschaftsgütern zu ergründen, ist jedoch zentrales Anliegen des Kriteriums des funktionalen Zusammenhangs. Insofern muss der tatsächliche funktionale Zusammenhang zwischen den zuordnungsbedürftigen Wirtschaftsgütern und der Tätigkeit oder eben den Tätigkeiten einer Betriebstätte ermittelt und hierbei moderne Formen der Unternehmensstrukturierung anerkannt werden.

Die Akzeptanz gegenüber der Zuordnung von mehreren gleich wichtigen Funktionen oder ganzen Funktionsbündeln auf eine Betriebstätte darf aber nicht dazu führen, dass nunmehr jede Tätigkeit, die in einer Betriebstätte vorgenommen wird, auch gleich eine eigene Funktion darstellt. Für die Zwecke des AStG

---

827 Siehe *Blumers*, DB 2008, 1765, 1766; *Breuninger*, in: Spindler/Tipke/Röder, FS Schaumburg, S. 597 f.

soll im Falle einer Verflechtung von Betriebsfunktionen (z.B. Produktion, Marketing, Finanzierung) nach der Verkehrsauffassung entschieden werden, wo das Schwergewicht liegt und danach eine Einkünftezurechnung erfolgen.[828] Dieses Merkmal des Schwergewichts hat der BFH auch auf die Betriebstättenfälle übertragen und will den Maßstab der allgemeinen Verkehrsauffassung anlegen, um zu bestimmen, bei welcher Tätigkeit das wirtschaftliche Schwergewicht in der Betriebstätte liegt.[829] Eine Schwerpunktbildung erscheint zunächst sinnvoll und angebracht, um aus vielen Einzeltätigkeiten, die in einer Betriebstätte vorgenommen werden, auf die nächstgrößere Einheit, die Funktion (oder aber mehrere Funktionen), zu schließen. Denn nicht jede Tätigkeit ist zugleich eine Funktion, sondern letztere besteht zumeist aus mehreren Tätigkeiten. Eine Schwergewichtsbildung zwischen den einzelnen Funktionen einer Betriebstätte erscheint dann angemessen und hilfreich, wenn eine Funktion derart dominant die Tätigkeit der Betriebstätte bestimmt, dass alle weiteren Funktionen eindeutig in den Hintergrund treten. Sie verbietet sich jedoch dann, wenn hierdurch erneut eine Selektion unter der Prämisse erfolgt, eine Betriebstätte könne nur einer (Haupt-)Funktion nachgehen. Vielmehr muss auch für die Analyse des Tätigkeitsschwergewichts der Grundsatz gelten, dass eine Betriebstätte mehreren Funktionen nachgehen kann, ohne dass eine von diesen zwingend als Hauptfunktion alle anderen verdrängt. Deshalb muss bei der Schwerpunktbildung sehr genau danach differenziert werden, welche Tätigkeit welcher Funktion zuzuordnen ist, sodass sich eine pauschalierende Zusammenfassung von nicht zusammengehörenden Tätigkeiten unter einer (zentralen) Funktion verbietet. Das Steuerrecht ist hier gehalten, den Lebenssachverhalt – der hier betriebswirtschaftlichen, unternehmensorganisatorischen Ursprungs ist – so unverändert als möglich, das heißt, unter möglichst weitgehender Vermeidung pauschalierender Zusammenfassungen, als Basis der Rechtsanwendung heranzuziehen. Dies schließt eine Zusammenfassung mehrerer verschiedener Funktionen zu einer Haupt- oder Zentralfunktion aus und verlangt vielmehr danach, einen Weg für die Fälle zu finden, in denen eine Betriebstätte mehrere gleich wichtige Funktionen ausübt.

---

828 *Vogt,* in: Blümich, EStG/KStG/GewStG, AStG § 8, Rz. 16; *BMF* v. 14.5.04, BStBl. I 2004, Sondernr. 1, Rz. 8.0.2. Satz 5 und 6.

829 *BFH* v. 30.8.1995 – I R 112/94, BStBl. II 1996, 563, Rz. 17 mit Verweis auf das zu § 8 AStG ergangene Grundsatzurteil *BFH* v. 16.5.1990 – I R 16/88, BStBl. II 1990; v. 29.11.2000 – I R 84/99, HFR 2001, 1053, Rz. 32; v. 7.8.2002 – I R 10/01, BStBl. II 2002, 848.

cc) Beteiligungszuordnung in Gestalt der Holdingfunktion bei Betriebstätten

Neben den soeben dargestellten Modellen von unterschiedlich stark ausgeprägter Funktionsbündelung und -übertragung auf Betriebstätten, stellt sich die praktisch relevante Frage, ob eine Betriebstätte auch als Holding fungieren kann. Es gilt zu untersuchen, wie sich die Übertragung einer Holdingfunktion auf eine Betriebstätte realisieren lässt und wie eine Holding-Betriebstätte in der Praxis entsteht. Im Folgenden ist zu untersuchen, wie sich eine solche Betriebstättenfunktion zum Kriterium des funktionalen Zusammenhanges des BFH verhält und damit auf die Zuordnung der Wirtschaftsgüter auswirkt, insbesondere mit Blick auf die bisher hierzu ergangene Rechtsprechung.

(1) Holdingbegriff

Der Begriff der Holding lässt sich im deutschen Recht dem § 18 AktG entnehmen, soweit ein Unternehmensverbund in Gestalt eines Holdingkonzerns gemeint ist, dem eine herrschende Unternehmung vorsteht und dessen Beteiligungsgesellschaften mit dieser verbunden sind. Anhand der Aufgaben und Zwecke der Holdingeinheit kann grundsätzlich zwischen verschiedenen Holdingkonzepten unterschieden werden. Die Aufgabe einer Holding kann in der bloßen dauerhaften Beteiligung an einem oder mehreren anderen Unternehmen bestehen, ohne dass von ihr operatives Geschäft wahrgenommen wird. Daneben kann eine Holding aber auch in Gestalt einer sogenannten Finanzholding oder Verwaltungsholding auftreten, eine Gestaltung, in welcher ihr Verwaltungsaufgaben hinsichtlich der von ihr gehaltenen Beteiligungen zukommen, ohne dass hiermit Führungsaufgaben verknüpft wären. Daneben existiert des Weiteren aber auch ein Modell, in dem eine Holding eine besondere Art des Führungskonzepts verkörpert, bei welchem die ihr nachgelagerten unternehmerischen Einheiten von dieser geleitet werden. Die unternehmerischen Dispositionen werden hier auf Ebene der Holding getroffen. Diese Holding wird dann mit den Termini Führungsholding, geschäftsleitende Holding oder auch Managementholding belegt. Es existieren (per se) demnach verschiedene Holdingtypen.

(2) Entstehung einer Holding-Betriebstätte

Es stellen sich daher die Fragen, ob und wie eine Holding-Betriebstätte entstehen kann und welche Führungs- oder Managementfunktionen ihr zukommen können respektive müssen. Daran anknüpfend muss mit Blick auf das Kriterium des funktionalen Zusammenhanges des BFH geprüft werden, ob einer Betriebstätte sodann Wirtschaftsgüter, insbesondere Beteiligungen, zugeordnet werden können. Die Bedeutung von Holding-Betriebstätten darf nicht unterschätzt werden. Auch wenn aufgrund der hier untersuchten und dargestellten Unsicherheiten im Rahmen der Zuordnung von Wirtschaftsgütern die Struktur der Betriebstätten-Holding in der Praxis eventuell weniger im Wege einer bewussten (neu implementierten) Strukturierung auftreten wird, so beansprucht diese Struktur ihre Daseinsberechtigung in den Fällen, in welchen eine grenzüberschreitende Verschmelzung einer rechtlich selbstständigen Holdinggesellschaft auf eine andere rechtlich selbstständige Holdinggesellschaft erfolgt oder auch in dem Fall, in welchem eine Gesellschaft aus einem Staat wegzieht. Hierdurch wird regelmäßig in dem Staat, aus dem die Holdinggesellschaft hinausverschmolzen wird oder weggezogen ist, eine Holding-Betriebstätte entstehen und als steuerliches Zurechnungssubjekt verbleiben. Der Fall der Überführung in eine Betriebstättenstruktur mittels Verschmelzung von rechtlichen Einheiten auf das Stammhaus – sogenannter „up-stream-merger" – ist dem nationalen Steuerrecht aus dem UmwStG[830] geläufig.[831] Zugleich ist in diesem Zusammenhang für diese Entwicklung von Umstrukturierungen jedoch auch die am 8.10.2001 in Kraft getretene Verordnung über das Statut der Europäischen Gesellschaft[832] verantwortlich, welche die Errichtung einer Societas Europae[833] auf steuerneutralem Wege ermöglicht. Die steuerliche Neutralität für grenzüberschreitende Vermschmelzungvorgänge zwischen Mitgliedstaaten der EU gewährleistet die Fusionsrichtlinie.[834] Die Fusionsrichtlinie gewährt diese steuerfrei mögliche

---

830 Siehe §§ 11 ff. UmwStG, welche den Fall der Verschmelzung einer Kapitalgesellschaft auf eine Kapitalgesellschaft erfassen und §§ 3 ff. UmwStG, welche den Fall erfassen, in dem die Spitzeneinheit, auf welche verschmolzen wird, eine Personengesellschaft ist.

831 *Kessler*, in: Kessler/Kröner/Köhler, Konzernsteuerrecht, § 4, Rz. 3.

832 Verordnung (EG) Nr. 2157/2001 des Rates vom 8. Oktober 2001 über das Statut der Europäischen Gesellschaft (SE), ABlEG Nr. L 294 v. 10.11.2001, 1 ff.

833 Europäische Aktiengesellschaft, im Folgenden als SE abgekürzt.

834 Richtlinie 90/434/EWG des Rates vom 23.7.1990 über das gemeinsame Steuersystem für Fusionen, Spaltungen, die Einbringung von Unternehmensteilen und den Austausch von Anteilen, die Gesellschaften verschiedener Mitgliedstaaten betreffen, ABlEG L 225 vom 20.8.1990, 1, geändert durch Richtlinie 2005/19/EG des Rates vom 17.2.2005, ABlEG 58 vom 4.3.2005, 19, erneut geändert durch Richtlinie 2006/98/EG des Rates ABlEG 363 vom 20.11.2006, 129 und aus Gründen der Klarheit und Übersichtlichkeit kodifiziert durch die Richtlinie 2009/133/EG des Rates vom 19.10.2009 über das gemeinsame Steuersystem für Fusionen, Spaltungen, Abspaltungen, die Einbringung von Unternehmensteilen und den Austausch von Anteilen, die Gesellschaften verschiedener Mitgliedstaaten betreffen,

Umstrukturierung jedoch eben nur unter der Voraussetzung, dass in dem Staat, aus welchem die Gesellschaft hinausverschmolzen wird[835], eine der aufnehmenden Gesellschaft zurechenbare Betriebstätte verbleibt, welcher die übertragenen Wirtschaftsgüter weiterhin zugerechnet werden können.[836] Dieses Erfordernis stellt den hier relevanten Anknüpfungspunkt dar.[837] Denn die fortgesetzte Zurechnung der Wirtschaftsgüter zu der zurückbleibenden Betriebstätte wirft die Frage auf, welche Kriterien erfüllt sein müssen, damit die Zurechnung von Wirtschaftsgütern - die zuvor einem selbstständigen Unternehmen zugerechnet wurden - nunmehr einer rechtlich unselbstständigen Betriebstätte zugerechnet werden können. Als Grund für eine solche Abflachung der Konzernstruktur kommen betriebswirtschaftliche ebenso wie steuerliche Motive in Betracht.[838]

Als populäres Beispiel für einen solchen Verschmelzungsvorgang unter gleichzeitigem Formwechsel einer AG in eine SE kann die Verschmelzung der RAS S.p.A.[839] auf die Allianz AG unter Formwechsel in die Allianz SE herangezogen werden. Die Allianz AG war bis in das Jahr 2005 zu 55 v.H. an der RAS S.p.A. beteiligt, bevor sie im Wege eines Übernahmeangebots die verbleibenden 45 v.H. an dieser erwarb. In der Folge wurde eine 100 %ige Tochterkapitalgesellschaft der RAS S.p.A. gegründet, in welche der gesamte Versicherungsbetrieb der RAS sowie die von ihr gehaltenen Beteiligungen eingebracht wurden.[840] Sodann erfolgte im Oktober 2006 die Verschmelzung der RAS S.p.A. auf die neu geschaffene Allianz SE, wodurch eine Betriebstätte in Italien zurück blieb. Die betriebswirtschaftlichen Gründe und der Zweck dieser Transaktion werden von der Allianz in einem Informationsprospekt, welcher obligatorisch nach dem

---

sowie für die Verlegung des Sitzes einer Europäischen Gesellschaft oder einer Europäischen Genossenschaft von einem Mitgliedstaat in einen anderen Mitgliedstaat, ABlEG 310 vom 25.11.2009, 34.

835 In der Diktion der Fusionsrichtlinie: Der Staat der einbringenden Gesellschaft.

836 Siehe Art. 4 Abs. 1 lit. b) Fusionsrichtlinie.

837 Auf die sich ebenso ergebende Problematik, wann eine Betriebstätte im Sinne der Fusionsrichtlinie gegeben ist soll und kann im Rahmen dieser Untersuchung nicht eingegangen werden. Hier sei der Vollständigkeit halber daraufhingewiesen, dass die Richtlinie den Begriff der Betriebstätte selbst nicht definiert, sodass ein Rückgriff auf nationales sowie Abkommensrecht erforderlich sein wird.

838 Ebenso *Kessler/Huck*, IStR 2006, 433.

839 Riunione Adriatica di Sicurtà S.p.A., ein italienischer Versicherungskonzern vormals mit Sitz in Mailand.

840 Dies war aufgrund versicherungsrechtlicher Bestimmungen notwendig.

Recht der italienischen Börsenaufsicht (CONSOB) zu erstellen war[841], ausgebreitet. Der Zweck bestand zweifelsfrei in der Integration der RAS zu 100 v.H. in den Allianzkonzern. Daneben nennt der Informationsprospekt als wirtschaftliche Zielsetzung der Verschmelzung die Schaffung strategischer und operativer Synergien sowie Leistungssteigerungen zur Verbesserung der Position im globalen Wettbewerb.[842] Insbesondere werden als Motive die Erhöhung der Effizienz beider Gesellschaften in ihren Geschäftstätigkeiten sowie eine Verbesserung des Angebots an Versicherungsprodukten für die Kunden genannt. Ausschlaggebend für diese Motivationslage waren die Auswirkungen der Globalisierung, Wettbewerbsdruck, Reduktion der Gewinnmargen, Bedürfnis eines effizienteren Umgangs mit dem Gesellschaftsvermögen sowie ein Anwachsen der Betätigungsfelder von Versicherungskonzernen.[843] Die Abflachung und damit Simplifizierung der Beteiligungsstruktur im Allianz-Konzern war zudem den Wünschen und Ansprüchen der Finanzmärkte geschuldet, weil letztere ein einfacheres und transparenteres Organisationsmodell forderten, das effiziente und klare Corporate-Governance-Systeme sowie eine Verbesserung der finanziellen Leistungsfähigkeit ermöglicht.[844] Ferner wurde als Vorteil der Verschmelzung und der daraus resultierenden Struktur der Allianz SE in Deutschland und der Holding-Betriebstätte in Italien die Beibehaltung der „jeweiligen unternehmerischen Besonderheiten und Marken“ und damit die Erhaltung der Kundenbeziehung angeführt.[845]

Aus diesem Beispiel der Praxis werden bereits diverse betriebswirtschaftliche Motive erkennbar, die eine Umstrukturierung erforderlich und attraktiv machen. Die steuerrechtlichen Rahmenbedingungen erfordern sodann, dass als Ergebnis der Umstrukturierung eine Betriebstätte zurückbleibt, welche als Zurechnungssubjekt für die hinausverschmolzene Gesellschaft dient.[846]

---

841 Art. 70 Abs. 4 CONSOB-Verordnung.

842 *Allianz*, Informationsprospekt über die Verschmelzung der RAS S.p.A. auf die Allianz AG, S. 53.

843 *Allianz*, Informationsprospekt über die Verschmelzung der RAS S.p.A. auf die Allianz AG, S. 53.

844 *Allianz*, Informationsprospekt über die Verschmelzung der RAS S.p.A. auf die Allianz AG, S. 53.

845 *Allianz*, Informationsprospekt über die Verschmelzung der RAS S.p.A. auf die Allianz AG, S. 53 f.

846 So jedenfalls im Wege der Verschmelzung auf eine neu gegründete SE, siehe hierzu bereits weiter oben in diesem Abschnitt.

Während der hier dargestellte Fall der Allianz SE im Ergebnis zu einem Outbound-Szenario führt[847] lässt sich eine Holding-Betriebstätte aber auch als Gegenstand eines Inbound-Sachverhalts ausgestalten. Beispielsweise, tritt dies dann ein, wenn eine Umstrukturierung dergestalt vollzogen wird, dass die deutsche D-AG auf die französische F-S.A. verschmolzen wird und zudem eine Umwandlung in eine in Frankreich ansässige F-SE erfolgt. Zuvor hielt die D-AG eine größere Zahl von Beteiligungen und Patenten, die in Deutschland verwaltet wurden. Nach Durchführung der Verschmelzung ist in Frankreich die F-SE entstanden und der Geschäftsbetrieb in Deutschland existiert in Gestalt einer oder mehrerer Betriebstätten fort. In diesem Szenario befindet sich die Holding-Betriebstätte sodann in Deutschland und die Prüfung konzentriert sich auf die Frage, ob ihr zukünftig die zuvor von der D-AG gehaltenen Beteiligungen und Patente zugerechnet werden können.

Grundlegend ist hier zunächst die Frage zu thematisieren, ob das Zuordnungskriterium der Rechtsprechung – der funktionale Zusammenhang – der Strukturierung eines Einheitsunternehmens unter Schaffung einer Holding-Betriebstätte entgegensteht, welche zwingend für die Zuordnung von Beteiligungen benötigt wird. Wie bereits oben dargestellt, richtet sich die Frage danach, ob eine Betriebstätte gegeben ist in allen Fällen nach nationalem Recht[848] und Abkommensrecht.[849] Im hier gleichfalls vorangestellten Beispielfall der Verschmelzung auf eine SE verbleibt die Betriebstätte als „Residualgröße" der hinausverschmolzenen Kapitalgesellschaft. Mit Blick auf die Zuordnung von Beteiligungen zu dieser Betriebstätte gilt es zu beachten, dass eine reine Vermögensverwaltungstätigkeit nach dem nationalen Betriebstättenbegriff unter Umständen nicht ausreichen kann, um eine Betriebstätte zu begründen.[850] Für die Zwecke dieser Untersuchung sei jedoch das Vorliegen einer Betriebstätte nach nationalem als auch nach abkommensrechtlichem Verständnis vorausgesetzt. Diese Betriebstätte müsste nunmehr geeignet sein, als Holding zu fungieren. Hierzu muss sie die Voraussetzungen erfüllen, welche die Zuordnung der Beteiligungen und gegebenenfalls anderer Wirtschaftsgüter ermöglichen. Bezogen auf die Beteiligungen bedeutet dies konkret, dass der Betriebstättenvorbehalt des Art. 10 Abs. 4 OECD-MA erfüllt sein muss, der Betriebstätte die Beteiligungen also „tatsächlich gehören" müssen. Der BFH wird im konkreten Einzelfall eine Entscheidung unter Anwendung des

847 Das Stammhaus befindet sich im Inland und die Betriebstätte im Ausland.

848 § 12 AO.

849 Art. 5 OECD-MA

850 Siehe hierzu oben Kapitel 2. II. 1. c).

Kriteriums des funktionalen Zusammenhanges zwischen Betriebstätte und Beteiligung fällen und hat dies in einigen Entscheidungen bereits getan.

Eine solche Entscheidung des BFH, in welcher das Gericht die Zugehörigkeit der Beteiligung an einer schweizer Aktiengesellschaft zu einer schweizer Betriebstätte bejaht hat, findet sich im Urteil vom 7.8.2002.[851] Das Gericht ordnete die Beteiligung an der AG der schweizer Betriebstätte der in Deutschland ansässigen Kläger zu und nahm deren tatsächliche Zugehörigkeit im Wege einer funktionalen Betrachtungsweise an, weil nach allgemeiner Verkehrsauffassung das wirtschaftliche Schwergewicht bei der Betriebstätte gelegen habe. Der BFH geht zunächst von einem Besteuerungsrecht der Schweiz an den Dividenden aus; ein Ergebnis, welches das Gericht dann auf fragwürdige Weise über einen Aktivitätsvorbehalt wieder zu revidieren verstand.[852] Mit Blick auf die Frage des Umfanges an Funktionen, die eine Betriebstätte ausüben muss, um vor dem BFH einen funktionalen Zusammenhang zwischen ihrer Tätigkeit und der Beteiligung nachzuweisen, bringt diese Entscheidung bedauerlicherweise keinen Mehrwert.

Auch in seiner Entscheidung vom 10.8.2006 hatte der BFH über die Zuordnung verschiedener Darlehen und folglich über die Aufteilung der Besteuerung an den Darlehenszinsen zu befinden, wobei die darlehensausreichende Gesellschaft eine in Deutschland ansässige KG war, welche der BFH ohne zu zögern als Holding-Geschäftsleitungsbetriebstätte qualifizierte, und welche die Darlehen an die von ihr gehaltenen Gesellschaften im Ausland ausreichte.[853] Dieses Urteil belegt wiederholt zweifelsfrei die Existenz von Betriebstätte mit Holdingfunktionen. Jedoch enthält die Entscheidung des BFH keinerlei Ausführungen dazu, warum das Gericht hier die geschäftsleitende Holdingfunktion der KG annimmt. Vielmehr wird die Zuordnung der Outbound-Darlehen untersucht und diese schlussendlich der KG als geschäftsleitender Holding zugeordnet. Insofern liefert diese Entscheidung hinsichtlich der exakten Anforderungen an die Funktionsausgestaltung einer Holding-Betriebstätte nach dem Kriterium des funktionalen Zusammenhanges bedauerlicherweise keine Erkenntnisse.

Aus diesen Entscheidungen des BFH lässt sich also zunächst entnehmen, dass das Gericht die grundsätzliche Möglichkeit der Zuordnung von Beteiligungen zu Betriebstätten nicht ausschließt.[854] Die Zielsetzungen einer solchen

---

851 *BFH* v. 7.8.2002 – I R 10/01, BStBl. II 2002, 848.

852 Für eine kritische Würdigung dieses Aspekts siehe unten Kapitel 3. V. 5. c) aa) (2).

853 *BFH* v. 10.8.2006 – II R 59/05, BStBl. II 2009, 758.

854 Dies geht konform mit den Vorschriften des nationalen Steuerrechts (§ 18 Nr. 2 KStG sowie § 20 Abs. 2 AStG), des Abkommensrechts (Art. 10 Abs. 4 OECD-MA) sowie

Gestaltung kann, wie am Beispiel der Allianz SE gezeigt, eine Umstrukturierung in möglichst steuerneutraler Art und Weise sein, kann aber auch zum Ziel haben, Dividenden auf Beteiligungen, die der Holding-Betriebstätte zugeordnet werden sollen, unter dem DBA von Dividendeneinkünften in Unternehmenseinkünfte der Betriebstätte umzuformen und so die Beteiligungen gegen das (beispielsweise in Deutschland unbeschränkt steuerpflichtige) Stammhaus abzuschirmen, wenn unter dem anzuwendenden DBA die Freistellungsmethode greift. Dies zeigt, dass die Betriebstätte durchaus zur steuerlichen Gestaltung eingesetzt werden kann und darf. Ausgehend von dieser grundsätzlichen Möglichkeit der Schaffung einer Holding-Betriebstätte aus verschiedenen Motiven sind es die detaillierten Voraussetzungen unter denen Beteiligungen dann tatsächlich einer Betriebstätte unter dem Betriebstättenvorbehalt des Art. 10 Abs. 4 OECD-MA zugeordnet werden können. Konkret bedeutet dies, die Frage zu stellen, welche Funktionen in der Betriebstätte ausgeübt werden müssen, damit ihr die Beteiligungen zugeordnet werden können.

(3) Anforderungen an die Funktion von Holding-Betriebstätten anhand der Präjudizien des BFH

Aus der oben durchgeführten Analyse der Rechtsprechung des BFH lassen sich hinsichtlich der Zuordnung von Beteiligungen zu Betriebstätten unter dem Kriterium des funktionalen Zusammenhanges zunächst die nachfolgenden Erkenntnisse aus den Entscheidungen des Gerichts gewinnen:

(a) Funktionaler Zusammenhang zwischen Beteiligung und aktiver Tätigkeit der Betriebstätte

Die Zuordnungsentscheidung des BFH in seinem Urteil vom 23.10.1996[855] konzentrierte sich auf die Prüfung, ob die Beteiligungen in einem funktionalen Zusammenhang zur aktiv ausgeübten Tätigkeit der Betriebstätte standen und wird vom Ersten Senat unter Hinweis darauf abgelehnt, dass sich die Dividenden, welche aus den zuzuordnenden Beteiligungen fließen, nicht als Nebenerträge der schweizerischen Betriebstättentätigkeit darstellten.[856] Der BFH scheint eine ausreichend starke Verknüpfung zwischen der (Haupt-)Tätigkeit der Betriebstätte und der Funktion der Beteiligungen mit dieser zu vermissen.

den Vorgaben des EU-Rechts (Art. 3 Abs. 1 lit. a) Fusions-Richtlinie), die übereinstimmend die Möglichkeit der Zuordnung von Beteiligungen zu Betriebstätten annehmen.

855 *BFH* v. 23.10.1996 – I R 10/96, BStBl. II 1997, 313.

856 *BFH* v. 23.10.1996 – I R 10/96, BStBl. II 1997, 313, Rz. 10.

Die Anwendung des Nebenertragskriteriums zur Beantwortung der Frage, ob ein funktionaler Zusammenhang zwischen Tätigkeit der Betriebstätte und der Beteiligung besteht, wurde bereits oben kritisch gewürdigt und als nicht mehr zeitgemäße Vorstellung von der Funktionsverteilung in einem Einheitsunternehmen abgelehnt. Bei der Zuordnung von Beteiligungen zu einer Betriebstätte kann es nicht darauf ankommen, ob sich die Dividenden als Nebenerträge der Haupttätigkeit der Betriebstätte erweisen. Bezogen auf den Fall und die Kürze der Ausführungen des BFH lässt sich konstatieren, dass Dividenden aus Beteiligungen wohl selten als Nebenerträge einer aktiven Tätigkeit in Dienstleistungs- oder Produktionsunternehmen in Erscheinung treten werden. Darauf kann es aber auch nicht ankommen. Die Zuordnung nach dem funktionalen Zusammenhang muss sich auf die Frage konzentrieren, ob das Wirtschaftsgut Beteiligung in einem eben solchen Zusammenhang mit den Funktionen steht, welche die Betriebstätte ausübt. Das bedeutet, eine Untersuchung ist mit dem Ziel erforderlich, Funktionen der Betriebstätte zu identifizieren, welche auf die Beteiligung ausgerichtet sind und somit Holdingtätigkeiten darstellen. Diese Holdingfunktionen können entgegen der in dieser Entscheidung postulierten Auffassung – eine Betriebstätte habe stets eine Hauptfunktion, an der sich ihre gesamte funktionelle Betätigung auszurichten habe, – auch neben anderen Funktionen stehen. Das Vorliegen einer Holding-Betriebstätte kann nicht davon abhängen, ob die Betriebstätte auch Produktionsfunktionen wahrnimmt, sondern ob sie daneben auch in ausreichendem Umfang Funktionen ausübt, deren Gegenstand die Beteiligungen sind.

(b) Grundsätzliche Holdingfähigkeit einer Betriebstätte

Der BFH verweigerte in seiner Entscheidung vom 17.12.2003 die Zuordnung einer luxemburgischen Kapitalgesellschaftsbeteiligung zu einer ebenfalls in Luxemburg befindlichen Betriebstätte (in Gestalt einer Personengesellschaft) deren Anteilseigner in Deutschland ansässig waren.[857] Die der Betriebstätte übertragenen Aufgaben einer unterstützenden Dienstleistungstätigkeit für die Kapitalgesellschaft nebst der teilweisen Ausübung von Geschäftsleitungsaufgaben erachtete der BFH nicht für ausreichend, um den von ihm geforderten funktionalen Zusammenhang zwischen Beteiligung und Betriebstätte herzustellen. Im Detail hatten die Kläger vorgetragen, die Holding-Betriebstätte diene der Kontrolle und Koordinierung der einzelnen Arbeitsabläufe, hebe dadurch Synergien und bündele insbesondere beim Wareneinkauf die Marktmacht der

857 *BFH* v. 17.12.2003 – I R 47/02, BFH/NV 2004, 771.

Kapitalgesellschaften. Ferner sollte die Betriebstätte mit der Personalpolitik, der Werbung, der Öffentlichkeitsarbeit, dem Vertrieb sowie schließlich der Unternehmensstrategie befasst sein. Diese Entscheidung des BFH wurde im Schrifttum mitunter stark kritisiert und ist schwer einzuordnen, da es sich hierbei um ein obiter dictum des Ersten Senats handelte. Das Gericht musste den Fall ohnehin an die Vorinstanz zurückverweisen, sodass die hinter den sehr bündigen Ausführungen zur Frage der Zuordnung der Beteiligung zur luxemburgischen Betriebstätte stehende Intention des BFH nicht ganz eindeutig zu Tage tritt. Einerseits wurde kritisiert, dass der BFH die Gelegenheit genutzt habe, um seine ablehnende, zumindest zögerliche Haltung zur Zuordnung von Beteiligungen zu Betriebstätten zu offenbaren, ohne dass er in der Sache zu entscheiden hatte.[858] Andererseits wurde dieses Urteil in der Literatur auch weniger kritisch hinsichtlich der grundsätzlichen Holdingfähigkeit von Betriebstätten eingeordnet.[859] Als misslungen ist die Ausführung des BFH zu kritisieren, dass selbst wenn eine luxemburgische Holding-Betriebstätte bestehen sollte, der die Beteiligungen zuzuordnen seien, es dann aber fraglich erscheine, ob ihr auch die Dividenden zuzurechnen seien.[860] Die Dividende wird bei Erfüllung des Tatbestandes des Betriebstättenvorbehalts als Unternehmensgewinn behandelt und sodann der Betriebstätte, welcher die Beteiligung tatsächlich gehört, zugerechnet. Das sieht der in Art. 10 Abs. 4 OECD-MA verbürgte Mechanismus des Betriebstättenvorbehalts für Dividendeneinkünfte vor. Die Formulierungen des BFH sind jedenfalls ungenau und tragen somit leider nicht zur Verdeutlichung der an eine Holding-Betriebstätte zu stellenden Anforderungen bei. Im Weiteren geht der BFH dann doch auf die Funktionen der Betriebstätte ein und analysiert diese im Hinblick auf die Anforderungen unter dem Betriebstättenvorbehalt, sodass im Ergebnis die Entscheidung des BFH vom 17.12.2003[861] weder der Fähigkeit einer Betriebstätte grundsätzlich Holding zu sein noch ihr Wirtschaftsgüter wie Beteiligungen zuzuordnen entgegensteht. Dennoch ist an der vom Ersten Senat des BFH gewählten Form und insbesondere am Umfang Kritik zu üben. Das Nutzen des obiter dictums, um auf eine derart wichtige und für die Praxis relevante Fragestellung einzugehen, erscheint missglückt. Denn der Leser dieser Entscheidung wird mit der Erkenntnis zurückgelassen, dass die von den Klägern vorgetragenen Funktionen der Betriebstätte unter dem Kriterium des funktionalen

858 So *Blumers*, DB 2006, 856, 858; *Blumers*, DB 2008, 1765, 1766; ebenso *Schönfeld*, IStR 2008, 367, 370; *Suchanek/Herbst*, IStR 2007, 620 (dort in Fußnote 6).

859 Siehe *Kessler/Huck*, IStR 2006, 433, 439.

860 *BFH* v. 17.12.2003 – I R 47/02, BFH/NV 2004, 771, Rz. 17.

861 *BFH* v. 17.12.2003 – I R 47/02, BFH/NV 2004, 771.

Zusammenhanges offensichtlich nicht ausreichten, um eine Zuordnung der Beteiligung zur Betriebstätte zu erreichen. Es steht zu vermuten, dass der BFH trotz der Vielzahl von Dienstleistungsfunktionen der Betriebstätte und der hinzutretenden Geschäftsleitungsaufgabe nur eine Kontroll- und Koordinierungsstelle in Gestalt einer Betriebstätte angenommen und dieser folglich die Beteiligung nicht zugerechnet hat. Diese negative Abgrenzung durch den BFH schafft jedoch keine Klarheit dahingehend, welche Funktionen eine Betriebstätte mindestens ausüben muss, um einen funktionalen Zusammenhang zu begründen. Es bleibt demnach der Wunsch, eine positive Abgrenzung zu erhalten, unerfüllt. Überraschend und wenig gelungen ist ferner die Kürze der argumentativen Darstellung, in welcher sich der Erste Senat mit dieser relevanten Zuordnungsfrage befasst. Zudem ist zu kritisieren, mit welcher Stringenz die Möglichkeit der luxemburigschen Betriebstätte, Holding zu sein, ausgeräumt wird.

(c) Geschäftsleitende Holdingfunktionen

Die Entscheidung des BFH vom 19.12.2007 hingegen ist eine der wenigen, welche sich in den Entscheidungsgründen mit den Fragen der funktionalen Zuordnung von Beteiligungen zu Betriebstätten unter Holdinggesichtspunkten auseinandersetzt.[862] Der BFH hatte darüber zu entscheiden, ob einer niederländischen Betriebstätte (eine Personengesellschaft, an der eine deutsche GmbH beteiligt war) als Holding die Beteiligungen an Tochtergesellschaften in Drittstaaten und somit die daraus fließenden Dividenden zuzuordnen waren. Die Betriebstätte war in den Niederlanden mit Vertriebsfunktionen betraut. Die von ihr gehaltenen Beteiligungen waren sämtlich Vertriebsgesellschaften der Sitzländer. Der BFH verneinte eine Zuordnung jedweder Beteiligungen zur niederländischen Betriebstätte. Hierfür führte das Gericht das Argument an, es sei weder dargelegt oder festgestellt worden, dass die Betriebstätte eine Vertriebsfunktion in den Drittstaaten ausgeübt hätte noch dass ihr neben dem Stammhaus bestimmte geschäftsleitende Holdingfunktionen über die anderen Auslands-Vertriebsgesellschaften übertragen worden wären, die nach dem Veranlassungsprinzip und dem Funktionszusammenhang eine Zuordnung der Beteiligungen bei der Betriebstätte rechtfertigen könnten. Die Gewinne aus den Beteiligungen wurden deshalb unbeschadet der Einschaltung der Betriebstätte erzielt und hätten – so bereits das FG[863] – aus dem Inland erzielt werden können. Dieses Argument, die Beteiligungen hätten ebenso gut im Inland (hier die Bundesrepublik

---

862 *BFH* v. 19.12.2007 – I R 66/06, BStBl. II 2008, 510.

863 *FG Münster* v. 2.6.2006 - 9 K 4990/02 K, F, IStR 2006, 711.

Deutschland) gehalten werden können und seien deshalb nicht der Betriebstätte (im Ausland) zuzuordnen, kann nicht überzeugen. Diese Formulierung findet sich zwar bereits in der Entscheidung des BFH vom 30.8.1995[864], konnte jedoch dort schon nicht tragen. Die Feststellung, ein Wirtschaftsgut habe auch im Stammhaus gehalten werden können, mag absolut richtig sein, ein Erkenntnisgewinn dahingehend, ob dasselbe Wirtschaftsgut nicht auch einer Betriebstätte berechtigterweise hätte zugeordnet werden können, erwächst daraus nicht. Die den beiden Entscheidungen des BFH entspringende Denkweise, dass eine potentielle Zuordnung eines Wirtschaftsguts zum inländischen Stammhaus dessen Zuordnung zur ausländischen Betriebstätte verhindert, oder zumindest weniger wahrscheinlich macht, deutet auf ein fehlgehendes Verständnis einer Attraktivkraft des Stammhauses hin. Eine solche Attraktivkraft irgendeiner Betriebstätte, und sei es auch das Stammhaus als Geschäftsleitungsbetriebstätte, existiert nicht. Ließe man eine solche zu, wäre das Ergebnis die Manifestation der Zentralfunktion des Stammhauses, die lediglich von der Finanzverwaltung vertreten wird[865] und ganz entscheidend von der Sorge geprägt ist, der Steuerpflichtige könnte Wirtschaftsgüter wie Beteiligungen und Finanzmittel in ausländische Betriebstätten verlagern und mit ihnen das Besteuerungsrecht in den Quellenstaat.[866] Die Argumentation, die Beteiligung habe auch im Inland – durch das Stammhaus – gehalten werden können, ist insbesondere dann kein tragfähiges Kriterium, wenn hiermit lediglich die Umsetzung fiskalischer Interessen verfolgt wird. Ebenso gut, aber gleichermaßen unsubstantiiert, könnte angeführt werden, dass die Beteiligung von der Betriebstätte im Ausland gehalten werden kann. Derartige Argumentationsstrukturen sind nicht zielführend, da sie kein sachliches Kriterium beinhalten, anhand dessen ein Erkenntnisgewinn erfolgt, geschweige denn, dass sie als Prüfungsschritt bei der Zuordnung von Beteiligungen oder anderer Wirtschaftsgüter hilfreich wären. Die Prüfung muss sich darauf konzentrieren, ob der Betriebstätte (positiv) ein Wirtschaftsgut zugeordnet werden kann und welche Argumente dafür und gegebenenfalls auch dagegen sprechen. Der Umstand, dass die Beteiligung beispielsweise ebenso gut im Stammhaus gehalten werden könnte, ist für die Beantwortung dieser Frage gänzlich irrelevant und setzt sich dem Verdacht aus, lediglich fiskalische Interessen zu verfolgen, indem ein Besteuerungsrecht in Deutschland geschaffen wird.

---

864 Vgl. *BFH* v. 30.8.1995 – I R 112/94, BStBl. II 1996, 563, Rz. 17.

865 *BMF*, Betriebsstätten-Verwaltungsgrundsätze, Rz. 2.4.

866 Zur Kritik am Gedanken der Zentralfunktion des Stammhauses siehe unten Kapitel 3. V. 7. a).

(d) Ausmaß wirtschaftlicher Zugehörigkeit

Das Urteil des Ersten Senats vom 13.2.2008 ist die jüngste Entscheidung des BFH, die sich mit der Zuordnung von Beteiligungen zu Betriebstätten befasste. Die Entscheidungsgründe bejahten auf Basis der Entscheidung des FG eine zwingende funktionale Zuordnung, da es um ein Wirtschaftsgut gehe, welches von seiner wirtschaftlichen Funktion her eindeutig zum Bereich der KG gehöre und diese auf den tatsächlichen Gegebenheiten beruhende Zugehörigkeit dazu führe, dass das Wirtschaftsgut abkommensrechtlich der durch die Personengesellschaft dem Gesellschafter vermittelte Betriebstätte zuzuordnen sei.[867] Für eine kritische Analyse der Zuordnung von Beteiligungen zu Betriebstätten anhand des Kriteriums des funktionalen Zusammenhanges entsprechend der ständigen Rechtsprechung des BFH eignet sich das Urteil indes nicht, weil es anders als sämtliche anderen Entscheidungen des BFH auf die wirtschaftliche Zugehörigkeit des Wirtschaftsguts abstellt und nicht auf dessen funktionale Verknüpfung mit der Tätigkeit der Betriebstätte. Je nach Lesart des Urteils und Interpretation des DBA kann dies auf den Umstand zurückzuführen sein, dass es sich um die Erlöse aus der Veräußerung von Beteiligungen und nicht um Dividendenzahlungen handelte. Dieser Problematik und dem vom BFH hier zur Anwendung gebrachten Kriterium ist ein eigener Abschnitt gewidmet.[868] Jedenfalls vermag insbesondere diese Entscheidung keinerlei Konkretisierung für den Umfang auszuübender Funktionen einer Betriebstätte zu liefern, der erforderlich ist, um die Zuordnung von Beteiligungen zu einer Betriebstätte mit Holdingfunktion zu begründen.

(e) Zwischenergebnis

Die Problematik der Zuordnung von Wirtschaftsgütern zu Betriebstätten verdeutlicht sich am Beispiel der hier diskutierten Rechtsprechung zur Zuordnung von Beteiligungen zu Holding-Betriebstätten. Die kritische Analyse hat gezeigt, dass der BFH zwar sein in ständiger Rechtsprechung erwachsenes Kriterium des funktionalen Zusammenhanges auch auf die Holding-Betriebstättenfälle anwendet und der Betriebstätte damit die Möglichkeit zuspricht, Holding sein zu können. Klar erkennbare Mindestanforderungen an die Funktionen einer solchen Betriebstätte, um ihr Beteiligungen zuzuordnen, sind jedoch nicht auszumachen. Dies liegt einerseits an der revisionsrechtlichen Gebundenheit des

867 *BFH* v. 13.2.2008 – I R 63/06, BStBl. II 2009, 414, Rz. 45.

868 Zur ausführlichen und kritischen Auseinandersetzung mit diesem Kriterium siehe unten Kapitel 3. V. 5. d).

BFH an die Wertungen der Tatsacheninstanz, andererseits an der einzelfallbezogenen Rechtsprechung, mitunter auch daran, dass der BFH in obiter dicta zu dieser Frage knapp und pauschalierend Stellung bezieht. Mitunter gewinnt man dann den Eindruck, dass das Gericht die Gelegenheit ergreift, pauschal negative Abgrenzungen vorzunehmen, die eine Aussage dahingehend treffen, wann eine Beteiligung jedenfalls nicht der Betriebstätte zugeordnet werden kann. Diese Praxis des BFH ist weder zielführend noch schafft sie Rechtssicherheit im Zusammenhang mit Gestaltungsüberlegungen und der Abschätzung der steuerlichen Folgen solcher Umstrukturierungen.

Dieses Ergebnis erfordert es, die funktionale Beschaffenheit einer Betriebstätte zu bestimmen, damit diese eine Holding sein kann, welcher nach dem Kriterium des funktionalen Zusammenhanges Beteiligungen zugeordnet werden können. Der Rechtsprechung des BFH zu Holding-Betriebstätten ist zumindest die klare Leitlinie zu entnehmen, dass die Holdingaktivität dieser Betriebstätte jedenfalls über eine reine Vermögensverwaltung der Beteiligungen hinausgehen muss. Diese Aussage ist lediglich eine Abgrenzung im negativen Sinne. Nunmehr muss positiv die Tätigkeit und funktionale Ausstattung einer Betriebstätte ermittelt werden, die erforderlich ist, um ihr als Holding Wirtschaftsgüter, insbesondere Beteiligungen, zuzuordnen und zugleich die Vorgaben der Rechtsprechung einzuhalten. Als zwingend kann wohl vorausgesetzt werden, dass die Betriebstätte eine geschäftsleitende Holdingfunktion innehaben muss. Das bedeutet, sie übernimmt die Konzernleitung im Wege der strategischen Steuerung und Koordinierung der ihr angegliederten Beteiligungen.[869] Daneben muss einer geschäftsleitenden Holding die Wahrnehmung von Finanzierungs- und Verwaltungsaufgaben obliegen[870] sowie von ihr die tatsächliche Nutzung der Beteiligung ausgehen, sodass *Kessler/Huck* meinen, „insbesondere die Ausübung der Gesellschafterrechte und letztlich auch die Dispositionsbefugnis über die Einkunftsquelle“[871] durch die Betriebstätte seien erforderlich. Insbesondere auf Basis der dürftigen Anhaltspunkte, die der BFH bisher im Rahmen seiner Judikate geschaffen hat, muss davon ausgegangen werden, dass die Anforderungen an die Holdingfunktionen eher weitgehender und höher sein werden als zu gering.

Die Unsicherheit, die aus der extrem restriktiven Haltung des BFH zur Anerkennung von Holding-Betriebstätten resultiert, hat massive Auswirkungen auf

869 Vgl. *Lutter*, in: Lutter, Holding-Handbuch, § 1 Rz. 16 ff.; *Eggers/Korf*, DB 2001, 298.

870 Vgl. *Birkenfeld*, in: Kessler/Kröner/Köhler, Konzernsteuerrecht, § 5, Rz. 183; *Rödder*, DStR 1993, 635.

871 *Kessler/Huck*, IStR 2006, 433, 439.

die Funktionsausstattung von Betriebstätten in der Praxis. Das oben dargestellte Beispiel der Allianz SE aufgreifend, führt die zurückhaltende Rechtsprechung des BFH, den funktionalen Mindestumfang einer Holding-Betriebstätte zu definieren, dazu, dass eine Überfrachtung der Betriebstätte mit einer Vielzahl von Funktionen erfolgt. Dies begründet sich in der Sorge, Gefahr zu laufen, im Falle einer streitigen Auseinandersetzung mit den Finanzbehörden, die Hürde des funktionalen Zusammenhanges zwischen den Aufgaben einer Holding-Betriebstätte und den zuzuordnenden Wirtschaftsgütern vor dem BFH zu reißen. So wurden auch im Falle der Verschmelzung der RAS S.p.A auf die Allianz AG unter Formwechsel in die Allianz SE der in Italien zurückbleibenden Betriebstätte eine Vielzahl umfassender Funktionen zugeordnet. Die Betriebstätte übte sämtliche Steuerungsfunktionen aus, beschäftigte ca. 50 Mitarbeiter und hielt entsprechende Räumlichkeiten hierzu bereit. Die Buchhaltung, die Steuerabteilung und das gesamte Controlling hinsichtlich der Beteiligungen waren Aufgaben der Betriebstätte in Italien. Ferner wurde eine personelle Besetzung der Führungspositionen mit kompetentem Fachpersonal aus der obersten Führungsebene der (vorherigen) Landesgesellschaft vorgenommen, sodass die Ausübung der Gesellschafterrechte hinsichtlich der hier zuordnungsrelevanten Beteiligungen kompetent in der Betriebstätte erfolgen konnte.[872] Die hier beschriebene Ausstattung der Betriebstätte in Italien übersteigt mitunter den Umfang, der einer Tochtergesellschaft im Rahmen einer vergleichbaren Struktur zuteil würde. Diese massive Bündelung von Tätigkeiten in der Betriebstätte ist mit Blick auf die restriktive Rechtsprechung des BFH zu Holding-Betriebstätten und den von der Allianz AG geäußerten Motive für die Verschmelzung nachvollziehbar und erklärbar.

So waren unter anderem die Schaffung strategischer und operativer Synergien sowie Leistungssteigerungen zur Verbesserung der Position im globalen Wettbewerb intendiert.[873] Diese Intention wird anhand der nur wenigen Anhaltspunkte der BFH-Rechtsprechung zu Holding-Betriebstätten unter dem Kriterium des funktionalen Zusammenhanges wohl nicht ausreichen, denn in der Entscheidung des BFH vom 17.12.2003[874] genügte die Hebung von Synergien gerade nicht.

---

872 Diese Informationen sind von Herrn Eberl, dem Leiter der Steuerabteilung der Allianz SE in München, bereitgestellt worden, der diesen Vorgang verantwortlich betreut hat. Telefonate hierzu im Dezember 2012.

873 *Allianz*, Informationsprospekt über die Verschmelzung der RAS S.p.A. auf die Allianz AG, S. 53.

874 *BFH* v. 17.12.2003 – I R 47/02, BFH/NV 2004, 771.

Daneben nennt der Prospekt für die italienische Börsenaufsicht eindeutig das Motiv der Beibehaltung der „jeweiligen unternehmerischen Besonderheiten und Marken“ und damit die Erhaltung der Kundenbeziehungen der Betriebstätte in Italien.[875] Dies spricht für eine weitere Ausübung des Vertriebs von Versicherungsprodukten in Italien durch die dort auch bisher ansässigen Gesellschaften, sodass die Betriebstätte nunmehr als Vertriebsholding verstanden werden könnte. Der Vertrieb von Produkten ist ein Aspekt, den der BFH in seiner Rechtsprechung grundsätzlich als für die Begründung des funktionalen Zusammenhanges bei Holding-Betriebstätten ausreichend erachtet hat[876], während es im konkreten Falle jedoch dem Senat an einem Nachweis über die Erbringung zentral ausgeübter Vertriebsfunktionen und Vertriebsunterstützungsleistungen an die Vertriebsgesellschaften des Einheitsunternehmens in anderen Staaten durch die Betriebstätte fehlte. Das letztgenannte Argument für die Umstrukturierung spräche also im Gegensatz zu dem Aspekt der Synergiehebung dafür, dass eine Zuordnung der Beteiligungen und anderer Wirtschaftsgüter zur Betriebstätte in Italien zu erfolgen hätte.

Diese zwei Motive der Verschmelzung und Erläuterungen der nach der Umstrukturierung gegebenen Aufgabenverteilung lassen aber ebenso zwei mögliche, jedoch diametral entgegengesetzte Bewertungen nach der Rechtsprechung des BFH zum funktionalen Zusammenhang zu: (i) Die Begründung des funktionalen Zusammenhangs und die Zuordnung der Beteiligungen zur entstandenen italienischen Betriebstätte unter dem Betriebstättenvorbehalt gelingt oder aber (ii) der BFH würde die exakt gegenteilige Bewertung des Sachverhalts vornehmen und entsprechend seiner restriktiven Handhabung und Anerkennung von Holding-Betriebstätten die Zuordnung verneinen.

Dieses Beispiel zeigt, dass die Unsicherheit hinsichtlich der funktionalen Ausstattung von Betriebstätten zu einer massiven Bündelung und Übertragung einer Vielzahl von Funktionen und ebenso von Mitarbeitern auf die Betriebstätte erfolgt, ohne dass hierzu möglicherweise die Notwendigkeit unter dem Kriterium des funktionalen Zusammenhanges bestünde. Dies insbesondere unter dem Einfluss der sich wandelnden Behandlung von Betriebstätten unter dem Abkommensrecht und einer zunehmenden fiktiven uneingeschränkten Selbstständigkeit der Betriebstätte durch den neu gefassten Art. 7 OECD-MA und

875 *Allianz*, Informationsprospekt über die Verschmelzung der RAS S.p.A. auf die Allianz AG, S. 53 f.

876 Vgl. *BFH* v. 19.12.2007 - I R 66/06, BStBl. II 2008, 510.

die hierzu verfassten vorbereitenden Schreiben der OECD zu Betriebstätten.[877] Die Unklarheit darüber, welche Funktionen eine Betriebstätte ausüben müsste, um Holding-Betriebstätte zu sein, resultiert aus der restriktiven, geradezu zögerlichen Rechtsprechung des BFH zum Erfordernis des funktionalen Zusammenhanges zwischen den einer Holding zuzuordnenden Wirtschaftsgütern und der Tätigkeit der Betriebstätte. Die den Judikaten des BFH immanente negative Abgrenzung unter stetem Hinweis darauf, welche Funktionen jedenfalls nicht zur Begründung einer Holding-Betriebstätte nach Vorstellung des Gerichts führen, ist nicht zielführend. Vielmehr bedarf es einer positiven Konkretisierung hinsichtlich der Anforderungen an die Funktionen einer Holding-Betriebstätte unter dem Kriterium des funktionalen Zusammenhanges.

(4) Konkretisierung der Anforderungen an die Funktion von Holding-Betriebstätten anhand der Grundsätze des § 50d Abs. 3 EStG

Als Orientierung dafür, wann eine Holdingtätigkeit geschäftsleitenden Charakter hat, wäre ein Rückgriff auf die Grundsätze zur Regelung des § 50d Abs. 3 EStG denkbar. Diese Norm ist eine sogenannte Anti-Treaty-Shopping und Anti-Directive-Shopping Regelung, welche vermeiden soll, dass Nichtberechtigte sich Vorteile aus DBA oder Richtlinien der EU durch das lediglich Zwischenschalten einer Holding in Gestalt einer ausländischen Gesellschaft in einem Abkommens- oder EU-Staat verschaffen, die sie nicht bekommen hätten, wenn die Dividende direkt ausgeschüttet worden wäre.[878] Im Grundsatz versagt § 50d Abs. 3 EStG in bestimmten Sachverhaltskonstellationen die Steuerentlastung, welche das nationale Recht in §§ 43b und 50g EStG oder welche ein DBA vorsieht, sodass die in § 50d Abs. 1, 2, 5 und 6 EStG enthaltenen Entlastungsverfahren nicht zur Anwendung gelangen können. § 50d Abs. 3 EStG und seine Anwendung unterlag und unterliegt einem massiven Wandel durch die Rechtsprechung, die darauf reagierende Finanzverwaltung sowie Änderungen am Tatbestand der Norm durch den Gesetzgeber.[879]

---

877 *OECD,* Report on the Attribution of Profits to Permanent Establishments, 17.7.2008; *OECD,* 2010 Report on the Attribution of Profits to Permanent Establishments, 22.7.2010.

878 Siehe hierzu allgemein *Wagner*, in: Blümich, EStG/KStG/GewStG, EStG § 50d, Rz. 64; vgl. auch die detaillierten Untersuchungen von *Rudolf,* Treaty Shopping, S. 355 ff.; *Schade*, Die deutsche Anti-Treaty-Shopping-Regelung des § 50d Abs. 3 EStG, S. 69 ff.

879 Überblicksartig lässt sich die Entwicklung des § 50d Abs. 3 EStG bis heute wie folgt darstellen: Noch im Verrechnungszeitraum 2006 wurde die Erstattung der

(a) Regelungsgehalt des § 50d Abs. 3 EStG

In der durch das BeitrRLUmsG vom 7.12.2011 geänderten Fassung versagt § 50d Abs. 3 EStG seinem Wortlaut nach die völlige oder teilweise Steuerentlastung nach Abs. 1 oder Abs. 2 der Vorschrift, soweit Personen an ihr beteiligt sind, denen die Erstattung oder Freistellung nicht zustände, wenn sie die Einkünfte unmittelbar erzielten, und die von der ausländischen Gesellschaft erzielten Bruttoerträge nicht aus eigener Wirtschaftstätigkeit stammen, sowie (i) in Bezug auf diese Erträge für die Einschaltung der ausländischen Gesellschaft wirtschaftliche oder sonst beachtliche Gründe fehlen oder (ii) die ausländische Gesellschaft nicht mit einem für ihren Geschäftszweck angemessen eingerichteten Geschäftsbetrieb am allgemeinen wirtschaftlichen Verkehr teilnimmt.

(aa) Erfordernis der „eigenen Wirtschaftstätigkeit"

Die Kernforderung des § 50d Abs. 3 Satz 1 EStG ist die nach einer „eigenen Wirtschaftstätigkeit" der zwischengeschalteten ausländischen Gesellschaft.[880] Dies erfordert eine aktive, ständige und nachhaltige Teilnahme am allgemeinen

---

Kapitalertragsteuer nur dann versagt, wenn ein wirtschaftlicher oder sonst beachtlicher Grund und (kumulativ) eine eigene wirtschaftliche Tätigkeit der Holdinggesellschaft fehlte. Als Reaktion auf eine den Anwendungsbereich des § 50d Abs. 3 EStG immer weiter einschränkende Rechtsprechung des BFH (siehe hierzu die Entscheidungen Hilversum I und Hilversum II, *BFH* v. 31.5.2005 - I R 74, 88/04, BStBl. II 2006, 118; sowie die Dublin-Docks Fälle) fasste der Gesetzgeber im JStG 2007 die Norm neu und verschärfte sie zugleich massiv, indem nunmehr ein alternatives Fehlen eines wirtschaftlichen respektive sonst beachtlichen Grundes oder das Fehlen einer eigenen wirtschaftlichen Tätigkeit oder eine zweckfremde Teilnahme am Rechtsverkehr für eine Versagung der Entlastung ausreichend war. Die in der Vorschrift enthaltene 10 v.H.-Grenze als Mindestgrenze einer eigenen Wirtschaftstätigkeit wurde nach Einleitung eines Vertragsverletzungsverfahrens durch die EU-Kommission gestrichen, sodass die Norm ihre aktuelle Fassung durch das BeitrRLUmsG vom 7.12.2011 (BGBl. I 2012, 2592 ff.) erhalten hat. Hierauf hat sodann die Finanzverwaltung mit Anwendungsschreiben zur Entlasungsberechtigung ausländischer Gesellschaften vom 24.1.2012, BMF IV B 3 – S 2411/07/10016, BStBl. I 2012, 171 reagiert.

Für eine detaillierte Analyse der Änderungen der Norm vgl. *Lüdicke*, IStR 2012, 81 ff.; *Rudolf*, Treaty Shopping, S. 479 ff.; *Schade*, Die deutsche Anti-Treaty-Shopping-Regelung des § 50d Abs. 3 EStG, S. 254 ff.

880 Vgl. *BMF*, v. 24.1.2012, BMF IV B 3 – S 2411/07/10016, BStBl. I 2012, 171, Rz. 5; *Schade*, Die deutsche Anti-Treaty-Shopping-Regelung des § 50d Abs. 3 EStG, S. 76 ff. m.w.N.; vgl. zu der sehr umstrittenen Fallgruppe der Beteiligungsverwaltung die Darstellung und Analyse bei *Rudolf*, Treaty Shopping, S. 383 ff.

Wirtschaftsverkehr[881], wobei nach Auffassung der Verwaltung eine Teilnahme am allgemeinen Wirtschaftsverkehr auch gegeben ist, wenn konzernintern Dienstleistungen gegen ein fremdvergleichskonformes Entgelt erbracht werden.[882] § 50d Abs. 3 Satz 3 EStG verneint das Vorliegen einer eigenen wirtschaftlichen Tätigkeit, wenn die ausländische Gesellschaft ihre Bruttoerträge lediglich aus der Verwaltung von Wirtschaftsgütern erzielt. Unterhalb des Tatbestandsmerkmals der eigenen Wirtschaftstätigkeit in § 50d Abs. 3 EStG ist die umstrittenste Fallgruppe diejenige der Beteiligungsverwaltung.[883] Die Finanzverwaltung fordert demnach eine aktive Beteiligungsverwaltung im Sinne einer geschäftsleitenden Funktion und erkennt dies nur an, wenn Beteiligungen „von einigem Gewicht" erworben wurden. Hierbei soll es nicht auf die Beteiligungshöhe, sondern auf den tatsächlichen Einfluss über die Beteiligungsgesellschaft ankommen.[884] Die geschäftsleitenden Funktionen selbst müssen sich in Gestalt von Führungsentscheidungen manifestieren, langfristiger Natur sein und von einer Grundsätzlichkeit sowie Bedeutung für den Bestand der Beteiligungsgesellschaft getragen werden.[885] Die Tätigkeit einer geschäftsleitenden Holding wird nach allgemeiner Auffassung als eigene Wirtschaftstätigkeit eingeordnet.[886]

(bb) Erfordernis des „am Geschäftszweck ausgerichteten angemessen eingerichteten Geschäftsbetriebs"

Ferner tritt sodann noch das tatbestandliche Erfordernis des am Geschäftszweck ausgerichteten angemessen eingerichteten Geschäftsbetriebs im ausländischen Ansässigkeitsstaat der Gesellschaft hinzu (§ 50d Abs. 3 Satz 1 Nr. 2 EStG). Dieses nimmt die Finanzverwaltung zum Anlass unter Verweis auf eine grundlegende

881 Dies ist die Essenz aus der Cadbury-Schweppes Entscheidung des EuGH v. 12.9.2006, Rs. C-196/04, jedenfalls soweit es um eine Gesellschaft in einem EU-Mitgliedstaat geht und erfordert vergleichbar dem § 15 Abs. 2 EStG (dort für den Gewerbebetrieb) eine von Gewinnerzielungsabsicht getragene nachhaltige Beteiligung am Leistungs- und Güteraustausch, wobei die Tätigkeit auch nach außen in Erscheinung treten und sich zumindest an eine begrenzte Allgemeinheit richten muss, siehe hierzu m.w.N. *Rudolf*, Treaty Shopping, S. 384; *BFH*, v. 9.7.1986 - I R 173/83, BStBl. II 1986, 851.

882 *BMF*, v. 24.1.2012, BMF IV B 3 – S 2411/07/10016, BStBl. I 2012, 171, Rz. 5.1.

883 Vgl. hierzu auch weiterführend *Rudolf*, Treaty Shopping, S. 385 m.w.N.

884 *BMF*, v. 24.1.2012, BMF IV B 3 – S 2411/07/10016, BStBl. I 2012, 171, Rz. 5.2.

885 *BMF*, v. 24.1.2012, BMF IV B 3 – S 2411/07/10016, BStBl. I 2012, 171, Rz. 5.3.

886 Siehe hierzu nur *Schade*, Die deutsche Anti-Treaty-Shopping-Regelung des § 50d Abs. 3 EStG, S. 78; ebenfalls *Schönfeld*, in: Flick/Wassermeyer/Baumhoff/Schönfeld, Außensteuerrecht, EStG § 50d Abs. 3, Rz. 187.

Entscheidung des BFH[887] Anforderungen an die Ausstattung und Tätigkeit der Betriebstätte zu stellen. Erforderlich ist demnach die Nachweisbarkeit des sogenannten „greifbaren Vorhandenseins" des Geschäftsbetriebes, welches sich auf das Personal und dessen Qualifikation, die Geschäftsräume sowie die technische Ausstattung derselben bezieht.[888]

Überträgt man nun die Anforderungen, welche § 50d Abs. 3 EStG sowie das Anwendungsschreiben der Finanzverwaltung unter Bezugnahme auf die Rechtsprechung des BFH hierzu an die Funktionen und Ausstattung der ausländischen Gesellschaft für die Gestaltungen im Rahmen dieser Vorschrift aufstellen, auf Sachverhalte mit Holding-Betriebstätten in einem Abkommenssachverhalt, werden folgende Mindesterfordernisse an Tätigkeit und Ausstattung der Betriebstätte zu stellen sein:

Erforderlich ist ein eigenes Büro im Betriebstättenstaat mit der notwendigen Ausstattung im Hinblick auf die Fläche in Relation zur Anzahl der Mitarbeiter in der Betriebstätte sowie mit Blick auf die sachliche Ausstattung. Hierzu dürften insbesondere Computer, Emailkonten, Faxgeräte und Telefone sowie in personeller Hinsicht auch ein Sekretariat erforderlich sein, um die administrativen Anforderungen, welche die Geschäftsleitungsfunktion mit sich bringt, zu bewältigen.

Des Weiteren muss der Betriebstätte Personal zugewiesen werden, das im Betriebstättenstaat anwesend ist und die notwendige Qualifikation und Erfahrung besitzt, die Aufgaben der Geschäftsleitung für die Beteiligungen zu übernehmen. Diese Mitarbeiter müssen optimalerweise die Autorisation haben, die elementaren Entscheidungen betreffend die Beteiligungsgesellschaften vorzunehmen, also die Gesellschafterrechte auszuüben.[889] Die Vergütung und Lohnbuchhaltung dieser Mitarbeiter sollte durch die Betriebstätte erfolgen, um sicher zu gehen, dass die Zuordnung des Personals einer Prüfung durch den BFH standhält. Die Entscheidungen, welche die Betriebstätte über die Gesellschaften trifft, die ihr zugeordnet werden sollen, müssen alle grundlegenden Themen der Geschäftsführung erfassen. Dies umfasst die strategische Ausrichtung der nachgeordneten Unternehmen, indem sie die Geschäftsfelder bestimmt, die Unternehmensziele möglichst langfristig abgesteckt, die Organisation sowie die Zuständigkeiten festgelegt, entscheidet, wie der Kapitalfluss

887 Vgl. *BMF*, v. 24.1.2012, BMF IV B 3 – S 2411/07/10016, BStBl. I 2012, 171, Rz. 7. unter Verweis auf *BFH*, v. 20.3.2002 – I R 38/00, BStBl. II 2002, 819, 822.

888 *BMF*, v. 24.1.2012, BMF IV B 3 – S 2411/07/10016, BStBl. I 2012, 171, Rz. 7.

889 Siehe *BMF*, v. 24.1.2012, BMF IV B 3 – S 2411/07/10016, BStBl. I 2012, 171, Rz. 7; so auch *Kessler/Huck*, IStR 2006, 433, 439.

gesteuert und wie Führungspositionen in den Beteiligungsgesellschaften besetzt werden.[890] Diese Rechte der Kontrolle und Koordination der Betriebstätte sollten in Form von verbindlichen internen Richtlinien festgeschrieben und somit zur obligatorischen Handlungsanweisung für die Manager der nachgeordneten Gesellschaften gemacht werden. Insbesondere sollten diese Richtlinien die Anordnung enthalten, dass das geschäftsleitende Personal der nachgeordneten Unternehmen in Fragen der strategischen Ausrichtung sowie bei Entscheidungen betreffend die Anschaffung oder Veräußerung von Betriebsmitteln und in Fragen der Finanzierung stets die Zustimmung des geschäftsleitenden Personals der Betriebstätte (Holding) einzuholen hat. Ferner erscheint es ratsam, den Beteiligungsgesellschaften Dienstleistungen durch die Holding-Betriebstätte angedeihen zu lassen. Die Betriebstätte sollte daher Managementdienstleistungen für die Wirtschaftsgüter, Gebäude, Grundstücke und Fabrikationsstätten der Beteiligungsgesellschaften erbringen.

(b) Anwendbarkeit der Grundsätze des § 50d Abs. 3 EStG auf Holding-Betriebstätten

Es zeigt sich, dass sich unter Zuhilfenahme der zu § 50d Abs. 3 EStG erarbeiteten Kriterien ein sehr umfangreicher Katalog an Anforderungen zusammenstellen ließe, dem die Betriebstätte nachkommen müsste, um Holding-Betriebstätte zu sein, vorausgesetzt diese Anforderungen wären inhaltsgleich mit den Voraussetzungen des Kriteriums des funktionalen Zusammenhanges zur Zuordnung von Beteiligungen zu Betriebstätten. Dies muss kritisch betrachtet werden.

Zunächst einmal positiviert § 50d Abs. 3 EStG einen Tatbestand, der verschiedene Voraussetzungen umfasst. Auch wenn der Wortlaut des § 50d Abs. 3 EStG ebenso auslegungsbedürftig ist, wie der Terminus des „tatsächlichen Gehörens" in den Betriebstättenvorbehalten des OECD-MA, so hält § 50d Abs. 3 EStG exakter gefasste Voraussetzungen bereit als die Abkommensregelung, welche dann vom BFH mit Kriterien ausgefüllt worden ist. Fraglich erscheint also, ob der Maßstab des § 50d Abs. 3 EStG und des Anwendungsschreibens der Finanzverwaltung nicht zu streng, die Anforderungen für die Erfüllung eines funktionalen Zusammenhanges zwischen einer Beteiligung und der Tätigkeit einer Betriebstätte nicht zu hoch sind.

Ferner hat der BFH diese gedankliche Parallele zwischen § 50d Abs. 3 EStG und dem Kriterium des funktionalen Zusammenhanges bei Holding-Betriebstätten

890 Vgl. *Birkenfeld*, in: Kessler/Kröner/Köhler, Konzernsteuerrecht, § 5, Rz. 183; *Lutter*, in: Lutter, Holding-Handbuch, § 1, Rz. 16 ff.

bisher nicht explizit gezogen. Des Weiteren muss sich die Kritik zudem auf den Umstand konzentrieren, dass § 50d Abs. 3 EStG eine sehr umstrittene Norm in beinahe andauerndem Wandel ist. Es handelt sich um eine Vorschrift, die mehr oder minder permanent im Spannungsfeld zwischen den Entscheidungen der Rechtsprechung, Verfahren zur Überprüfung der Gemeinschaftsrechtskonformität, gesetzgeberischen Novellierungen sowie den Klarstellungs- und Korrekturbemühungen der Finanzverwaltung steht.

Bei einer retrospektiven Betrachtung des § 50d Abs. 3 EStG und seines Tatbestandes während der vergangenen sieben Jahre, lassen sich derart elementare Veränderungen feststellen, dass seine Eignung, aus ihm grundlegende Leitlinien für Zuordnungsfragen in Betriebstättenholdingsachverhalten abzuleiten, in Zweifel gezogen werden darf. Andererseits handelt es sich hierbei um die einzige Vorschrift, die sich mit einem ähnlich gelagerten Sachverhalt befasst. Sich an den Anforderungen des § 50d Abs. 3 EStG zu orientieren mag in der Praxis der Gestaltungsberatung hilfreich sein, weil in Ermangelung klarer Leitlinien durch die Rechtsprechung zu Holding-Betriebstätten überhaupt eine Handreichung gegeben ist.

Gegen diesen Schluss lässt sich jedoch anführen, dass der Regelungscharakter eines Betriebstättenvorbehalts sich stark von dem des § 50d Abs. 3 EStG unterscheidet. Letzterer war bis zum VZ 2012 eine strenge Missbrauchsvermeidungsvorschrift, welche in weit stärkerer Weise als § 42 AO steuerliche Vorteile versagen konnte und dem Grunde nach das Gegenstück zu den §§ 7 bis 14 AStG für den Inboundfall darstellte, da sie die Einkünfte insgesamt als nicht freizustellend umqualifizierte.[891] Auch wenn nach der weitgehenden Neuregelung des § 50d Abs. 3 EStG die Umqualifizierungsklausel einer Aufteilungsklausel gewichen ist[892], bleibt das Telos der Vorschrift weiterhin die Vermeidung missbräuchlicher Umgehungsgestaltungen. Die Betriebstättenvorbehalte (so auch

891 In der Fassung des JStG 2007 v. 13.12.2006, BGBl. I 2006, 2878 war § 50d Abs. 3 EStG die speziellere Missbrauchsnorm als § 42 AO und versagte im Gegensatz zur Generalnorm die steuerliche Entlastung insgesamt, während die Rechtsfolge des § 42 AO eine Korrektur des Sachverhalts auf das korrekte Maß vornimmt.

892 § 50d Abs. 3 Satz 1 EStG sieht in der aktuellen Fassung vor, dass die KapSt-Entlastung nur insoweit nicht gewährt wird, als die Bruttoerträge nicht aus eigener Wirtschaftstätigkeit stammen und die übrigen Ausschlussgründe vorliegen, s. hierzu *Rudolf*, Treaty Shopping, S. 480 f.; *Schade*, Die deutsche Anti-Treaty-Shopping-Regelung des § 50d Abs. 3 EStG, S. 256 f.; *Wagner*, in: Blümich, EStG/KStG/GewStG, EStG § 50d, Rz. 81; ebenfalls *Zuber/Just/Ditsch*, in: Littmann/Bitz/Pust, EStG vor § 50d, Rz. 13.

Art. 10 Abs. 4 OECD-MA für Beteiligungen und Dividendeneinkünfte) sind Zuordnungsregelungen, welche nach der tatsächlichen Zugehörigkeit von Wirtschaftsgütern fragen, ohne konkret Umgehungsgestaltungen ausfindig machen zu wollen.[893] Zuletzt lassen sich immer wieder auftretende Kollisionen oder Fragen der Vereinbarkeit des § 50d Abs. 3 EStG mit den unionsrechtlichen Vorgaben ins Feld führen. Die enge und auf den Einzelfall konzentrierte Auslegung und Prüfung des § 50d Abs. 3 EStG durch den BFH[894] vor dessen Neufassung führte nicht zu einem Verstoß der Norm gegen die europarechtlichen Grundfreiheiten, der Prüfungsumfang dürfte aber letztlich durch europarechtliche Vorgaben bestimmt gewesen sein.[895] Die Rechtsprechung von BFH und EuGH zu § 50d Abs. 3 EStG ist mithin noch nicht abgeschlossen[896], wobei die nunmehr aktuelle Fassung als mit dem Unionsrecht vereinbar erscheint, jedenfalls einen zu rechtfertigenden Eingriff in die Niederlassungsfreiheit des Art. 49 AEUV darstellt.[897]

(c) Zwischenergebnis

Es lässt sich das Fazit ziehen, dass die Anforderungen des § 50d Abs. 3 EStG eine gewisse Nähe zur Holdingproblematik von Betriebstätten insoweit aufweisen mögen, als dass sie ebenfalls Holdingkonstellationen betreffen. Vom Normzweck her besteht allerdings keine Kongruenz und auch der im steten Wandel befindliche Tatbestand der Vorschrift sowie die umfangreichen Anforderungen, welche die Finanzverwaltung an die ausländische Gesellschaft im Sinne des § 50d Abs. 3 EStG stellt, sind nicht zwingend der Maßstab, welcher an eine Betriebstätte anzulegen ist, der Beteiligungen unter dem Betriebstättenvorbehalt eines DBA zugeordnet werden sollen. Es obliegt dem BFH, in

---

893 Hierbei handelt es sich um einen elementaren Gedanken, der zugleich einen zentralen Kritikpunkt an der Verwendung des Kriteriums des funktionalen Zusammenhanges aus § 8 AStG durch den BFH im Rahmen der Prüfung der Betriebstättenvorbehalte des OECD-MA darstellt, siehe hierzu unten Kapitel 3. V. 5. c) aa).

894 Hier insbesondere die Hilversum II-Entscheidung des *BFH* v. 31.5.2005 – I R 74, 88/04, BStBl. II 2006, 118.

895 Vgl. hierzu *Wagner*, in: Blümich, EStG/KStG/GewStG, EStG § 50d, Rz. 68 mit Hinweis auf *BFH* v. 25.2.04 – I R 42/02, BStBl. II 2005, 14 und dort der Hinweis auf die *EuGH* v. 30.9.03 – Rs. C-167/01 „Inspire Art", GmbHR 2003, 1260 in welcher der EuGH auch bloßen Basis- oder Briefkastengesellschaften vollen gemeinschaftsrechtlichen Diskriminierungsschutz zuteil werden ließ.

896 Vgl. *Gosch* in: Kirchhof, EStG § 50d, Rz. 26.

897 Ebenso *Wagner*, in: Blümich, EStG/KStG/GewStG, EStG § 50d, Rz. 70.

geeigneten Entscheidungen sein Verständnis der funktionalen Zuordnung von Wirtschaftsgütern – hier Beteiligungen – zu Betriebstätten zu konkretisieren und die Anforderungen positiv zu umschreiben. Für die steuerliche Gestaltung in der Praxis folgt aus der hier ausgeführten Überlegung der Zuhilfenahme des § 50d Abs. 3 EStG, dass sie sich sicherheitshalber, um eine Zuordnung zur Betriebstätte zu schaffen, an die Kriterien dieser Vorschrift des EStG hält.[898] Zwingende Konsequenz ist das jedoch nicht, wie die hier aufgeführten Unterschiede zwischen den Vorschriften zeigen. Vor allem ist es dogmatisch nicht korrekt, denn § 50d Abs. 3 EStG befasst sich nur mit Inbound-Szenarien, während die Betriebstättenvorbehalte eines DBA für beide Vertragsstaaten und somit für Inbound- wie Outboundfälle Geltung haben. Im nationalen Recht ist das Pendant zum § 50d Abs. 3 EStG für die Outbound-Szenarien in den §§ 7 bis 14 AStG zu finden. Dem Maßstab des § 8 AStG, dem „funktionalen Zusammenhang“, bedient sich der BFH bei der Zuordnung von Wirtschaftsgütern ganz explizit und überträgt ihn auf die Wirtschaftsgutszuordnung zur Betriebstätte, allerdings ohne in seinen Entscheidungen für den wichtigen Fall der Beteiligungszuordnung zu einer Holding-Betriebstätte hieraus verwertbare Anhaltspunkte für die funktionale Ausstattung einer solchen Betriebstätte geschöpft zu haben. Dieses Versäumnis führte hier letztlich erst zu den Überlegungen, sich hilfsweise an den Kriterien des § 50d Abs. 3 EStG zu orientieren. Insofern bieten die Kriterien des § 50d Abs. 3 EStG zwar Anhaltspunkte für eine funktionale Beschaffenheit einer Holding, ein Transfer auf Betriebstättensachverhalte erscheint hingegen jedoch nicht in vollem Umfange sachgerecht. Es obliegt der Rechtsprechung, ihrem Kriterium des funktionalen Zusammenhanges insbesondere im Fall der Beteiligungszuordnung mehr Kontur und Anhaltspunkte zu verleihen, welche Funktionen eine Betriebstätte auszuüben hat, damit sie vom BFH als Holding anerkannt wird und ihr Wirtschaftsgüter entsprechend zuzuordnen sind.

(5) Zusammenfassung

Zusammenfassend lässt sich konstatieren, dass Betriebstätten als Holding für Beteiligungen und andere Wirtschaftsgüter fungieren können. Dies zieht auch der BFH in seiner Rechtsprechung nicht in Zweifel. Die Analyse des Kriteriums des funktionalen Zusammenhanges hat jedoch gezeigt, dass lediglich auf die Frage, „Wie eine Betriebstätte unter funktionalen Gesichtspunkten zu einer Holding-Betriebstätte wird?“, in den Entscheidungen der Rechtsprechung

898 So beispielsweise *Kessler*, in: Kessler/Kröner/Köhler, Konzernsteuerrecht, § 8, Rz. 121.

keinerlei verlässliche Anhaltspunkte angeführt werden und der BFH somit eine Antwort schuldig bleibt. Insbesondere findet jede Eingrenzung der von der Betriebstätte benötigten Funktionen im Wege einer negativen Abgrenzung statt. Der BFH stellte insoweit fest, dass nach seiner Auffassung eine Betriebstätte, welche für die Beteiligungsgesellschaft Arbeitsabläufe koordiniert, zwischen beiden Unternehmensteilen bestehende Synergien hebt, am Vertriebsgeschäft und der strategischen Ausrichtung der Beteiligungsgesellschaft sowie deren Personalpolitik mitwirkt, nicht mit den notwendigen Funktionen ausgestattet ist, um ihr den Status einer Holding-Betriebstätte zu verleihen. Daher hat er eine Zuordnung der Beteiligung unter dem Betriebstättenvorbehalt versagt.

Folglich ist in dem Bemühen um das Auffinden positiver Kriterien hier der Ansatz verfolgt worden, die Parallele zwischen einer Holding-Betriebstätte und einer ausländischen Holdinggesellschaft im Sinne des § 50d Abs. 3 EStG zur Gewinnung von Kriterien unterhalb des funktionalen Zusammenhanges heranzuziehen. Die dezidierteren Voraussetzungen des Tatbestandes des § 50d Abs. 3 EStG können in der Praxis der steuergestaltenden Beratung herangezogen werden, um eine fundiertere Argumentationsgrundlage für den Fall der Auseinandersetzung mit den Finanzbehörden zu schaffen. Wirkliche Rechtssicherheit kann hierdurch jedoch nicht gewonnen werden. Dies findet seine Begründung in den steten Änderungen, denen § 50d Abs. 3 EStG innerhalb kurzer Zeitabstände ausgesetzt war und gegebenenfalls weiterhin sein wird. Ferner gilt es zu beachten, dass diese hoch umstrittene Missbrauchsvermeidungsnorm von ihrem Regelungscharakter her – wie bereits § 8 AStG – nicht dem Sinn und Zweck des Art. 10 Abs. 4 OECD-MA für Beteiligungen oder sonst einem der Betriebstättenvorbehalte des OECD-MA entspricht, denn Betriebstättenvorbehalte sind geschaffen worden, um eine sachgerechte Verteilung der Besteuerungsrechte vorzunehmen. Insofern ist die im Umfang identische Übertragung der Kriterien des § 50d Abs. 3 EStG auf das Kriterium des funktionalen Zusammenhanges des BFH zur Auslegung der Betriebstättenvorbehalte keine dogmatisch vertretbare Lösung und im Ergebnis nicht sachgerecht. Nicht zuletzt weil die sehr streitigen Fragen zu § 50d Abs. 3 EStG in die Zuordnung von Wirtschaftsgütern zu Betriebstätten transferiert würden. Dies liefe dem hier verfolgten Ziel der Benennung positiver und am Zuordnungscharakter der Betriebstättenvorbehalte ausgerichteter Kriterien zur Konkretisierung des funktionalen Zusammenhanges zuwider.

Nach der bisherigen Rechtsprechung des BFH zu Holding-Betriebstätten lässt sich mit Sicherheit nur konstatieren, dass die Betriebstätte die Gestalt einer geschäftsleitenden Holding haben muss und eine bloße Vermögensverwaltung der Beteiligungen durch die Betriebstätte nicht ausreichend ist. Die exakten

Funktionen, welche die Betriebstätte ausüben muss, um tatsächlich die Beteiligungsgesellschaften zu führen und somit den funktionalen Zusammenhang zwischen Beteiligungen und Betriebstätte herzustellen, welchen die Rechtsprechung einfordert, bleiben nebulös. Die Funktion der Betriebstätte wird ein gewisses aktives Management der Beteiligungen erfordern und eine strategische Steuerung der Beteiligungsgesellschaft unter Ausübung der Gesellschafterrechte voraussetzen. Daneben müssen wohl aber auch Dienstleistungen, welche die Betriebstätte für die Beteiligungsgesellschaft erbringt, Beachtung finden. Beispielsweise müsste ein funktionaler Zusammenhang wohl dann anzunehmen sein, wenn die Betriebstätte zentrale Vertriebsfunktionen und Vertriebsunterstützungsleistungen an die Vertriebsgesellschaften des Unternehmens in anderen Staaten erbringt.[899] Dieses Ergebnis zeigt sich zugleich anhand des hier diskutierten Beispielfalles der Fusion einer italienischen juristischen Person auf die deutsche Allianz AG unter deren Formwechsel zu einer SE. Es wurde deutlich, dass das Kriterium des funktionalen Zusammenhanges bei Holding-Betriebstätten-Konstellationen sehr wenig fortentwickelt und anscheinend aus Perspektive des BFH (noch) sehr restriktiv und einzelfallabhängig gehandhabt wird; ein Aspekt, der insbesondere in der gesellschaftsrechtlichen und steuerlichen Praxis zu großer Verunsicherung führt, wenn es um die Planung der funktionellen Ausstattung der Betriebstätte geht. Insbesondere aufgrund dieser Ungewissheit ist es eminent wichtig, das Kriterium des funktionalen Zusammenhanges in Bezug auf die Anforderungen an die Funktionsausübung der Betriebstätte im Allgemeinen und in Bezug auf Holdingfälle im Speziellen genauer zu untersuchen und zu bestimmen.[900]

d) Wirtschaftliche Zugehörigkeit

Das Kriterium der wirtschaftlichen Zugehörigkeit ist das Ergebnis eines einzigen Judikats des BFH aus dem Jahre 2008[901], sodass es in Konkurrenz zu dem in der letzten Dekade des 20. Jahrhunderts entwickelten Kriteriums des funktionalen Zusammenhangs steht. Das hier maßgebende Urteil des Ersten Senats des BFH – also jenes Senats, der die Entwicklung des Kriteriums des funktionalen Zusammenhangs begonnen, vorangetrieben und begleitet hat – befasste sich im Rahmen eines Dreiecksachverhalts mit der Zuordnung eines Ertrages aus der

899 Ein solcher Nachweis hatte der *BFH* in seiner Entscheidung v. 19.12.2007 – I R 66/06, BStBl. II 2008, 510 explitzit vermisst.

900 Siehe hierzu den Ansatz unter Kapitel 3. VI.

901 *BFH* v. 13.2.2008 – I R 63/06, BStBl. II 2009, 414.

Veräußerung einer Kapitalgesellschaftsbeteiligung an einer US-amerikanischen Inc. Die Zuordnung sollte zu der deutschen Betriebstätte des in der Schweiz ansässigen Gesellschafters - vermittelt durch eine GmbH & Co. KG mit Sitz in Deutschland - erfolgen. Alternativ wäre nur die Zurechnung zum Gesellschafter, einer natürlichen Person mit Ansässigkeit in der Schweiz, möglich gewesen und infolgedessen auch die Allokation des Besteuerungsrechts zum jeweiligen Vertragsstaat.

Die Entscheidungsgründe des BFH, die Kapitalgesellschaftsbeteiligung „als Wirtschaftsgut [...] von seiner wirtschaftlichen Funktion her" eindeutig der KG zuzuordnen, weil dies den „tatsächlichen Gegebenheiten" entspreche[902], überraschen. Die Begründung verwundert insbesondere deshalb, weil sich nach der Rechtsprechung des Ersten Senats des BFH die tatsächliche Zugehörigkeit von Wirtschaftsgütern zu Betriebstätten am Kriterium des funktionalen Zusammenhangs entscheiden soll. Der BFH qualifiziert die Kapitalgesellschaftsbeteiligung der natürlichen Person an der US-amerikanischen Inc. als Sonderbetriebsvermögen der deutschen KG und judiziert, dass diese Zurechnung nach nationalem Recht „auf die abkommensrechtliche Zurechnung durchschlagen [müsse]."[903] Die Einordnung der Kapitalgesellschaftsbeteiligung als Sonderbetriebsvermögen des Mitunternehmers bei der KG ist eine rechtliche Wertung. Der BFH hat für die Fälle der Dividendeneinkünfte aus Kapitalgesellschaftsbeteiligungen entschieden, dass es für die Frage der Zugehörigkeit der dividendenausschüttenden Beteiligung nicht auf deren rechtliche Qualifikation als Sonderbetriebsvermögen nach § 15 Abs. 1 Nr. 2 EStG ankomme, sondern auf ihre tatsächliche Zugehörigkeit als Vermögensgegenstand zur Betriebstätte; die Begriffe „rechtlich" und „tatsächlich" wurden scharf voneinander abgegrenzt, ein Durschlagen der nationalen steuerrechtlichen Bewertung auf die abkommensrechtliche Qualifikation abgelehnt.[904] Der Umstand, dass der Erste Senat des BFH Einkünfte, die aus einer Kapitalgesellschaftsbeteiligung stammen, in seiner Entscheidung vom 13.2.2008[905] anderen - namentlich wirtschaftlichen - Zuordnungskriterien

902 *BFH* v. 13.2.2008 - I R 63/06, BStBl. II 2009, 414, Rz. 45.

903 *BFH* v. 13.2.2008 - I R 63/06, BStBl. II 2009, 414, Rz. 44, hier verweist der Erste Senat auf die Urteile *BFH* v. 18.5.1983 - I R 5/82, BStBl. II 1983, 771 zum DBA Niederlande sowie auf *BFH* v. 29.10.1986 - II R 226/82, BStBl. II 1987, 99 zum früheren DBA-Italien.

904 Zu dieser grundlegenden Rechtsprechungsänderung siehe *BFH* v. 27.2.1991 - I R 15/89, BStBl. II 1991, 444; v. 27.2.1991 - I R 96/89, BFH/NV 1992, 385; v. 23.10.1996 - I R 10/96, BStBl. II 1997, 313.

905 *BFH* v. 13.2.2008 - I R 63/06, BStBl. II 2009, 414.

unterwirft, anstatt seine Rechtsprechung zum funktionalen Zusammenhang anzuwenden, lässt sich nur dann nachvollziehen, wenn der Umstand, dass es einmal um Erträge aus der Beteiligung in Form von Dividenden geht und im anderen Falle um den Ertrag aus der Veräußerung der Kapitalgesellschaftsbeteiligung insgesamt. Richtig ist, dass im Abkommensrecht Dividendeneinkünfte von Art. 10 OECD-MA erfasst werden und Gewinne aus der Veräußerung von Vermögen der Regelung des Art. 13 OECD-MA unterfallen. Die entscheidende Fragestellung lautet demnach: Unterscheiden sich Art. 10 OECD-MA und Art. 13 OECD-MA hinsichtlich der Kriterien der Aufteilung des Besteuerungsrechts zum Betriebstättenstaat und damit in ihren Kriterien der Zuordnung von Wirtschaftsgütern?

Art. 10 Abs. 4 OECD-MA ist ein Betriebstättenvorbehalt, der auf das „tatsächliche Gehören" der Beteiligung zur Betriebstätte abstellt, um das Besteuerungsrecht dem Quellen- und Betriebstättenstaat zuzuordnen. In der englischen Fassung des OECD-MA wird das Tatbestandsmerkmal des „tatsächlichen Gehörens" mit dem Erfordernis formuliert, die Beteiligung, auf welche die Dividende gezahlt werde, müsse mit der Betriebstätte „effectively connected" sein. Zu diesem Regelungstypus hat der BFH seine Lehre vom funktionalen Zusammenhang entwickelt.

Art. 13 Abs. 2 OECD-MA ist anwendbar auf die Veräußerung beweglicher Wirtschaftsgüter und spricht dem Betriebstättenstaat ein Besteuerungsrecht dieser Erträge dann zu, wenn das veräußerte bewegliche Vermögen Betriebsvermögen der Betriebstätte war. Dieser anderslautende Wortlaut der Vorschrift macht den Begriff des „Betriebsvermögens" der Betriebstätte zum entscheidenden Tatbestandsmerkmal und wirft die Frage auf, wann ein Vermögensgegenstand dem Betriebsvermögen einer Betriebstätte zuzurechnen ist. Für eben diese Zurechnung des Vermögensgegenstandes unter Art. 13 OECD-MA wendete der BFH eine Betrachtung der „wirtschaftlichen Zugehörigkeit" an und befand, dass die Beteiligung an der US-amerikanischen Inc. von der wirtschaftlichen Konzeption her derjenigen Beteiligung des Mitunternehmers an der deutschen KG untergeordnet war, woraus das Gericht in rechtlicher Hinsicht eine zwingende Zuordnung zum Betriebsvermögen der KG folgerte.[906] Der BFH erkennt die dieser Entscheidung immanente Abweichung von seiner bisherigen Rechtsprechung zur abkommensrechtlichen Behandlung von Sondervergütungen nach § 15 Abs. 1 Satz 1 Nr. 2 EStG an, sieht hierin jedoch keinen Widerspruch.[907] Dies

906 *BFH* v. 13.2.2008 – I R 63/06, BStBl. II 2009, 414, Rz. 45.
907 *BFH* v. 13.2.2008 – I R 63/06, BStBl. II 2009, 414, Rz. 46.

verwundert, denn der BFH folgt jedenfalls in seiner (unmittelbar vor und auch nach der hier diskutierten Entscheidung) jüngeren Rechtsprechung zur Frage der Einordnung von Sondervergütungen bei Gesellschaftern von Personengesellschaften einer abkommensautonomen Auslegung ohne Rückgriff auf das nationale Steuerrecht.[908] Die Vorinstanz hatte den Sachverhalt noch anhand der zu den Betriebstättenvorbehalten entwickelten Rechtsprechung des BFH zur Zuordnung von Wirtschaftsgütern nach dem Prinzip des funktionalen Zusammenhangs bewertet und somit an der Anforderung eines tatsächlichen und nicht bloß rechtlichen Gehörens bewertet, folglich das Kriterium des funktionalen Zusammenhangs auch auf die Fälle des Art. 13 OECD-MA übertragen.[909] Dieser Rechtsauffassung tritt der BFH entgegen und erläutert, dass die Regelungen der Betriebstättenvorbehalte (vom Senat als Rückfallklauseln bezeichnet) zur tatbestandlichen Voraussetzung gemacht haben, dass die Quelle der Einkünfte „tatsächlich zu der Betriebstätte gehören" muss, um dieser das Wirtschaftsgut zuzurechnen und dem Quellenstaat das Besteuerungsrecht zuzusprechen, wohingegen es bei Art. 13 Abs. 2 OECD-MA auf das „Gehören zum Betriebsvermögen der Betriebstätte" ankomme.[910] Der BFH legt seiner differenzierenden Ansicht den unterschiedlichen Wortlaut beider Vorschriften zugrunde und verweist insbesondere darauf, dass in den Betriebstättenvorbehalten das Wort „tatsächlich" eine „Loslösung von rein (steuer-)rechtlichen Zuordnungskriterien zum Ausdruck bringe"[911], eine Überlegung, die dort nicht durchgreifen können soll, wo der „Maßstab der wirtschaftlichen Zugehörigkeit" anzulegen ist[912]; nach Vorstellung des BFH ist dies im Rahmen der Allokation der Besteuerungsrechte bei Einkünften aus der Veräußerung von beweglichem Vermögen nach Art. 13 Abs. 2 OECD-MA der Fall.

Dieser Argumentation des BFH ist zuzugeben, dass der Wortlaut der Betriebstättenvorbehalte (in den Art. 10 Abs. 4, 11 Abs. 4, 12 Abs. 3 und 21 Abs. 2 OECD-MA) sich in der Tat von dem des Art. 13 OECD-MA unterscheidet.[913]

---

908 Vgl. hierzu *BFH* v. 17.10.2007 – I R 5/06, BStBl. II 2009, 356; v. 28.4.2010 – I R 81/09, BFH/NV 2010, 1550; v. 8.9.2010 – I R 74/09, BFHE 231, 84; v. 8.11.2010 – I R 106/09, BFH/NV 2011, 365.

909 FG Baden-Württemberg v. 22.11.2005 – 8 K 400/97, EFG 2006, 677.

910 *BFH* v. 13.2.2008 – I R 63/06, BStBl. II 2009, 414, Rz. 46 ff.

911 *BFH* v. 13.2.2008 – I R 63/06, BStBl. II 2009, 414, Rz. 48.

912 *BFH* v. 13.2.2008 – I R 63/06, BStBl. II 2009, 414, Rz. 48.

913 Die abweichende Formulierung im deutschen Abkommenstext ist lediglich Folge des Art. 13 Abs. 2 OECD-MA in seiner englischen Fassung. Dort heißt es: „Gains from the alienation of movable property forming part of the business property of a

Dies wirft aber die Frage auf, ob die Vorschrift über Veräußerungsgewinne (Art. 13 OECD-MA) damit auch einem anderen Prinzip der Verteilung der Besteuerungsrechte folgt, als die allgemeine Vorschrift über Unternehmensgewinne (Art. 7 OECD-MA) und die besonderen Vorschriften über spezielle Einkünfte (hier insbesondere die Art. 10 bis 12 sowie Art. 21 OECD-MA), mithin ob ihr ein anderes Telos innewohnt. Die Analyse des Musterkommentars zum OECD-MA sowie des 2010 Report on the Attribution of Profits to Permanent Establishments (Betriebstättenbericht) der OECD ergibt, dass es nach dem Verständnis der OECD-Mitgliedstaaten den Terminus des „economic ownership" einer Betriebstätte an einem Wirtschaftsgut im Rahmen des Art. 13 Abs. 2 OECD-MA gibt[914], also eine „wirtschaftliche Zugehörigkeit" eines Vermögensgegenstandes für die Zuordnung von Wirtschaftsgütern zur Betriebstätte entscheidend ist. Die Idee des „economic ownership" ist die Basis der Vermögens- und Einkünftezuordnung nach dem OECD-MA und der Einsicht geschuldet, dass eine Betriebstätte als unselbstständiger Teil des Einheitsunternehmens kein juristisches Eigentum an Wirtschaftsgütern erwerben kann.[915] Folglich ist die „wirtschaftliche Zugehörigkeit" („economic ownership") aus dem Musterkommentar und den Betriebstättenberichten der OECD der denklogische Ausgangspunkt der Gewinnzurechnung und somit Vermögensaufteilung nach den Art. 7 ff. OECD-MA. Insoweit vermag der Musterkommentar des OECD-MA die Ausführungen des BFH zum abweichenden Wortlaut der Abkommensvorschriften nicht zu stützen, denn über den Verweis in Art. 7 Abs. 4 OECD-MA 2010 auf die Spezialeinkünfteartikel wird dieses Prinzip des „economic ownership" auch in die Art. 10 bis 12 sowie Art. 21 OECD-MA hineingetragen. Damit liegt der Ansatz, nach der „wirtschaftlichen Zugehörigkeit" eines Wirtschaftsguts im Einheitsunternehmen zu forschen, ebenso den Betriebstättenvorbehalten zugrunde wie der Zuordnung von Vermögensgegenständen nach Art. 13 OECD-MA. Der abweichende Wortlaut rechtfertigt aber nicht die Anwendung unterschiedlicher Maßstäbe hinsichtlich desselben Wirtschaftsguts.

Vielmehr spricht gegen die vom BFH als Zurechnungskriterium unter Art. 13 Abs. 2 OECD-MA bemühte „wirtschaftliche Zugehörigkeit" in Abgrenzung zu einer „tatsächlichen Zugehörigkeit" der Betriebstättenvorbehalte, dass

permanent establishment […]". Der Terminus „business property" leitet den BFH offensichtlich bei seiner Überlegung, auf das Betriebsvermögen abzustellen.

914 Vgl. *OECD*, MK 2010, MA Art. 7, S. 243 unter Verweis auf *OECD*, 2010 Report on the Attribution of Profits to Permanent Establishments, S. 28.

915 Siehe hierzu obige Ausführungen zu Art. 7 OECD-MA unter Kapitel 3. IV. 1.

der Musterkommentar zu Art. 13 Abs. 2 OECD-MA Ausführungen enthält, die sich explizit der Frage widmen, wann im Sinne des Art. 13 Abs. 2 OECD-MA ein Vermögensgegenstand „tatsächlich" zu einer Betriebstätte gehört. Die englische Textfassung des Musterkommentars stellt klar, dass bloßer bilanzieller Ausweis für eine Zuordnung nach Art. 13 Abs. 2 OECD-MA nicht ausreichend ist und benutzt hier die Formulierung des Erfordernisses, der veräußerte Vermögensgegenstand müsse mit der Betriebstätte „effectively connected", also ihr tatsächlich zugehörig sein. Damit stellt der Musterkommentar zu Art. 13 Abs. 2 OECD-MA auf exakt denselben Terminus ab, der im englischen Abkommenstext der Betriebstättenvorbehalte für die Zurechnung eines Stammrechts zur Betriebstätte zur Anwendung kommt, mithin ebenfalls auf das Tatbestandsmerkmal des „tatsächlichen Gehörens" aus der deutschen Fassung des OECD-MA.[916] Somit ergibt sich aus den abkommensrechtlichen Unterlagen keine Unterstützung für das vom BFH exklusiv auf Art. 13 Abs. 2 OECD-MA angewandte Kriterium der „wirtschaftlichen Zugehörigkeit", welches das Gericht über den Wortlaut herleiten will.

Dieser Interpretation des Abkommenstextes des Art. 13 Abs. 2 OECD-MA durch den BFH ist ferner entgegenzuhalten, dass sie dem Sinn und Zweck und der sich daraus ergebenden Einheitlichkeit des Zuordnungsprinzips von Wirtschaftsgütern zu Betriebstätten widerspricht.[917] Der Musterkommentar zum OECD-MA betont in seiner Kommentierung zu Art. 13 OECD-MA, dass es für die Zwecke der Aufteilung und Zuweisung des Besteuerungsrechts keinen Unterschied zwischen Veräußerungserlösen und Unternehmensgewinnen gibt.[918] Dies ist deutlicher Ausdruck der Einheitlichkeit der Zuordnungsmaßstäbe in den Vorschriften über Unternehmensgewinne, den Artikeln über Spezialeinkünfte (welche die Betriebstättenvorbehalte beinhalten) und eben auch in der Vorschrift zur Besteuerung von Gewinnen aus der Veräußerung von Vermögen. Die BFH-Rechtsprechung führt aber nicht zu dieser Einheitlichkeit, sondern zu einem Auseinanderfallen der Maßstäbe bei der Zuordnung von Wirtschaftsgütern zu Betriebstätten.

Dies wird insbesondere am Beispiel einer Kapitalgesellschaftsbeteiligung deutlich, die von einer Betriebstätte eines Einheitsunternehmens im Quellenstaat gehalten wird. Schüttet diese Kapitalgesellschaft eine Dividende aus, bestimmt sich das Besteuerungsrecht danach, ob die Beteiligung tatsächlich

916 Siehe hierzu *OECD*, MK 2010, MA Art. 7, S. 243 f.

917 So auch *Wassermeyer*, in: Wassermeyer, DBA, MA Art. 13, Rz. 77a.

918 *OECD*, MK 2010, MA Art. 7, S. 238.

gemäß Art. 10 Abs. 4 OECD-MA zur Betriebstätte im Quellenstaat gehört. Wird dieselbe Beteiligung veräußert, so soll es nach Auffassung des BFH für die Zuordnung des Besteuerungsrechts darauf ankommen, ob die Beteiligung dieser Betriebstätte in diesem Quellenstaat wirtschaftlich zugehörig war oder ob sich – nur für den Veräußerungsfall – eine wirtschaftliche Zugehörigkeit zu einer anderen Betriebstätte ergibt. Insbesondere in Fällen, in denen das Einheitsunternehmen aus verschiedenen Personengesellschaften besteht, wird sich aus nationaler steuerrechtlicher Sicht die Frage der wirtschaftlichen Zugehörigkeit der Kapitalgesellschaftsbeteiligung unter dem Aspekt des Sonderbetriebsvermögens vermehrt stellen. Folgte man dem BFH, so könnte es zu dem widersprüchlichen Ergebnis kommen, dass eine Beteiligung für die Dividendenbesteuerung einer Betriebstätte im Quellenstaat, qua tatsächlicher Zugehörigkeit, zugerechnet wird, wohingegen dieses Kriterium im Falle der Beteiligungsveräußerung irrelevant wäre[919] und daher eine wirtschaftliche Zugehörigkeit – wegen einer Sonderbetriebsvermögenseigenschaft beispielsweise – zu einer anderen (Personengesellschafts-)Betriebstätte begründet würde und somit das Besteuerungsrecht in den beiden Fällen verschiedenen Staaten zufiele.

Eine – neben der Verschiedenheit des Wortlauts – fundierte Begründung dafür, warum auf ein und dasselbe Wirtschaftsgut im Dividendenfall und im Veräußerungsfall zwei verschiedene Zurechnungsmaßstäbe anzuwenden sind, bleibt der BFH leider schuldig. Die Einführung des Kriteriums der wirtschaftlichen Zugehörigkeit steht nicht zuletzt auch in Widerspruch zu der vom BFH bis dahin fast 20 Jahre betriebenen Vereinheitlichung und Fortentwicklung des Zuordnungskriteriums des funktionalen Zusammenhangs. Im Rahmen des Kriteriums des funktionalen Zusammenhanges erfuhr die Zurechnung einer Beteiligung zu einer (Personengesellschafts-)Betriebstätte über die Sonderbetriebsvermögenseigenschaft deshalb Ablehnung, weil es sich lediglich um ein rechtliches Kriterium handelt, welches den Vertragsstaaten im Wege einer Fiktion die Möglichkeit verschafft hätte, materielles Abkommensrecht abzuändern. Dasselbe muss aber auch im Veräußerungsfalle gelten. Kapitalgesellschaftsbeteiligungen, mögen sie auch Sonderbetriebsvermögen einer Betriebstätte in der Form einer Personengesellschaft sein, sind nicht automatisch Betriebsvermögen dieser Betriebstätte im Sinne des

919 So der Erste Senat in seiner Entscheidung *BFH* v. 13.2.2008 – I R 63/06, BStBl. II 2009, 414, Rz. 47 ff.

Art. 13 Abs. 2 OECD-MA, sondern hierfür ist das tatsächliche Gehören der Beteiligung zum Betriebstättenvermögen erforderlich.[920]

Das vom BFH exklusiv zur Anwendung gebrachte Zuordnungskriterium der wirtschaftlichen Zugehörigkeit birgt ein hohes Risiko der Verursachung einer Doppelbesteuerung. Dieses Risiko resultiert daher, dass der BFH die Veräußerungserlöse nach wirtschaftlichen Gesichtspunkten der Betriebstätte zuordnet, sich diese Einschätzung aber mit dem Ergebnis einer Sachverhaltsanalyse unter funktionalen Gesichtspunkten, also der Frage nach dem tatsächlichen Gehören des hier veräußerten Betriebsvermögens, nicht decken muss. Bezogen auf den zugrundeliegenden Fall[921], erschiene es nachvollziehbar, wenn die schweizer Finanzverwaltung über Art. 13 Abs. 5 OECD-MA zu dem Ergebnis gelangte, dass die veräußerte Beteiligung nicht der deutschen Betriebstätte zuzurechnen war und insoweit der Ansässigkeitsstaat des Veräußerers zur Besteuerung berechtigt ist. Insoweit würde derselbe Sachverhalt über die Zuordnungsproblematik der veräußerten Beteiligung hinsichtlich der Verteilung des Besteuerungsrechts aufgrund des vom BFH eingeführten Kriteriums der wirtschaftlichen Zugehörigkeit zu einer Doppelbesteuerung führen, ohne dass für die Schaffung dieses Kriteriums ein triftiger Grund oder eine abkommensrechtliche Notwendigkeit bestanden hat. Insbesondere wird die wirtschaftliche Zugehörigkeit, die der BFH hier über die Sonderbetriebsvermögenseigenschaft der veräußerten Beteiligung herleitet, von Staaten nicht nachvollzogen werden können, die das deutsche Modell des Sonderbetriebsvermögens nicht kennen. Dies dürfte auch im Rahmen von Verständigungsverfahren im Sinne des Art. 25 OECD-MA zu Problemen bei dem Versuch einer Einigung über die sachgerechte Verteilung des Steuersubstrats auf die Vertragsstaaten führen.

Eine interessante Folgefrage im Zusammenhang mit dem Kriterium der wirtschaftlichen Zugehörigkeit, die der BFH in seiner Entscheidung ausdrücklich

---

920 Ebenso zu dem hier vertretenen Ergebnis gelangend: *Kluge*, Internationales Steuerrecht, S. 878; *Meretzki*, in: Flick/Wassermeyer/Kempermann, DBA Deutschland-Schweiz Art. 13, Rz. 107; *Piltz*, IStR 1996, 457, 462; *Reimer*, in: Vogel/Lehner, DBA, MA Art. 13, Rz. 81; *Wassermeyer*, in: Wassermeyer, DBA, MA Art. 13, Rz. 77a; (wohl) anderer Ansicht, aber leider ohne Begründung *Schönfeld*, IStR 2011, 497, 498 f., der lediglich auf den Unterschied des Wortlauts rekurriert, ebenso *Schütte*, in: Haase, AStG/DBA, MA Art. 13, Rz. 46; differenzierend *Hemmelrath*, IStR 1995, 570 ff., der bei unklarer Zuordnung zu Stammhaus oder Betriebstätte die Entscheidung des Unternehmers zugunsten des Sonderbetriebsvermögens als entscheidend erachtet.

921 *BFH* v. 13.2.2008 – I R 63/06, BStBl. II 2009, 414.

offen lässt, ist diejenige danach, wie eine Zuordnungskonkurrenz einer Kapitalgesellschaftsbeteiligung zu entscheiden wäre.[922] Hierunter fällt der Fall, in welchem die Kapitalgesellschaftsbeteiligung sowohl Sonderbetriebsvermögen einer (Personengesellschafts-)Betriebstätte ist – die Beteiligung somit nach der Diktion des BFH der Personengesellschaftsbetriebstätte als „wirtschaftlich zugehörig" zuzurechnen ist –, zugleich aber im Ansässigkeitsstaat des Gesellschafters noch eine Betriebstätte besteht, zu welcher die Beteiligung nach den Grundsätzen des funktionalen Zusammenhangs „tatsächlich gehört". Nach der hier vertretenen Auffassung kann es zu einer solchen Konkurrenzproblematik abkommensrechtlicher Zuordnungstatbestände nicht kommen, weil für die Zurechnung von Wirtschaftsgütern zu Betriebstätten einheitliche Maßstäbe nach dem OECD-MA gelten sollen, auch im Falle eines Veräußerungsgewinns nach Art. 13 OECD-MA. Den BFH würde diese Fallkonstellation hingegen in die hier kritisierte Situation der auseinanderfallenden Zuordnung ein und desselben Wirtschaftsguts nach zwei verschiedenen Kriterien bringen und letztlich in die Zwangslage, sich in der hier dargestellten Abwandlung des Falles für einen Weg der Zuordnung zu entscheiden und dessen Vorzugswürdigkeit zu begründen. Diese Problematik gilt es vorliegend zu vermeiden, indem eine einheitliche Auslegung der Zuordnungskriterien des Art. 13 Abs. 2 OECD-MA auf der einen Seite sowie der Betriebstättenvorbehalte in den Art. 10 bis 12 und 21 OECD-MA auf der anderen Seite zu erfolgen hat.

Das sachliche Kriterium der wirtschaftlichen Zugehörigkeit in Gestalt eines eigenständigen Zuordnungsmaßstabs neben dem des funktionalen Zusammenhanges existiert nicht. Die Betriebstättenvorbehalte der Art. 10, 11, 12 und 21 OECD-MA und die Zuordnung veräußerten Betriebsvermögens nach Art. 13. Abs. 2 OECD-MA sind einheitlich auszulegen, sodass es hier ein Nebeneinander konkurrierender Zuordnungsregeln nicht geben kann. Die Entscheidung des BFH vom 13.02.2008[923] ist insoweit als einzelfall- und ergebnisorientierte Entscheidung zu werten[924], welche der Sicherung des Steueranspruchs des deutschen Fiskus diente. Eine Konkretisierung und Fortentwicklung des sachlichen Maßstabes zur Zuordnung von Wirtschaftsgütern zu Betriebstätten im Abkommensrecht stellt diese Entscheidung mithin nicht dar. Es bleibt abzuwarten, wie der BFH in vergleichbaren Sachverhaltskonstellationen zukünftig entscheiden wird.

---

922 *BFH* v. 13.2.2008 – I R 63/06, BStBl. II 2009, 414, Rz. 50.

923 *BFH* v. 13.2.2008 – I R 63/06, BStBl. II 2009, 414.

924 So auch *Schnitger/Bildstein*, Ubg 2008, 444, 451.

e) Aktivposten

Der BFH wendet in einigen seiner Entscheidungen neben dem Kriterium des funktionalen Zusammenhangs das Kriterium des Aktivpostens an.[925] Das Gericht überprüft daran, ob im Falle des Vorliegens eines funktionalen Zusammenhangs die Betriebstätte selbst davon ausgeht, dass das Wirtschaftsgut einen Aktivposten in ihrer Bilanz darstellt. Dieser Maßstab scheint ein teilweise subjektives und zum Teil objektives Kriterium zu sein. Einerseits bezieht der BFH die bilanzielle Behandlung durch die Betriebstätte in seine Würdigung des Sachverhalts mit ein und stattet insofern die Entscheidung des Unternehmers, wie das jeweilige Wirtschaftsgut bilanziell zu behandeln ist, mit Indizwirkung aus. Das Gericht prüft nicht, ob das Wirtschaftsgut grundsätzlich der Betriebstätte hätte zugeordnet werden können, sondern erforscht, ob die Betriebstätte selbst und aus ihrer Sicht das Wirtschaftsgut willentlich als einen bei ihr zu bilanzierenden Aktivposten begreift. Insoweit kommt der bilanziellen Behandlung und somit der subjektiven Entscheidung des Unternehmers ein gewisses Gewicht zu und wird vom BFH bei der Analyse des tatsächlichen Gehörens eines Wirtschaftsguts zu einer Betriebstätte jedenfalls auch gewürdigt.

Das Heranziehen der unternehmerischen Entscheidung zur Zuordnung von Wirtschaftsgütern ist zu begrüßen, weil es – nicht missbräuchlich eingesetzt – Ausdruck der unternehmerischen Entscheidung ist. Andererseits wird auf die bilanzielle Behandlung als einziges Kriterium wohl kaum abzustellen sein, weil es allein subjektiven Charakter hat und die Betriebstättenvorbehalte mit ihrer Formulierung des „tatsächlichen Gehörens“ schon vom Wortlaut her auch einen objektiven Anknüpfungspunkt, etwas Tatsächliches, verlangen. Daneben würde das Kriterium der bilanziellen Aktivierung bei einer in Deutschland erstellten Bilanz in den Fällen immaterieller Wirtschaftsgüter versagen, wenn es sich um nicht entgeltlich erworbene immaterielle Wirtschaftsgüter des Anlagevermögens handelt[926], sodass eine Anwendung auf den Betriebstättenvorbehalt des Art. 12 Abs. 3 OECD-MA zu Teilen nicht in Betracht käme. Dieser Befund macht die Anwendung des Kriteriums des Aktivpostens als alleinigen Maßstab unmöglich, weil ein Kriterium zur Ausfüllung der Tatbestände sämtlicher Betriebstättenvorbehalte des OECD-MA geeignet und anwendbar sein muss. Insoweit ist dem BFH zuzugestehen, dass das Gericht das Kriterium des Aktivpostens in Entscheidungen, bei denen es angewendet werden konnte, erfreulicherweise neben seine rechtlichen

---

925 Siehe hierzu die Darstellung dieses Kriteriums oben Kapitel 3. V. 4. e).

926 Vgl. § 5 Abs. 2 EStG.

Analysen zur funktionalen Zuordnung von Wirtschaftsgütern zu Betriebstätten gestellt hat.

f) Zusammenfassung der kritischen Würdigung der Kriterien der Rechtsprechung

Neben der kritischen Untersuchung aller je vom BFH entwickelten und angewendeten Zuordnungskriterien steht das Kriterium des funktionalen Zusammenhanges im Fokus der Kritik an den sachlichen Zuordnungskriterien des BFH zur Zuordnung von Wirtschaftsgütern zu Betriebstätten. Dieser Ansatz verkörpert den aktuellen Stand der Rechtsprechung. Die Untersuchung hat gezeigt, dass sämtliche Probleme und Unzulänglichkeiten des Kriteriums des funktionalen Zusammenhanges, sachgerecht Wirtschaftsgüter Betriebstätten zuzuordnen, auf dessen außensteuerlichen Ursprung zurückzuführen sind, den § 8 AStG. Die Missbrauchsvermeidungsintention dieser Norm mit ihrer Positivliste und Kategorisierung nach aktiven und passiven Tätigkeiten setzt sich grundsätzlich in Widerspruch zum deutschen Ertragssteuerrecht und ist demnach schlicht ungeeignet für eine direkte Übertragung auf Zuordnungsfragen im Abkommensrecht. Die Regelungsintentionen sind zu unterschiedlich. Belegen ließ sich dies im Rahmen der Untersuchung einer möglichen Multifunktionalität der Betriebstätte sowie der Zuordnung von Beteiligungen, insbesondere auch an der Frage, ob Betriebstätten Holdingfunktionen zu übernehmen in der Lage sind. Die ebenfalls einer kritischen Würdigung unterzogenen Kriterien, welche der BFH in früheren Entscheidungen herangezogen hat, haben nicht zum Auffinden eines Ansatzes geführt, der im Einklang mit den Vorgaben des Abkommensrechts, insbesondere der Selbstständigkeitsfiktion der Betriebstätte stehen. Demnach erscheint der Ansatz, auf die Funktionen der Betriebstätte abzustellen, richtig, die Ausgestaltung der sachlichen Kriterien dieses funktionalen Ansatzes müssen jedoch gänzlich unabhängig vom außensteuerlichen Ursprung des funktionalen Zusammenhanges erfolgen.

6. Kriterien der Finanzverwaltung

Eine Zuordnung der Wirtschaftsgüter kann nach den Betriebsstätten-Verwaltungsgrundsätzen nur einheitlich entweder zu Stammhaus oder Betriebstätte erfolgen.[927] Das BMF ist auch im Wege der Änderungen der Betriebsstätten-Verwaltungsgrundsätze durch die Schreiben aus den Jahren 2000[928] und 2009[929]

927 *BMF*, Betriebsstätten-Verwaltungsgrundsätze, Rz. 2.4.

928 *BMF* v. 20. 11. 2000, BStBl. I, 1509.

929 *BMF* v. 25. 8. 2009, BStBl. I, 888.

nicht von diesem Grundsatz der einheitlichen Zuordnung entweder zum Stammhaus oder zur Betriebstätte abgerückt und erteilte damit Bestrebungen im Schrifttum[930], welche Wirtschaftsgüter im Rahmen der Gewinnabgrenzung anteilig Stammhaus oder Betriebstätte zuordnen wollen, eine deutliche Absage.

a) Zuordnungsgefüge

Die Verwaltungsgrundsätze kreieren ein Zuordnungsgefüge, welches im Wege einer Dreiteilung eine Zuordnungspflicht, ein Wahlrecht der Zuordnung oder ein Zuordnungsverbot kennt.[931]

Dieser Unterteilung folgend, sind nach Verwaltungsauffassung einer Betriebstätte zwingend Wirtschaftsgüter zuzuordnen, „die der Erfüllung der Betriebsstättenfunktion dienen“[932] sowie „solche Wirtschaftsgüter [...], aus denen Einkünfte erzielt werden, zu deren Erzielung die Tätigkeit der Betriebsstätte überwiegend beigetragen hat. Maßgeblich sind immer die tatsächlichen Verhältnisse und insbesondere Struktur, Organisation und Aufgabenstellung der Betriebsstätte im Unternehmen.“[933]

Ein Zuordnungswahlrecht sehen die Verwaltungsgrundsätze in Fällen vor, in denen Wirtschaftsgüter die ihnen zugewiesenen Funktionen gleichermaßen als Bestandteil des Betriebsvermögens des Stammhauses als auch des Betriebsvermögens der Betriebstätte erfüllen. Dann erkennt die Finanzverwaltung den erkennbaren Willen der Geschäftsleitung als Zuordnungskriterium an. Hierbei wird dem buchmäßigen Ausweis des Wirtschaftsguts jedoch lediglich indizielle Wirkung beigemessen, nicht jedoch der Charakter einer Voraussetzung der Zuordnung.[934]

Einem Zuordnungsverbot zur Betriebstätte unterfallen bestimmte Wirtschaftsgüter. Die Betriebsstätten-Verwaltungsgrundsätze schreiben explizit vor, dass bei der Zuordnung der Wirtschaftsgüter stets die Zentralfunktion des Stammhauses zu beachten sei und daher in der Regel dem Stammhaus das Halten der dem Gesamtunternehmen dienenden Finanzmittel und Beteiligungen, wenn sie nicht einer in der Betriebsstätte ausgeübten Tätigkeit

---

930 Siehe hierzu bei *Andresen*, in: Wassermeyer/Andresen/Ditz/Schönfeld, Betriebsstätten Handbuch, Rz. 2.44 ff.; *Ditz*, Internationale Gewinnabgrenzung bei Betriebsstätten, S. 297; *Nowotny*, Betriebstättengewinnermittlung, S. 177; *Wassermeyer*, in: Wassermeyer, DBA, MA Art. 7, Rz. 241.

931 *Kraft*, in: Herzig/Günkel/Niemann, Steuerberater-Jahrbuch 2000/2001, S. 216; *Kumpf/Roth*, DB 2000, 741, 746.

932 *BMF*, Betriebsstätten-Verwaltungsgrundsätze, Rz. 2.4.

933 *BMF*, Betriebsstätten-Verwaltungsgrundsätze, Rz. 2.4.

934 *BMF*, Betriebsstätten-Verwaltungsgrundsätze, Rz. 2.4.

dienen, zuzurechnen sind.[935] Die Zentralfunktion des Stammhauses stellt die wichtigste Zuordnungsregelung der Verwaltungsgrundsätze dar, zumal sie sich insbesondere dem Wirtschaftsgut der Beteiligung widmet, welches im Folgenden noch von großer Relevanz für die Untersuchung ist. Mithin bedarf das Zuordnungskriterium der Zentralfunktion des Stammhauses einer umfassenden Berücksichtigung neben den Kriterien des BFH.

b) Zentralfunktion des Stammhauses

Der Terminus „Zentralfunktion des Stammhauses" findet sich weder im Normengefüge der AO noch im OECD-MA. Vielmehr handelt es sich hierbei um eine Wortschöpfung der Literatur, die sich auf die Betriebsstätten-Verwaltungsgrundsätze bezieht. Die Finanzverwaltung stützt ihre Verwaltungsgrundsätze, den sogenannten Betriebstättenerlass, auf die funktionale Betrachtungsweise.[936] Die von ihr hieraus entwickelte Zentralfunktion des Stammhauses gebietet als Zuordnungsverbot dem Zuordnungswahlrecht in Form der willentlichen Zuordnung von Wirtschaftsgütern durch den Geschäftsherrn Einhalt. Die Zuordnung bestimmter Wirtschaftsgüter zur Betriebstätte wird untersagt und somit eine zwingende Zurechnung zum Stammhaus erreicht.[937] Der Betriebstättenerlass schreibt der Finanzverwaltung vor:

„Bei der Zuordnung ist die Zentralfunktion des Stammhauses zu beachten. Dem Stammhaus sind deshalb in der Regel zuzurechnen:

a) das Halten der dem Gesamtunternehmen dienenden Finanzmittel und
b) Beteiligungen, wenn sie nicht einer in der Betriebsstätte ausgeübten Tätigkeit dienen."[938]

Frotscher interpretiert die Zentralfunktion des Stammhauses durch die Vorstellung, dass bei klarer – auch begrifflicher – Differenzierung zwischen Betriebstätte und Stammhaus der Betriebstätte nur die Gewinne, und damit auch die sie generierenden Wirtschaftsgüter, zuzurechnen sind, die ihr nach direkter oder indirekter Methode zufallen, während der verbleibende „Rest" dem Stammhaus zugerechnet wird.[939]

---

935 *BMF*, Betriebsstätten-Verwaltungsgrundsätze, Rz. 2.4.

936 So als Vertreter des BMF *Runge*, in: Piltz/Schaumburg, Internationale Betriebsstättenbesteuerung, S. 135.

937 *Kumpf/Roth*, DB 2000, 741, 746; ebenso *Kessler/Jehl*, IWB 2007, 1977.

938 *BMF*, Betriebsstätten-Verwaltungsgrundsätze, Rz. 2.4.

939 *Frotscher*, in: Strunk/Wassermeyer/Kaminski, GS Krüger, S. 98.

Die Zentralfunktion ist eine Zurechnung auf Basis einer regelmäßig im Stammhaus vermuteten Funktion, also eine Vermutensregel der Finanzverwaltung, welche dem Stammhaus das Halten der dem Gesamtunternehmen dienenden Finanzmittel sowie Beteiligungen, die nicht einer in der Betriebstätte ausgeübten Tätigkeit dienen, zurechnet.[940] Dieser zwingenden Zuordnung von Finanzmitteln sowie Beteiligungen zum Stammhaus liegt nach Verwaltungsauffassung eine logische Trennung nach Funktionen zugrunde, welche bewusst die Nutzung einer Betriebstätte als Finanzierungsinstrument oder Holding unterbinden will.[941] Dieses Zuordnungsgebot stellt eindeutig eine Einschränkung der freien Disposition des Unternehmers in seiner Betriebsorganisation dar, welche die Finanzverwaltung anscheinend ihrer Diktion von Geboten, Wahlrechten und Verboten der Zuordnung von Wirtschaftsgütern zu Betriebstätten unterordnet. Eine unternehmerische Zuordnungsentscheidung entgegen dieser Trias der Finanzverwaltung würde von ihr folglich schlicht nicht akzeptiert.

7. Kritische Würdigung der Kriterien der Finanzverwaltung

a) Zentralfunktion des Stammhauses

Die von der Finanzverwaltung vertretene Zentralfunktion der Betriebstätte ist die gleichermaßen entscheidende wie umstrittene Zuordnungsregel für Wirtschaftsgüter im Einheitsunternehmen in den Betriebsstätten-Verwaltungsgrundsätzen. Diese Regelung der Finanzverwaltung ist unter diversen Aspekten kritisch zu betrachten.

aa) Begriff der Zentralfunktion

Der erste Kritikpunkt befasst sich mit der Frage, was die wenig konkret ausgestaltete Regelung unter einem Wirtschaftsgut versteht, das eine Zentralfunktion des Stammhauses ausübt. Grundsätzlich ließen sich zentrale Funktionen, die regelmäßig von Stammhäusern übernommen werden, als hiervon erfasst ansehen, wie zum Beispiel die strategische Gesamtplanung, das zentrale Marketing, das gesamtunternehmerische Finanzwesen, die Innenrevision, das Controlling und ähnlich bedeutsame Funktionen mehr.[942] Die Betriebsstätten-Verwaltungsgrundsätze in ihrer im Jahr 2009 überarbeiteten Version erklären Finanzmittel und Beteiligungen, welche nicht einer in der Betriebstätte ausgeübten Funktion

---

940 *BMF*, Betriebsstätten-Verwaltungsgrundsätze, Rz. 2.4.

941 *Runge*, in: Piltz/Schaumburg, Internationale Betriebsstättenbesteuerung, S. 135.

942 Siehe zu den angeführten Beispielen *Kraft*, in: Herzig/Günkel/Niemann, Steuerberater-Jahrbuch 2000/2001, S. 216 f.

dienen, für im Regelfall als dem Stammhaus zugehörig, da es sich um Wirtschaftsgüter handele, die eine zentrale Funktion inne hätten.[943] Weitere Konkretisierungen, welchen Wirtschaftsgütern neben den explizit genannten eine zentrale Funktion innewohnt, ergeben sich aus den Verwaltungsanweisungen nicht. Die Diktion der Betriebsstätten-Verwaltungsgrundsätze, welche von „regelmäßig" dem Stammhaus zuzuordnenden Wirtschaftsgütern spricht, ist mithin als nicht abschließend zu verstehen, wirft jedoch die Frage auf, warum es der Finanzverwaltung darauf ankam, die Wirtschaftsgüter Finanzmittel und Beteiligungen aus der Masse möglicher zentral ausgeübter Funktionen herauszuheben. Unter dem Gesichtspunkt weitgehender unternehmerischer Gestaltungsfreiheit ist es denkbar, neben den eingangs aufgeführten Funktionen, weitere Wirtschaftsgüter als zentral funktional dem Stammhaus zuzuordnen, in welchem sie für alle oder eine Mehrzahl der Betriebstätten im Einheitsunternehmen genutzt werden. Die Vorgaben der Betriebsstätten-Verwaltungsgrundsätze erscheinen weder zeitgemäß noch an die wirtschaftliche Realität angepasst, in welcher die Betriebstätte in verschiedenster Funktion eine Renaissance unter gleichzeitiger Verbreiterung ihres Einsatzgebietes erlebt. *Andresen* leitet diese Renaissance, also die wieder erstarkende Rolle der Betriebstätte im Internationalen Steuerrecht, von verschiedenen Anknüpfungspunkten her ab.[944] Einerseits verweist er auf den Fall von Funktionsverlagerungen ins Ausland. Andererseits identifiziert er die Übereinstimmung von divisional geprägten Managementstrukturen mit der Struktur eines Unternehmens mit Betriebstätten im Gegensatz zu dem weniger passenden Modell einer von Mutter-Tochtergesellschaften dominierten Struktur. Als dritten Grund führt er gesellschaftsrechtliche Investitions- und Strukturierungsentscheidungen unter Zuhilfenahme von Betriebstätten als Ursache an, so zum Beispiel im Rahmen der Gründung von Gesellschaften mit supranationaler Rechtsform wie einer SE. Der von *Andresen* hier zuletzt angeführte Faktor ist bereits Gegenstand der Analyse der Rechtsprechungskriterien im Zusammenhang mit der Entstehung von Holding-Betriebstätten gewesen und wird auch im Rahmen der Kritik an den Kriterien der Finanzverwaltung wieder herangezogen. Vielmehr vermittelt die in den Betriebsstätten-Verwaltungsgrundsätzen getroffene Auswahl an Wirtschaftsgütern den Eindruck, hinter dem Gedanken der Zentralfunktion und dem ihr entspringenden Zuordnungsgebot stünden fiskalpolitische Motivationen.[945] Versteht man den Begriff der Finanzmittel im

943 *BMF*, Betriebsstätten-Verwaltungsgrundsätze, Rz. 2.4.

944 Vgl. *Andresen*, in: Schaumburg/Piltz, Grenzüberschreitende Gesellschaftsstrukturen im Internationalen Steuerrecht, S. 2.

945 Ebenso *Blumers*, DB 2006, 856, 857.

Sinne zinstragenden Vermögens, so erscheint die Verwaltungsauffassung als von dem Gedanken getragen, eine Verlagerung dieses zinstragenden Vermögens und damit die Abwanderung von zukünftigen Einkünften ins Ausland verhindern zu wollen.[946] *Kumpf/Roth* negieren die Existenz einer Zentralfunktion des Wirtschaftsguts Finanzmittel per se und arbeiten heraus, dass „global tätige Unternehmen durchaus regionale Finanzzentren, in denen sie das Finanzmanagement dezentral durchführen, [kennen]."[947] Die Fallgruppenbildung der Finanzverwaltung betreffend die Auswahl der Wirtschaftsgüter, denen regelmäßig zentraler funktionaler Charakter zukommen soll, scheint ein gewisses Maß an lenkungstechnischem Kalkül inne zu wohnen. Die Finanzverwaltung selbst begreift die Zentralfunktion des Stammhauses als Ausprägung der funktionalen Betrachtungsweise, die im Außensteuergesetz seit 1972 verankert ist.[948] Aus der Idee, der Betriebstätte die Wirtschaftsgüter zuzuweisen, welche sie zur Erfüllung ihrer Funktion benötigt, folge eine logische Trennung, nach welcher Finanzmittel und Beteiligungen grundsätzlich zum Stammhaus und nicht zur Betriebstätte gehören, da andernfalls Betriebstätten stets zu einem Finanzierungsinstrument oder einer Holding umfunktioniert werden könnten, und eben dies beabsichtige die Finanzverwaltung bewusst zu vermeiden.[949]

bb) Vereinbarkeit von Zentralfunktion mit der Definition des Stammhauses

Anhand der Definition des Stammhauses lässt sich ein weiterer Kritikpunkt anführen. Während die Finanzverwaltung in ihren Betriebsstätten-Verwaltungsgrundsätzen unter dem Begriff des Stammhauses die „Betriebstätte [begreift], bei der sich die geschäftliche Oberleitung des Unternehmens befindet"[950], existiert im Schrifttum die Auffassung, dass die Definitionen der Begriffe Betriebstätte, Stammhaus und Geschäftsleitungsbetriebstätte keinen Raum für die Existenz von Sonderzuordnungsregeln für spezielle Wirtschaftsgüter bieten.[951] Die Autoren negieren die Existenz eines Sonderrechts für Stammhäuser

946 So *Kumpf/Roth*, DB 2000, 741, 746.

947 *Kumpf/Roth*, DB 2000, 741, 746.

948 Vgl. *Runge*, in: Piltz/Schaumburg, Internationale Betriebsstättenbesteuerung, S. 135.

949 Diese Intention wurde von Seiten des BMF eingeräumt, siehe *Runge*, in: Piltz/Schaumburg, Internationale Betriebsstättenbesteuerung, S. 135. So in seiner Kritik hieran auch *Roth*, in: Lüdicke, Zurechnung von Wirtschaftsgütern, S. 99.

950 *BMF*, Betriebsstätten-Verwaltungsgrundsätze, Rz. 2.1.

951 Vgl. *Frotscher*, in: Strunk/Wassermeyer/Kaminski, GS Krüger, S. 100; *Kumpf*, FR 2001, 449, 452. Siehe zu dieser definitorischen Differenzierung bereits oben Kapitel 2. II. 4.

(in *Frotschers* Diktion: Geschäftsleitungsbetriebstätten) in Einheitsunternehmen in Gestalt der Zentralfunktion im Hinblick auf den Zuordnungsmaßstab des Art. 7 Abs. 2 OECD-MA sowie die Rechtsprechung des BFH.[952] Ausgehend von der Prämisse, dass das Stammhaus selbst lediglich Betriebstätte – sogenannte Geschäftsleitungsbetriebstätte ist – folgt, dass ihr nach abkommensrechtlichen Zuordnungskriterien nur diejenigen Funktionen und der hieraus generierte Gewinn zurechenbar sind, die sie hätte erzielen können, wäre sie ein unter gleichen Bedingungen agierendes, selbstständiges Unternehmen gewesen. Zentralfunktionen sind nach dem Verständnis der Finanzverwaltung Tätigkeiten, die sich auf das Einheitsunternehmen insgesamt beziehen, nicht auf eine spezifische Betriebstätte, sodass sich eine pauschale Zuordnung von Wirtschaftsgütern zur Geschäftsleitungsbetriebstätte, welche diese Zentralfunktion ausüben, verbietet.[953] Vielmehr kann im Abkommensfall dem Stammhaus ein Gewinn nach Art. 7 Abs. 2 OECD-MA nur dann zugerechnet werden, wenn dieser aus Tätigkeiten und dem Einsatz von Wirtschaftsgütern stammt, die ein selbstständiges und unabhängiges Unternehmen auch eingesetzt hätte. Dieser Auffassung schließt sich auch der BFH an, wenn er judiziert, dass „einer Geschäftsleitungsbetriebsstätte [...] aber nur diejenigen Einkünfte zugerechnet werden [können], die speziell auf die Geschäftsleitungstätigkeit zurückgehen."[954] Eine über die abkommensrechtlichen und über die von der Rechtsprechung entwickelten Zuordnungsgrundsätze hinausgehende Zuordnung von „zentralen" Funktionen und der sie ausübenden Wirtschaftsgüter zum Stammhaus begründet faktisch eine Attraktivkraft der Geschäftsleitungsbetriebstätte.[955] Damit setzt sich die von der Finanzverwaltung vertretene Zentralfunktion des Stammhauses in einen unauflösbaren Widerspruch zu Abkommensrecht und nationalem Recht. Art. 7 Abs. 2 OECD-MA schließt eine Attraktivkraft von Betriebstätten explizit aus und erhebt in ebendieser Abkommensvorschrift die Selbstständigkeitsfiktion der Betriebstätte zur maßgeblichen Handlungsmaxime. Danach sind alle Betriebstätten wie ein unabhängiges Unternehmen zu behandeln. Einer Tochtergesellschaft könnte der Unternehmer ohne Weiteres Finanzmittel übertragen und dort die

---

952 *Frotscher,* in: Strunk/Wassermeyer/Kaminski, GS Krüger, S. 99 ff.

953 *Frotscher,* in: Strunk/Wassermeyer/Kaminski, GS Krüger, S. 99.

954 *BFH* v. 19.11.2003 – I R 3/02, BStBl. II 2004, 932.

955 So ebenfalls *Frotscher,* in: Strunk/Wassermeyer/Kaminski, GS Krüger, S. 100; *Strunk/Kaminski,* IStR 2003, 181, 184.

daraus erwachsenden Einkünfte einer Thesaurierung unterwerfen[956] und ihr Beteiligungen zuordnen. Der Unternehmer ist nach dem Willen der Verwaltung absolut unfrei, einer Betriebstätte die zentrale Finanzmittelverwaltung für das gesamte Einheitsunternehmen zuzuordnen oder die Funktion einer Beteiligungsholding einer seiner Betriebstätten zu übertragen, und sieht sich mit der obligatorischen Zuordnung von Finanzmitteln respektive Beteiligungen durch die Finanzbehörde zum Stammhaus (respektive zur Geschäftsleitungsbetriebstätte) konfrontiert.

Das deutsche Recht verfügt über keinen Rechtssatz, welcher einer Betriebstätte in Gestalt des Stammhauses pauschal alle Wirtschaftsgüter zuschlägt, die sonst nicht unmittelbar einem Teil des Einheitsunternehmens zuordenbar sind.[957] Die Sonderstellung, welche die Finanzverwaltung der Geschäftsleitungsbetriebstätte einzuräumen versucht, indem sie dieselbe mit dem Terminus Stammhaus belegt und dieser Betriebstätte eine andere Qualität inklusive besonderer Zurechnungsregeln zugedenkt, ist mit Nachdruck abzulehnen. Die sprachliche und definitorische Analyse der Begriffe Betriebstätte, Stammhaus und Geschäftsleitungsbetriebstätte macht die unsystematische Handhabung der Wirtschaftsgutszuordnung durch die Finanzverwaltung offenbar. Richtigerweise muss das Stammhaus als (Geschäftsleitungs-) Betriebstätte eingeordnet werden. Die Funktionen, die dieser Betriebstätte zukommen, lassen sich jedoch keinesfalls pauschal zusammenfassen noch wohnt dieser eine Attraktivkraft inne, die Funktionen an sich zieht, welche theoretisch von Betriebstätte und Stammhaus gleichermaßen ausgeübt werden könnten. Vielmehr gibt die Unternehmensorganisation vor, ob und inwieweit gewisse Funktionen zentral in der Geschäftsleitungsbetriebstätte angesiedelt sind. *Breuninger* verdeutlicht dies, wenn er der Finanzverwaltung mit Recht ein Verständnis des Stammhauses unterstellt, das sich an einer „Unternehmensaufbaustruktur im Sinne einer funktionalen Organisation" orientiert und im Folgenden darauf hinweist, dass andere Organisationsformen von Unternehmen in diametralem Gegensatz zur Zentralfunktion des Stammhauses stehen.[958] So verschließt sich ein Einheitsunternehmen der Anwendung der Zentralfunktion des Stammhauses beispielsweise dann, wenn die wichtigen Funktionen eben nicht in einem Zentralbereich (Stammhaus) wahrgenommen werden, sondern autark in den jeweiligen Geschäftsbereichen

956 Vgl. *Kumpf/Roth,* DB 2000, 741, 746. Auf Besonderheiten und steuerrechtliche Beschränkungen in Gestalt von Zinsschrankenregelungen sei an dieser Stelle nicht eingegangen.

957 So auch die Rechtsprechung, vgl. *BFH* v. 19.11.2003 – I R 3/02, BStBl. II 2004, 932.

958 *Breuninger* in: Spindler/Tipke/Rödder, FS Schaumburg, S. 597 f.

(in den Betriebstätten) angesiedelt sind.[959] Hier sei zugleich Bezug genommen auf die Ausführungen zu unternehmerischen Organisationsstrukturen, welche oben im Rahmen der kritischen Beurteilung der Rechtsprechungskriterien zur Zuordnung der Wirtschaftsgüter zu Betriebstätten bereits angeführt wurden.[960] Diese Darstellung hat gezeigt, dass die Organisation von Unternehmen vielschichtige und verschiedene Strukturen kennt, die sich mitunter jedoch nicht unter das starre Bild der Finanzverwaltung von zwingend dem Stammhaus zuzuordnenden Aufgaben subsumieren lassen. Dies ist beispielsweise der Fall, wenn alle oder die meisten Geschäftsbereiche in einer Betriebstätte angesiedelt sind und die Funktionen dort wahrgenommen werden, sodass eine zentrale Ausübung bestimmter Funktionen in der Geschäftsleitungsbetriebstätte nicht gegeben ist.[961]

In anderen Organisationsstrukturen mögen der Geschäftsleitungsbetriebstätte andere Funktionen zukommen, als den übrigen Betriebstätten dieses Einheitsunternehmens. Nichtsdestoweniger sind die Funktionen der Geschäftsleitungsbetriebstätte in jedem Einzelfall zu ermitteln. Auch wenn sich in der Vergangenheit in einer Vielzahl der Fälle bestimmte Funktionen als regelmäßig bei der Geschäftsleitungsbetriebstätte angesiedelt dargestellt haben mögen, darf dies keine pauschale Vermutung hinsichtlich der Zuordnung von Wirtschaftsgütern für die Zukunft begründen; zumal dann nicht, wenn die von der Finanzverwaltung angeführten Wirtschaftsgüter ausgerechnet solche sind, die einerseits einkünfteträchtig erscheinen und andererseits leicht aus einem inländischen Stammhaus in eine ausländische Betriebstätte zu verlagern sind. Hier ist auch die Finanzverwaltung gehalten, den Sachverhalt auf Basis der Erklärung des Steuerpflichtigen dahingehend zu untersuchen, welcher Unternehmensteil welche Funktion ausübt und ob diesem daher gewisse Wirtschaftsgüter zuzuordnen sind oder eben nicht.

cc) Entscheidungskompetenz über die Funktion von Wirtschaftsgütern als „zentral"

Von der Überlegung ausgehend, welche Funktionen überhaupt einen zentralen Charakter aufweisen können, stellt sich dann die notwendige Folgefrage, wer über die Funktion eines Wirtschaftsguts als zentral zu befinden hat. *Kraft* benennt hierzu drei mögliche Personen, denen die Entscheidungskompetenz zustehen

959 Zu diesem sogenannten Autarkiemodell siehe *Frese*, Grundlagen der Organisation, S. 492.

960 Siehe oben Kapitel 3. V. 5. c) bb).

961 *Breuninger* in: Breuninger/Tipke/Röder, FS Schaumburg, S. 598.

kann: „der Steuerpflichtige, der Betriebsprüfer oder der Finanzrichter".[962] Die Person des Finanzrichters scheidet nach hier vertretener Auffassung als primärer Entscheider über Zuordnungsfragen von Wirtschaftsgütern zu Betriebstätten aus. Die Finanzgerichte sind bei chronologischer Betrachtung eines Steuersachverhalts die Instanz, welche im Falle widerstreitender Auffassungen zwischen Steuerpflichtigem und Finanzbehörde über Rechtsfragen final eine Entscheidung zugunsten des Rechtsfriedens zu treffen hat. Somit kann die Kompetenz hinsichtlich der Frage, ob ein Wirtschaftsgut eine zentrale Funktion im Einheitsunternehmen innehat und welchem Betriebsteil es zuzuordnen ist, nur entweder dem Steuerpflichtigen oder der Finanzverwaltung zufallen. Die Betriebsstätten-Verwaltungsgrundsätze geben auf die aufgeworfene Frage insoweit eine Antwort, als dass aus ihnen heraus das Gebot ergeht, Finanzmittel und Beteiligungen, welche nicht einer in der Betriebstätte ausgeübten Funktion dienen, regelmäßig dem Stammhaus zuzurechnen.[963] Dies weist auf ein Verständnis der Finanzverwaltung hin, nach dem sich die Verwaltung selbst als diejenige Person begreift, welche über die zentrale oder nicht zentrale Funktion eines Wirtschaftsguts und somit über die Zuordnung desselben befindet. Dieses Selbstverständnis der Verwaltung setzt sich in Widerspruch zur allgemeinen Handlungsfreiheit (Art. 2 Abs. 1 GG) und zur Eigentumsfreiheit (Art. 14 GG), hier in konkreter Ausformung der unternehmerischen Betätigungsfreiheit bei der Strukturierung und Funktionsaufteilung sowie Wirtschaftsgutzuordnung zwischen Stammhaus und Betriebstätte(n). Die von der Finanzverwaltung fingierte strenge Zuordnung von Wirtschaftsgütern zum Stammhaus als eine Zuordnungsvermutung stellt eine klare Missachtung des Grundprinzips freier Disposition des Unternehmers hinsichtlich der Unternehmensorganisation – in den Grenzen einer nicht missbräuchlichen Gestaltung – dar.[964] Die Entscheidung darüber, welche Wirtschaftsgüter eine zentrale Funktion im Einheitsunternehmen ausüben und hierzu im Stammhaus angesiedelt werden, steht primär dem Steuerpflichtigen zu. Diese Zuordnungsentscheidung haben die Finanzbehörden dann zuerst einmal hinzunehmen, dürfen diese im Weiteren selbstverständlich einer Prüfung am konkreten Sachverhalt unterziehen. Es ist jedoch nicht Aufgabe der Finanzbehörde, ohne Prüfung des tatsächlichen Sachverhalts eine Zuordnung von Wirtschaftsgütern im Wege von Vermutungen und Fiktionen vorzunehmen und somit die Gestaltungsfreiheit des Unternehmers massiv von vorneherein zu beschränken. Auf die Frage, wer

962 *Kraft*, in: Herzig/Günkel/Niemann, Steuerberater-Jahrbuch 2000/2001, S. 217.

963 *BMF*, Betriebsstätten-Verwaltungsgrundsätze, Rz. 2.4.

964 Ebenso *Blumers*, DB 2006, 856, 857; *Ditz*, in: Wassermeyer/Andresen/Ditz/Schönfeld, Betriebsstätten Handbuch, Rz. 4.6 ff.; *Ditz/Schneider*, DStR 2010, 81, 83.

über die zentrale Funktion bestimmter Wirtschaftsgüter entscheidet, kann es nur eine Antwort geben: im Duktus *Krafts*[965] muss dies der Steuerpflichtige sein, also der Unternehmer. Eine wirkliche organisatorische Entscheidungsgewalt über das Einheitsunternehmen kann der Unternehmer erst dann erlangen, wenn ihm das nötige Maß an gestalterischer Freiheit bei der Funktionszuordnung zukommt. Die Finanzbehörden dürfen allenfalls im Rahmen der ihnen zustehenden und ausgeübten Kontrollmechanismen tätig werden, nicht aber durch Aufstellung von vorgreifenden Regelungen, die Zuordnungsvermutungen respektive Zuordnungsgebote enthalten. Unter diesem Aspekt ist der Regelungsmechanismus der Zentralfunktion des Stammhauses mit der Folge eines Zuordnungsgebots zum Stammhaus als eine nicht zu rechtfertigende Beschneidung der unternehmerischen Gestaltungsfreiheit durch die Betriebsstätten-Verwaltungsgrundsätze abzulehnen.

dd) Verhältnis von Verwaltungsauffassung zu der Rechtsprechung des BFH

Die Zentralfunktion des Stammhauses ist ferner zu kritisieren, weil sie sich im Hinblick auf die Fiktion der Zurechnung von Wirtschaftsgütern zum Stammhaus in Widerspruch zur Rechtsprechung setzt. Der BFH hat seine Zuordnungskriterien nämlich dergestalt entwickelt, dass diese auf die tatsächlich ausgeübten, anstatt auf fiktive (zentrale) Funktionen abstellen.[966] Zwar zitieren die Betriebsstätten-Verwaltungsgrundsätze verschiedene BFH-Urteile[967], geben jedoch nur deren Entscheidungsergebnis wieder, ohne sich mit den Entscheidungsgründen auseinanderzusetzen.[968] Der BFH geht eben nicht von einer Zentralfunktion des Stammhauses aus, sondern subsumiert den jeweiligen

965 Siehe oben in diesem Absatz und erneut *Kraft,* in: Herzig/Günkel/Niemann, Steuerberater-Jahrbuch 2000/2001, S. 217.

966 *Andresen,* in: Wassermeyer/Andresen/Ditz/Schönfeld, Betriebsstätten Handbuch, Rz. 2.74 ff.; *Ditz/Schneider,* DStR 2010, 81, 84; *Kumpf/Roth,* DB 2000, 741, 746; *Roth,* in: Lüdicke, Zurechnung von Wirtschaftsgütern, S. 104; *BFH* v. 29.7.1992 – II R 39/89, BStBl. II 1993, 63, der Senat nimmt in dieser Entscheidung Bezug auf § 121 Nr. 3 BewG, der als inländisches Betriebsvermögen auch das Vermögen einer Betriebstätte anerkennt, wenn es dem betriebenen Gewerbe dient, vgl. hierzu oben Kapitel 3. V. 4. b).

967 Beispielsweise bei der Zuordnung von Beteiligungen verweist Finanzverwaltung *BMF,* Betriebsstätten- Verwaltungsgrundsätze Rz. 2.4. auf das Urteil *BFH* v. 30.8.1995 – I R 112/94, BStBl. II 1996, 563.

968 *Andresen,* in: Wassermeyer/Andresen/Ditz/Schönfeld, Betriebsstätten Handbuch, Rz. 2.74 ff.; *Kumpf/Roth,* DB 2000, 741, 746.

Fall unter das anwendbare Recht des DBA, genauer unter dessen Einkünfteartikel und gelangt deshalb zur Frage des tatsächlichen Gehörens eines Wirtschaftsguts zu einer Betriebstätte im Rahmen der Betriebstättenvorbehalte.[969] In der Rechtsprechung des BFH wird weiterhin das Verständnis dafür deutlich, dass das OECD-MA sich nicht in Konkurrenz zur Zuordnungsentscheidung des Unternehmers setzt, sondern die autonome Zuordnungsentscheidung des Steuerpflichtigen akzeptiert, auf Basis dieser Entscheidung den Sachverhalt einordnet und dann im Wege der Einkünftezurechnung prüft, ob das jeweilige Wirtschaftsgut – wie vom Steuerpflichtigen deklariert – auch tatsächlich der Betriebstätte zuzuordnen ist. Der Widerspruch zwischen der von der Verwaltung vertretenen Zentralfunktion des Stammhauses und den Zuordnungskriterien der Rechtsprechung zeigt sich insbesondere an den Kriterien des „Dienens" sowie des „funktionalen Zusammenhangs".

Mit Blick auf die Entscheidungen des BFH, welche das Kriterium des Dienens eines Wirtschaftsguts ins Zentrum ihrer Begründung gestellt haben, fordern diese stets einen „eindeutigen wirtschaftlichen Zusammenhang"[970] zwischen Betrieb der Betriebstätte, ihrer unternehmerischen Funktion und dem Einsatz des infrage stehenden Wirtschaftsguts in der Betriebstätte. Der BFH judizierte, dass für die zwingende Zuordnung eines Wirtschaftsguts zu einer inländischen Betriebstätte eine konkrete Feststellung erforderlich ist, wonach das fragliche Wirtschaftsgut gerade nicht dem Gesamtunternehmen, sondern speziell einer oder mehrerer inländischen Betriebstätten zu dienen bestimmt ist.[971] Diese Rechtsprechung zeigt deutlich, dass nicht pauschale Zuordnungsvermutungen, sondern die konkrete Widmung eines Wirtschaftsguts und der wirtschaftliche Zusammenhang entscheidungserheblich sind.

Bei Betrachtung des Zuordnungskriteriums des funktionalen Zusammenhangs wird deutlich, dass der BFH darauf abstellt, ob das zuzuordnende Wirtschaftsgut in einem funktionalen Zusammenhang zu der von der Betriebstätte ausgeübten Tätigkeit steht.[972] Insoweit misst der BFH der Frage, welche Funktion

---

969 *Roth,* in: Lüdicke, Zurechnung von Wirtschaftsgütern, S. 104 f.; ebenso *Kumpf/Roth,* DB 2000, 741, 746; *Blumers,* DB 2006, 856, 857 unterstellt dem BFH, dasselbe Ziel wie die Finanzverwaltung erreichen zu wollen, erkennt aber ebenfalls einen von der Zentralfunktion des Stammhauses abweichenden Ansatz der Rechtsprechung.

970 Siehe *BFH* v. 29.7.1992 – II R 39/89, BStBl. II 1993, 63.

971 *BFH* v. 1.4.1987 – II R 186/80, BStBl. II 1987, 550, Rz. 11.

972 Siehe hierzu *BFH* v. 30.8.1995 – I R 112/94, BStBl. II 1996, 563, Rz. 17 und ebenso im zweiten Rechtsgang derselben Sache v. 29.11.2000 – I R 84/99, HFR 2001, 1053,

ein Wirtschaftsgut wahrnimmt große Bedeutung zu, prüft aber in jedem Falle, welche konkrete Tätigkeit die Betriebstätte ausübt, und ob das betreffende Wirtschaftsgut in einem funktionalen Zusammenhang mit dieser Tätigkeit steht. Somit verbietet sich auch nach dem Rechtsprechungskriterium des funktionalen Zusammenhangs eine pauschalierende respektive auf Vermutung basierende Zurechnung von Wirtschaftsgütern zu Teilen des Einheitsunternehmens.

Soweit ersichtlich zieht nur *Blumers* hinsichtlich der Entscheidung des BFH vom 17.12.2003[973] einen von diesem Ergebnis abweichenden Schluss und unterstellt dem Ersten Senat im Ergebnis der Zentralfunktion der Finanzverwaltung beizupflichten.[974] Zunächst ist zu konstatieren, dass der BFH sich in dieser Entscheidung lediglich im Rahmen eines obiter dictums zu den Zuordnungskriterien äußerte, da aufgrund eines Verstoßes gegen die Grundordnung des Verfahrens die Sache unter Aufhebung der Vorentscheidung an das FG zurück zu verweisen war. Ferner ist festzuhalten, dass der BFH die Zuordnung der Kapitalgesellschaftsbeteiligungen zur – von den Klägern behaupteten – Holding-Betriebstätte in Luxemburg anhand der von den Klägern vorgebrachten Argumenten für wohl nicht gegeben hält, ohne dies hier entscheiden zu müssen. Insgesamt sind die Ausführungen des Ersten Senats kurz und bündig, lassen zugegebenermaßen eine stark restriktive Haltung zur Zuordnung der Beteiligungen zur Betriebstätte erkennen, eine abschließende, umfassende Prüfung des funktionalen Zusammenhanges als Tatbestandsmerkmal des Betriebstättenvorbehalts ist dem obiter dictum jedoch keinesfalls zu entnehmen. Folglich ist diese Entscheidung bereits im Rahmen der Untersuchung der Zuordnungskriterien der Rechtsprechung kritisiert worden. Eine Rechtsprechungsänderung dahingehend, dass der BFH nunmehr dem von der Finanzverwaltung vertretenen Postulat der Zentralfunktion des Stammhauses folgt, kann dem Urteil des Ersten Senats vom 17.12.2003 jedoch nicht entnommen werden, sodass *Blumers* in seiner Bewertung des Verhältnisses von Verwaltungsauffassung zu der Rechtsprechung des BFH nicht zuzustimmen ist. Vielmehr bleibt es bei dem oben aufgezeigten Ergebnis, welches eine signifikante Differenz zwischen der Zentralfunktionsthese der Finanzverwaltung und den Zuordnungskriterien des BFH attestiert.

Rz. 32; v. 23.10.1996 – I R 10/96, BStBl. II 1997, 313, Rz. 10; v. 21.7.1999 – I R 110/98, BStBl. II 1999, 812, Rz. 22; v. 7.8.2002 – I R 10/01, BStBl. II 2002, 848; v. 17.12.2003 – I R 47/02, BFH/NV 2004, 771; v. 19.12.2007 – I R 66/06, BStBl. II 2008, 510, Rz. 17.

973 *BFH* v. 17.12.2003 – I R 47/02, BFH/NV 2004, 771.

974 *Blumers*, DB 2006, 856, 858.

ee) Fehlen einer gesetzlichen Grundlage

Unabhängig und unbeeindruckt von der bereits angeführten und noch folgenden Kritik an der Zentralfunktion des Stammhauses, ist diese „der objektive Erklärungswert der einschlägigen Randnummern [...] des Betriebstätten-Erlasses“[975] mit der Folge, dass die Finanzverwaltung die bewusste Schaffung von Betriebstätten mit Holding- und Finanzierungsfunktion in der Praxis unterbindet, zumindest zu unterbinden sucht. Dies bedeutet zweifelsfrei eine weitgehende Limitierung der unternehmerischen Dispositionsfreiheit, die deutlich vor der Grenze des Gestaltungsmissbrauchs greift. Diese Regelung der Wirtschaftsgutszuordnung durch die Finanzverwaltung entbehrt jeglicher gesetzlicher Grundlage.[976] Bereits § 12 Satz 2 Nr. 1 und Nr. 2 AO definiert die Stätte der Geschäftsleitung und die Zweigniederlassung als selbstständig und als gleichwertig nebeneinander stehende Betriebsstätten.[977] Insoweit fehlt es an einer gesetzlichen Vorgabe, zwischen Stammhaus und Betriebstätte zu differenzieren. Derselbe Befund gilt hinsichtlich der von der Bundesrepublik Deutschland abgeschlossenen und durch Transformationsgesetz umgesetzten DBA. Die Betriebsstätten-Verwaltungsgrundsätze benennen explizit die Wirtschaftsgüter „dem Gesamtunternehmen dienende Finanzmittel“ und „Beteiligungen, wenn sie nicht einer in der Betriebsstätte ausgeübten Funktion dienen“ als diejenigen, die grundsätzlich dem Stammhaus als Zentrale zuzuordnen sein sollen.[978] Einkünfte, die aus diesen Wirtschaftsgütern fließen, werden durch das OECD-MA respektive durch das jeweilige DBA grundsätzlich dem Ansässigkeitsstaat zugeordnet; dies ist explizit für Dividenden (Art. 10 OECD-MA) und Zinsen (Art. 11 OECD-MA) geregelt. Lediglich im Falle eines tatsächlichen Gehörens zur Betriebstätte im Quellenstaat greift der Rückverweis, der sich in den Art. 10 bis 12 und Art. 21 OECD-MA findet, und das Besteuerungsrecht dem Quellenstaat über Art. 7 OECD-MA gewährt, also die Einkünfte als Unternehmensgewinne behandelt. Diese Regelungstechnik im OECD-MA und den diesem nachgebildeten DBA statuiert jedoch keinen Zuordnungsvorrang zum Stammhaus, auch wenn Art. 7 Abs. 4 OECD-MA 2010 einen Vorrang der Anwendung der spezielleren Einkünfteartikel vorschreibt. Denn für den Fall, dass die den Einkünften zugrundeliegenden Wirtschaftsgüter der Betriebstätte tatsächlich gehören und funktional zuzurechnen sind, fällt das

975 *Blumers*, DB 2006, 856, 857.

976 *Blumers*, DB 2006, 856, 857.

977 *Kollruss/Buße/Braukmann*, IStR 2011, 13, 16; ebenso *BFH* v. 24.2.1988 – I R 95/84, BStBl. II 1988, 66.

978 *BMF*, Betriebsstätten-Verwaltungsgrundsätze, Rz. 2.4.

Besteuerungsrecht an den Quellenstaat zurück. Der Gewinnaufteilung des OECD-MA kommt im Gegensatz zum Verständnis der Finanzverwaltung kein Ordnungsfaktor zu, der eine entgegenstehende Zuordnungsentscheidung des Unternehmers verdrängen könnte. Vielmehr ist es dem Unternehmer zu überlassen, ob und welche funktionale Anbindung er einer Betriebstätte angedeihen lässt.[979] Insofern steht die Zentralfunktion des Stammhauses auch im Widerspruch zu den Betriebstättenvorbehalten der in deutsches Recht transformierten DBA.

Folglich setzt sich die Finanzverwaltung mit der von ihr geschaffenen Zentralfunktion des Stammhauses in Widerspruch zum Grundsatz der Gesetzmäßigkeit der Verwaltung, welcher in Art. 20 Abs. 3 GG niedergelegt ist. Der BFH hat zudem entschieden, dass die Grundsätze der Gesetzmäßigkeit der Verwaltung es gebieten, dass die Finanzbehörde eine als falsch erkannte Auffassung vom frühestmöglichen Zeitpunkt an aufgibt.[980] Trotz der dargestellten und noch folgenden massiven Kritik an der These der Zentralfunktion des Stammhauses hat die Finanzverwaltung die Unvereinbarkeit derselben mit Recht und Gesetz offensichtlich noch nicht erkannt oder verschließt sich dieser Erkenntnis erfolgreich und hat insofern die Betriebsstätten-Verwaltungsgrundsätze auch noch nicht modifiziert. Vielmehr verweist die Finanzverwaltung in ihrem Erlass zur Anwendung von DBA auf Personengesellschaften auf die Anwendbarkeit des Betriebsstätten-Erlasses, insbesondere auf die Fundstelle, in der die Zentralfunktion des Stammhauses niedergelegt ist.[981] Die Finanzverwaltung will folglich an der von ihr statuierten Zentralfunktion des Stammhauses festhalten, setzt sich damit aber nach der hier durchgeführten Analyse in Widerspruch zur geltenden Rechtsordnung. Dieser Verstoß gegen das Gebot der Bindung der Verwaltung als vollziehende Gewalt an Recht und Gesetz gemäß Art. 20 Abs. 3 GG stellt zunächst einmal rechtswidriges Verwaltungshandeln dar, aus dem sich primär nur ein Anspruch auf Unterlassung des Verstoßes ergibt. Dies gewährleistet lediglich ein Mindestmaß an Schutz, denn ein Nichtigkeitsdogma, welches die Nichtigkeit der Vorschrift aus dem Verstoß der Verwaltung gegen die Vorgabe des Art. 20 Abs. 3 GG anordnet, sodass eine direkte vollständige Pflicht zur Beseitigung der Folgen dieses Verstoßes unter Aufhebung aller gesetzeswidrigen Rechtsakte, Beseitigung aller realen Folgen und gegebenenfalls der Leistung von Schadenersatz bestünde, greift nicht

979 Siehe hierzu *Blumers*, DB 2006, 856, 857.

980 *BFH* v. 7.12.2007 – XI B 61/07, BFH/NV 2008, 592.

981 *BMF*, Verwaltungsgrundsätze zu Anwendung von DBA auf Personengesellschaften, IV B 2 – S 1300/09/10003, BStBl. I 2010, 354, Rz. 2.2.4.1.

ein.[982] Auch wenn, dem Bundesverfassungsgericht folgend, das traditionelle Nichtigkeitsdogma, also der Grundsatz der Nichtigkeit, bereits bei rechtswidrigen Verordnungen oder Satzungen zwar grundlegend anerkannt, daraus aber kein verfassungsrechtliches Gebot abgeleitet wird[983], so muss dies erst recht für verwaltungsinternes Handeln, wie dem Betriebsstättenerlass, gelten. Nichtsdestoweniger stellt Art. 20 Abs. 3 GG für die Finanzverwaltung das Gebot auf, nicht entgegen der gesetzlichen Vorgaben zu handeln. Eben dies geschieht aber, indem die Finanzverwaltung die Betriebsstätten-Verwaltungsgrundsätze und die darin statuierte Zentralfunktion des Stammhauses in Gestalt eines Zuordnungszwanges bei der Behandlung von Betriebstättensachverhalten zur Anwendung bringt. Die Verwaltung ist insoweit gehalten, die Betriebsstätten-Verwaltungsgrundsätze in Bezug auf die These der Zentralfunktion vom Stammhaus in Fragen der Zuordnung von Wirtschaftsgütern zu Betriebstätten nicht länger anzuwenden. Darüber hinausgehend wäre die Modifikation der Betriebsstätten-Verwaltungsgrundsätze nicht nur wünschenswert, sondern ist vielmehr aufgrund der dargebrachten inhaltlichen Kritik sowie der Unvereinbarkeit mit Recht und Gesetz geboten.

Die Finanzverwaltung kann auch nicht auf allgemeine Missbrauchs- und Korrekturnormen rekurrieren.[984] Eine Korrektur der Entscheidung des Managements, spezielle Wirtschaftsgüter einer Betriebstätte zuzuordnen, durch die Finanzbehörden kann lediglich dann statthaft sein, wenn diese Betriebstätte offensichtlich nicht im Stande ist, die ihr übertragene Aufgabe mittels ihrer Funktionen und durch ihr Personal zu erfüllen, also eine gestaltungsmissbräuchliche Zuordnung vorliegt.[985] Die unternehmerische Zuordnung eines Wirtschaftsguts als zu einem Betriebstättenvermögen gehörig, darf – soweit die Schwelle des § 42 AO nicht überschritten ist – nicht durch die Finanzbehörden umgewidmet werden. Denn grundsätzlich genießt der Schutz der Freiheit, keine Steuern zu bezahlen, Vorrang, gemäß Art. 2 Abs. 1, Art. 3 und Art. 20 Abs. 1 GG und die Frage des Missbrauchs von Gestaltungsmöglichkeiten ist die Frage nach der Reichweite des Steuergesetzes.[986] Gestaltungsmissbrauch im Sinne

982 So *Grzeszick*, in: Maunz/Dürig, GG Art. 20, Rz. 138 ff.

983 *BVerfG* v. 7.5.2001 – 2 BvK 1/00, BverfGE 103, 332, 390.

984 Hierbei wäre ohnehin zu beachten, dass § 42 AO nur dann zur Anwedung kommen kann, wenn das jeweilige DBA keine spezielleren Missbrauchvermeidungsvorschriften enthält.

985 Siehe hierzu *Andresen*, in: Wassermeyer/Andresen/Ditz/Schönfeld, Betriebsstätten Handbuch, Rz. 2.74 ff.; ebenso *Kessler/Huck*, IStR 2006, 433, 441.

986 *Fischer*, in: Hübschmann/Hepp/Spitaler, AO/FGO, AO § 42, Rz. 256.

des § 42 AO erfordert eine rechtliche Gestaltung, die den wirtschaftlichen Gegebenheiten nicht mehr gerecht wird, sodass die Umgehung in einem gekünstelten Umweg liegt und so das Gestaltungsrecht missbraucht.[987] Nach ständiger Rechtsprechung des BFH setzt ein Missbrauch in diesem Sinne eine rechtliche Gestaltung voraus, die unangemessen hinsichtlich ihres angestrebten Zieles ist, der Steuerminderung dienen soll und durch wirtschaftliche oder sonst beachtliche nicht steuerliche Gründe nicht zu rechtfertigen ist.[988] Die Tatsache, dass ein Steuerpflichtiger seine Verhältnisse derart gestaltet, dass sie nicht allgemein üblich sind, führt jedoch noch nicht zu einer Unangemessenheit im Sinne des § 42 AO.[989] Im Falle der Zuordnung von Wirtschaftsgütern zu Betriebstätten ist grundsätzlich bereits die Voraussetzung der Unangemessenheit hinsichtlich des angestrebten Zieles nicht gegeben, denn die freie, grenzüberschreitende Strukturierung und funktionelle Ausstattung eines Unternehmens lässt sich nicht unter einen Missbrauchstatbestand subsumieren. Auch dann nicht, wenn die Finanzverwaltung in ihren Verwaltungsgrundsätzen diese Befürchtung in Gestalt einer Regelung der Zentralfunktion niederlegt. Die Norm, also der Betriebstättenvorbehalt des jeweiligen DBA, sieht eine Zuordnung der Gewinne und somit des Steuersubstrats zur Betriebstätte dann vor, wenn das Wirtschaftsgut dieser tatsächlich gehört. In einem solchen Falle, beispielsweise bei der Zuordnung einer Beteiligung zu einer Betriebstätte, von einem gekünstelten Umweg der Gestaltung zu sprechen, der wirtschaftlich nicht zu rechtfertigen wäre, ist abwegig. Mithin kann die Finanzverwaltung die von ihr entwickelte Zentralfunktion des Stammhauses auch nicht auf Missbrauchsvorschriften stützen. Dies gilt hier insbesondere, als die Kritik an der Rechtsprechung zur funktionalen Zuordnung von Wirtschaftsgütern zu Betriebstätten[990] bereits ausführlich dargelegt hat, dass die Analyse der Zuordnung von Wirtschaftsgütern nicht unter Missbrauchsaspekten zu erfolgen hat, sondern ein objektives Prüfungsverfahren erfordert.

ff) Vereinbarkeit mit dem Europarecht

Fraglich erscheint ferner die Konformität der Zentralfunktion des Stammhauses mit dem Unionsrecht, jedenfalls dann, wenn die beiden Vertragsstaaten des

---

987 *Koenig*, in: Pahlke/Koenig, AO § 42, Rz. 18.

988 *BFH* v. 21.1.1999 - IV R 96/96, BFH/NV 1999, 1033; v. 27.7.1999 - VIII R 36/98, BStBl. II 1999, 769; v. 19.8.1999 - I R 77/96, BStBl. II 2001, 43; v. 19.10.1999 - IX R 39/99, BStBl. II 2000, 224; v. 17.11.1999 - I R 11/99, BStBl. II 2001, 822.

989 *BFH* v. 16.3.1988 - X R 27/86 BStBl. II 1988, 629; siehe auch *Roth*, in: Lüdicke, Zurechnung von Wirtschaftsgütern, S. 100.

990 Siehe oben Kapitel 3. V. 5. c) aa).

DBA zugleich auch Mitgliedstaaten der EU sind. Die Zuordnungsgebote der Zentralfunktion des Stammhauses stellen dann einen Verstoß gegen das Unionsrecht dar, wenn sie durch ihre Wirkung in Gestalt des Verwaltungshandels in die Grundfreiheiten des AEUV in ungerechtfertigter Weise eingreifen. Aus der allgemeinen Darstellung im vorstehenden Teil dieser Arbeit[991] ergibt sich, dass die Niederlassungsfreiheit und die Kapitalverkehrsfreiheit[992] nebeneinanderstehend als diejenigen Grundfreiheiten in Betracht kommen, in deren Schutzbereich die Zentralfunktion des Stammhauses eingreifen könnte.

(1) Niederlassungsfreiheit gemäß Art. 49 AEUV

(a) Schutzbereich

Der Schutzbereich der Niederlassungsfreiheit ist tangiert, wenn die Aufnahme und Ausübung selbstständiger Erwerbstätigkeiten sowie die Gründung und Leitung von Unternehmen nach den Bestimmungen des Aufnahmestaates für seine eigenen Angehörigen nicht gewährleistet ist. Der weit zu interpretierende Begriff der Niederlassung erfasst jede feste Einrichtung, die der selbstständigen Erwerbstätigkeit dienen soll.[993] Die Errichtung einer Betriebstätte im Rahmen eines von einem Unionsbürger, sei dieser natürliche oder juristische Person, betriebenen Einheitsunternehmen erfüllt die Anforderungen an den Schutzbereich der Niederlassungsfreiheit. Denn es handelt sich bei einer Betriebstätte um eine feste Geschäftseinrichtung oder Anlage, die zu einem Unternehmen (oder Unternehmer) gehört, wobei Betriebstätte und Unternehmen das sogenannte Einheitsunternehmen bilden.

(b) Eingriff der Zentralfunktion des Stammhauses in den Schutzbereich

Die Zentralfunktion des Stammhauses müsste in diesen Schutzbereich der Niederlassungsfreiheit eingreifen. Die Zentralfunktion der Betriebsstätten-Verwaltungsgrundsätze verlangt, dass Finanzmittel, die dem Gesamtunternehmen dienen, sowie Beteiligungen, die nicht einer von der Betriebstätte ausgeübten Tätigkeit dienen, regelmäßig dem Stammhaus zuzuordnen sind.[994] Diese verpflichtende Vorgabe, wie und welchem Teil des Einheitsunternehmens der

991 Siehe oben Kapitel 2. V. 2.

992 Die Kapitalverkehrsfreiheit ist auch in einem Sachverhalt anwendbar, in dem ein Drittstaat und ein EU- Mitgliedstaat beteiligt sind.

993 Siehe hierzu mit den entsprechenden Nachweise bereits oben Kapitel 2. V. 2. b) aa) (2).

994 *BMF*, Betriebsstätten-Verwaltungsgrundsätze, Rz. 2.4.

Unternehmer spezielle Wirtschaftsgüter zuzuordnen hat, stellt ein Zuordnungsverbot hinsichtlich spezieller Wirtschaftsgüter zur Betriebstätte und folglich einen Eingriff in die Niederlassungsfreiheit dar, wie sich anhand folgender Aspekte verdeutlichen lässt.

Zunächst stellt das Zuordnungsverbot der Zentralfunktion des Stammhauses eine Ungleichbehandlung der Betriebstätte gegenüber anderen Niederlassungsformen, beispielsweise einer Tochterkapitalgesellschaft, dar. In einem grenzüberschreitenden Sachverhalt, bei welchem sich das Stammhaus in Deutschland befindet und der Unternehmer eine Betriebstätte in einem anderen Mitgliedstaat der Europäischen Union errichtet, müssen Finanzmittel und Beteiligungen dem (inländischen) Stammhaus zugeordnet werden respektive zugeordnet bleiben. Eine Zuordnung dieser Wirtschaftsgüter zu der Betriebstätte ist nach Verwaltungsauffassung regelmäßig nicht zulässig, mithin untersagt. Hätte der Unternehmer anstatt der Betriebstätte eine Tochtergesellschaft im anderen Mitgliedstaat gegründet, könnte er dieser zweifelsfrei und ohne jede Limitierung diese Wirtschaftsgüter zuordnen. Hier zeigt sich eine Ungleichbehandlung anknüpfend an die Rechtsform der vom Unternehmer im anderen Staat errichteten Unternehmenseinheit. Hierin liegt ein Eingriff in die Niederlassungsfreiheit, weil die Gründung einer Kapitalgesellschaft attraktiver gemacht wird, als die Errichtung einer Betriebstätte.

Dasselbe Ergebnis zeigt sich im Rahmen der Fusion einer ausländischen Kapitalgesellschaft auf eine deutsche Kapitalgesellschaft unter Formwechsel letzterer in eine SE. Die im Ausland zurückbleibende Betriebstätte ist mit der Zentralfunktion des Stammhauses hinsichtlich der Wirtschaftsgüter konfrontiert, welche zuvor zweifelsfrei der Kapitalgesellschaft zuzurechnen waren. Dies bedeutet, dass auch in dieser Fallkonstellation eine Ungleichbehandlung der Betriebstätte unter Anknüpfung an die Rechtsform, beispielsweise gegenüber einer in einem anderen EU-Mitgliedstaat ansässigen Kapitalgesellschaft, erfolgt.

Der Eingriff in die Freiheit der Niederlassung durch die Zentralfunktion des Stammhauses wird des Weiteren im Falle einer Sitzverlegung des Stammhauses aus dem Inland ins Ausland respektive aus dem Ausland nach Deutschland deutlich. Im Falle eines im Inland ansässigen Stammhauses zwingt die Zentralfunktion der Betriebsstätten-Verwaltungsgrundsätze den Unternehmer, Finanzmittel und Beteiligungen diesem in Deutschland ansässigen Stammhaus zuzuordnen. Wird der Sitz dieses Stammhauses aus Deutschland in einen anderen Mitgliedstaat der Europäischen Union verlegt und bleibt im Inland eine beschränkt steuerpflichtige Betriebstätte zurück, so sollen dieser Finanzmittel und Beteiligungen jedenfalls nicht mehr zugeordnet werden dürfen. Die Anwendung der Betriebsstätten-Verwaltungsgrundsätze auf diesen durch die

Sitzverlegung geänderten Sachverhalt führt dazu, dass das Zuordnungsgebot der Zentralfunktion des Stammhauses den Unternehmer zwingt, Finanzmittel und Beteiligungen mit dem Stammhaus ins Ausland zu übertragen. Es ist ihm nach dem Verständnis der Finanzverwaltung untersagt, diese Wirtschaftsgüter der in Deutschland verbleibenden Betriebstätte weiterhin zuzuordnen. Dem Unternehmer ist es daher grundsätzlich nicht möglich, die zurückbleibende Betriebstätte in Deutschland mit einer Holding- oder Finanzierungsfunktion auszustatten – also mit denjenigen Funktionen, die an selber Stelle zuvor das Stammhaus ausgeübt hat –, weil die Betriebsstätten-Verwaltungsgrundsätze eine Zuordnung der zugehörigen Wirtschaftsgüter zur Betriebstätte untersagen. Diese Konstellation macht eine Verlegung des Stammhauses in einen anderen Mitgliedstaat für den Unternehmer zweifelsfrei unattraktiver.[995]

Die dargestellten Wirkungsweisen der Zentralfunktion des Stammhauses gilt es in der Eingriffsdiktion der Grundfreiheiten, also zwischen den Verboten direkter und indirekter Diskriminierung sowie dem Beschränkungsverbot zu verorten.

(aa) Unmittelbare Diskriminierung

Eine unmittelbare Diskriminierung, anknüpfend an die Staatsangehörigkeit einer natürlichen oder juristischen Person aus einem Mitgliedstaat, ist in der Zentralfunktion des Stammhauses nicht erkennbar. Die Regelung knüpft vielmehr an das Wirtschaftsgut an, welches im Einheitsunternehmen entweder dem Stammhaus oder der Betriebstätte zugeordnet werden soll. Insoweit scheidet eine direkte Diskriminierung offensichtlich aus.

(bb) Mittelbare Diskriminierung

Ein Verstoß gegen das allgemeine Diskriminierungsverbot ist aber auch im Falle einer mittelbaren oder indirekten Diskriminierung gegeben. Eine mittelbare Diskriminierung erfordert, dass die Zentralfunktion des Stammhauses eine dergestalt konzipierte Regelung ist, dass sie, ohne an die Staatsangehörigkeit anzuknüpfen, trotzdem regelmäßig Ausländer benachteiligt, weil das Tatbestandsmerkmal, auf welches es ankommt, derart ausgestaltet ist, dass es stets oder zumindest regelmäßig nur von ausländischen Staatsangehörigen eines Mitgliedstaats verwirklicht wird und somit faktisch zum gleichen Ergebnis wie

995 Im umgekehrten Falle – ein ausländisches Stammhaus wird nach Deutschland verlegt und im vorherigen Ansässigkeitsstaat bleibt eine Betriebstätte zurück – verlangt die deutsche Finanzverwaltung konsequenterweise die Zuordnung der von der Zentralfunktion erfassten Wirtschaftsgüter zum Stammhaus in Deutschland.

eine direkte Diskriminierung führt.[996] Die Betriebsstätten-Verwaltungsgrundsätze machen den von ihnen aufgestellten Zuordnungszwang davon abhängig, ob es sich bei dem zuzuordnenden Wirtschaftsgut um ein Finanzmittel oder eine Beteiligung oder ein gänzlich anderes Wirtschaftsgut handelt. In den ersten beiden Fällen greift der Zuordnungszwang zum Stammhaus, in allen verbleibenden Fällen dem Wortlaut des Erlasses nach nicht. Mittelbar diskriminierend kann diese Regelung nur dann sein, wenn hierdurch regelmäßig Ausländer aus anderen Mitgliedstaaten benachteiligt würden. In dem Falle, in welchem der Unternehmer – ohne hierbei den Sitz seines Stammhauses zu verlegen – eine Betriebstätte in einem anderen Mitgliedstaat der Europäischen Union errichtet hat, ergibt sich keine indirekt diskriminierende Wirkung. Dies zeigt sich daran, dass der Zuordnungszwang der Zentralfunktion unabhängig davon gilt, ob es sich um ein Inbound-Szenario (Stammhaus mit Sitz im EU-Ausland und Betriebstätte errichtet in Deutschland) oder um einen Outbound-Fall (Stammhaus im Inland ansässig und Betriebstätte wurde in einem anderen Mitgliedstaat der EU errichtet) handelt. Stets müssen nach Verwaltungsauffassung dem Stammhaus Finanzmittel und Beteiligungen zugeordnet werden, unabhängig davon, ob dieses in Deutschland ansässig ist oder im Ausland. Daher sind Ausländer durch die Zentralfunktion des Stammhauses unter dem Aspekt der Errichtung einer Betriebstätte regelmäßig nicht betroffen. Dasselbe gilt im Falle der Fusion einer Kapitalgesellschaft des einen Mitgliedstaates auf eine Kapitalgesellschaft in einem anderen Mitgliedstaat der EU. Denn auch diese Umstrukturierung kann im Inbound- oder Outboundfall geschehen und die These der Zentralfunktion des Stammhauses in beiden Fällen Anwendung finden. Auch bei Analyse des Szenarios eines Wegzugs respektive Zuzugs des Stammhauses ergibt sich kein anderes Bild. Die Zentralfunktion des Stammhauses zwingt bei Wegzug oder Zuzug eines Stammhauses den Unternehmer, an der Zuordnung hinsichtlich der Wirtschaftsgüter Finanzmittel und Beteiligungen festzuhalten und diese auch weiterhin dem Stammhaus zuzuordnen. Unabhängig von der Verlegung des Sitzes des Stammhauses aus der Bundesrepublik Deutschland heraus oder ins Inland hinein, wird es dem Unternehmer von Seiten der Finanzverwaltung untersagt, der im „Wegzugsstaat“ zurückbleibenden Betriebstätte die besagten Wirtschaftsgüter zuzuordnen. Hierdurch wird der Wegzug des Stammhauses unattraktiver ausgestaltet, eine indirekte Diskriminierung kann darin aber nicht gesehen werden, weil die Zentralfunktion auch nicht

996 *Haratsch/Koenig/Pechstein*, Europarecht, Rz. 717; *von Bogdandy*, in: Grabitz/Hilf/Nettesheim, AEUV Art. 18, Rz. 10.

mittelbar an die Staatszugehörigkeit des Unternehmers oder Sitz des Unternehmens anknüpft, sondern die deutsche Finanzverwaltung die Zentralfunktion des Stammhauses auf alle Betriebstättensachverhalte anwendet, unabhängig davon, ob Deutschland Ansässigkeitsstaat des Stammhauses ist.

(cc) Verstoß gegen das Beschränkungsverbot

Die Zentralfunktion des Stammhauses könnte jedoch gegen das Beschränkungsverbot verstoßen, wenn sie einen Eingriff in die Ausübung der Niederlassungsfreiheit dergestalt darstellt, dass durch die Zentralfunktion ein Unionsbürger in der Wahrnehmung seiner freien Niederlassung behindert oder die Ausübung derselben für ihn weniger attraktiv gemacht wird. Nach dieser sogenannten *Gebhard*-Formel werden auch nichtdiskriminierende, unterschiedslos wirkende Maßnahmen dem Schutzbereich der Niederlassungsfreiheit unterworfen.[997] Die Wirkung der Zentralfunktion hat, wie vorstehend untersucht, in keiner Weise diskriminierenden Charakter. Vielmehr wirkt sie aber beschränkend, weil sie die Niederlassung unter Einschaltung einer Betriebstätte unattraktiver macht. Dies lässt sich an den eingangs angeführten Aspekten zeigen. Der Zuordnungszwang von Finanzmitteln und Beteiligungen zum Stammhaus machen es für Unternehmer aus der Europäischen Union in einem Sachverhalt – irrelevant, ob Inbound oder Outbound –, in welchem die Bundesrepublik Deutschland eine der beteiligten Nationen ist, unattraktiver, eine Betriebstätte zu errichten, als eine andere Niederlassungsform zu wählen, beispielsweise die der Tochterkapitalgesellschaft. Die Beschränkung ergibt sich direkt aus dem Zuordnungsverbot der Zentralfunktion des Stammhauses, welches offen allen Unternehmern grundsätzlich die Zuordnung von Beteiligungen und Finanzmitteln zu einer Betriebstätte untersagt. Von besonderem Interesse ist die Durchsetzung dieses Verbotes aus Sicht der deutschen Finanzverwaltung natürlich im Outbound-Fall, denn dann besteht – aus Sicht des Fiskus – die „Gefahr", dass Wirtschaftsgüter auf ausländische Betriebstätten übertragen werden und die künftig hieraus fließenden Gewinne unter einem DBA in Deutschland von der Besteuerung freizustellen sein werden. Die Zentralfunktion des Stammhauses führt insoweit zu

997 *EuGH* v. 30.11.1995 – Rs. C-55/94 „Gebhard", Slg. 1995, I-04165, Rz. 35 ff.; In der Entscheidung *Rewe Zentralfinanz* lag ein Verstoß gegen das Beschränkungsverbot der Niederlassungsfreiheit in einer Regelung, nach der die Verluste einer inländischen Gesellschaft aus einer Unternehmensbeteiligung nur deshalb nicht abzugsfähig waren, weil das fragliche Tochterunternehmen im EU-Ausland ansässig war, vgl. *EuGH* v. 29.3.2007 – Rs. C-347/04 „Rewe Zentralfinanz", Slg. 2007, I-02647, Rz. 36.

einem offenen Verbot des Haltens von Beteiligungen und Finanzmitteln über eine im Ausland ansässige Betriebstätte.[998] Hierin ist eine offene Beschränkung zu erblicken, weil die Grundfreiheiten neben der Ansässigkeit auch die Verlegung von Einkunftsquellen ohne Einschränkung gewährleisten.[999]

Die Beschränkung der Niederlassungsfreiheit zeigt sich auch unter dem Aspekt des Wegzugs oder Zuzugs eines Stammhauses. Wie oben dargelegt, wird es durch die Vorschrift der Finanzverwaltung dem Unternehmer unmöglich gemacht, eine andere als die Anbindung der Finanzmittel und Beteiligungen an das Stammhaus zu erreichen, sodass im Falle eines aus Deutschland in einen EU-Staat wegziehenden Stammhauses die Zentralfunktion zwangsweise diese Wirtschaftsgüter auch weiterhin dem – nunmehr ausländischen – Stammhaus zurechnet. Der im Inland zurückbleibenden Betriebstätte können diese Wirtschaftsgüter nicht mehr zugerechnet werden und die bisher an diesem Standort durchgeführte Holding- oder Finanzierungsfunktion darf nicht weiterhin ausgeübt werden. Hierin manifestiert sich eine Erschwerung des Wegzugs des Stammhauses und damit eine Beschränkung der Niederlassungsfreiheit[1000], denn die Niederlassungsfreiheit gewährleistet im Rahmen der sekundären Niederlassung gemäß Art. 49 Abs. 1 Satz 2 AEUV das Recht jedes Unionsbürgers, im Gebiet der Gemeinschaft mehr als eine Stätte für die Ausübung seiner Tätigkeit zu errichten und zu erhalten.[1001] Neben der freien Wahl der Niederlassungsvarianten darf kein Nachteil dadurch eintreten, dass mehrere Niederlassungen im Gebiet der Union bestehen. Insbesondere kann eine Diskriminierung oder Beschränkung niemals mit dem Verweis auf andere zur Verfügung stehende Rechtsformen gerechtfertigt werden.[1002] Daraus ergibt sich grundsätzlich das Verbot, die Niederlassungsvarianten ungleich zu behandeln, woraus jedoch nicht gefolgert werden kann, dass verschiedene Niederlassungsformen per se gleichbehandelt

---

998 Ebenso *Kinzl,* IStR 2005, 693, 698.

999 Siehe hierzu *Kinzl,* IStR 2005, 693, 698; *Lang,* IStR 2005, 289, 296.

1000 Siehe zu diesem Beispiel *Kessler/Jehl,* IWB 2007, 1977, 1986.

1001 *EuGH* v. 12.7.1984 – Rs. C-107/83 „Klopp", Slg. 1984, I-02971, Rz. 19; *EuGH* v. 20.5.1992 – Rs. C-106/91 „Ramrath", Slg. 1992, I-03351, Rz. 20; *EuGH* v. 16.61992 – Rs. C-351/90 „Kommission/Luxemburg", Slg. 1992, I-03945, Rz. 11; *EuGH* v, 7.7.1988 – Rs. C-143/87 „Stanton", Slg. 1988, I-03877, Rz. 11; *EuGH* v. 7.7.1988 – Rs. C-154/87 „Wolf", Slg. 1988, I-03897, Rz. 11.

1002 So bereits grundlegend *EuGH* v. 28.1.1986 – Rs. C-270/83 „Kommission/Frankreich", Slg. 1986, I-00273, Rz. 22.

werden müssen.[1003] Die aktuelleren Judikate des EuGH[1004] weisen indes darauf hin, dass es der Gerichtshof für zulässig erachtet, wenn nationale Regelungen bei Anwendung auf verschiedene Niederlassungsformen zu abweichenden Ergebnissen führen. Eine Diskriminierung sei vielmehr dann gegeben, wenn sich die (nachteiligen) Unterschiede gegenüber der entsprechenden inländischen Niederlassungsform ergeben.

Richtig ist, dass der Unternehmer bei Gründung einer Tochtergesellschaft anstatt einer Betriebstätte nicht mit den Vorgaben der Betriebsstätten-Verwaltungsgrundsätze konfrontiert wird und somit auch nicht mit den Zuordnungsrestriktionen der Zentralfunktion des Stammhauses. Ein Verweis auf die Ausweichmöglichkeit anderer Rechtsformen ist jedoch kein probater Rechtfertigungsgrund, sondern die Niederlassungsfreiheit gewährt auch die Wahl der Rechtsform einer Zweitniederlassung. Das Argument, ein Zwang zur Gleichbehandlung aller Rechtsformen durch die Vorschriften eines Mitgliedstaates bestehe durch die Niederlassungsfreiheit nicht, kann vorliegend nicht durchgreifen. Denn die Betriebsstätten-Verwaltungsgrundsätze – und somit die Zentralfunktion des Stammhauses – finden ausschließlich auf die Niederlassungsform „Betriebstätte" Anwendung. Insoweit handelt es sich eben nicht um eine allgemeine Regelung, die auf mehrere Formen der Niederlassung anwendbar wäre, bei Subsumtion aber nur einige Rechtsformen der Niederlassung erfasst, sondern um eine Vorschrift, die eine Niederlassungsvariante spezifisch anders behandelt. Somit stellt die Zentralfunktion des Stammhauses einen Verstoß gegen das Beschränkungsverbot der Niederlassungsfreiheit dar, der einer Rechtfertigung bedarf.

(c) Vorliegen von Rechtfertigungsgründen

Die Zentralfunktion des Stammhauses muss sich als Beschränkung der Niederlassungsfreiheit einer Rechtfertigungsprüfung unterziehen lassen. Als Rechtfertigungsgründe kommen grundsätzlich die in Art. 52 Abs. 1 AEUV ausdrücklich positivierten einerseits sowie die ungeschriebenen zwingenden Gründe des Allgemeinwohls andererseits in Betracht. Art. 52 Abs. 1 AEUV deklariert die öffentliche Ordnung, Sicherheit und Gesundheit zu Rechtfertigungsgründen, welche diskriminierende ebenso wie nichtdiskriminierende[1005] Eingriffe in die

---

1003 *Forsthoff*, in: Grabitz/Hilf/Nettesheim, AEUV Art. 49, Rz. 87.

1004 Siehe beispielhaft für diese neuere Rechtsprechung nur *EuGH* v. 6.12.2007 – Rs. C-298/05 „Columbus Container Services", Slg. 2007, I-10451, Rz. 53 f.

1005 Diese dem Wortlaut des Art. 52 Abs. 1 AEUV nicht zu entnehmende Ausdehnung der Rechtfertigungsgründe auch auf bloß beschränkende Maßnahmen ergibt sich

Niederlassungsfreiheit durch nationale Rechts- oder Verwaltungsvorschriften rechtfertigen können. Diese positivierten Rechtfertigungsgründe sind einerseits sehr eng auszulegen[1006] – ermöglichen sie doch einen Eingriff in die elementare Grundfreiheit der Niederlassung –, andererseits kommt im Hinblick auf die Zentralfunktion des Stammhauses auch keiner der aufgeführten Tatbestände des Art. 52 Abs. 1 AEUV in Betracht. Insofern kommt eine Rechtfertigung der Zentralfunktion des Stammhauses nur anhand der ungeschriebenen Rechtfertigungsgründe nach der sogenannten *Gebhard*-Formel in Betracht. Danach sind bloße Beschränkungen der Niederlassungsfreiheit zulässig, wenn sie aus zwingenden Gründen des Allgemeininteresses gerechtfertigt sind, geeignet sind die Verwirklichung des intendierten Zieles zu gewährleisten und nicht über das hinausgehen, was zur Erreichung dieses Zieles erforderlich ist.[1007] Kurz gefasst: Die Verwaltungsvorschrift der Zentralfunktion des Stammhauses muss dem Allgemeininteresse dienen und einer Verhältnismäßigkeitsprüfung standhalten, um in zulässiger Weise die Niederlassungsfreiheit beschränken zu können.

Für steuerrechtliche Vorschriften hat sich im Laufe der Rechtsprechungsentwicklung des EuGH ausgehend von der *Gebhard*-Formel ein eigener richterrechtlich fortgebildeter Kanon von Rechtfertigungstatbeständen herausgebildet.[1008] Auch dieser Kanon basiert auf der „rule of reason", demnach auf den zwingenden Gründen des Allgemeininteresses, die dann wiederrum in den Grundsatz der Verhältnismäßigkeit eingebettet sind. Zu den vom EuGH anerkannten Rechtfertigungsgründen in steuerrechtlichen Sachverhalten gehören danach: die angemessene Aufteilung der Besteuerungsbefugnis zwischen den Mitgliedstaaten[1009], die Verhinderung von Steuerumgehungen und Steuerhinterziehungen[1010], die

---

durch das argumentum a fortiori, siehe hierzu statt vieler nur *Haratsch/Koenig/Pechstein,* Europarecht, Rz. 927.

1006 *Bröhmer,* in: Calliess/Ruffert, AEUV Art. 52, Rz. 1; *EuGH* v. 19.1.1999– Rs. C-348/96 „Calfa", Slg. 1999, I-00011, Rz. 23.

1007 *EuGH* v. 30.11.1995 – Rs. C-55/94 „Gebhard", Slg. 1995, I-04165, Rz. 37.

1008 Für einen detaillierten Überblick über die anerkannten Rechtfertigungsgründe siehe Cordewener, Europäische Grundfreiheiten, S. 103 ff.; *Schaumburg,* Internationales Steuerrecht, Rz. 4.21; *Englisch,* in: Tipke/Lang, Steuerrecht, § 4, Rz. 96 ff.; *Weber-Grellet,* Europäisches Steuerrecht, S. 55 ff.

1009 Siehe *EuGH* v. 13.12.2005 – Rs. C-446/03 „Marks & Spencer", Slg. 2005, I-10866; v. 12.9.2006 – Rs. C-196/04 „Cadbury Schweppes", Slg. 2006, I-07995; v. 29.3.2007 – Rs. C-347/04 „Rewe Zentralfinanz", Slg. 2007, I-02647.

1010 Siehe hierzu *EuGH* v. 11.3.2004 – Rs. C-9/02 „Lasteyrie du Saillant", Slg. 2004, I-02431, Rz. 50.

Gewährleistung der Wirksamkeit der Steueraufsicht[1011], die Gefahr einer doppelten Entlastung (in Gestalt doppelten Steuerabzugs)[1012] sowie Gründe der Kohärenz des nationalen Steuersystems[1013].

(aa) Vermeidung von Steuerumgehung und Missbrauchsbekämpfung

Zur Rechtfertigung der durch die Zentralfunktion des Stammhauses verkörperten Beschränkung der Niederlassungsfreiheit kommen die Rechtfertigungsgründe der Vermeidung von Steuerumgehungen sowie der Missbrauchsbekämpfung in Betracht. Die deutsche Finanzverwaltung fürchtet insbesondere in Sachverhalten, in welchen der Unternehmer eines in der Bundesrepublik Deutschland ansässigen Stammhauses eine Betriebstätte im Ausland errichtet und dieser Finanzmittel und Beteiligungen zuordnen will, dass hierdurch ein Finanzierungsinstrument oder eine Holdingfunktion geschaffen werden könnte. Die Zentralfunktion des Stammhauses bewirkt, dass die Wirtschaftsgüter Finanzmittel und Beteiligungen dem deutschen Stammhaus zugeordnet bleiben und somit die von ihnen generierten Erträge stets im Inland der Besteuerung unterworfen werden können. Eine Zuordnung solcher Funktionen und der zugehörigen Wirtschaftsgüter zu einer (ausländischen) Betriebstätte gilt es – aus Sicht der Finanzverwaltung – zu verhindern.[1014] Das Argument der Finanzverwaltung, Finanzierungsfunktionen und Holdingtätigkeiten bei Betriebstätten sind unerwünscht, manifestiert die Absicht, das Umgehen des deutschen Besteuerungsrechts auf die aus diesen Wirtschaftsgütern fließenden Gewinne zu verhindern. Damit der Rechtfertigungsgrund der Vermeidung von Steuerumgehungen wirksam eingreifen kann, müsste in der Zuordnung einer Finanzierungs- oder Holdingfunktion zu einer Betriebstätte und dem

---

1011 *EuGH* v. 15.5.1997 – Rs. C-250/95 „Futura", Slg. 1997, I-02471, Rz. 31.

1012 Grundlegend hierzu *EuGH* v. 13.12.2005 – Rs. C-446/03 „Marks & Spencer", Slg. 2005, I-10866; v. 7.9.2006 – Rs. C-470/04 „N", Slg. 2006, I-07409; v. 29.3.2007 – Rs. C-347/04 „Rewe Zentralfinanz", Slg. 2007, I-2647.

1013 Die Kohärenz war als Rechtfertigungsgrund in der *Bachmann*-Entscheidung des EuGH noch tragendes Argument, *EuGH* v. 28.1.1992 – Rs. C-204/90 „Bachmann", Slg. 1992, I-00276. Im Laufe der Rechtsprechungsentwicklung hat die Kohärenz jedoch „an Durchschlagskraft verloren", siehe hierzu *Englisch,* in: Tipke/Lang, Steuerrecht, § 4, Rz. 102 sowie *EuGH* v. 7.9.2004 – Rs. C-319/02 „Manninen", Slg. 2004, I-07477, Rz. 86; v. 6.3.2007 – Rs. C-292/04 „Meilicke", Slg. 2007, I-01835, Rz. 25 ff.; ebenso *EuGH* v. 29.3.2007 – Rs. C-347/04 „Rewe Zentralfinanz", Slg. 2007, I-02647, Rz. 60.

1014 Siehe hierzu als Vertreter des BMF *Runge,* in: Piltz/Schaumburg, Internationale Betriebsstättenbesteuerung, S. 135,.

damit einhergehenden Zuordnen der erforderlichen Wirtschaftsgüter tatsächlich eine missbräuchliche Umgehungsgestaltung vorliegen. Nach Auffassung des EuGH sind missbräuchliche Gestaltungen solche, die rein künstlich sind und jeder wirtschaftlichen Realität entbehren, schließlich nur dem Zweck der Steuerersparnis dienen.[1015] Somit muss die infrage stehende Vorschrift speziell den Zweck verfolgen, „rein künstliche Konstruktionen, die darauf ausgerichtet sind, der Anwendung des deutschen Steuerrechts zu entgehen, von einem Steuervorteil auszuschließen."[1016] Der Wortlaut der Betriebsstätten-Verwaltungsgrundsätze lässt keinen Rückschluss darauf zu, dass es sich bei der Zentralfunktion des Stammhauses um eine spezielle Missbrauchsvermeidungsvorschrift handelt.[1017] Die Diktion der Verwaltungsvorschrift entspricht vielmehr einer generellen Regelung zur Zuordnung von spezifischen Wirtschaftsgütern im Einheitsunternehmen. Der fehlende spezielle Missbrauchsvermeidungscharakter der Vorschrift zeigt sich insbesondere darin, dass die Regelung konsequenterweise eben auch in dem Falle gilt, in welchem das Stammhaus aus dem Inland wegzieht und infolgedessen Finanzmittel und Beteiligungen nunmehr dem ausländischen Stammhaus zuzuordnen sind. In dieser Konstellation „droht" aus Sicht der deutschen Finanzverwaltung der Verlust der Besteuerungsmöglichkeit, wenn Wirtschaftsgut und Gewinn zukünftig dem ausländischen Stammhaus zuzuordnen sind, diese Zuordnungsverlagerung wird jedoch nicht als missbräuchlich eingestuft. In der Konstellation eines inländischen Stammhauses mit ausländischer Betriebstätte kommt der Zentralfunktion des Stammhauses ein protektionistischer Charakter zu, der eine Änderung der Zuordnung und somit eine Gewinnverlagerung ins Ausland regelmäßig untersagt. Somit fehlt der Zentralfunktion des Stammhauses bereits der spezifische missbrauchsbekämpfende Regelungscharakter.

Jedoch selbst wenn die Zentralfunktion des Stammhauses eine ausreichend konkrete Regelung darstellte, könnte sie dennoch nicht als Beschränkung der Niederlassungsfreiheit gerechtfertigt werden. Dies findet seine Begründung in den Anforderungen des EuGH an das Merkmal der künstlichen und jeder wirtschaftlichen Realität baren Gestaltung, welche der Gerichtshof nur dann

1015 Ständige Rechtsprechung seit *EuGH* v. 12.12.2002 – Rs. C-324/00 „Lankhorst-Hohorst", Slg. 2002, I-11779, Rz. 37; v. 11.3.2004 – Rs. C-9/02 „Lasteyrie du Saillant", Slg. 2004, I-02431; v. 13.12.2005 – Rs. C-446/03 „Marks & Spencer", Slg. 2005, I-10866; v. 12.9.2006 – Rs. C-196/04 „Cadbury Schweppes", Slg. 2006, I-07995, Rz. 55; v. 29.3.2007 – Rs. C-347/04 „Rewe Zentralfinanz", Slg. 2007, I-02647.

1016 *EuGH* v. 12.12.2002 – Rs. C-324/00, Lankhorst-Hohorst, Slg. 2002, I-11779, Rz. 37.

1017 Vgl. den Wortlaut *BMF*, Betriebsstätten-Verwaltungsgrundsätze, Rz. 2.4.

als gegeben anerkennt, wenn die Gesellschaft keine wirkliche wirtschaftliche Tätigkeit im Hoheitsgebiet entfaltet, also in Fällen einer „Briefkastenfirma" oder einer „Strohfirma".[1018] Im Falle eines Unternehmers, der im Inland mit seinem Stammhaus ansässig ist und der in einem anderen Mitgliedstaat der EU eine Betriebstätte errichtet oder diese im Wege von Umwandlungen der Konzernstruktur entsteht und dieser Finanzmittel sowie Beteiligungen zuzuordnen gedenkt, welche in der Betriebstätte genutzt werden sollen, kann eben nicht von einer künstlichen und wirtschaftlich realitätsfernen Gestaltung ausgegangen werden. Eine solche Vermutung begibt sich in die Nähe der Unterstellung, die der französische Steuergesetzgeber erhoben hatte – und welche dann Gegenstand der *Lasteyrie de Saillant*-Entscheidung war – als er die Verlegung des Wohnsitzes ins Ausland als Umgehung des nationalen Steuerrechts qualifizierte.[1019] Der EuGH beurteilte diese Unterstellung als zu weitgehend und als nicht mehr erforderliche Regelung zur Erreichung des Zieles der Verhinderung von Steuerumgehungen, mithin als unverhältnismäßig.[1020]

Die Freiheit der Wohnsitzverlegung und ebenso der Errichtung neuer Stätten für die Tätigkeitsausübung ist elementarer Bestandteil der Niederlassungsfreiheit und somit des Funktionierens des Binnenmarktes in der EU, sodass die Zentralfunktion des Stammhauses letztlich auch am Kriterium der Erforderlichkeit im Rahmen der Verhältnismäßigkeitsprüfung scheitern würde[1021], die pauschalierende Regelung hätte vielmehr zugunsten einer Einzelfallprüfung ausgestaltet werden müssen.

Der Rechtfertigungsgrund der Verhinderung von Steuerumgehung und der Missbrauchsbekämpfung vermag vorliegend die Beschränkung der Niederlassungsfreiheit durch die Zentralfunktion des Stammhauses nicht zu rechtfertigen.

(bb) Prinzip der Kohärenz

Als Rechtfertigungsgrund für die beschränkende Wirkung der Zentralfunktion des Stammhauses gilt es ferner, das Argument der Kohärenz in Augenschein

1018 Siehe *EuGH* v. 12.9.2006 – Rs. C-196/04 „Cadbury Schweppes", Slg. 2006, I-07995, Rz. 68.

1019 *EuGH* v. 11.3.2004 – Rs. C-9/02 „Lasteyrie du Saillant", Slg. 2004, I-02431, Rz. 52.

1020 *EuGH* v. 11.3.2004 – Rs. C-9/02 „Lasteyrie du Saillant", Slg. 2004, I-02431, Rz. 52.

1021 Der EuGH hat in seinem Lasteyrie de Saillant-Urteil klargestellt, dass der ungeschriebene Rechtfertigungsgrund der Verhinderung von Steuerumgehungen in jedem Falle einer Prüfung am Maßstab der Verhältnismäßigkeit unterworfen werden muss, *EuGH* v. 11.3.2004 – Rs. C-9/02 „Lasteyrie du Saillant", Slg. 2004, I-02431, Rz. 49 f.

zu nehmen. Der Kohärenzgedanke wurde vom EuGH anerkannt und verlangt, dass der notwendige Zusammenhang von Regelungen erkannt und zusammengehörende Regelungen auch in diesem Zusammenhang gewürdigt werden.[1022] Ursprünglich war die Kohärenz in der *Bachmann*-Entscheidung des EuGH noch tragendes Argument der Rechtfertigung gewesen.[1023] Im Laufe der Rechtsprechungsentwicklung hat die Kohärenz jedoch „an Durchschlagskraft verloren"[1024], sodass nach heutigem Verständnis des EuGH für die Rechtfertigung einer Grundfreiheitsbeschränkung in steuerrechtlichen Fällen nach dem Kohärenzprinzip ein zwingender unmittelbarer Zusammenhang zwischen Steuervorteil und der Besteuerung bei demselben Steuerpflichtigen erforderlich ist, der nachgewiesen werden muss.[1025] Bezogen auf die Zentralfunktion des Stammhauses ließe sich die Kohärenz überhaupt nur dann heranziehen, wenn man das Verbot der Zuordnung von Finanzmitteln und Beteiligungen zu einer ausländischen Betriebstätte und infolgedessen die Besteuerung der Gewinne im Inland als Belastung begreift, weil beispielsweise die steuerliche Gesamtbelastung im ausländischen Belegenheitsstaat der Betriebstätte niedriger gewesen wäre. Dann müsste dieser Belastung eine Entlastung in korrespondierender Weise gegenüberstehen. Der Umstand, dass die Zentralfunktion in umgekehrter Weise, also für ausländische Stammhäuser mit Betriebstätte in der Bundesrepublik Deutschland, Anwendung findet, erfüllt diese Korrespondenzanforderungen gerade nicht, weil der Steuerpflichtige diesen Sachverhalt einer entgegengesetzten Struktur eben nicht erfüllt.[1026] Es fehlt der Zentralfunktion am erforderlichen unmittelbaren Zusammenhang zwischen steuerlicher Entlastung und Belastung bei demselben Steuerpflichtigen. Die Finanzverwaltung vermag nicht den Nachweis zu führen, dass der durch die Zentralfunktion des Stammhauses ausgelösten Belastung des Unternehmers, der im Inland ein Stammhaus und im Ausland eine Betriebstätte unterhält, eine Entlastung unmittelbar gegenüber steht, die Kohärenz des

1022 *Cordewener*, Europäische Grundfreiheiten, S. 431 ff. und 441 ff.; *Englisch*, in: Tipke/Lang, Steuerrecht, § 4, Rz. 102; *Weber-Grellet*, Europäisches Steuerrecht, S. 57.

1023 Siehe *EuGH* v. 28.1.1992 – Rs. C-204/90 „Bachmann", Slg. 1992, I-00276.

1024 *Englisch*, in: Tipke/Lang, Steuerrecht, § 4, Rz. 102. mit Verweis auf *EuGH* v. 7.9.2004 – Rs. C-319/02 „Manninen", Slg. 2004, I-07477, Rz. 86; v. 6.3.2007 – Rs. C-292/04 „Meilicke", Slg. 2007, I-01835, Rz. 25 ff.; v. 29.3.2007 – Rs. C-347/04 „Rewe Zentralfinanz", Slg. 2007, I-02647, Rz. 60.

1025 Siehe beispielhaft das Urteil *EuGH* v. 29.3.2007 – Rs. C-347/04 „Rewe Zentralfinanz", Slg. 2007, I-02647, Rz. 62; für eine grundlegende Übersicht siehe *Borgsmidt*, IStR 2007, 802, 806.

1026 Ebenso *Blumers*, DB 2006, 856, 860.

deutschen Steuersystems wahrt. Folglich vermag das Prinzip der Kohärenz nicht die Beschränkung der Niederlassungsfreiheit durch die Zentralfunktion des Stammhauses zu rechtfertigen.

(cc) Erhaltung inländischen Steuerguts

Von der Intention der Finanzverwaltung ausgehend, die Verlagerung von bestimmten Wirtschaftsgütern ins Ausland zu unterbinden, muss der Aspekt der Erhaltung des inländischen Steuerguts als Rechtfertigungsargument beleuchtet werden. Der Grund, Steuergut im Inland zu erhalten, wird allerdings vom EuGH in ständiger Rechtsprechung nicht als tragender Rechtfertigungsgrund anerkannt, weil nach Auffassung des Gerichtshofes „Steuermindereinnahmen nicht als zwingender Grund des Allgemeininteresses anzusehen sind, mit dem eine Maßnahme gerechtfertigt werden kann, die grundsätzlich einer Grundfreiheit zuwiderläuft."[1027] Insofern kommt eine Rechtfertigung der Zentralfunktion des Stammhauses auch nicht über das Interesse des deutschen Fiskus an der Vermeidung von Steuermindereinnahmen in Betracht.

(d) Zwischenergebnis

Abschließend ist daher zu konstatieren, dass die Beschränkung der Niederlassungsfreiheit durch die Zentralfunktion des Stammhauses durch keinen geschriebenen noch ungeschriebenen Rechtfertigungsgrund zu rechtfertigen ist. Der grundsätzliche Vorrang der Grundfreiheiten vor dem nationalen Recht führt dazu, dass die Verwaltungsvorschrift der Zentralfunktion des Stammhauses aus den Betriebsstätten-Verwaltungsgrundsätzen als unionsrechtswidrige Vorschrift nicht anzuwenden ist.[1028] Vielmehr wäre jedoch wünschenswert und rechtlich geboten, dass die Finanzverwaltung von der Zentralfunktion des Stammhauses Abstand nimmt und dementsprechend die Betriebsstätten-Verwaltungsgrundsätze in unionsrechtskonformer Art und Weise modifiziert.

1027 *EuGH* v. 12.12.2002 – Rs. C-324/00 „Lankhorst-Hohorst", Slg. 2002, I-11779, Rz. 36. mit Verweis auf *EuGH* v. 16.7.1998 – Rs. C-264/96 „ICI", Slg. 1998, I-04695, Rz. 28; v. 6.6.2000 – Rs. C-35/98 „Verkooijen", Slg. 2000, I-04071, Rz. 59; v. 21.9.1999 – Rs. C-307/97 „Saint-Gobain Z N", Slg. 1999, I-06161, Rz. 51; ebenso *EuGH* v. 3.10.2002 – Rs. C-136/00 „Danner", Slg. 2002, I 8147, Rz. 56; v. 21.11.2002 – Rs. C-436/00 „X und Y", Slg. 2002, I-10829, Rz. 50; v. 7.9.2004 – Rs. C-319/02 „Manninen", Slg. 2004 I-07477, Rz. 49.

1028 Siehe nur *BFH* v. 30.11.2004 – VII R 25/01, BFH/NV 2005, 588; *Weber-Grellet*, Europäisches Steuerrecht, S. 15.

(2) Kapitalverkehrsfreiheit gemäß Art. 63 AEUV

Entsprechend des oben herausgearbeiteten Ergebnisses über den Streitstand hinsichtlich der Frage, ob Niederlassungsfreiheit und Kapitalverkehrsfreiheit kumulativ oder alternativ anwendbar sind[1029], muss die Vorschrift der Zentralfunktion des Stammhauses auch auf eine mögliche Beschränkung des Schutzbereiches der Kapitalverkehrsfreiheit hin untersucht werden.

(a) Schutzbereich

Der weit zu interpretierende Schutzbereich der Kapitalverkehrsfreiheit erfasst auch Transaktionen von Geld- und Sachkapital[1030], welche im Zusammenhang mit der Niederlassung stehen.[1031] Regelungsgegenstand der Zentralfunktion des Stammhauses ist das Gebot der Zuordnung spezifischer Wirtschaftsgüter zum Stammhaus. In einem grenzüberschreitenden Einheitsunternehmen – aufgrund der erga-omnes-Wirkung der Kapitalverkehrsfreiheit ist es irrelevant, ob es sich bei dem anderen Staat um einen Mitgliedstaat der EU oder einen Drittstaat handelt – fällt die Frage, ob ein Unternehmer seiner Betriebstätte Finanzmittel oder Beteiligungen zuordnen darf, durchaus in den Schutzbereich der Kapitalverkehrsfreiheit. Dies wird insbesondere deutlich, wenn man sich den Sachverhalt eines Unternehmers mit deutschem Stammhaus und ausländischer Betriebstätte vor Augen führt und hierbei die Betriebstätte nicht erst errichtet werden soll, sondern bereits seit geraumer Zeit existiert. Beabsichtigt der Unternehmer sodann die Zuordnung von Finanzmitteln und Beteiligungen, welche vorher dem Stammhaus zugeordnet waren, zur Betriebstätte und wird ihm dies durch die Zentralfunktion untersagt, wird offenbar, dass es sich nunmehr nicht um einen Fall der Errichtung der Betriebstätte und somit um eine Frage der Niederlassung handelt, sondern um einen Vorgang, der die Transaktion von Kapital tangiert. Mithin ist die Zentralfunktion des Stammhauses eine Verwaltungsvorschrift, die geeignet ist, in den Schutzbereich der Kapitalverkehrsfreiheit einzugreifen. Die Zentralfunktion des Stammhauses stellt daher eine Vorschrift dar, die parallel in den Schutzbereich von Niederlassungsfreiheit und Kapitalverkehrsfreiheit fällt.

(b) Eingriff der Zentralfunktion des Stammhauses in den Schutzbereich

Der Eingriff in die Kapitalverkehrsfreiheit kann wiederum nur in Gestalt einer Beschränkung vorliegen, weil die Zentralfunktion keine offenen oder

1029 Siehe oben Kapitel 2. V. 2. b) aa) (1).

1030 Siehe *Glaesner,* in: Schwarze, EU, AEUV Art. 63, Rz. 7.

1031 So *Bröhmer,* in: Calliess/Ruffert, AEUV Art. 63, Rz. 10.

versteckten Diskriminierungen beinhaltet.[1032] Die Zentralfunktion des Stammhauses, als im Regelfall Geltung beanspruchendes Gebot der Zuordnung von Finanzmitteln und Beteiligungen zum Stammhaus, erschwert es dem Unionsbürger, die vorgenannten Wirtschaftsgüter zwischen den Teilen des Einheitsunternehmens grenzüberschreitend auf eine Betriebstätte zu transferieren. Diese Vorgabe der Betriebsstätten-Verwaltungsgrundsätze stellt einen Eingriff in die Ausübung des freien Kapitalverkehrs dar, denn sie behindert einen Unternehmer, unabhängig von dessen (Wohn-) Sitz oder Nationalität, darin, seiner Gestaltungsfreiheit hinsichtlich der Funktionszuordnung zu den Teilen des Einheitsunternehmens, eine tatsächliche Zuordnung der hierzu benötigten Wirtschaftsgüter folgen zu lassen. Die Zentralfunktion des Stammhauses stellt demnach auch einen Verstoß gegen das Beschränkungsverbot der Kapitalverkehrsfreiheit dar.

(c) Vorliegen von Rechtfertigungsgründen

Hinsichtlich der Rechtfertigung dieser Beschränkung der Kapitalverkehrsfreiheit kommen erneut die zuvor bereits bei der Niederlassungsfreiheit dargestellten sowie geprüften und vom EuGH anerkannten ungeschriebenen Rechtfertigungsgründe der Missbrauchsvermeidung und Kohärenz in Betracht. Eine Rechtfertigung kann, da sich die Prüfung auf dieselbe Vorschrift bezieht und sich mit Blick auf die Freiheit des Unionsbürgers, Geld- und Sachkapital zu übertragen und Teilen seines Unternehmens zuzuordnen, nichts anderes ergibt, auch im Hinblick auf die Kapitalverkehrsfreiheit nicht gelingen. Die Zentralfunktion des Stammhauses beschränkt in nicht zu rechtfertigender Weise neben der Niederlassungsfreiheit auch die Kapitalverkehrsfreiheit.

(3) Zusammenfassung

Die von der Finanzverwaltung vertretene Zentralfunktion des Stammhauses ist eine mit dem Europarecht unvereinbare Regelung. Sie greift in nicht zu rechtfertigender Weise in die Grundfreiheiten der Niederlassung sowie des Kapitalverkehrs ein. Die Forderung gegenüber der Finanzverwaltung, diesen unionsrechtswidrigen Verstoß zu beseitigen, kann hier nur mit Nachdruck wiederholt werden.

1032 Siehe hierzu die Qualifikation des Eingriffs der Zentralfunktion des Stammhauses in die Niederlassungsfreiheit, oben Kapitel 3. V. 7. a) ff) (1).

b) Betriebswirtschaftliche und unternehmensorganisatorische Aspekte der Funktionsverteilung im Einheitsunternehmen und Multifunktionalität bei Betriebstätten

Die Auffassung der Finanzverwaltung widerspricht zeitgemäßen und unternehmerisch sinnvollen Organisationsformen international agierender Unternehmen.[1033] Die Zentralfunktion des Stammhauses beschränkt die Dispositionsfreiheit des Steuerpflichtigen in massiver Art und Weise, weil dieser aus Sorge, das Zuordnungsverbot von Beteiligungen oder Finanzmitteln zu Betriebstätten greife ein, in seiner Entscheidung der freien, legalen Strukturierung seines Unternehmens eingeschränkt wird. Hier kann nahtlos an die Ausführungen im Rahmen der Kritik an den Zuordnungskriterien des BFH angeknüpft werden. Denn ebenso, wie die Rechtsprechungskriterien durch ihren Missbrauchscharakter einer Akzeptanz der unternehmensorganisatorischen Freiheit widersprechen, stellt sich die Zentralfunktion des Stammhauses dieser betriebswirtschaftlichen Notwendigkeit mit ihrer Fiktion der Zuordnung von Wirtschaftsgütern zum Stammhaus entgegen. Es existiert schlicht kein betriebswirtschaftlicher Lehrsatz, der die in den Betriebsstätten-Verwaltungsgrundsätzen genannten Sachverhalte in organisatorischer Hinsicht zwangsläufig als zum Stammhaus gehörend einordnen würde.[1034]

Das Abkommensrecht (transformiert in nationales Recht) ist die steuerrechtliche Basis, die an einen Sachverhalt anzulegen ist. Die steuerrechtliche Beurteilung des Sachverhalts durch die Finanzverwaltung hat sich jedoch im Rahmen der gesetzlichen Reglementierungen zu halten. Eben diese kennen keine Beschränkung der Zuordnung spezieller Funktionen zu Betriebstätten und damit das Verbot der Zuordnung gewisser Wirtschaftsgüter zu Betriebstätten. Demgemäß hat auch die Finanzverwaltung Gestaltungen zu akzeptieren, in denen die operativen Tätigkeiten auf Tochtergesellschaften ausgegliedert werden und diesen eine regionale respektive spartenspezifische Holding-Betriebstätte vorsteht, der die Leitungsfunktion zukommt.[1035] Dasselbe gilt für den Fall, dass die Betriebstätte für die Kapitalgesellschaften Dienstleistungen erbringt, welche diese zur Erfüllung der ihnen übertragenen unternehmerischen Aufgaben benötigen, dies gilt auch für moderne Organisationsformen des

---

1033 *Ditz/Schneider*, DStR 2010, 81, 84 nennen als Beispiele moderner Organisationsformen das Financial Treasury sowie die zentrale Beteiligungsverwaltung durch Holdingbestriebstätten, siehe hierzu unter dem nachfolgenden Gliederungspunkt c).

1034 *Kraft*, in: Herzig/Günkel/Niemann, Steuerberater-Jahrbuch 2000/2001, S. 217.

1035 Siehe *Kessler/Huck*, IStR 2006, 433, 437.

Financial Treasury, also eine Finanzierungs-Betriebstätte[1036], an der die Finanzverwaltung ein besonderes Interesse dergestalt hat, die Zuordnung von freien Finanzmitteln zu einer Betriebstätte zu verhindern, damit diese nicht als „Finanzdrehscheibe“ genutzt werden kann.[1037] Die Finanzverwaltung untersagt es Betriebstätten des Weiteren, Fremddarlehen aufzunehmen, deren steuerliche Effekte zu nutzen und hierdurch andere Betriebstätten desselben Einheitsunternehmens zu finanzieren.[1038] Auch unter Hinzuziehung der in Deutschland geltenden Zinsschrankenregelung nach § 4h EStG und § 8a KStG ist dies ein weiterer Beleg für den Steuerungswillen der Finanzverwaltung, auf die Unternehmensstrukturierung und -finanzierung des Unternehmers Einfluss zu nehmen, der sich aber dergestalt beeinflussend auswirkt, dass eine Entscheidung für eine Betriebstättenstruktur durch die Betriebsstätten-Verwaltungsgrundsätze diskriminiert wird. Dies belegt nicht nur den oben bereits dargelegten, nicht zu rechtfertigenden Eingriff in die europäischen Grundfreiheiten durch das Verwaltungshandeln.

Hinzu tritt der Umstand, dass nach vorzugswürdigem Verständnis des Stammhauses als Geschäftsleitungsbetriebstätte und stringenter Umsetzung dieses Ansatzes einer Geschäftsleitungsbetriebstätte auch nur die Wirtschaftsgüter zugeordnet werden können, die direkt und unmittelbar der Geschäftsleitung dienen, während die von den Betriebsstätten-Verwaltungsgrundsätzen explizit aufgeführte Finanzierungsfunktion eine ganz eigene Funktion verkörpert, die zur Geschäftsleitungstätigkeit gehören kann, nicht aber zwingend dazugehören muss.[1039] Dieses Verständnis ermöglicht es zweifelsfrei, einer von der Geschäftsleitungsbetriebstätte (Stammhaus in der Diktion der Finanzverwaltung) verschiedenen Betriebstätte eine Finanzierungsfunktion zuzuweisen, was sich dann in Struktur, Organisation und Aufgabenzuteilung widerspiegeln wird und rechtmäßigerweise darf.

Die Verwaltungsgrundsätze deklarieren die tatsächlichen Verhältnisse und insbesondere die Struktur, die Organisation und die Aufgabenstellung der Betriebsstätte im Unternehmen als stets maßgeblich für die Zuordnung von Wirtschaftsgütern.[1040] In den hier aufgeführten Kriterien spiegelt sich die unternehmerische Freiheit, Struktur und Aufgabe der Betriebstätte im

---

1036 *Ditz/Schneider*, DStR 2010, 81, 84; ebenso *Kessler/Huck*, IStR 2006, 433, 437.

1037 *Frotscher*, in: Strunk/Wassermeyer/Kaminski, GS Krüger, S. 104; *Runge*, in: Piltz/Schaumburg, Internationale Betriebsstättenbesteuerung, S. 135.

1038 *BMF*, Betriebsstätten-Verwaltungsgrundsätze, Rz. 3.3.

1039 *Frotscher*, in: Strunk/Wassermeyer/Kaminski, GS Krüger, S. 104 f.

1040 *BMF*, Betriebsstätten-Verwaltungsgrundsätze, Rz. 2.4.

Einheitsunternehmen autonom festzulegen und daran die Zuordnung der Wirtschaftsgüter auszurichten, wider. Diese bewusst gewährten und für (grundsätzlich) maßgeblich erklärten strukturellen, organisatorischen und inhaltlichen Vorgaben des Unternehmers an seine Betriebstätte werden durch die Zentralfunktion des Stammhauses jedoch in höchstem Maße konterkariert.

c) Holdingfunktion bei Betriebstätten

Die vorangehend an der Zentralfunktion des Stammhauses geübte Kritik soll ebenso, wie bereits die Kritik an den Kriterien der Rechtsprechung zur Zuordnung von Wirtschaftsgütern zu Betriebstätten, am Fall einer Betriebstätte in Gestalt einer Holding untersucht werden. Dieses Beispiel aus der Praxis unterstreicht die Richtigkeit der strikten Ablehnung der Anwendung der Zentralfunktion des Stammhauses auf die Zuordnung von Beteiligungen und verdeutlicht die Notwendigkeit, die Verwaltungsgrundsätze zu reformieren.

Das oben dargestellte Beispiel der Allianz SE aufgreifend, soll dieser Sachverhalt unter dem Aspekt der Zentralfunktion des Stammhauses betrachtet werden. Im Rahmen der Verschmelzung der RAS S.p.A. auf die Allianz AG unter Formwechsel letzterer in die Rechtsform der SE blieb in Italien eine Betriebstätte zurück, welcher die bisher unter der RAS S.p.A. gehaltenen Beteiligungen weiterhin zugeordnet werden sollten. Diese Beurteilung des Sachverhaltes führt aus deutscher steuerrechtlicher Perspcktive zwingend zu einer Auseinandersetzung mit der Zentralfunktion des Stammhauses der Betriebsstätten-Verwaltungsgrundsätze, denn bei Bestehen eines Stammhauses in Deutschland sollen einer Betriebstätte in Italien Beteiligungen zugeordnet und zukünftig zu generierende Dividendeneinkünfte zugerechnet werden. Die deutsche Finanzverwaltung ist im Betriebsstätten-Erlass angewiesen, dem Stammhaus in der Regel Beteiligungen zuzurechnen, wenn diese nicht einer in der Betriebstätte ausgeübten Tätigkeit dienen.[1041] Die Vermutungsregel lautet daher, dass im Zweifel die Beteiligungen dem Stammhaus, der Allianz SE, in der Bundesrepublik Deutschland zuzuordnen sind, ein Zuordnungsverbot hinsichtlich der Beteiligungen zur italienischen Betriebstätte besteht, solange es dem Steuerpflichtigen nicht der Nachweis gelingt, dass die Beteiligungen einer in der Betriebstätte ausgeübten Tätigkeit dienen. Die restriktive, Steuersubstrat im (deutschen) Stammhaus protektionierende Haltung der deutschen Finanzverwaltung hat im vorliegend dargestellten Falle zu der massiven Ausstattung

1041 *BMF*, Betriebsstätten-Verwaltungsgrundsätze, Rz. 2.4.

der italienischen Betriebstätte mit Funktionen und Tätigkeiten hinsichtlich der Beteiligungen geführt, welche die Allianz SE weiterhin der Betriebstätte in Italien zugerechnet wissen wollte, um keine Übertragung derselben nach Deutschland unter Aufdeckung der stillen Reserven vornehmen zu müssen. Der italienischen Betriebstätte der Allianz SE wurden sämtliche Steuerungsfunktionen hinsichtlich der Beteiligungen übertragen. Sie wurde mit den Dienstleistungsfunktionen der Buchführung, der laufenden steuerlichen Beratung und Betreuung sowie Controllingaufgaben betraut. Die praktische Umsetzung erfolgte durch die Beschäftigung von 50 Mitarbeitern in diesen Bereichen in Räumlichkeiten, die für die Betriebstätte angemietet wurden.[1042]

Die Allianz AG hat diesen Teil des Verschmelzungsvorgangs und Formwechsels hinsichtlich der Zuordnung der Beteiligungen zur italienischen Betriebstätte nach der Verschmelzung durch verbindliche Auskünfte gemäß § 89 Abs. 2 AO abgesichert. Ihr ist es folglich gelungen, durch ihre weitgehende Funktions- und Aufgabenübertragung auf die Betriebstätte in Italien, die Finanzbehörden in Deutschland davon zu überzeugen, dass im Zeitpunkt der Verschmelzung der RAS S.p.A. auf die Allianz AG, die Beteiligungen nicht auf die Allianz SE mit übergehen, sondern im Duktus der Betriebsstätten-Verwaltungsgrundsätze einer in der Betriebstätte ausgeübten Tätigkeit dienen und somit der Betriebstätte zuzuordnen sind.

Bezeichnenderweise bemühte sich die Finanzverwaltung im Rahmen der späteren Betriebsprüfung nach dem Umwandlungsvorgang darum, doch noch eine Zurechnung der Beteiligungen zum Stammhaus in Deutschland zu erreichen. Nach Auskunft der Mitarbeiter der Allianz SE argumentierten die Finanzbehörden dergestalt, dass sie sich an die verbindlichen Auskünfte nur für den Zeitpunkt der Verschmelzung der italienischen Kapitalgesellschaft auf die deutsche AG und deren Formwandel in eine SE gebunden fühlten, jedoch eine juristische Sekunde nach der Umwandlung sollte sodann die Zentralfunktion des Stammhauses erneut eingreifen, sodass die Beteiligungen der Allianz SE als Stammhaus des Einheitsunternehmens zugeordnet werden sollten.[1043] Dieser Vorgang zeigt, mit welcher Vehemenz die Finanzverwaltung um die Zuordnung von Beteiligungen zu einem deutschen Stammhaus bemüht ist, also um die Durchsetzung

---

1042 Diese Informationen sind sämtlich in persönlichen und telefonischen Gesprächen mit Mitarbeitern der Steuerabteilung Allianz SE in München im Zeitraum zwischen März 2010 und Dezember 2012 gewonnen worden.

1043 Diese Informationen sind sämtlich in persönlichen und telefonischen Gesprächen mit Mitarbeitern der Steuerabteilung Allianz SE in München im Zeitraum zwischen März 2010 und Dezember 2012 gewonnen worden.

der Zentralfunktion des Stammhauses mit allen Mitteln. Letztlich zeigen die Argumente der Finanzverwaltung einerseits den Grad der Künstlichkeit der Fiktion, dass Beteiligungen regelmäßig dem Stammhaus zwingend zuzuordnen sind, andererseits aber auch die starken Bestrebungen der Verwaltung, die Schaffung von Holding-Betriebstätten zu unterbinden.

Folge dieser massiven Versuche der Finanzverwaltung, eine Zuordnung der Beteiligungen zum deutschen Stammhaus zu erreichen, ist die – an diesem Fall klar aufgezeigte – Gefahr einer unnötig umfangreichen Übertragung von Aufgaben und damit Funktionen auf die Betriebstätte. Eine solche – erzwungene – Überfrachtung der Betriebstätte mit Funktionen und dem zur Durchführung derselben notwendigen Personal stellt für den Steuerpflichtigen einen Eingriff in sein Recht freier unternehmerischer Gestaltungen dar, jede einzelne Funktion einem Betriebsteil zuordnen zu können.[1044]

Der Schaffung von Holdingstrukturen unter Verwendung von Holding-Betriebstätten, die geschäftsleitend Beteiligungen verwalten und steuern oder diesen Dienstleistungen erbringen, stellen sich dem Grunde nach die Betriebsstätten-Verwaltungsgrundsätze gar nicht in den Weg, wenn sie bezüglich Kontroll- und Koordinierungsstellen festschreiben, dass diese ihre Überwachungsfunktion wahrnehmen, während die „wesentlichen Funktionen einer geschäftsleitenden Holding von anderen Konzerneinrichtungen ausgeübt werden".[1045] Unter der hier genannten anderen Konzerneinrichtung sind – mangels Einschränkung – demnach sowohl Stammhaus als auch Betriebstätte eines Einheitsunternehmens zu verstehen.[1046] Nicht zuletzt dieser Widerspruch innerhalb der Verwaltungsanweisung selbst führt zu dem Ergebnis, dass erstens einer Holding-Betriebstätte die postulierte Zentralfunktion hinsichtlich von Beteiligungen und die Zwangszuordnung derselben zum Stammhaus nicht wirksam entgegensteht und zweitens, dass eine Übertragung an Funktionen auf die Betriebstätte in überbordendem Umfang von der Finanzverwaltung nicht verlangt werden kann, sondern einen unzulässigen Verstoß der Verwaltung gegen geltendes Recht darstellt.

Die Übertragung weit weniger umfangreicher Funktionen vom Stammhaus auf die Betriebstätte ist ausreichend, um plausibel die funktionale Zuordnung der Beteiligungen zur Holding-Betriebstätte zu begründen und auch für die Zeit

1044 Ebenso *Kessler/Huck*, IStR 2006, 433, 437; *Kraft*, in: Herzig/Günkel/Niemann, Steuerberater-Jahrbuch 2000/2001, S. 217 f.; *Kumpf/Roth*, DB 2000, 741, 746; *Strunk/Kaminski*, IStR 2000, 33, 36.

1045 *BMF*, Betriebsstätten-Verwaltungsgrundsätze, Rz. 4.4.1.

1046 Ebenso *Becker*, DB 1984, 1848; *Kessler/Huck*, IStR 2006, 433, 437.

nach einer erfolgten Umwandlung zu erhalten. Die Finanzverwaltung ist weder ermächtigt noch sonst befugt, durch ihren Betriebstätten-Erlass den Umfang einer Holdingtätigkeit zu definieren und festzuschreiben, dass eine Betriebstätte, die Holding sein will, mindestens den Ausstattungsumfang einer Konzernmutter im Kapitalgesellschaftskonzern haben muss, die sämtliche Aufgaben für ihre Tochtergesellschaften übernimmt. Ähnlich weitgehend war, wie dargestellt, die funktionale Ausstattung der italienischen Betriebstätte der Allianz SE, aus bloßer Sorge, keine Anerkennung der Zuordnung der Beteiligungen zur Betriebstätte zu erfahren. Vielmehr müssen auch Projektholdings und Dienstleistungsholdings als Holding-Betriebstätten anerkannt werden, wenn sich aufgrund der von ihnen ausgeübten Funktionen eine Zuordnung der Beteiligungen zu diesen Betriebstätten plausibilisieren lässt. Das Anlegen eines strengeren Maßstabes im Wege einer entgegenstehenden und zu entkräftenden Fiktion durch die Finanzverwaltung verbietet sich.

Das Praxisbeispiel der Allianz SE und deren italienischer Betriebstätte verdeutlicht die berechtigte Sorge der Steuerpflichtigen die erfolgreiche Zuordnung der Beteiligungen zur Holding-Betriebstätte gegenüber der Finanzverwaltung dauerhaft durchzuhalten, wenn man erfährt, dass die Allianz SE sich schlussendlich aufgrund der Unwägbarkeiten entschied, in Italien wieder eine Kapitalgesellschaft als Holding zu installieren. Dies zeigt den Zwang, den die Finanzverwaltung zum einen mit der Zentralfunktionsthese auf die Gestaltungsentscheidungen der Steuerpflichtigen ausübt. Zum anderen belegt diese Entscheidung der Allianz SE die Europarechtswidrigkeit der Zentralfunktionsthese, denn sie verhilft Kapitalgesellschaften zu einer größeren Attraktivität als den Betriebstätten und ist somit Beleg für einen nicht zu rechtfertigenden Eingriff in die Niederlassungsfreiheit entsprechend der oben dargelegten theoretischen Ausführungen. Die Betriebsstätten-Verwaltungsgrundsätze machen die Errichtung einer Betriebstätte weniger attraktiv als andere Formen der Niederlassung.

d) Zusammenfassung der kritischen Würdigung der Kriterien der Finanzverwaltung

Die Zentralfunktion des Stammhauses stellt sich nach vorgenommener Analyse und kritischer Würdigung letztendlich als schlicht fiskalpolitisch motivierte Regelung mit der Absicht dar, die Abwanderung von zukünftig Steuersubstrat generierenden Wirtschaftsgütern zu verhindern.[1047] Bereits begrifflich ist

1047 *Blumers*, DB 2006, 857; *Runge*, in: Piltz/Schaumburg, Internationale Betriebsstättenbesteuerung, S. 135.

nicht klar zu eruieren, was eine Zentralfunktion sein soll. Ferner begründet die pauschale Bestimmung gewisser Funktionen und Wirtschaftsgüter als zentral eine Attraktivkraft des Stammhauses, die jedoch nicht existiert. Zudem sieht sich die Finanzverwaltung selbst als ermächtigt an, die Entscheidung über die Frage, welche Wirtschaftsgüter zentralen Charakter haben, zu treffen, obwohl diese unzweifelhaft von der Strukturierungsentscheidung des Unternehmers abhängt. Schließlich kann sich die Finanzverwaltung auch nicht auf die von ihr im Betriebsstätten-Erlass zitierte Rechtsprechung berufen, sondern steht vielmehr im Gegensatz zu derselben. Die willkürliche Zuordnungsvermutung von Wirtschaftsgütern zum Stammhaus begründet eine schwerwiegende Beeinträchtigung der unternehmerischen Dispositions- und Gestaltungsfreiheit, die sich weder auf eine gesetzliche Grundlage berufen kann, daher nicht im Einklang mit Recht und Gesetz steht, noch den Anforderungen der unionsrechtlichen Grundfreiheiten der Niederlassung sowie der Kapitalverkehrsfreiheit genügt, vielmehr in nicht zu rechtfertigender Weise in deren Schutzbereich eingreift.

Die Betriebsstätten-Verwaltungsgrundsätze fordern nirgends einen Nachweis im Rahmen der Dokumentation des Unternehmers, hinsichtlich der Frage, welche Funktionen einer Betriebstätte zugeordnet wurden. Dies mag aus Sicht der Finanzverwaltung folgerichtig sein, weil sie von der Zentralfunktion des Stammhauses und der regelmäßigen Zuordnung gewisser Wirtschaftsgüter ausgeht, birgt jedoch für den Steuerpflichtigen ein enormes Risiko. Insbesondere im Outbound-Fall und speziell dann, wenn der Unternehmer von der Zuordnungsvorstellung der Verwaltungsgrundsätze abweichen will, ist eine Dokumentation der exakten Funktionszuordnung zu Stammhaus und Betriebstätte(n) unerlässlich. Andernfalls wird der Unternehmer das Beweisrisiko tragen und sich mit der Zuordnungsvermutung der Zentralfunktion des Stammhauses konfrontiert sehen, was in einer faktischen Beweislastumkehr hinsichtlich der Zuordnung von Wirtschaftsgütern zu ausländischen Betriebstätten mündet.[1048]

8. Zwischenfazit

Anhand der vorstehend durchgeführten Untersuchung der sachlichen Kriterien des Koordinierten Ländererlasses betreffend das Revisionsprotokoll des DBA USA, der Rechtsprechung des BFH sowie des Kriteriums der Zentralfunktion des Stammhauses der Finanzverwaltung und der an diesen vorgebrachten Kritik wird offenbar: Keines der derzeit existenten und angewendeten Kriterien zur

1048 Siehe zu diesen Dokumentationserfordernissen und Beweislastrisiken *Kaminski*, in: Strunk/Wassermeyer/Kaminski, GS Krüger, S. 142 ff.

Zuordnung von Wirtschaftsgütern zu Betriebstätten im grenzüberschreitenden Sachverhalt bei Bestehen eines DBA genügt den Anforderungen des Fremdvergleichs und der Selbstständigkeitsfiktion der Betriebstätte entsprechend der Novellierung des OECD-MA. Der Koordinierte Ländererlass betreffend das Revisionsprotokoll des DBA USA verwendet Zuordnungskriterien, die ihrer Natur nach zu subjektiv ausgeprägt sind oder solche, die auf bestimmte Wirtschaftsgüter keine Anwendung finden. Die BFH-Rechtsprechung wendet zwar ein funktional orientiertes Kriterium an, bleibt aber in unvereinbarer Weise dessen außensteuerlichem Ursprung verhaftet, sodass sich eine zeitgemäße und sachgerechte Zuordnung von Wirtschaftsgütern zu Betriebstätten nicht realisieren lässt. Die von der Finanzverwaltung befürwortete Zentralfunktion des Stammhauses stellt ein rechtswidriges Konstrukt dar, welches fiskalpolitisch motiviert und weder mit der unternehmerischen Gestaltungsfreiheit noch der Intention der DBA, eine sachgerechte Gewinnabgrenzung zu erzielen, im Einklang steht.

VI. Ableitung eines eigenen Ansatzes zur funktionalen Zuordnung von Wirtschaftsgütern zu Betriebstätten

Aus der vorangestellten Kritik an den Zuordnungskriterien von Rechtsprechung und Finanzverwaltung folgt die Notwendigkeit, der Zuordnung von Wirtschaftsgütern zu Betriebstätten einen eigenen Ansatz zugrunde zu legen. Dieser steht unter dem maßgeblichen Einfluss der Änderungen des Abkommensrechts in Gestalt des OECD-MA, berücksichtigt die Novellierungen des nationalen Steuerrechts und lässt sich thesenartig wie folgt zusammenfassen:

Die Zuordnung von Wirtschaftsgütern zu Betriebstätten muss Kriterien folgen, die unabhängig ihres Ursprungs abkommensrechtlich ausgelegt, interpretiert und angewendet werden. Hierbei gilt es, das Zusammenspiel von allgemeinen und speziellen Einkünfteartikeln des OECD-MA sowie die Fortentwicklung der Betriebstättenbesteuerung durch die OECD zu berücksichtigen. Insbesondere muss der Ansatz der zunehmenden (fiktiven) Selbstständigkeit der Betriebstätte auch im Rahmen der Zuordnung von Wirtschaftsgütern Berücksichtigung finden.

Der hier entwickelte Ansatz zur Zuordnung von Wirtschaftsgütern zu Betriebstätten nach realitätsnäheren und mit dem Abkommensrecht zu vereinbarenden Kriterien muss schließlich auch auf eine liberalere Praxis von Finanzverwaltung und Rechtsprechung treffen. Dies bedeutet, der Zuordnungsentscheidung des Unternehmers wieder größeres Gewicht beizumessen und damit der abkommensrechtlichen Entwicklung der weitergehenden Selbstständigkeit von

Betriebstätten Geltung zu verschaffen. Diesen subjektiven Zuordnungsentscheidungen soll Geltung für die steuerliche Behandlung durch die Abkommensstaaten zukommen, solange sie nicht die Grenze des Gestaltungsmissbrauchs tangieren bzw. überschreiten. Für pauschale Missbrauchsvermutungen und pauschalierende Zuordnungsgebote respektive -verbote ist insoweit kein Raum mehr.

Des Weiteren sind die hieraus erarbeiteten Kriterien der Zuordnung von Wirtschaftsgütern dergestalt flexibel und zeitgemäß anzuwenden, dass aktuelle wirtschaftliche Gestaltungen von ihnen erfasst werden können. Dies schließt insbesondere die Möglichkeit ein, dass eine Betriebstätte mehrere Funktionen oder ganze Funktionsbündel übernimmt. Ebenso muss die Möglichkeit der Zuordnung von Beteiligungen zu Betriebstätten, insbesondere die Ausgestaltung einer Betriebstätte als Holding für Kapitalgesellschaftsbeteiligungen bestehen.

1. Uneingeschränkte Selbstständigkeit der Betriebstätte für steuerliche Zwecke

Eine liberalere Zuordnung von Wirtschaftsgütern zu Betriebstätten in Einheitsunternehmen erfordert eine größere Freiheit der unternehmerischen Disposition. Eine solche Freiheit kann dem Unternehmer im Grunde nur auf zwei Wegen zuteil werden. Entweder seiner Zuordnungsentscheidung kommt ein größerer Einfluss zu, sodass die subjektive Zuordnungsentscheidung die objektiv gegebene rechtliche Unselbstständigkeit der Betriebstätte zu verdrängen vermag oder die Selbstständigkeit der Betriebstätte an sich wird im Wege einer weitergehenden Fiktion ausgeweitet, sodass ihr objektiv Wirtschaftsgüter in größerem Umfange zugeordnet werden können. Die Entwicklung im Abkommensrecht, aber auch im nationalen Steuerrecht, sieht letztere Variante vor.

Eine im Verhältnis zum Stammhaus uneingeschränkt selbstständige Betriebstätte gibt es in rechtlicher Hinsicht nicht, denn die Betriebstätte ist zivilrechtlich gesehen unselbstständiger Teil des Einheitsunternehmens und bleibt dies auch in Zukunft. Insoweit kann die Selbstständigkeit lediglich für steuerliche Zwecke fingiert werden. Wie bei jeder Fiktion stellt sich sodann die Frage danach, wie weit dieselbe ihre Wirkungen entfalten und somit die Realität modifizieren können soll. Einer Fiktion wohnt die Idee inne, einen Sachverhalt entgegen seiner tatsächlichen Gegebenheiten so zu behandeln, als ob die Gegebenheiten andere wären. Mitunter kann und soll die Folge der Fiktion eine Gleichbehandlung des fingierten mit einem anderen Sachverhalt sein. Dies strebt das von der OECD novellierte Abkommensrecht an und das nationale Steuerrecht soll diesem Weg offensichtlich folgen.

a) *Abkommensrecht*

Die abkommensrechtliche Neuausrichtung der Selbstständigkeit von Betriebstätten ist Gegenstand der Entwicklung im Abkommensrecht der letzten zehn Jahre gewesen und begann mit dem Diskussionspapier der Einkünftezurechnung zu Betriebstätten im Jahre 2001[1049], konkretisierte sich weiter in den Betriebstättenberichten der OECD aus den Jahren 2006[1050] sowie 2008[1051] und schließlich im Bericht vom 22.07.2010[1052]. Zudem erfolgte konsequenterweise die Änderung des Musterkommentars zu Art. 7 OECD-MA bereits im Jahre 2008. Im Jahre 2010 erfolgte die Novellierung des Wortlauts des Art. 7 OECD-MA mit entsprechenden weiteren Anpassungen der Kommentierung. Dieser im AOA zusammengefasste Ansatz beinhaltet als zentrales Element die uneingeschränkte Selbstständigkeitsfiktion der Betriebstätte gegenüber dem Stammhaus desselben Einheitsunternehmens, den sogenannten „functionally separate entity approach".

Grundlegend bedeutet dieser Ansatz zunächst die Weiterentwicklung der von der bisher herrschend vertretenen eingeschränkten Selbstständigkeitsfiktion der Betriebsstätte, dem „relevant business activity approach", hin zu der uneingeschränkten Selbstständigkeitsfiktion der Betriebsstätte[1053], welche anhand des Fremdvergleichsgrundsatzes die Betriebstätte als fiktiv selbstständiges und unabhängiges Unternehmen begreift.[1054]

Die Umsetzung des AOA erfolgt, wie bereits oben erläutert[1055], anhand eines zweistufigen Vorgehens. Hierbei umfasst die erste Stufe die Erfolgs- und Vermögensabgrenzung zwischen Betriebstätte und Stammhaus dem Grunde nach, während die zweite Stufe sich der Erfolgs- und Vermögensabgrenzung

---

1049 *OECD,* Discussion Draft on the Attribution of Profits to Permanent Establishments, 8.2.2001.

1050 *OECD,* Report on the Attribution of Profits to Permanent Establishments, December 2006.

1051 *OECD,* Report on the Attribution of Profits to Permanent Establishments, 17.7.2008.

1052 *OECD,* 2010 Report on the Attribution of Profits to Permanent Establishments, 22.7.2010.

1053 *Jacobs,* Internationale Unternehmensbesteuerung, S. 676; *Kahle/Mödinger,* DB 2011, 2338, 2342; siehe hierzu bereits oben Kapitel 2. IV. 3. d) bb).

1054 *OECD,* 2010 Report on the Attribution of Profits to Permanent Establishments, S. 12; *Kahle/Mödinger,* IStR 2010, 757, 758.

1055 Siehe oben Kapitel 2. IV. 3. d) cc).

der Höhe nach widmet.[1056] Folglich kommt der Frage nach der Zuordnung von Wirtschaftsgütern zu Betriebstätten auf der ersten Stufe Relevanz zu. Diese wird von der OECD mit „Hypothese der selbstständigen und unabhängigen Betriebstätte“[1057] überschrieben und widmet sich fünf teilweise miteinander verknüpften Bereichen, wobei einer dieser Bereiche die Zuordnung von Wirtschaftsgütern betrifft. Die anderen vier Teilbereiche betreffen die funktionale Analyse der Betriebstätte, die Zuordnung von Risiken, die Kapitalausstattung der Betriebstätte und die Frage der Leistungsbeziehungen zwischen Betriebstätte und Stammhaus.[1058] Hierbei kommt der Funktionsanalyse ausweislich der Neufassung des Musterkommentars zu Art. 7 Abs. 2 OECD-MA 2010 eine zentrale Aufgabe zu.[1059] Sie soll die Identifikation der durch die Mitarbeiter des Einheitsunternehmens ausgeübten Funktionen ermitteln, die sogenannten „people functions“, welche im Folgenden, gemessen an ihrer Bedeutung für die ausgeübte Funktion, in lediglich untergeordnete und unterstützende Tätigkeiten („support or ancillary functions“) und signifikante personelle Aufgaben („significant people functions“) unterteilt werden.[1060] Anhand der „significant people functions“, die in Betriebstätten und Stammhaus gleichermaßen zu ermitteln sind, wird sodann die Zuordnung von Wirtschaftsgütern einerseits und übernommenen unternehmerischen Risiken andererseits vorgenommen.[1061]

Für die Zuordnung der Wirtschaftsgüter zur fiktiv selbstständigen Betriebstätte soll nach Auffassung der OECD das wirtschaftliche Eigentum („economic ownership“) oder der Grad der Nutzung eines Wirtschaftsguts durch die Betriebstätte ermittelt werden.[1062] Auf diesem Wege wird die tatsächliche zivilrechtliche Zuordnung aller Wirtschaftsgüter zum Einheitsunternehmen insgesamt überwunden und eine für steuerliche Zwecke fingierte Aufteilung auf die

---

1056 Siehe *Baldamus*, IStR 2010, 317, 318; *Kahle/Mödinger*, IStR 2010, 757, 759 ff.; *OECD*, 2010 Report on the Attribution of Profits to Permanent Establishments, S. 14 und S. 20.

1057 “Step one: hypothesising the PE as a separate and independent enterprise”, siehe *OECD*, 2010 Report on the Attribution of Profits to Permanent Establishments, S. 14.

1058 Für einen Überblick siehe *OECD*, 2010 Report on the Attribution of Profits to Permanent Establishments, S. 14 ff.; *Kahle/Mödinger*, IStR 2010, 757, 759 ff.; *Kosch*, IStR 2010, 42 ff.

1059 *OECD*, MK 2010, MA Art. 7, Rz. 21.

1060 Siehe hierzu *OECD*, 2010 Report on the Attribution of Profits to Permanent Establishments, S. 25.

1061 Siehe *Kahle/Mödinger*, IStR 2010, 757, 759; *OECD*, 2010 Report on the Attribution of Profits to Permanent Establishments, S. 25; *OECD*, MK 2010, MA Art. 7, Rz. 21.

1062 *OECD*, 2010 Report on the Attribution of Profits to Permanent Establishments, S. 16 und S. 28; *OECD*, MK 2010, MA Art. 7, Rz. 21.

Betriebstätten ermöglicht. Den Terminus wirtschaftliches Eigentum definiert die OECD in ihrem Betriebstättenbericht für Zwecke des Art. 7 OECD-MA 2010 als Äquivalent zum Eigentum, das ein selbstständiges Unternehmen für steuerliche Zwecke an einem Wirtschaftsgut hat.[1063] Dies folgt der Idee, dass derjenige Unternehmensteil, der Chancen wie Risiken eines speziellen Wirtschaftsguts zu tragen hat, auch als Zurechnungssubjekt betreffend die Einnahmen und Ausgaben dieses Wirtschaftsguts fungiert[1064], ergo ihm das Wirtschaftsgut zuzuordnen ist. Damit im Rahmen der Selbstständigkeitsfiktion eine Betriebstätte Trägerin von Chancen und Risiken sein kann, muss ihr die unternehmerische Entscheidungsgewalt hinsichtlich des betreffenden Wirtschaftsgutes zustehen. Hiermit ist die Verbindung zu den Personalfunktionen wieder hergestellt, denn die unternehmerische Entscheidungsgewalt lässt sich nur über Entscheidungsträger mit hinreichender Befugnis konstituieren. Nur wenn die funktionale Analyse ergibt, dass in Abhängigkeit von der Geschäftstätigkeit und der Eigenart des Wirtschaftsguts die signifikanten Personalfunktionen der Betriebstätte das wirtschaftliche Risiko auferlegen, kann ihr das wirtschaftliche Eigentum an diesem Wirtschaftsgut durch diese Personalfunktionen zugeordnet werden.[1065] Neben den Personalfunktionen sind als weitere mehr wirtschaftliche denn rechtliche Faktoren die sogenannten „dealings", also fiktive Innentransaktionen zwischen den Teilen eines Einheitsunternehmens zu berücksichtigen[1066], also beispielsweise Miet-, Lizenz-, Dienstleistungsverträge oder sonstige Rechtsgeschäfte, die auch zwischen rechtlich selbstständigen Konzerngesellschaften als konzerninterne Transaktionen möglich und anzuerkennen wären.[1067]

Im Kern ist der AOA auf die Anwendbarkeit des Fremdvergleichsgrundsatzes in Gestalt des „dealing at arm's length"-Grundsatzes in Bezug auf Betriebstätten gegenüber anderen Teilen desselben Einheitsunternehmens ausgerichtet.

1063 Siehe *OECD,* 2010 Report on the Attribution of Profits to Permanent Establishments, S. 14, dort Fn. 4: „[...] 'economic' ownership of assets in the Article 7 context means the equivalent of ownership for income tax purposes by a separate enterprise, with the attendant benefits and burdens [...].".

1064 Ebenso *Förster,* IWB 2007, 1929, 1930; *Kahle/Mödinger,* IStR 2010, 757, 761; *Kosch*, IStR 2010, 42, 43.

1065 *OECD,* 2010 Report on the Attribution of Profits to Permanent Establishments, S. 28.

1066 *OECD,* 2010 Report on the Attribution of Profits to Permanent Establishments, S. 12 und S. 28; *OECD,* in: MK 2010, MA Art. 7, Rz. 20.

1067 *OECD,* 2010 Report on the Attribution of Profits to Permanent Establishments, S. 14; *OECD,* MK 2010, MA Art. 7, Rz. 24; siehe auch bei *Kahle/Mödinger,* IStR 2010, 757, 761.

b) Nationales Steuerrecht

Die Änderungen des Art. 7 OECD-MA 2010 und die erfolgten Modifikationen in der Kommentierung dieser Vorschrift sowie die Erläuterungen im Betriebstättenbericht der OECD aus dem Jahre 2010 sind allesamt Umsetzungen des AOA und damit der Idee der Behandlung von Betriebstätten in Einheitsunternehmen als uneingeschränkt selbstständig. All diese Umsetzungen des AOA und Einführungen des Fremdvergleichsgrundsatzes auf Betriebstättensachverhalte sind jedoch Ergebnis von Verhandlungen, Beratungen und Abstimmungen auf Ebene der OECD. Hieran war auch die Bundesrepublik Deutschland als Mitglied der OECD beteiligt. Eine korrespondierende Umsetzung der uneingeschränkten Selbstständigkeitsfiktion in nationales Recht ist mittlerweile erfolgt. Die in der Zwischenzeit entstandene Unsicherheit, inwieweit der Fremdvergleichsgrundsatz nunmehr auf Betriebstättensachverhalte uneingeschränkt Anwendung finden sollte, ist damit ausgeräumt. Der nationale Gesetzgeber hat nunmehr im JStG 2013[1068] (unter anderem) eine Änderung des § 1 AStG bewirkt.[1069] Für die Zuordnung von Wirtschaftsgütern zu Betriebstätten im Einheitsunternehmen bei grenzüberschreitenden Sachverhalten ist hier die Änderung des § 1 Abs. 4 sowie Abs. 5 AStG entscheidend.

Der § 1 Abs. 4 AStG bildet in seiner Neufassung die von der OECD als „dealings" definierten Innentransaktionen zwischen Betriebstätte und Stammhaus für das deutsche Außensteuerrecht ab. Die Norm definiert, dass Geschäftsbeziehungen im Sinne des § 1 Abs. 1 AStG – gemeint sind Geschäftsbeziehungen eines Steuerpflichtigen zum Ausland – auch dann anzunehmen sind, wenn es sich um „Geschäftsvorfälle zwischen einem Unternehmen eines Steuerpflichtigen und seiner in einem anderen Staat gelegenen Betriebsstätte (anzunehmende schuldrechtliche Beziehungen)" handelt.[1070] Insbesondere der Klammerzusatz verdeutlicht die Fiktion schuldrechtlicher Beziehungen zwischen den Unternehmensteilen des Einheitsunternehmens.

Den Fall der fingierten schuldrechtlichen Beziehungen des Abs. 4 Satz 1 Nr. 2 des § 1 AStG greift sodann der Abs. 5 der Vorschrift auf, welcher die Umsetzung des „functionally separate entity approach" darstellt. § 1 Abs. 5 Satz 1 AStG schreibt die Berichtigung der Einkünfteaufteilung auch für die Bestandteile eines Einheitsunternehmens fest, auch wenn die Maßstäbe des Fremdvergleichs nicht eingehalten wurden.

1068 BGBl. I 2013, 1809.

1069 BGBl. I 2013, 1809, 1826 f.

1070 § 1 Abs. 4 Satz 1 Nr. 2 AStG.

§ 1 Abs. 5 Satz 2 AStG führt sodann die uneingeschränkte Selbstständigkeit der Betriebstätte weiter aus, indem die Vorschrift statuiert: „Zur Anwendung des Fremdvergleichsgrundsatzes ist eine Betriebsstätte wie ein eigenständiges und unabhängiges Unternehmen zu behandeln, es sei denn, die Zugehörigkeit der Betriebstätte zum Unternehmen erfordert eine andere Behandlung.“ Hierin ist die von der OECD intendierte Fiktion der uneingeschränkten Selbstständigkeit der Betriebstätte eindeutig wiederzuerkennen.

§ 1 Abs. 5 Satz 3 AStG konkretisiert die Selbstständigkeitsfiktion der Betriebstätte und ist zugleich das Äquivalent zum ersten Schritt unter dem „functionally separate entity approach“, indem er anordnet, dass der Betriebstätte (i) die Personalfunktionen, (ii) die Vermögenswerte, die zur Ausübung dieser Funktionen benötigt werden, (iii) die Chancen und Risiken, die aufgrund der ausgeübten Funktionen und zugeordneten Vermögenswerte übernommen wurden sowie (iv) ein angemessenes Eigenkapital (Dotationskapital) zuzuordnen sind.[1071] Dies ist, wie schon vom Abkommensrecht her bekannt, die Zuordnung dem Grunde nach. In § 1 Abs. 5 Satz 4 AStG folgt sodann die Spiegelung des zweiten Schrittes des AOA, die Zuordnung der Höhe nach.[1072]

Gegen die vom nationalen Steuergesetzgeber geplante und nunmehr durchgeführte Anpassung regt sich bereits Widerstand im Schrifttum. *Wassermeyer* kritisiert bereits den (wortgleichen) Entwurf des § 1 Abs. 5 AStG als zu unbestimmt hinsichtlich der Verwendung zahlreicher nicht definierter Rechtsbegriffe, was folglich Auslegungsfragen nach sich zöge.[1073] Einer solchen Kritik ist entgegen zu halten, dass sie wenig fundiert ist, weil dieses Argument auf eine Vielzahl steuerlicher Regelungen, insbesondere jüngeren Datums zutrifft; beispielhaft sei nur an die Funktionsverlagerungsregelung in § 1 Abs. 3 AStG erinnert. Dem angesprochenen Auslegungsbedarf kann insoweit begegnet werden, als die über

1071 Im Wortlaut des § 1 Abs. 5 Satz 3 AStG: „Um die Betriebsstätte wie ein eigenständiges und unabhängiges Unternehmen zu behandeln, sind ihr in einem ersten Schritt zuzuordnen:

1. die Funktionen des Unternehmens, die durch ihr Personal ausgeübt werden (Personalfunktionen),
2. die Vermögenswerte des Unternehmens, die sie zur Ausübung der ihr zugeordneten Funktionen benötigt,
3. die Chancen und Risiken des Unternehmens, die sie auf Grund der ausgeübten Funktionen und zugeordneten Vermögenswerte übernimmt, sowie
4. ein angemessenes Eigenkapital (Dotationskapital).“

1072 Diese ist für die vorliegende Untersuchung jedoch nicht von Interesse.

1073 *Wassermeyer*, IStR 2012, 277, 282.

zehn Jahre währende Entwicklung des AOA auf Ebene der OECD hinreichende Interpretationshilfe bieten sollte, da die vorgesehenen Änderungen im § 1 AStG eine Anpassung des nationalen Rechts an das neue Abkommensrecht sicherstellen sollen. Die Bundesrepublik Deutschland war als Mitglied der OECD am dortigen Prozess beteiligt.

Die Änderungen des AStG durch den nationalen Steuergesetzgeber umfasst die Anpassung des deutschen Steuerrechts an den AOA des Art. 7 OECD-MA 2010, insbesondere auch an den „functionally separate entity approach". Dies hat weitgehende Auswirkungen auf die Zuordnung von Wirtschaftsgütern zu Betriebstätten unter dem Kriterium des funktionalen Zusammenhanges einerseits und den Zuordnungsvorschriften der Finanzverwaltung andererseits.

c) *Anwendbarkeit auf Steuersachverhalte bei grenzüberschreitenden Einheitsunternehmen*

Einen Einfluss auf die Zuordnung von Wirtschaftsgütern zu Betriebstätten kann die Fiktion der Selbstständigkeit nur dann haben, wenn dieses Element des AOA Eingang in die abkommensrechtliche Praxis gefunden hat und somit Anwendung auf Sachverhalte der Besteuerung von grenzüberschreitend ansässigen Einheitsunternehmen findet.

Zunächst gilt es festzustellen, dass der AOA von der OECD eingeführt und das OECD-MA sowie dessen Kommentierung geändert wurden, der Beschluss hierzu aber nicht einstimmig, sondern lediglich mit der Mehrheit der OECD-Mitgliedstaaten gefasst wurde. Insbesondere Argentinien, Hongkong, Brasilien und Mexiko werden die neuen OECD-Grundsätze nicht anwenden. Insofern ist auch die Fiktion der uneingeschränkten Selbstständigkeit kein Konsens aller OECD-Staaten. Neben dieser restriktiven Haltung einiger Staaten stellt sich zudem die Frage, wie der neue Art. 7 Abs. 2 OECD-MA und der AOA in den bilateral vereinbarten DBA zwischen der Bundesrepublik Deutschland und anderen Staaten zur Anwendung kommt. Festzustellen ist, dass die Bundesrepublik Deutschland in einigen neu abgeschlossenen DBA den Abkommenstext in der Fassung des novellierten Art. 7 OECD-MA 2010 einfließen lässt, so zum Beispiel mit Liechtenstein, Luxemburg und den Niederlanden. Andererseits werden aber auch DBA abgeschlossen, die noch die alte Fassung des Art. 7 OECD-MA 2008 zugrunde legen, so in den DBA mit Taiwan, Bulgarien und den Vereinigten Arabischen Emiraten. Daneben existieren DBA, die mit der alten Fassung des Art. 7 OECD-MA versehen sind, im Protokoll zum Abkommen – und somit im Abkommen selbst – jedoch

Anpassungs- und Änderungsmechanismen vorsehen.[1074] Auf die Problematik im Grenzfall sich überschneidender Änderungen im OECD-MA mit dem Abschluss eines neuen DBA zwischen zwei Vertragsstaaten sei auf die Rechtsprechung des BFH hingewiesen, der eine Beachtlichkeit der Neufassung im Musterabkommen nur dann anerkennt, wenn diese zum Zeitpunkt des Abschlusses des DBA bereits in Kraft war.[1075] Nicht zuletzt existieren sodann DBA, wie dasjenige mit den USA, in denen eine uneingeschränkte Selbstständigkeitsfiktion für Betriebstätten schon vor Einführung des AOA durch die OECD vorgesehen und im Rahmen eines Änderungsprotokolls zu implementieren versucht wurde.[1076]

Unabhängig davon, ob die Mehrzahl der vor der Schaffung des AOA vereinbarten und noch fortgeltenden DBA der Bundesrepublik Deutschland die alte Fassung des Art. 7 OECD-MA (2008 und früher) in ihrem Abkommenstext tragen und unabhängig davon, ob auch nicht bei sämtlichen ab dem Jahre 2010 neu geschlossenen deutschen DBA der neue Abkommenstext und somit die Umsetzung des AOA direkten Eingang in das Abkommen gefunden hat, ist die Tendenz der Modifikation der Behandlung von Betriebstätten im Rahmen der Vermögens- und Erfolgszurechnung klar zu erkennen. Das Abkommensrecht wurde mit der Mehrheit der OECD-Mitgliedstaaten reformiert. Dies bedeutet die Umsetzung der grundlegenden Anerkennung der Fiktion der uneingeschränkten Selbstständigkeit der Betriebstätte. Dies ist das Ergebnis einer über zehn Jahre währenden Weiterentwicklung im Abkommensrecht, ein Vorgang, der unumkehrbar Einzug in das Recht der DBA gefunden hat und – wie dargelegt – in neueren von der Bundesrepublik Deutschland abgeschlossenen Abkommen bereits angewandt wird. Unterstrichen und bekräftigt wird das Bekenntnis zur fingierten Selbstständigkeit der Betriebstätte durch die im JStG 2013 erfolgte Anpassung des nationalen Steuerrechts in Gestalt der Änderung des § 1 AStG.[1077] Diese im Einklang mit der Entwicklung des AOA auf OECD-Ebene stehende Änderung des nationalen Steuerrechts belegt den Willen des deutschen Gesetzgebers, die Behandlung der zivilrechtlich

1074 Siehe hierzu beispielhaft das Protokoll DBA Spanien III. Zu Artikel 7, der die Vertragsstaaten verpflichtet, die Anpassung des Artikel 7 des DBA zu prüfen, sobald die OECD den Authorized OECD Approach im Rahmen eines neu gefassten Art. 7 OECD-MA beschlossen hat.

1075 Siehe *BFH* v. 9.2.2011 – I R 54, 55/10, Rz. 21, BStBl. II 2012, 106; v. 19.5.2010 – I B 191/09, Rz. 36, BStBl. II 2001, 156; v. 25.5.2011 – I R 95/10, Rz. 19, BFHE 234, 63.

1076 So jedenfalls im DBA USA 2008.

1077 BGBl. I 2013,1809, 1826 f.

unselbstständigen Betriebstätten unter steuerlichen Gesichtspunkten zu liberalisieren. Zudem bedeutet die Einführung des „functionally separate entity approach" in das AStG, dass diese Grundsätze der für steuerliche Zwecke uneingeschränkten Selbstständigkeit der Betriebstätte auch in Nicht-Abkommensfällen gelten sollen. Da es für die Anwendung des § 1 Abs. 1 AStG unerheblich ist, ob der Steuerpflichtige in Deutschland der unbeschränkten oder beschränkten Steuerpflicht unterliegt, sind in Nicht-DBA-Fällen sowohl Inbound-Fälle als auch Outbound-Fälle von der Selbstständigkeitsfiktion der Betriebstätte erfasst. Nunmehr ist durch die Neufassung des § 1 Abs. 4 und 5 AStG die Geltung des „functionally separate entity approach" für Sachverhalte ohne Bestehen eines DBA umfassend normiert. In DBA-Fällen wird diese Entwicklung durch den Abschluss neuer DBA oder deren Änderung in der Zukunft nachvollzogen, soweit dies in einzelnen Fällen nicht bereits erfolgt ist.

2. Zuordnung von Wirtschaftsgütern zu fiktiv selbstständigen Betriebstätten

Ausgehend von der aus dem AOA der OECD entwickelten und in Art. 7 Abs. 2 OECD-MA 2010 sowie der entsprechenden Kommentierung niedergelegten Selbstständigkeitsfiktion der Betriebstätte gilt es, deren Auswirkungen auf die funktionale Zuordnung von Wirtschaftsgütern zu Betriebstätten unter den Betriebstättenvorbehalten zu betrachten.

a) Übertragung der Selbstständigkeitsfiktion der Betriebstätte aus Art. 7 OECD-MA 2010 auf die Zuordnungsvorschriften der Betriebstättenvorbehalte in DBA

Das den Betriebstättenvorbehalten der speziellen Einkünfteartikel gemeinsame Tatbestandsmerkmal des tatsächlichen Gehörens des betreffenden Wirtschaftsguts zur Betriebstätte des Einheitsunternehmens erfordert es, zu untersuchen, welche Voraussetzungen in einer Betriebstätte vorliegen müssen, damit eine Zuordnung des Wirtschaftsguts zur Betriebstätte und in der Folge die Anwendung des Art. 7 OECD-MA auf die aus diesem Vermögensgegenstand generierten Einkünfte erfolgen kann. Art. 7 Abs. 2 OECD-MA und die Betriebstättenvorbehalte der Art. 10 bis 12 und 21 OECD-MA bedürfen einer einheitlichen Auslegung, sodass insoweit die Änderungen im Zusammenhang mit Art. 7 OECD-MA für die Betriebstättenvorbehalte maßgeblich sind. Dies gilt aufgrund der Systematik und des Verhältnisses des Art. 7 OECD-MA zu den Spezialeinkünfteartikeln 10 bis 12 sowie 21 OECD-MA. Letztere genießen Vorrang vor Art. 7 OECD-MA und weisen dem Ansässigkeitsstaat das

Besteuerungsrecht zu, während Art. 7 OECD-MA grundsätzlich auf die erzielten Unternehmensgewinne – sowohl die im Stammhaus als auch die in den Betriebstätten – Anwendung findet. Sodann fällt über die Betriebstättenvorbehalte der Spezialeinkünfteartikel die Befugnis zur Besteuerung jedoch wieder an den Quellenstaat zurück, wenn das Wirtschaftsgut der Betriebstätte zuzuordnen ist. Hier kann auf das bereits oben dargelegte einheitliche Verständnis der vorgenannten Normen unter Hinweis auf die Entscheidung des BFH vom 8.9.2010[1078] rekurriert werden. Es besteht insoweit ein Gleichlauf der Zuordnung von Wirtschaftsgütern unter Art. 7 OECD-MA und den Betriebstättenvorbehalten der Art. 10 bis 12 sowie 21 OECD-MA. Dies entspricht auch der Kommentierung der OECD zum Musterabkommen.[1079] Insoweit war im Rahmen der Umsetzung des Ansatzes der uneingeschränkten Selbstständigkeit der Betriebstätte eine Modifikation des Wortlauts und der Kommentierung der Vorschriften des OECD-MA, welche den Betriebstättenvorbehalt normieren, auch nicht erforderlich. Wenn die Betriebstättenvorbehalte in ihrem Wortlaut das tatsächliche Gehören eines Wirtschaftsgutes zur tatbestandlichen Voraussetzung für eine Zuordnung dieses Vermögensgegenstandes zur Betriebstätte machen, so kann nach einem einheitlichen Verständnis der abkommensrechtlichen Vorschriften all dasjenige einer Betriebstätte tatsächlich gehören, was ihr (für steuerliche Zwecke) zugeordnet werden kann. Der Umfang des Zuordenbaren richtet sich im Falle einer rechtlich unselbstständigen Betriebstätte sodann danach, wie weit ihre Selbstständigkeit in steuerlicher Hinsicht reicht. Diese Reichweite hat der AOA mit der Fiktion der uneingeschränkt selbstständigen Betriebstätte in Art. 7 OECD-MA maßgeblich erweitert und somit zugleich Einfluss auf die tatbestandliche Reichweite der Betriebstättenvorbehalte der speziellen Einkünfteartikel des OECD-MA genommen.

Dieser Einfluss der modifizierten Selbstständigkeitsfiktion der Betriebstätte auf den Tatbestand der Betriebstättenvorbehalte erfordert eine Anpassung der diesen Tatbestand konkretisierenden Kriterien. Im Gleichklang mit der steuerlichen Liberalisierung der Zuordnungsrestriktionen von Wirtschaftsgütern zu Betriebstätten unter Betriebstättenvorbehalten müssen auch die sie ausfüllenden Zuordnungskriterien liberalisiert werden. Da nach dem „functionally separate entity approach“ die von den Mitarbeitern in der Betriebstätte erbrachten Funktionen für die Bestimmung der Zuordnung von Wirtschaftsgütern und Risiken

1078 *BFH* v. 8.9.2010 – I R 74/09, BFHE 231, 84.

1079 *OECD,* MK 2010, MA Art. 10, Rz. 32 f., Art. 11, Rz. 25 f., Art. 12, Rz. 21 f., Art. 21, Rz. 5 f.

zu Betriebstätten von großer Relevanz ist, soll im Folgenden die Deduktion des Ansatzes einer Zuordnung von Wirtschaftsgütern zu Betriebstätten anhand funktionaler Kriterien erfolgen, welche mit der uneingeschränkten Selbstständigkeitsfiktion des AOA konform gehen.

b) Kriterien der Zuordnung von Wirtschaftsgütern zu Betriebstätten

Das Erfordernis der einheitlichen Anwendbarkeit des neuen OECD-Ansatzes auf die Zuordnung von Wirtschaftsgütern zur Betriebstätte zwingt zu einer Anpassung der bisher von Rechtsprechung und Finanzverwaltung entwickelten Kriterien. Die Grundsätze zukünftiger Zuordnungen von Wirtschaftsgütern zu Betriebstätten im grenzüberschreitenden Einheitsunternehmen müssen einem funktionalen Zusammenhang folgen, der an der ökonomischen Realität ausgerichtet ist und damit der unternehmerischen Zuordnungs- und Gestaltungsentscheidung folgt.

aa) Ökonomisch funktionaler Zusammenhang

Die uneingeschränkte Selbstständigkeitsfiktion des AOA in der Ausprägung des „functionally separate entitiy approach" fordert die Ermittlung der zur Betriebstätte gehörigen Wirtschaftsgüter anhand der Überlegung, welcher Teil des Einheitsunternehmens das wirtschaftliche Eigentum an dem fraglichen Vermögensgegenstand inne hat. Hierfür sind nach dem Verständnis der OECD die in der Betriebstätte wahrgenommenen Funktionen und die Ausübung derselben durch das Personal maßgeblich, sodass eine Verknüpfung von wirtschaftlicher Zugehörigkeit eines Vermögensgegenstandes auf Basis der in der Betriebstätte ausgeübten Funktion erfolgt; insoweit ist ein ökonomisch funktionaler Zusammenhang das maßgebliche Kriterium.

Dieses neue Kriterium, welches die Zuordnung von Wirtschaftsgütern zu Betriebstätten anhand eines ökonomisch funktionalen Zusammenhanges zwischen Betriebstätte und Wirtschaftsgut durchführt, gilt es im Folgenden hinsichtlich seiner Reichweite zu eruieren und zugleich zu den bisher geltenden Kriterien aus Rechtsprechung und Verwaltung abzugrenzen.

Terminologisch ist insbesondere im Vergleich zum Zuordnungskriterium der Rechtsprechung, dem funktionalen Zusammenhang, zunächst kein großer Unterschied auszumachen. In der Sache handelt es sich bei dem hier befürworteten ökonomisch funktionalen Zusammenhang aber um eine weit liberalere Zuordnungsidee als dies nach Verständnis des BFH der Fall ist. Die terminologische Erweiterung um den Begriff „ökonomisch" steht für die Einbeziehung des wirtschaftlich Tatsächlichen und der in der Betriebstätte durch das Personal ausgeübten Aufgaben. Hierbei wirkt sich hinsichtlich der Zuweisung dieser Aufgaben und damit letztlich bei der Zuordnung der Wirtschaftsgüter zu Betriebstätten die unternehmerische Entscheidung wieder stärker aus, als dies im Zuge der Entwicklung der Rechtsprechung des BFH der Fall ist. In Abgrenzung zum lediglich funktionalen Zusammenhang der BFH-Rechtsprechung steht die ökonomische Komponente für die erweiterte Zuordnungsmöglichkeit von Vermögensgegenständen zu Betriebstätten, letztlich die Angleichung der Betriebstätte an eine rechtlich selbstständige Unternehmenseinheit. Andernfalls wäre der vom AOA geforderten uneingeschränkten Selbstständigkeit der Betriebstätte nicht Genüge getan.

Hieraus folgt, dass einige elementare Subkriterien des BFH zur exakten Ausgestaltung des funktionalen Zusammenhanges nach den Änderungen auf Abkommensebene und geplanter Modifikation im nationalen Recht sowie der zuvor hieran dargebrachten Kritik, nicht länger anwendbar sind. Die ökonomisch funktionale Betrachtung erfordert die vollkommene Emanzipation des Begriffs „funktionaler Zusammenhang" von seinem außensteuergesetzlichen Ursprung, dem § 8 AStG. Insbesondere muss sich das Kriterium von der Missbrauchsvermeidungs- und Umgehungsverhinderungsintention dieser Vorschrift lösen und die ökonomischen Entscheidungen der Funktionsverteilung im Einheitsunternehmen widerspiegeln.

Während die Kriterien der Rechtsprechung sich einer Modifikation werden unterziehen müssen, ist das elementare Zuordnungskriterium der Finanzverwaltung, die Zentralfunktion des Stammhauses, mit dem AOA und dessen Integration in § 1 AStG absolut unvereinbar.[1080] Die Richtigkeit der oben ausgeführten Kritik an der Zentralfunktion des Stammhauses manifestiert sich – auch für die Finanzverwaltung unverkennbar – in der konsequenten Anpassung des nationalen Rechts an den AOA der OECD. Die hiervon ausgehende Liberalisierung der Zuordnung von Wirtschaftsgütern zu Betriebstätten in grenzüberschreitenden Einheitsunternehmen verdeutlicht die abzulehnende protektionistische Intention der Auffassung der Finanzverwaltung umso mehr.

Diese hier vorangestellten Überlegungen zur Auswirkung der uneingeschränkten Selbstständigkeit der Betriebstätte haben ganz konkrete Auswirkungen auf die beiden bereits zuvor intensiv untersuchten Aspekte der Multifunktionalität sowie der Zuordnung von Beteiligungen und Übernahme von Holdingtätigkeiten durch eine Betriebstätte.

1080 Ebenso *Schnitger*, IStR 2012, 633, 639; *Wassermeyer*, IStR 2012, 277, 280.

(1) Multifunktionalität von Betriebstätten

Im Gleichklang mit der Selbstständigkeit der Betriebstätte muss auch der Umfang der potentiell von ihr zu übernehmenden Funktionen wachsen und im Ergebnis mit dem einer Tochterkapitalgesellschaft des Stammhauses kongruent sein. Dies erfordert zunächst das konsequente Ablegen des gedanklichen Korsetts, einer Betriebstätte sei stets nur eine Funktion zuzuordnen oder bestimmte Funktionen seien ihr nie zuzuordnen. Die Forderung des BFH, dass anhand des Kriteriums des funktionalen Zusammenhanges ein Wirtschaftsgut, das einer Nebentätigkeit der Betriebstätte dient, der Betriebstätte nur dann zugerechnet werden kann, wenn sich die Erträge aus diesem Wirtschaftsgut bei funktionaler Betrachtung als Nebenerträge der aktiven Betriebstättentätigkeit begreifen lassen, auf welcher das Schwergewicht liegt[1081], ist als mit Abkommensrecht sowie geändertem nationalen Recht unvereinbar zurückzuweisen.

(a) Untaugliche funktionale Betrachtungsweise nach dem AStG

Im AStG erfordert die funktionale Betrachtung die Analyse von verflochtenen Betriebsfunktionen nach der Verkehrsauffassung unter Bildung eines Schwerpunktes und Einbeziehung betriebswirtschaftlicher Überlegungen, mithin die Feststellung der einzelnen Tätigkeitsschwerpunkte sowie der wirtschaftlichen Zusammenhänge.[1082] Der BFH hat hieraus in ständiger Rechtsprechung die Anforderung für die funktionale Zuordnung von Wirtschaftsgütern zu Betriebstätten dergestalt entwickelt, dass die Tätigkeit der Betriebstätte maßgebend sei, auf der nach allgemeiner Verkehrsauffassung das wirtschaftliche Schwergewicht liegt.[1083] Dies ist mit der ökonomisch funktionalen Betrachtung unvereinbar. Die Festlegung einer als uneingeschränkt selbstständig zu behandelnden Betriebstätte auf eine Tätigkeit anhand der Ermittlung eines Schwergewichts der Aufgabenausübung in der Betriebstätte kann nicht aufrechterhalten werden. Denn einem zivilrechtlich selbstständigen Unternehmen – beispielsweise in Gestalt

---

1081 Siehe hierzu *BFH* v. 30.8.1995 - I R 112/94, BStBl. II 1996, 563, Rz. 17 mit Verweis auf das zu § 8 AStG ergangene Grundsatzurteil *BFH* v. 16.5.1990 - I R 16/88, BStBl. II 1990; v. 29.11.2000 - I R 84/99, HFR 2001, 1053, Rz. 32; v. 7.8.2002 - I R 10/01, BStBl. II 2002, 848.

1082 *Rödel*, in: Kraft, AStG § 8, Rz. 33 f.; *Vogt*, in: Blümich, EStG/KStG/GewStG, AStG § 8, Rz. 15 f.

1083 *BFH* v. 30.8.1995 - I R 112/94, BStBl. II 1996, 563, Rz. 17 mit Verweis auf das zu § 8 AStG ergangene Grundsatzurteil des *BFH* v. 16.5.1990 - I R 16/88, BStBl. II 1990; v. 29.11.2000 - I R 84/99, HFR 2001, 1053, Rz. 32; v. 7.8.2002 - I R 10/01, BStBl. II 2002, 848.

einer Kapitalgesellschaft – sind auch nicht nur die Wirtschaftsgüter zuzuordnen, die zur Durchführung der wirtschaftlichen Aufgabe benötigt werden, welcher sich dieses Unternehmen schwerpunktmäßig widmet. Das Verlangen der Festlegung der Betriebstätte auf einen wirtschaftlichen Schwerpunkt bedeutet die Einschränkung der Fiktion der Selbstständigkeit einer Betriebstätte für steuerliche Zwecke in unzulässiger Weise. Soll die Betriebstätte gleich einem auch zivilrechtlich unabhängigen Unternehmen behandelt werden, so ist sie keineswegs auf die Ausübung einer Funktion beschränkt, vielmehr ist ihr die Möglichkeit der Multifunktionalität gegeben.

(b) Objektive Ermittlung aller Betriebstättenfunktionen

Die für den § 8 Abs. 1 AStG erforderliche getrennte Feststellung der unterschiedlichen einzelnen Tätigkeiten zur Ermöglichung einer Subsumtion unter die aktiven Katalogtätigkeiten des § 8 Abs. 1 Nr. 1 bis 10 AStG ist als zugrunde liegendes Gedankenmodell nunmehr obsolet. Die uneingeschränkte Selbstständigkeit der Betriebstätte erfordert nicht länger die unter der Missbrauchsvermeidung notwendige Sondierung der einzelnen Tätigkeiten daraufhin, ob hierunter untergeordnete Tätigkeiten ausgeübt werden, die sodann herrschenden Tätigkeiten zuzuordnen sind oder ob eine Aufspaltung nach aktiven und passiven Tätigkeiten zu erfolgen hat. Entscheidend ist, mit welchen signifikanten Personalfunktionen in der Betriebstätte welche Aufgaben ausgeführt werden.

Bei dieser Methode der Sachverhaltsanalyse steht die Frage nach der objektiv ausgeübten Tätigkeit im Zentrum. Wird eine Tätigkeit vom Betriebstättenpersonal ausgeführt, so ist es irrelevant, ob diese Tätigkeit einer anderen unterzuordnen ist, weil es nach dem AOA darauf ankommt, ob die Tätigkeit nicht lediglich nur in unterstützender personeller Funktion in der Betriebstätte ausgeführt wird. Diese Entscheidung soll anhand der Kontrollüberlegung erfolgen, ob das wirtschaftliche Eigentum an den zuzuordnenden Wirtschaftsgütern an dieselben signifikanten Personalfunktionen gebunden ist, wie die von der Betriebstätte übernommenen Risiken. Ist hier ein Gleichlauf festzustellen, so sprechen diese Umstände für eine Zuordnung der Wirtschaftsgüter zur Betriebstätte.[1084]

Lediglich unterstützend ist eine personelle Funktion aber gerade dann, wenn die tatsächlich entscheidende Tätigkeit hinsichtlich dieses Wirtschaftsguts von Personal in einem anderen Teil des Einheitsunternehmens ausgeübt wird. In diesem Falle erfolgt auch die Tragung des wirtschaftlichen Risikos nicht in dieser

1084 Siehe hierzu *OECD*, 2010 Report on the Attribution of Profits to Permanent Establishments, S. 28.

Betriebstätte, sondern andernorts. Sodann kann die Zuordnung des betreffenden Wirtschaftsguts zur Betriebstätte mit Recht verweigert werden, weil sie sich zwingend positiv an anderer Stelle feststellen lässt.

Ins Zentrum der Frage der Zuordnung rückt mit der ökonomisch funktionalen Betrachtung der Anteil, den die Betriebstätte an der Wertschöpfung aus einem Wirtschaftsgut hat, indem sie zur Generierung der Wertschöpfung Personal einsetzt, welches in seinem Verantwortungsbereich signifikante Entscheidungen hinsichtlich des Wirtschaftsguts und somit hinsichtlich des wirtschaftlichen Ergebnisses zu treffen berechtigt ist.

Weder erforderlich noch mit dem AOA vereinbar ist es demnach, eine von Missbrauchsvermeidung bestimmte Differenzierung zwischen aktiven und passiven Tätigkeiten nach Vorbild des § 8 AStG durchzuführen. Dieser außensteuerrechtliche Ursprung kann nicht länger als Maßstab einer funktionalen Zurechnung von Wirtschaftsgütern zu Betriebstätten auf Basis des AOA begriffen werden. Vielmehr kann eine Betriebstätte aktive und passive Tätigkeiten – in der Diktion des § 8 AStG – nebeneinander ausüben[1085], ohne dass hierdurch eine Aussage über die Zuordnung von Wirtschaftsgütern im Einheitsunternehmen getroffen wäre.

Schließlich ist noch darauf hinzuweisen, dass der neugefasste Abkommenstext des Art. 7 Abs. 2 OECD-MA 2010 ebenso wie der Bericht der OECD zur Aufteilung von Gewinnen auf Betriebstätten[1086] den Terminus der Funktionen, mithin den Plural, gebraucht. Insoweit lässt sich auch am Wortlaut des neuen Abkommenstextes die Multifunktionalität einer Betriebstätte erkennen.

(c) Beispielsfall

Zur Verdeutlichung der vorangegangenen Ausführungen soll folgender Betriebstättenfall dienen, der eine multifunktionale Betriebstätte anhand der vom Personal des Einheitsunternehmens übernommenen Tätigkeiten und wirtschaftlichen Risiken analysiert.

Sachverhalt:

Ein grenzüberschreitend ansässiges Einheitsunternehmen produziert Waren. Das Personal der Betriebstätte ist mit dem Einkauf und der Lagerhaltung der

---

1085 Hierzu zum außensteuerrechtlichen Kontext bereits *Geurts*, in: Mössner/Fuhrmann, AStG § 8, Rz. 45.

1086 Siehe beispielsweise *OECD*, 2010 Report on the Attribution of Profits to Permanent Establishments, S. 25, dort bereits in der Überschrift (i) „Functions: What are the activities of the PE?".

benötigten Rohstoffe sowie einem (ersten) Produktionsschritt der Vorbearbeitung befasst. Die Weiterverarbeitung bis hin zum Endprodukt und dessen Vertrieb erfolgt durch das Stammhaus. Ein Großteil der Wertschöpfung sowie insbesondere die Vereinnahmung des Veräußerungserlöses wird durch Personal des Stammhauses vorgenommen. Hinsichtlich der Tätigkeiten der Betriebstätte sollen folgende konkretisierenden Annahmen getroffen werden:

(i) In der Betriebstätte ist Personal vorhanden, welches selbstständig und in Eigenverantwortung den Wareneinkauf organisiert und die Entscheidungsbefugnisse eines Einkäufers hat.
(ii) Mitarbeiter der Betriebstätte organisieren und verantworten die ordnungsgemäße und termingerechte Lagerhaltung der eingekauften Rohstoffe.
(iii) Der Vorverarbeitungsproduktionsschritt wird vom Personal der Betriebstätte durchgeführt, unterliegt jedoch der Steuerung des im Stammhaus ansässigen Produktionsmanagements, weil die dort tätigen Mitarbeiter das notwendige Know-how haben und die Organisation der Gesamtproduktion vornehmen.

Analyse und Einordnung:
Das Personal der Betriebstätte lenkt in verantwortlicher Weise Einkauf und Lagerhaltung durch seine Entscheidungen und trägt die korrespondierenden Risiken. Hinsichtlich des Einkaufs bedeutet dies, dass die Betriebstättenmitarbeiter das Preisrisiko und dessen Absicherung ebenso verantworten wie das Risiko des Lieferungsausfalls. Im Bereich der Lagerlogistik trifft das Betriebstättenpersonal neben anderen Risiken insbesondere das Inventurrisiko.

Wirtschaftsgüter des Einheitsunternehmens sind der Betriebstätte insoweit zuzuordnen als sie den Personalfunktionen des Einkaufs sowie der Lagerhaltung zugehörig sind. Beide Funktionen werden von Betriebstättenpersonal in maßgeblichem Umfang und nicht nur in lediglich unterstützender Weise für Funktionen im Stammhaus durchgeführt. Ferner können nach der hier vertretenen Auffassung auch Einkauf und Lagerhaltung als zwei signifikante Funktionen nebeneinander in der Betriebstätte von deren Personal ausgeübt werden, weil eine Prüfung der möglichen Unterordnung einer Tätigkeit unter die andere, wie es § 8 Abs. 1 AStG verlangt, nicht durchzuführen ist.

Wirtschaftsgüter des Einheitsunternehmens, welche dem Produktionsschritt der Vorbearbeitung dienen, können hingegen der Betriebstätte nicht zugerechnet werden. Die Tätigkeit des Betriebstättenpersonals ist diesbezüglich als lediglich unterstützende personelle Funktion zu qualifizieren. Die tatsächlich für die Vorbearbeitung entscheidenden Funktionen werden vom Personal des Stammhauses ausgeübt und die entsprechenden Risiken vom Stammhaus getragen.

(2) Beteiligungszuordnung und Holding-Betriebstätten

Hinsichtlich der Zuordnung von Beteiligungen zu und der Übernahme von Holdingfunktionen durch Betriebstätten gilt das bei der Multifunktionalität Gesagte. Entscheidend ist nach dem AOA die fiktive uneingeschränkte Selbstständigkeit der Betriebstätte. Dies verleiht ihr zunächst das Recht, im Wege der Zuordnung von Beteiligungen, so gestellt zu werden wie ein vom Stammhaus rechtlich unabhängiges und selbstständiges Unternehmen. Diese Zuordnung muss aber auch bei Beteiligungen der ökonomischen Realität der Funktionsverteilung im Einheitsunternehmen folgen. Das bedeutet, dass die maßgebliche Personalfunktion in der Betriebstätte ausgeübt werden muss, damit eine Zurechnung der Beteiligung zu dieser gelingt.

Daraus leitet sich die Frage ab, welche entscheidenden Personalfunktionen dies im Zusammenhang mit Beteiligungen sind. Nimmt man die hier relevanten Kapitalgesellschaftsbeteiligungen diesbezüglich in Augenschein, so ist, wie *Kaeser*[1087] richtigerweise darstellt, für die Untersuchung der Personalfunktionen zwischen der Gesellschafterebene und der Gesellschaftsebene zu unterscheiden. Einzig maßgeblich sind Funktionen auf Ebene des Gesellschafters, denn die Gesellschaft selbst, genauer die Beteiligung, soll zugeordnet werden. Es geht um die Frage, welche Anteilseignerfunktionen in der Betriebstätte ausgeübt werden müssen, damit eine Zuordnung einer Beteiligung zu einer Betriebstätte respektive die Zuordnung vieler Beteiligungen zu einer Betriebstätte mit Holdingfunktion auf Basis des AOA und des hier zugrunde gelegten Kriteriums des ökonomisch funktionalen Zusammenhanges erfolgen kann.

Als maßgebliche und somit signifikante Personalfunktionen betreffend Beteiligungen kommen grundsätzlich die Ausübung der Gesellschafterrechte sowie die Entscheidung hinsichtlich des Erwerbs oder der Veräußerung von Beteiligungen in Betracht.

(a) Beteiligungen zum Zwecke des Handels

Bei Beteiligungen, die zum Zwecke des Handels erworben wurden – in den meisten Fällen wohl Streubesitzbeteiligungen –, steht die Entscheidungsbefugnis über Kauf und Verkauf im Zentrum der wirtschaftlichen Funktionsausübung. Derartige Beteiligungen sind dem Unternehmensteil zuzuordnen, der letztendlich über die Transaktion der Anteile entscheidet.[1088] Soll eine zum

---

1087 *Kaeser*, ISR 2012, 63, 67.

1088 Diesen Ansatz legt die OECD bei Bankbetriebstätten zugrunde, siehe hierzu *OECD*, 2010 Report on the Attribution of Profits to Permanent Establishments, S. 79 f.

Handel bestimmte Beteiligung demnach der Betriebstätte zuzuordnen sein, wird es entscheidend darauf ankommen, ob dem Stammhaus Mitspracherechte hinsichtlich der Transaktionsentscheidungen eingeräumt sind, es letztlich mittels eines Vetorechts die vom Personal der Betriebstätte getroffene wirtschaftliche Entscheidung tatsächlich prüft und zu verhindern in der Lage ist. Auch wenn sich in diesem Bereich die Grenzziehung schwierig gestaltet[1089], ist sie sehr wohl notwendig, um zu ermitteln, welcher Person diese ökonomische Entscheidungsgewalt zusteht. Ist die Person ermittelt, so ist der ökonomisch funktionale Zusammenhang zwischen Beteiligung und Unternehmensteil hergestellt. *Kaeser* führt seine Zuordnungsgedanken fort und will bei höheren prozentualen (strategischen) Beteiligungen nicht allein auf die Erwerbs- und Veräußerungsbefugnis abstellen.[1090] Dieser Ansicht ist nur bedingt zu folgen, denn es kommt letztendlich nicht auf die prozentuale Höhe der zuzuordnenden Beteiligung an, sondern auf die Frage, welcher wirtschaftlichen Funktion im Einheitsunternehmen diese Beteiligung zugehörig ist und wo sich das Personal befindet, welches die hierfür signifikanten Entscheidungen trifft. Zugegebenermaßen wird es sich in der Vielzahl der Fälle bei prozentual hohen oder 100 %igen Beteiligungen selten um Anteile handeln, die ausschließlich der Weiterveräußerung dienen. Andererseits ist dies nicht per se auszuschließen, wenn man an Finanzinvestoren denkt, die sanierungsfähige Unternehmen über ein Akquisitionsvehikel erwerben und sodann das gesamte Unternehmen, also alle Anteile, innerhalb kurzer Zeitspannen weiterveräußern. Im Zentrum der Betrachtung und Analyse muss demnach der ökonomisch funktionale Zusammenhang zwischen der Funktion und dem Wirtschaftsgut stehen.

(b) Strategische Beteiligungen

Betrachtet man demgemäß strategische Beteiligungen, die einem Einheitsunternehmen untergeordnet sind und bei denen die Aktivitäten der Unternehmen, an welchen die Beteiligung besteht, für das operative Geschäft des Einheitsunternehmens inhaltlich von Bedeutung sind, stellt sich die Frage der Zuordnung von Beteiligungen zu einer Holding-Betriebstätte. Die von *Kaeser* hierzu angestellte Differenzierung zwischen strategischen Beteiligungen und Holding-Betriebstätten, wobei er letztere als mit dem AOA für unvereinbar hält[1091], ist zurückzuweisen. Richtigerweise ist der Auffassung von *Kessler/Huck* zu folgen, welche die

1089 So auch *Kaeser*, ISR 2012, 63, 67.
1090 Siehe *Kaeser*, ISR 2012, 63, 67.
1091 So *Kaeser*, ISR 2012, 63, 67 ff.

Zuordnung von Konzerngesellschaftsbeteiligungen zur Betriebstätte an deren Verwaltung, also der Wahrnehmung der wesentlichen unternehmerischen Entscheidungen durch das Betriebstättenpersonal festmachen.[1092] Demnach kommen die Ausübung der Gesellschafterrechte einerseits sowie die Übernahme von strategischen und geschäftsleitenden Befugnissen andererseits als signifikante Personalfunktionen in Betracht, welche den ökonomisch funktionalen Zusammenhang zwischen Betriebstätte und Beteiligungen herstellen können.

Auf Basis einer vom Steuerpflichtigen zu erstellenden Dokumentation wird zu entscheiden sein, welcher Person die maßgeblich beeinflussende Entscheidungsgewalt zukommt. Dies kann trotz vom Stammhaus abstrakt vorgegebener Maßgaben der Unternehmensleitung immer noch in der Betriebstätte geschehen, wenn die Ausübung der Gesellschafterrechte, in Gestalt der Stimm- und Weisungsrechte, wirksam an das Personal der Betriebstätte überlassen wurde.

(aa) Ausübung der Gesellschafterrechte

Hinsichtlich der Gesellschafterrechte kommt es daher auf die Ausübung derselben an, namentlich auf die Wahrnehmung der Stimm- und Weisungsrechte. Ausgehend vom ökonomisch funktionalen Zusammenhang zwischen Beteiligung und fiktiv selbstständiger Betriebstätte zielt die entscheidende Frage – wiederholt – darauf ab, ob die zur Rechteausübung ermächtigte Person in der Betriebstätte angesiedelt ist. Richtigerweise kommt es nicht auf die Person an, die im Rahmen der Haupt- oder Gesellschafterversammlung auftritt und das Stimmrecht persönlich ausübt oder die Weisung erteilt, sondern auf diejenige, welche den Inhalt dieser Rechte bestimmt.[1093] Demnach darf die Zuordnung der Beteiligung zu einer Betriebstätte nur erfolgen, wenn die Person, welche inhaltlich das Stimmverhalten auf der Versammlung der Anteilseigner bestimmt oder den Weisungsinhalt vorgibt, in der Betriebstätte angesiedelt ist. Dies wirft die Frage auf: Wie wird die Übertragung der Ausübung der Stimm- und Weisungsrechte auf die Person in der Betriebstätte vollzogen?

Zur Verdeutlichung der Ausgestaltung der Überlassung der Ausübung der Gesellschafterrechte vom Stammhaus an das Personal der Betriebstätte soll folgender Beispielsfall dienen:

> Ein internationales Einheitsunternehmen besteht aus einem deutschen Stammhaus in der Rechtsform der AG und einer Betriebstätte in Luxemburg. Das Einheitsunternehmen hält jeweils 100 %ige (strategische) Beteiligungen an Kapitalgesellschaften in

1092 *Kessler/Huck*, IStR 2006, 433, 439.

1093 So auch *Kaeser*, ISR 2012, 63, 68; ebenso *Kessler/Huck*, IStR 2006, 433, 439.

Luxemburg, Belgien und den Niederlanden (Benelux-Beteiligungen), die ihrer Rechtsform nach der deutschen GmbH entsprechen. In der Betriebstätte ist ein Manager tätig, welchem nach Planung des Stammhauses die Ausübung der Stimm- und Weisungsrechte in den Benelux-Beteiligungen überantwortet werden soll, um eine funktionale Zuordnung der Beteiligungen zur Betriebstätte zu erreichen.

Die Frage der Ausgestaltung der Überlassung der Gesellschafterrechte führt zu der Feststellung, dass der Manager in der tatsächlich rechtlich unselbstständigen Betriebstätte weder Geschäftsführer noch Vorstand sein kann. Er kann demnach nicht Organ der Betriebstätte sein, dem die AG als Muttergesellschaft per Beschluss und Weisung die Ausübung der Weisungs- und Stimmrechte in den Benelux-Beteiligungsgesellschaften überträgt. Hieraus leitet sich die Folgefrage danach ab, ob der Manager demnach rein faktisch die Gesellschafterrechte in den Benelux-Beteiligungen ausübt und dies für eine Übertragung ausreicht oder die Übertragung auf einer rechtlichen Grundlage erfolgen kann.

(bb) Faktische Überlassung der Ausübung der Gesellschafterrechte

Der Manager könnte rein faktisch für die AG die Wahrnehmung der Gesellschafterrechte in den Benelux-Beteiligungsgesellschaften ausüben. Hinweise, dass er hierzu die nötigen Berechtigungen besitzt, ließen sich dann (allenfalls) in seinem Anstellungsvertrag finden. Dieser Ansatz in Gestalt eines (wenn auch) tatsächlich gelebten Verhaltens wirft in der Praxis die Problematik einer lückenlosen und damit die Finanzverwaltung überzeugenden Dokumentation auf. Der Nachweis der Überlassung der Ausübung der Gesellschafterrechte an den Manager würde neben dessen Anstellungsvertrag wenig substantielle Dokumente umfassen.

Zudem wäre die Konkretisierung der Faktizität durch die Aufnahme von Klauseln in den Anstellungsvertrag des Managers, welche diesem die nötige Freiheit bei der Ausübung der Gesellschafterrechte in den Beteiligungsgesellschaften verschaffen, in der Praxis wohl nur schwer gangbar und durchzuhalten sein. Denn jede Änderung der Beteiligungsstruktur oder einer (bereits marginalen) Verschiebung der Zuständigkeiten des Managers wäre die Ausübung der Gesellschafterrechte von der vertraglichen Regelung nicht mehr gedeckt. Dem wäre, in wenig praktikabler Weise, nur durch dementsprechende Änderungsverträge des Anstellungsvertrages entgegen zu wirken. Würde dies versäumt, dann fiele der Anstellungsvertrag als Argumentationsgrundlage aus, sodass wieder auf die Faktizität zurückgegriffen werden müsste.

Dieser Problematik, sich auf den Anstellungsvertrag und reine Faktizität berufen zu müssen, kann im Wege einer vertretungsrechtlichen Lösung begegnet werden.

(cc) Rechtsgeschäftliche Überlassung der Ausübung der Gesellschafterrechte

Dem Vorstand der (deutschen) AG obliegt nach § 76 Abs. 1 AktG die Leitung der Gesellschaft. Hierunter fallen die Festlegung der Unternehmenspolitik, aber auch die Maßnahmen der organisatorischen Durchsetzung, wie die Besetzung der Führungspositionen und die Vorgabe der Ziele für die einzelnen Unternehmensbereiche.[1094] Daher ist es dem Vorstand möglich und für die vorliegende Fallkonstellation geboten, dass der Vorstand Regelungen der Geschäftsverteilung und Unternehmensorganisation für den gesamten Konzern in einem Managementmanual festlegt. In diesem Manual wird dann ausdrücklich in schriftlicher Form bestimmt und in einem Organisationsschema grafisch verdeutlicht, dass dem Manager in der Luxemburger Betriebstätte die Leitung der Benelux-Beteiligungen übertragen wird. Hierzu wird ihm die Wahrnehmung der Gesellschafterstellung des Stammhauses und damit die Ausübung der Stimm- und Weisungsrechte übertragen. Der Organisationsakt des Vorstandes der AG überträgt dem Manager die Möglichkeit der rechtlich wirksamen Ausübung der Gesellschafterrechte hinsichtlich der Benelux-Beteiligungen dann, wenn die Voraussetzungen der Stellvertretung im Sinne des § 164 Abs. 1 Satz 1 BGB vorliegen.

Unproblematisch liegt eine eigene Willenserklärung des Managers vor, wenn er Weisungen an die Geschäftsführung der Benelux-Beteiligungsgesellschaften erteilt oder in den Gesellschaften das Stimmrecht im Rahmen von Gesellschafterversammlungen ausübt.

Es handelt es sich hierbei um eine eigene Willenserklärung, die in fremdem Namen abgegeben wird, namentlich dem der AG, der Gesellschafterin. Der Manager kann zusätzlich gehalten sein, bei sämtlichen Weisungen und Stimmrechtsabgaben, insbesondere dann, wenn Schriftstücke von ihm zu fertigen sind, mit dem Hinweis zu unterzeichnen, dass er als Stellvertreter der AG gehandelt hat, um die Offenkundigkeit des Handels für einen anderen noch zu bestärken.

Die dritte Voraussetzung der wirksamen Stellvertretung in § 164 Abs. 1 Satz 1 BGB erfordert das Vorliegen einer Vertretungsmacht des Stellvertreters, hier des Managers. Hier kommt die Vollmacht nach § 166 Abs. 2 BGB als rechtsgeschäftliche Einräumung der Vertretungsmacht in Betracht. Die wirksame Vollmachterteilung richtet sich nach den Vorgaben des § 167 Abs. 1 BGB. Die Vollmacht wird durch eine einseitige empfangsbedürftige Willenserklärung begründet, die keiner Annahme bedarf.[1095] Diese Willenserklärung des Vertretenen, hier der AG, ist

---

1094 Siehe hierzu statt vieler *Spindler*, in: Münchner Kommentar AktG § 76, Rz. 17.

1095 *Ellenberger*, in: Palandt, BGB § 167, Rz. 1; *Schramm*, in: Münchner Kommentar BGB § 167, Rz. 5.

in der Darlegung der Organisationsstruktur und Zuweisung der Ausübung der Gesellschafterrechte hinsichtlich der Benelux-Beteiligungen zu dem Manager der luxemburger Betriebstätte zu sehen. Somit ist mit Zugang des Managementmanuals bei dem Manager die Willenserklärung zur Bevollmächtigung einseitig abgegeben und vom zu Bevollmächtigenden empfangen. Es liegt ein Fall der sogenannten Innenvollmacht gemäß § 167 Abs. 1 Alt. 1 BGB vor. Daneben liegt auch ein Fall der Außenvollmacht vor, wenn das Managementmanual, was sinnvoll erscheint, auch den Beteiligungsgesellschaften zur Verfügung gestellt wird. Dies kann für alle Mitarbeiter oder diejenigen mit Managementfunktion konzernweit über eine Intranetlösung erfolgen. In diesem Fall ist dem Geschäftsgegner die Bevollmächtigung des Managers der Luxemburger Betriebstätte angezeigt worden, nach § 167 Abs. 1, Alt. 2 BGB.

Die Erteilung der Vollmacht kann grundsätzlich formfrei erfolgen, gemäß § 167 Abs. 2 BGB. Hier ist sogar die Schriftform gewahrt, da die Erteilung der Vollmacht in der schriftlichen Niederlegung im Managementmanual erfolgte. Weitergehende Formerfordernisse sind nicht ersichtlich.

Der Umfang der Vollmacht wird vom Vollmachtgeber bestimmt und muss bei Zweifeln durch Auslegung unter Heranziehung der Regeln der §§ 133, 157 BGB am Empfängerhorizont ermittelt werden.[1096] Es wird sich in dem hier gebildeten Fall dem Umfang nach um eine sehr weitgehende Handlungsvollmacht handeln. Denkbar wäre auch, dass das Managementmanual eine insbesondere bei größeren Unternehmen verbreitete Generalvollmacht darstellt, die auch mit Einschränkungen erteilt werden kann. Denn die Bestellung eines Generalbevollmächtigten ermöglicht in der Regel die Schaffung einer weiteren Hierarchieebene unterhalb der Geschäftsführung (Vorstand) und oberhalb von Prokura und Handlungsvollmacht.[1097] Eine Generalvollmacht wird ihrem Umfang nach die Ausübung der Gesellschafterrechte in den Benelux-Beteiligungsgesellschaften zweifelsfrei erfassen, ist hierfür jedoch nicht zwingend erforderlich. Vielmehr wird in der Aufgabenzuweisung und Übertragung der Rechteausübung von der AG auf den Manager eine weitgehende Handlungsvollmacht zu sehen sein, welche die freie – nur durch die allgemeinen Zielvorgaben beschränkte – Ausübung der Stimm- und Weisungsrechte gegenüber den Benelux-Beteiligungsgesellschaften auf den Manager in der Luxemburger Betriebstätte überträgt.

1096 *Ellenberger*, in: Palandt, BGB § 167, Rz. 5; *Schramm*, in: Münchner Kommentar BGB § 167, Rz. 5 und 79.

1097 *Schramm*, in: Münchner Kommentar BGB § 167, Rz. 83.

Auf diesem Wege ist eine rechtlich fundierte Überlassung der Ausübung der Gesellschafterrechte in den Beteiligungsgesellschaften an das Betriebstättenpersonal möglich und auch gegenüber der Finanzverwaltung durch eine Dokumentation zu belegen.

(dd) Überlassung der Ausübung der Gesellschafterrechte kraft Rechtsscheinstatbestands

Sollten entgegen der dargestellten rechtlichen Überlassung der Ausübung der Gesellschafterrechte in den Benelux-Beteiligungen an den Manager Zweifel an der wirksamen Bevollmächtigung des Managers auftreten bzw. von der Finanzverwaltung aufgeworfen werden, kommt das Vorliegen einer Rechtsscheinsvollmacht in Gestalt der Duldungsvollmacht in Betracht. Dies gilt jedenfalls dann, wenn die tatsächliche Ausübung der Gesellschafterrechte gegenüber den Benelux-Beteiligungen durch den Manager der Betriebstätte in Luxemburg erfolgt ist. Hier wirkt sich dann neben der (weiterhin) bestehenden Dokumentation des Managementmanuals die Faktizität der Rechtsausübung des Managers aus.

Eine Duldungsvollmacht setzt voraus, dass (i) ein zum Handeln in fremdem Namen nicht Befugter in der Regel über einen längeren Zeitraum und wiederholt für den Geschäftsherrn als Vertreter aufgetreten ist, (ii) der Geschäftsherr dieses Verhalten kannte und nicht dagegen eingeschritten ist, obwohl ihm das möglich gewesen wäre und (iii) der Geschäftsgegner seinerseits das Verhalten des Vertreters sowie dessen Duldung durch den Geschäftsherrn zur Zeit der Vornahme des fraglichen Geschäfts gekannt und er diese Duldung dahin gewertet hat und nach Treu und Glauben mit Rücksicht auf die Verkehrssitte werten durfte, dass der als Vertreter Handelnde Vollmacht habe.[1098]

Unterstellt, die Bevollmächtigung des Managers durch den Vorstand der AG wäre nicht wirksam erfolgt, so handelte der Manager ohne Befugnis über einen längeren Zeitraum, indem er die Weisungs- und Stimmrechte der AG gegenüber den Benelux-Beteiligungsgesellschaften ausübt und hierbei als Vertreter der AG aufgetreten ist. Ferner duldete die AG dieses Verhalten des Managers bei Kenntnis dieser Handlungen (es war ausweislich des Managementmanuals dergestalt vorgesehen). Auch das Einschreiten hiergegen wäre der AG jederzeit möglich gewesen. Der Geschäftsgegner sind hier die Benelux-Gesellschaften, denen gegenüber der Rechtsschein bestehen musste, das Verhalten des Vertreters werde vom Vertretenen geduldet und sei diesem auch bekannt gewesen,

---

1098 Siehe hierzu m.w.N. insbesondere zur Rechtsprechung des BGH *Schramm*, in: Münchner Kommentar BGB § 167, Rz. 47.

sodass die Benelux-Gesellschaften darauf vertrauen durften, der Manager handele als bevollmächtigter Vertreter der AG. Der Rechtsschein wird dann in erhöhtem Maße gesetzt, wenn der Manager stets als Vertreter der AG zeichnet und Schriftstücke wie Beschlussfassungen und Weisungen stets in Kopie an den Vorstandsvorsitzenden der AG zur Kenntnis übermittelt und dies zusätzlich auf den Dokumenten vermerkt. Bei konzernweiter Implementierung des vorgeschlagenen Managementmanuals würde die Kenntnis der Tätigkeitsübertragung auf den Manager durch den Vorstand der AG diesen über die Faktizität des Ausübens der Gesellschafterrechte bereits gesetzten Rechtsschein noch verstärken.

Demnach liegt in dem Fall, in welchem (entgegen den oben gemachten Ausführungen) die Bevollmächtigung des Managers durch die AG zur Ausübung der Gesellschafterrechte in den Benelux-Beteiligungen zweifelhaft erschiene oder unwirksam wäre, eine wirksame Duldungsvollmacht vor. Daher gelingt die rechtliche Überlassung der Ausübung der Gesellschafterrechte der Benelux-Beteiligungsgesellschaften an den Manager der Luxemburger Betriebstätte stets mittels einer Vollmacht.

(ee) Zwischenergebnis

Die Zuordnung strategischer Beteiligungen zu Betriebstätten erfolgt nach dem AOA dann, wenn die signifikanten Personalfunktionen in der Betriebstätte die Ausübung der Gesellschafterrechte umfassen und damit den ökonomisch funktionalen Zusammenhang zwischen Betriebstätte und Beteiligungen herstellen.

Der AOA mit seiner Zuordnung nach den in den Betriebsteilen ausgeübten Personalfunktionen kehrt im Vergleich zum BFH die Blickrichtung bei einer Zuordnung von Wirtschaftsgütern zu Betriebstätten um.[1099] Die Zuordnung einer Beteiligung soll nach dem AOA der wirtschaftlichen Zugehörigkeit folgen, um die Vorgaben des Betriebstättenvorbehalts in Art. 10 Abs. 4 OECD-MA zu erfüllen und tatsächlich zur Betriebstätte zu gehören. Die wirtschaftliche Zugehörigkeit bestimmt sich nunmehr nach der Funktion (oder den Funktionen), die von dem Betriebstättenpersonal ausgeübt wird (werden). Ist diese Funktion für das zuzuordnende Wirtschaftsgut relevant, erfolgt die Zuordnung zur Betriebstätte.

Der BFH hingegen steht (weiterhin) auf dem entgegengesetzten Standpunkt. Das Gericht fordert gleichfalls einen funktionalen Zusammenhang, ordnet die Beteiligung der Betriebstätte aber nur dann zu, wenn die Beteiligungen in einem funktionalen Zusammenhang zur aktiv ausgeübten Tätigkeit der Betriebstätte

1099 So ebenfalls *Kaeser*, ISR 2012, 63, 68.

stehen, der letztgenannten daher einen Nutzen bringen.[1100] Symptomatisch hierfür ist eine Entscheidung, in welcher der BFH die zwingende funktionale Zuordnung bejahte, indem er judizierte, dass es um ein Wirtschaftsgut gehe, welches von seiner wirtschaftlichen Funktion her eindeutig zum Bereich der KG gehöre und diese auf den tatsächlichen Gegebenheiten beruhende Zugehörigkeit dazu führe, dass das Wirtschaftsgut abkommensrechtlich der durch die Personengesellschaft dem Gesellschafter vermittelten Betriebstätte zuzuordnen sei.[1101]

Mit Einführung des AOA und der uneingeschränkten Selbstständigkeit der Betriebstätte kann die Sichtweise des BFH[1102] keine fortdauernde Geltung beanspruchen. Maßgeblich ist die Funktion, die das Personal in der Betriebstätte ausübt, kurz: die Betriebstättenfunktion. Nicht entscheidend ist hingegen, welche Funktion dem Wirtschaftsgut, hier der Beteiligung, zukommt.

Der hier vertretene ökonomisch funktionale Zusammenhang fragt nach dem wirtschaftlichen Geschehen in der Betriebstätte und überprüft sodann, ob die Beteiligung der Betriebstätte zugeordnet werden muss, weil ein Zusammenhang zwischen Funktion und Wirtschaftsgut besteht.

Nach dem hier gefundenen Ergebnis sind strategische Beteiligungen eines Konzerns einer Betriebstätte dann zuzurechnen, wenn der Vorstand der Konzernmutter den in der Betriebstätte tätigen Manager mit der Ausübung der Gesellschafterrechte gegenüber den Beteiligungsgesellschaften bevollmächtigt. Dies sollte in einem Managementmanual detailliert und unter Zuhilfenahme von schematischen Darstellungen erfolgen, wobei dieses Manual sodann dem Manager als auch den Beteiligungsgesellschaften zur Verfügung gestellt werden sollte. Bei faktischer Ausübung der Gesellschafterrechte durch den Manager ist bei Nichtvorliegen einer wirksamen Bevollmächtigung jedenfalls noch ein Fall der Duldungsvollmacht gegeben.

Die Ausübung der Gesellschafterrechte in einer dem Einheitsunternehmen untergeordneten Beteiligungen durch Personal der Betriebstätte begründet dann die Zuordnung[1103], weil die ökonomische Funktion der Betriebstätte den Zusammenhang zu den Beteiligungen herstellt. Dies gilt unabhängig

---

1100 Siehe grundlegend hierzu *BFH* v. 23.10.1996 – I R 10/96, BStBl. II 1997, 313.

1101 *BFH* v. 13.2.2008 – I R 63/06, BStBl. II 2009, 414, Rz. 45.

1102 Zu dieser siehe die ausführliche Untersuchung oben Kapitel 3. V. 5. c) cc).

1103 In diesem Sinne auch *Kessler/Huck*, IStR 2006, 433, 439, die dieses Ergebnis mit der Argumentation annehmen, dass die unternehmerischen Entscheidungen, im Sinne der Bestimmung der Leitlinien der Unternehmenspolitik und letztlich auch der Disposition über die Einkunftsquelle selbst, durch das Betriebstättenpersonal erfolgen.

davon, welche Funktionen in der Beteiligungsgesellschaft ausgeübt werden. Ist die Überlassung der Ausübung der Stimm- und Weisungsrechte in der dargestellten Weise dokumentiert, sind Beteiligungen und auch ganze Holdingstrukturen einer Betriebstätte zuzuordnen.

(c) Beispielsfall zur Holding-Betriebstätte nach Herausverschmelzung

Aus dem vorstehend erarbeiteten Ansatz lassen sich unter Einbeziehung des bereits oben eingeführten Beispielfalles der formwechselnden Verschmelzung der italienischen RAS S.p.A. auf die Allianz SE[1104] für Holdingsachverhalte signifikante Schlussfolgerungen ableiten. Die entscheidende Frage war hier, ob der nach der Verschmelzung zurückbleibenden Betriebstätte sämtliche zuvor der S.p.A. gehörenden Wirtschaftsgüter zugeordnet werden können, insbesondere Beteiligungen.

Nach dem aus dem AOA entwickelten ökonomischen funktionalen Zusammenhang kommt es darauf an, ob dem Personal in der italienischen Betriebstätte die Ausübung der Gesellschafterrechte hinsichtlich der Beteiligungen zustehen, demnach, ob die unternehmerischen Entscheidungen in der Betriebstätte getroffen werden. Ist dies der Fall, so sind diese Beteiligungen der Betriebstätte zuzuordnen. Die restriktive Rechtsprechung des BFH, den funktionalen Mindestumfang einer Holding-Betriebstätte zu definieren und der Ansatz, die Beteiligung nur bei funktionalem Zusammenhang mit der Betriebstättentätigkeit der Betriebstätte zuzuordnen, war Auslöser dafür gewesen, dass eine Überfrachtung der italienischen Betriebstätte mit einer Vielzahl von Funktionen erfolgte, um möglichst für jede Funktion einer Beteiligung auch eine Tätigkeit in der Betriebstätte vorzuhalten. Ein solches Aufladen der Betriebstätte mit verschiedensten Tätigkeiten[1105] ist nach dem hier vertretenen Verständnis der uneingeschränkten Selbstständigkeit der Betriebstätte nicht mehr erforderlich, um eine Zuordnung der Beteiligungen zur Betriebstätte zu erreichen. Entscheidend ist, dass die Betriebstätte eine personelle Besetzung der Führungspositionen mit geeignetem Fachpersonal aufweist, um kompetent und dem Arbeitsumfang angemessen die Ausübung der Gesellschafterrechte hinsichtlich der hier zuordnungsrelevanten Beteiligungen durchzuführen. Dienstleistungsabteilungen wie beispielsweise Steuerberatung und Buchhaltung müssen nicht zwingend in der Betriebstätte angesiedelt sein, da dies in einer rechtlich selbstständigen Einheit gleichfalls keine Voraussetzung wäre.

1104 Siehe oben Kapitel 3. V. 5. c) cc) (2).

1105 Die Allianz SE beschäftigte ca. 50 Mitarbeiter und hielt entsprechende Räumlichkeiten hierzu bereit. Die Buchhaltung, die Steuerabteilung und das gesamte Controlling hinsichtlich der Beteiligungen waren Aufgaben der Betriebstätte in Italien.

Diese Anwendung der Selbstständigkeitsfiktion der Betriebstätte auf das Praxisbeispiel führt den Nachweis, dass die Ausübung der Gesellschafterrechte maßgebliches Kriterium für die Zuordnung von Beteiligungen zu Betriebstätten respektive für die Begründung von Holding-Betriebstätten ist. Das bereits bei der Untersuchung der Zuordnungskriterien der BFH-Rechtsprechung kritisierte restriktive Anerkennen von Betriebstätten mit Holdingfunktion sowie die Forderung, dass die (aktive) Tätigkeit der Betriebstätte in Zusammenhang mit der Funktion der Beteiligung steht, haben die Allianz SE zu steuerlich getriebenen, nicht beabsichtigten und kostspieligen Strukturierungsmaßnahmen veranlasst. Dieser Vorkehrungen hätte es, wie hier aufgezeigt, richtigerweise nicht bedurft, um nach dem vorzugswürdigen Verständnis eine Zuordnung von Beteiligungen zur italienischen Holding-Betriebstätte auf Basis des ökonomisch funktionalen Zusammenhanges zu erreichen.

Den Schwerpunkt der Zuordnungsentscheidung bei Beteiligungen auf die Ausübung der Gesellschafterrechte zu legen, bedeutet jedoch nicht ein völliges Außerachtlassen der operativen Tätigkeiten der Betriebstätte neben der wesentlichen Leitungsfunktion hinsichtlich der Unternehmensbeteiligungen. Wenn *Kaeser* meint, nach dem AOA sei ein Rückschluss von einer aktiven Tätigkeit der zuzuordnenden Beteiligung auf die Zuordnung zur Betriebstätte schwierig und zu nah mit der bisher vom BFH vertretenen Auffassung verknüpft[1106], ist dies durchaus ein gewichtiges Argument. Ob hiermit der Einfluss einer Betriebstätte über die eigene operative Funktion auf die operative Funktion der Gesellschaft, an welcher die Beteiligung besteht, und damit auf das unternehmerische Geschehen in der Beteiligung per se ausgeschlossen ist, erscheint zumindest zweifelhaft. Zugegebenermaßen wird in einem Fall, in welchem das Stammhaus unzweifelhaft sämtliche Gesellschafterrechte ausübt, diese Funktion maßgebend sein, die Beteiligung folglich dem Stammhaus zugeordnet werden müssen.

Lässt sich die Funktion der Ausübung der Gesellschafterrechte mithin in Betriebstätte und Stammhaus nicht derart eindeutig verorten, weil eine klare Zuweisung der Befugnis zur steten Ausübung der wesentlichen unternehmerischen Entscheidungen fehlt, kann einer operativen Funktion der Betriebstätte wohl doch Gewicht bei der Zuordnungsentscheidung zukommen. Unsicherheiten bei der Identifikation der Personen im Einheitsunternehmen, welche die Gesellschafterrechte ausüben, gehen bei einer Behandlung von Stammhaus und Betriebstätte als gleichermaßen selbstständig nicht zu Lasten der Betriebstätte; anders als dies die Zentralfunktion des

1106 *Kaeser*, ISR 2012, 63, 68.

Stammhauses als Grundsatz vertritt und auf welche sogleich noch einzugehen sein wird. Demnach lässt sich im Einzelfall auch nach der Einführung des AOA und dem damit einhergehenden Perspektivwechsel hinsichtlich des Funktionszusammenhanges der Einfluss der aktiven Tätigkeiten von Betriebstätte und dem Unternehmen, an welchem die Beteiligung besteht, noch vertreten. Entscheidend ist es, dass der Standpunkt bei Prüfung einer Funktionsausübung, welche die Zuordnung der Beteiligung zur Betriebstätte ermöglichen soll, die Betriebstätte bleibt. Nunmehr lassen sich bei ihr (ebenso wie beim Stammhaus) keine Personalfunktionen finden, welche die Ausübung der Gesellschafterrechte dokumentieren. Dann ist es denkbar, dass eine operative Funktion, beispielsweise der Vertrieb von im Stammhaus produzierten Produkten, gänzlich in der Betriebstätte abgewickelt wird und dies den globalen Vertrieb der ebenfalls im Ausland befindlichen Vertriebsgesellschaften, an denen die Beteiligungen des Einheitsunternehmens bestehen, umfasst. Dann kommt der Betriebstätte eine geschäftsleitende Funktion zu, welche sich auf die Vertriebssteuerung und -verwaltung erstreckt. Hierbei handelt es sich offensichtlich nicht um die Ausübung von Gesellschafterrechten, wobei deren Verortung unklar ist. In einem solchen Fall kann eine Zuordnung einer Beteiligung zur Holding-Betriebstätte auch dann erfolgen, wenn entsprechend qualifiziertes Personal in der Betriebstätte die Geschäftsleitungsbefugnisse in den Unternehmen ausübt, an denen die Beteiligung besteht. Entscheidend ist hierbei, dass es entgegen der Judikate des BFH nicht darauf ankommt, dass die in der Beteiligungsgesellschaft ausgeübte Funktion die Zuordnung qua Zusammenhanges zur Betriebstättentätigkeit herstellt. Sondern die von Betriebstättenpersonal ausgeübten Funktionen der Geschäftsleitung sind derart von Gewicht für die Steuerung und unternehmerische Ausrichtung des Unternehmens, an dem die Beteiligung besteht, dass sie der Betriebstätte die Zuordnung über einen ökonomisch funktionalen Zusammenhang vermittelt. Vorrang vor dieser Lösung hat jedoch stets die Funktion der Ausübung der Gesellschafterrechte.

Nachdem auch in Zusammenhang mit dem Praxisbeispiel auf die BFH-Rechtsprechung zur Beteiligungszuordnung zu (Holding-)Betriebstätten eingegangen wurde, soll auch auf das Verständnis der Finanzverwaltung zur Frage der Zuordnung von Beteiligungen zu Betriebstätten im Kontext des AOA und des daraus hier abgeleiteten Ansatzes Bezug genommen werden. Dies erfolgt in gebotener Kürze. Denn für die Zentralfunktion des Stammhauses, also die Vermutensregel der Zuordnung von Beteiligungen zum Stammhaus, ist nach Einführung des Grundsatzes der für steuerliche Zwecke uneingeschränkt selbstständigen Betriebstätte im Abkommensrecht und der erfolgten Anpassung des nationalen Steuerrechts durch das JStG 2013 kein Raum mehr.[1107] Vielmehr stehen sich die Grundgedanken des AOA und der Zentralfunktion des Stammhauses diametral entgegengesetzt gegenüber. Die Modifikation des Abkommensrechts fordert die Selbstständigkeit der Betriebstätte, die Gleichbehandlung mit der Tochterkapitalgesellschaft auf dem Gebiet der Zuordnung von Wirtschaftsgütern, während die Zentralfunktion des Stammhauses Fiktionen hinsichtlich gewisser Wirtschaftsgüter aufstellt, um eine Zuordnung derselben zum Stammhaus zu erreichen. Die Zentralfunktion des Stammhauses in den Betriebsstättenverwaltungsgrundsätzen des BMF war bereits vor Einführung der uneingeschränkten Selbstständigkeit der Betriebstätte mit dem Abkommensrecht sowie dem Unionsrecht unvereinbar.[1108] Gleiches gilt mit Blick auf die geänderten nationalen Regelungen in § 1 AStG. Die Zentralfunktion des Stammhauses ist obsolet und die Finanzverwaltung sollte der Aufforderung nachkommen und ihre Verwaltungsgrundsätze an die ökonomische Realität sowie die gesetzlichen Rahmenbedingungen anpassen.

Abschließend findet sich das bereits im Rahmen der Kritik an der BFH-Rechtsprechung ermittelte Ergebnis bestätigt: Einer Betriebstätte können Beteiligungen und darüber hinaus Holdingtätigkeiten zugeordnet werden. Ob dies im Einzelfall zu erfolgen hat, entscheidet sich anhand einer ökonomisch funktionalen Betrachtungsweise der vom Betriebstättenpersonal ausgeübten Tätigkeiten.

(3) Zusammenfassung

Das auf Grundlage des AOA und der darin enthaltenen Forderung nach der uneingeschränkten Selbstständigkeit der Betriebstätte entwickelte Kriterium des ökonomisch funktionalen Zusammenhanges zwischen der Funktion, welche das Betriebstättenpersonal ausübt und dem jeweiligen Wirtschaftsgut führt zu sachgerechten Ergebnissen und ermittelt die Zuordnung von Wirtschaftsgütern zu Betriebstätten anhand der ökonomischen Realität. Es kommt demnach nicht länger auf die auf Missbrauchsvermeidung bedachte Betrachtungsweise des BFH an. Die Vorstellung der Finanzverwaltung von einer Zentralfunktion des Stammhauses ist nunmehr endgültig widerlegt und damit überholt.

Dieses Kriterium steht demnach im Einklang mit den neusten Entwicklungen im Abkommensrecht sowie den Änderungen und Anpassungen im nationalen Steuerrecht, namentlich in § 1 AStG. Die ihm immanente Liberalisierung auf

---

1107 Siehe hierzu in der Literatur jüngeren Datums nur *Ditz*, ISR 2012, 48, 53; *Schnitger*, IStR 2012, 633, 639; *Wassermeyer*, IStR 2012, 277, 280.

1108 Siehe oben Kapitel 3. V. 7. a).

Basis der uneingeschränkten Selbstständigkeit der Betriebstätte führt zu der Möglichkeit, dass eine Betriebstätte multifunktional tätig ist. Das bedeutet, dass aufgrund der Überprüfung, welche signifikanten Funktionen und Aufgaben das Betriebstättenpersonal selbst ausübt, die Zuordnung der Wirtschaftsgüter über die Betriebstättenvorbehalte erfolgt. Die Idee, eine Betriebstätte habe sich auf eine Haupttätigkeit, welcher das Schwergewicht innewohne, zu konzentrieren und hierdurch sei die Zuordnung von Wirtschaftsgütern, die anderen Funktionen und Tätigkeiten zuzuordnen sind, ausgeschlossen, ist nicht mehr mit der neuen Rechtslage vereinbar. Eine Betriebstätte kann denselben Grad an Multifunktionalität erreichen wie eine rechtlich selbstständige Unternehmenseinheit.

Daneben hat auch die Anwendung des Kriteriums des ökonomisch funktionalen Zusammenhanges auf das Wirtschaftsgut einer Kapitalgesellschaftsbeteiligung gezeigt, dass hier Modifikationen im Vergleich zu den Zuordnungskriterien des BFH und zu denen der Finanzverwaltung erforderlich sind. Die Frage der Beteiligungszuordnung zu Betriebstätten muss zukünftig mit Blick auf die Funktionen des in der Betriebstätte tätigen Personals erfolgen, nicht länger mit Blick auf die Funktion, welche in der Beteiligung ausgeübt wird. Maßgebend sind die Ausübung der Gesellschafterrechte sowie die Disposition über das Wirtschaftsgut. Bei Streubesitzbeteiligungen steht im Rahmen des Handels mit den Beteiligungen die Disposition über die Beteiligung im Vordergrund. Bei strategischen Unternehmensbeteiligungen stellt die Ausübung und Entscheidungskompetenz über die Gesellschafterrechte die maßgebliche Funktion dar. Bestehen hier Unsicherheiten, so kann auch die operative Tätigkeit als Personalfunktion in der Betriebstätte ausschlaggebend sein, weil sie im Wege der Führung der Geschäfte in den Beteiligungen einen ökonomisch funktionalen Zusammenhang herzustellen vermag. Solche Zweifel können aber im Wege einer Stellvertreterlösung und der rechtsgeschäftlichen Übertragung der Ausübung der Gesellschafterrechte auf eine Person in der Betriebstätte und eine dies belegende Dokumentation von vorneherein vermieden werden.

Neben diesem objektiven Kriterium des ökonomisch funktionalen Zusammenhanges zwischen der in der Betriebstätte ausgeübten Funktion und dem Wirtschaftsgut kommt auch einem subjektiven Element Bedeutung zu. Dies ist Folge der Liberalisierung der Zuordnung von Wirtschaftsgütern zu Betriebstätten unter dem Regime der fiktiven uneingeschränkten Selbstständigkeit. Namentlich bildet die unternehmerische Entscheidung dieses subjektive Element.

bb) Unternehmerische Zuordnungsentscheidung als subjektives Element

Steuerlich zu beurteilende Betriebstättensachverhalte sind stets das Ergebnis unternehmerischer Entscheidungen. Diese Gestaltungen mögen in einigen

Fällen steuerlich getrieben sein, häufig jedoch ist das Ergebnis Ausdruck des Wirtschaftens des Unternehmers, beispielsweise der Durchführung einer Umstrukturierung in Gestalt des Wegzugs, wodurch eine Betriebstätte zurückbleiben mag. Unabhängig von den unternehmerischen Motiven und Gestaltungsentscheidungen, die zur Schaffung einer Betriebstätte führen, verbleibt die Frage, inwieweit unternehmerische Entscheidungen auf die Zuordnung von Wirtschaftsgütern zu Betriebstätten tatsächlichen Einfluss haben.

(1) Berücksichtigung in der Rechtsprechung

Es erscheint bei Analyse des BFH-Urteils vom 30.8.1995 sowie der Folgeentscheidungen fraglich, ob die Fokussierung auf das Kriterium des funktionalen Zusammenhanges die Möglichkeit einer willentlichen Zuordnung durch die Entscheidung des Unternehmers, die in der früheren Rechtsprechung Berücksichtigung gefunden hat, nunmehr ausschließt.[1109] Die Beantwortung dieser, unter anderem von Roth, berechtigterweise aufgeworfenen Frage ist von elementarer Bedeutung, will man einen zeitgemäßen Ansatz zur Zuordnung von Wirtschaftsgütern zu Betriebstätten entwickeln. Denn wenn der BFH seit seiner Rechtsprechungsänderung Mitte der 1990er Jahre die Tätigkeit für maßgebend hält, auf der nach allgemeiner Verkehrsauffassung das wirtschaftliche Schwergewicht liegt und sich deshalb die Erträge aus diesem Wirtschaftsgut bei funktionaler Betrachtung als Nebenerträge der aktiven Betriebstättentätigkeit darstellen sollen, wird hiermit Kriterien der Vorzug gewährt, die an einem objektiven Empfängerhorizont auszulegen sind. Ob subjektive Kriterien und bewusste Strukturierungsentscheidungen des Unternehmers daneben noch relevant sind, bleibt danach unklar.

Die Intention der Rechtsprechung, die Zuordnung von Wirtschaftsgütern im Einheitsunternehmen auf Basis objektiver Kriterien – insbesondere anhand des funktionalen Zusammenhanges – vorzunehmen respektive nachträglich zu überprüfen, ist grundsätzlich nachvollziehbar. Denn subjektive Kriterien zum alleinigen Maßstab zu erheben, würde die Gefahr missbräuchlicher Gestaltungen zu sehr erhöhen und zudem der Entwicklung einheitlicher Zuordnungsmaßstäbe entgegenstehen, die den Anforderungen an eine gerechte, gleichmäßige Besteuerung Genüge tun. Im Umkehrschluss kann jedoch deshalb für subjektive Kriterien keine pauschale Nichtberücksichtigung gelten. Die bis heute fehlende Einordnung und Abgrenzung der subjektiven Kriterien, hier namentlich die Zuordnungsentscheidung des Geschäftsführers, ist in diesem Zusammenhang

1109 So auch *Roth,* in: Herrmann/Heuer/Raupach, EStG/KStG, EStG § 49, Rz. 261.

stark zu kritisieren. Während eine Verobjektivierung der Kriterien eine grundsätzlich zu begrüßende Entwicklung ist, welche stets eine einheitlichere und dadurch zunächst gerechtere Behandlung vergleichbarer Sachverhalte verspricht, wirft sie zugleich die Frage auf, inwieweit objektive Maßstäbe legale Gestaltungen und Strukturierungen im Einheitsunternehmen umqualifizieren oder zu einer Nichtanerkennung derselben führen dürfen. In Anbetracht der mangelnden Grenzziehung durch den BFH hinsichtlich der Relevanz subjektiver Kriterien des Unternehmers für die Zuordnung von Wirtschaftsgütern zu Betriebstätten besteht die Gefahr einer unverhältnismäßig ausgeprägten Beschränkung der unternehmerischen Organisationsfreiheit.[1110]

(2) Berücksichtigung in der Auffassung der Finanzverwaltung

Sogar die Finanzverwaltung findet für subjektive Zuordnungsgesichtspunkte in ihrem Betriebsstätten-Erlass Raum und regelt, dass für die Fälle, in denen „[...] Wirtschaftsgüter die ihnen im Rahmen des Gesamtunternehmens zugewiesene Funktion sowohl als Bestandteil des Betriebsvermögens des Stammhauses als auch einer Betriebsstätte erfüllen [...]", der erkennbare Wille der Geschäftsleitung entscheidenden Einfluss auf die Zuordnung haben soll.[1111] *Ditz/Schneider* gehen in ihrer Analyse der Betriebstätten-Verwaltungsgrundsätze daher davon aus, dass im Falle einer nicht eindeutigen Funktionszuordnung zu Betriebstätte oder Stammhaus dem Steuerpflichtigen eine „Zuordnungsfreiheit" zukommt und sehen diese Auffassung als durch die BFH-Rechtsprechung bestätigt an.[1112] Allerdings rekurrieren die Autoren hierbei auf ein Judikat des BFH[1113], welches vor dessen Rechtsprechungsänderung hin zum Kriterium des funktionalen Zusammenhanges erging. Insofern wird *Ditz/Schneider* im Ergebnis zwar zugestimmt, unmittelbar ergibt sich die proklamierte „Zuordnungsfreiheit" aus der BFH-Rechtsprechung jedoch nicht (mehr). Vielmehr ist entsprechend der oben durchgeführten Analyse der Rechtsprechungskriterien und der Kritik derselben zu konstatieren, dass die höchstrichterlichen Judikate die Zuordnung von Wirtschaftsgütern zu Betriebstätten ausschließlich anhand des funktionalen Zusammenhanges vornehmen wollen und dort bleibt augenscheinlich kein Raum für die Berücksichtigung der Zuordnungsentscheidungen des Unternehmers. Daran ändert auch die Auffassung der Finanzverwaltung nichts. Es steht zu besorgen, dass das Schweigen des BFH zum Einfluss unternehmerischer Entscheidungen

---

1110 So auch *Roth*, in: Herrmann/Heuer/Raupach, EStG/KStG, EStG § 49, Rz. 261.

1111 *BMF*, Betriebsstätten-Verwaltungsgrundsätze, Rz. 2.4 Abs. 3.

1112 *Ditz/Schneider*, DStR 2010, 81, 84.

1113 *BFH* v. 1.4.1987 – II R 186/80, BStBl. II 1987, 550.

auf die Zuordnung von Wirtschaftsgütern unter dem Primat des funktionalen Zusammenhanges, der dem § 8 AStG entlehnt und vielmehr auf die Vermeidung potentiell umgehender Gestaltungen ausgerichtet ist, bedeutet, dass der Wille des Geschäftsführers keinen Einfluss mehr haben soll. Warum diese subjektiven Zuordnungsentscheidungen unter dem Kriterium des funktionalen Zusammenhangs keine Berücksichtigung mehr finden sollen, ist hingegen nicht nachvollziehbar. Die Zuordnung von Wirtschaftsgütern unter funktionalen Gesichtspunkten schließt eine Berücksichtigung subjektiver Anknüpfungspunkte nicht aus. Insbesondere im Rahmen der Aufgabenzuweisung und Festlegung der Struktur eines Einheitsunternehmens ist es Aufgabe des Unternehmers, den Betriebsteilen Funktionen zuzuordnen.

Demnach ist dem Geschäftsführer erst einmal die ihm zukommende umfassende Gestaltungsfreiheit zuzugestehen und somit von seinem Willen getragenen Entscheidungen zur Unternehmensstrukturierung und zur Zuordnung von Wirtschaftgütern im Einheitsunternehmen Geltung beizumessen. Diese Gestaltungsfreiheit kann und soll nicht vorbehaltslos gewährleistet werden. Zugleich darf ihr Einfluss auf die Zuordnung von Wirtschaftsgütern zu Betriebstätten jedoch auch nicht objektiven Kriterien gänzlich untergeordnet werden. Ziel muss es sein, den Entscheidungen des Geschäftsführers eine angemessene Beachtung im Rahmen der steuerlichen Bewertung des Betriebstättensachverhalts zu verschaffen. Das unter dieser Prämisse aufgefundene Ergebnis muss sich sodann an objektiven Kriterien messen lassen, welche es durchaus begrenzen können und dürfen. Eine Korrektur des Ergebnisses einer vorgefundenen unternehmerischen Gestaltung durch objektive Maßstäbe ist dann und insoweit erforderlich, als die Grenze einer wirtschaftlich sinnvollen und nachvollziehbaren unternehmerischen Gestaltung erreicht ist.

Dieser Ansatz ähnelt dem Verständnis der Rechtsprechung, welches vor der Rechtsprechungsänderung und Konzentration auf das Kriterium des funktionalen Zusammenhanges Anwendung erfahren hatte. Bereits der RFH[1114] und diesem bis in die frühen 1990er Jahre folgend auch der BFH[1115] waren der Überzeugung, dem Willen der Geschäftsleitung werde in der Bilanzierung von Wirtschaftsgütern Ausdruck verliehen und komme indizielle Wirkung zu, solange die hierdurch zum Ausdruck kommende Zuordnungsentscheidung sich nicht in Widerspruch zu kaufmännischen und wirtschaftlichen Erfordernissen setzt.[1116]

1114 *RFH* v. 19.12.1935 – I A 236/35, RFHE 39, 1.
1115 *BFH* v. 29.7.1992 – II R 39/89, BStBl. II 1993, 63.
1116 So bereits *RFH* v. 19.12.1935 – I A 236/35, RFHE 39, 1, 5.

Dieser liberalere Ansatz ist gegenüber der seit den 1990er Jahren ständigen Rechtsprechung des BFH in Gestalt des Kriteriums des funktionalen Zusammenhanges vorzugswürdig. Den Anstoß für die Reaktivierung des subjektiven Elements gibt die fingierte uneingeschränkte Selbstständigkeit der Betriebstätte. Denn die Betriebstätte wie ein rechtlich selbstständiges Unternehmen zu behandeln, heißt auch, der unternehmerischen Entscheidung bei der Zuordnung von Wirtschaftsgütern Gewicht beizumessen. Eine ökonomisch funktionale Betrachtung und Zuordnung schließt die Berücksichtigung subjektiver Elemente in Gestalt der unternehmerischen Entscheidungen mithin keineswegs aus. Insbesondere branchenspezifische Besonderheiten vermögen die betriebswirtschaftlich fundierten unternehmerischen Zuordnungsentscheidungen in zwei ähnlich erscheinenden Sachverhalten im Ergebnis in gerechtfertigter Weise divergieren lassen.

(3) Dokumentationserfordernis

Es besteht ein intensives Erfordernis, dass neben den objektiven Kriterien auch subjektive Kriterien, also die unternehmerischen Entscheidungen, in nachvollziehbarer Weise für die Finanzverwaltung vorgehalten und aufbereitet werden. Fest steht damit, dass eine Dokumentation der Zuordnungsentscheidungen des Geschäftsführers hinsichtlich der Wirtschaftsgüter des Einheitsunternehmens unerlässlich ist, will sie auf den Zuordnungsprozess Einfluss nehmen. Klärungsbedürftig ist die Frage danach, wie eine solche Dokumentation ausgestaltet werden muss, um die unternehmerische Zuordnungsentscheidung zweifelsfrei zu belegen. Hier ist die Finanzverwaltung aufgefordert, hinsichtlich der Dokumentationsanforderungen Verwaltungsgrundsätze zu schaffen, anhand derer der Steuerpflichtige den erforderlichen Dokumentationsumfang seiner Zuordnungsentscheidungen zu erkennen und einzuhalten vermag.

Sowohl für die Interimsperiode als auch im Falle eines Nichttätigwerdens der Finanzverwaltung im vorbeschriebenen Sinne kann als Quelle anwendbarer Dokumentationsmaßstäbe auf die signifikante Parallele zur Bildung von gewillkürtem Betriebsvermögen zurückgegriffen werden. Gewillkürtes Betriebsvermögen kann im nationalen Steuerrecht nicht nur bei der Gewinnermittlung nach § 5 EStG, sondern auch im Falle des Bestandsvergleichs nach § 4 Abs. 1 EStG und der Gewinnermittlung durch Einnahmeüberschussrechnung nach § 4 Abs. 3 EStG gebildet werden.[1117] Im Falle des gewillkürten Betriebsvermögens treffen ebenfalls objektive und subjektive Kriterien

1117 Siehe hierzu nur *Wied*, in: Blümich, EStG/KStG/GewStG, EStG § 4, Rz. 365.

zusammen, deren gemeinsames Vorliegen sodann zur Anerkennung der Qualifikation eines Wirtschaftsguts als (gewillkürtes) Betriebsvermögen führt. Während auf der objektiven Seite die Eignung und Erkennbarkeit des Wirtschaftsguts gegeben sein muss, den Betrieb zu fördern und zugleich weder notwendiges Betriebsvermögen noch notwendiges Privatvermögen zu sein[1118], bedarf es auf subjektiver Seite eines Widmungsaktes. Der BFH verlangt in ständiger Rechtsprechung die Dokumentation der betrieblichen Widmung, das heißt, neben dem Willensentschluss des Steuerpflichtigen, das betreffende Wirtschaftsgut dem Betriebsvermögen zuzuordnen, bedarf es auch einer zeitnahen sowie unmissverständlichen Bekundung dieser Zuordnungsentscheidung.[1119] Erforderlich ist hierbei, dass die Dokumentation dergestalt erfolgt, dass ein sachverständiger Dritter ohne weitere Erklärungen des Steuerpflichtigen die Zugehörigkeit des Wirtschaftsguts zum Betriebsvermögen erkennen kann.[1120] Die Dokumentation in der Buchführung ist nach Auffassung des BFH als wesentliches Beweisanzeichen der Widmung zu werten[1121], wobei daneben auch andere Indizien herangezogen werden können, solange sie eine eindeutige und unmissverständliche Handlung hinsichtlich der Zuordnung des Wirtschaftsguts zum Betriebsvermögen darstellen, beispielsweise die Aufnahme in ein betriebliches Bestandsverzeichnis oder aber auch die Erklärung gegenüber dem Finanzamt[1122]. Daher muss dem Geschäftsführer des Einheitsunternehmens dringend empfohlen werden, seine Zuordnungsentscheidungen stets zu dokumentieren.

Kaminski[1123] verweist im Zusammenhang mit der Zuordnung von Einkünften und Vermögen im internationalen Einheitsunternehmen darauf, dass mit Blick auf eventuelle Einkünftekorrekturen durch die Finanzbehörden erhebliches Streitpotential besteht und empfiehlt, der Unternehmer möge im Wege von „Vorüberlegungen“ die Grundlage für eine im Bedarfsfalle zu erstellende Dokumentation schaffen, insbesondere durch das Sammeln von Planungen und

1118 Vgl. *BFH* v. 2.10.2003 – IV R 13/03, BStBl. II 2004, 985.

1119 *Wied*, in: Blümich, EStG/KStG/GewStG, EStG § 4, Rz. 367; *BFH* v. 29.04.2008 – VIII R 67/06, BFH/NV 2008, 1662 m.w.N. und *BFH* v. 23.09.1999 – IV R 12/98, BFH/NV 2000, 317.

1120 *BFH* v. 2.10.2003 – IV R 13/03, BStBl. II 2004, 985 m.w.N.

1121 *BFH* v. 18.10.1989 – X R 99/87, BFH/NV 1990, 424; v. 23.10.1990 – VIII R 142/85, BStBl. II 1991, 401.

1122 *BFH* v. 2.10.2003 – IV R 13/03, BStBl. II 2004, 985 und *BMF* v. 17.11.2004, BStBl. I 2004, 1664.

1123 *Kaminski*, in: Strunk/Wassermeyer/Kaminski, GS Krüger, S. 144.

Angeboten. Mit diesen soll der Unternehmer belegen können, dass die streitigen Wirtschaftsgüter für die Funktionen der Betriebstätte eingesetzt werden sollten. Ob diese prophylaktische Datensammlung ausreicht, um dann erst im Streitfalle eine Dokumentation zu erstellen, erscheint zweifelhaft. Zumindest verspricht die bilanzielle Behandlung eines Wirtschaftsguts als zur Betriebstätte gehörig die Sicherheit einer durchgehend einheitlichen Behandlung des Wirtschaftsguts durch den Geschäftsführer des Einheitsunternehmens. Zieht man die zuvor dargelegten Maßstäbe der Widmung gewillkürten Betriebsvermögens heran und stellt auf die Erkenntnis eines sachkundigen Dritten ab, welche dieser erlangt, wenn er den Sachverhalt betrachtet, so ist zu konstatieren: Dieser Dritte wird im Falle einer bereits längerfristigen buchmäßigen Zuordnung des Wirtschaftsguts zur Betriebstätte die Zuordnungsentscheidung des Unternehmers besser nachvollziehen können, als in dem Falle, in welchem der Unternehmer einer Zuordnung des Wirtschaftsguts zum Stammhaus widerspricht, und sodann eine Sammlung von Planungen und Angeboten vorlegt, welche den Zusammenhang zwischen Wirtschaftsgut und Funktion der Betriebstätte belegen sollen. Hieraus folgt, dass das Gewicht, welches nach der hier vertretenen Auffassung der Zuordnungsentscheidung des Unternehmers zukommen soll, in entscheidender Weise dadurch erhöht werden kann, dass die Dokumentation des Willens in der Buchführung erfolgt. Denn diesem Umstand misst sogar die Finanzverwaltung Indizwirkung zu, auch wenn sie in ihrem Erlass auf Urteile des BFH vor dessen Rechtsprechungsänderung verweist.

Das Heranziehen subjektiver Elemente als lediglich subsidiären Zuordnungsmaßstab ist nicht ausreichend. Insbesondere bei Wirtschaftsgütern, die nicht eindeutig Stammhaus oder Betriebstätte zuzuordnen sind, muss eine plausible und nachvollziehbar dokumentierte Zuordnungsentscheidung des Unternehmers in die Prüfung der Zuordnung einbezogen werden. Diese Einbeziehung steht keineswegs im Widerspruch zu einer Zuordnung von Wirtschaftsgütern im Einheitsunternehmen anhand von funktionalen Gesichtspunkten. Denn ganz ohne einen funktionalen Anknüpfungspunkt in der Betriebstätte kann eine allein subjektive Entscheidung keine Zuordnung begründen. Im Umkehrschluss kann aber eine rein an objektiven funktionalen Kriterien ausgerichtete Zuordnung von Wirtschaftsgütern dann nicht durchgreifen, wenn ihr begründete und nachvollziehbare, nicht missbräuchliche Gestaltungsentscheidungen entgegenstehen. Der anzuwendende Gedanke ist derjenige, welcher in den Richtlinien des BMF zum gewillkürten Betriebsvermögen Ausdruck gefunden hat, denn dort heißt es: „Wirtschaftsgüter, die in einem gewissen objektiven Zusammenhang mit dem Betrieb stehen und ihn zu fördern bestimmt und geeignet sind, können […] als gewillkürtes

Betriebsvermögen behandelt werden."[1124] Dieser „gewisse objektive Zusammenhang" ist – übertragen auf den Bereich der Zuordnung von Wirtschaftsgütern zu Betriebstätten – der ökonomisch funktionale Zusammenhang. Er ist zwingende Voraussetzung, um einer unternehmerischen Zuordnungsentscheidung Geltung zu verschaffen, ohne jedoch das allein maßgebliche, die Zuordnung bestimmende, Kriterium zu sein.

c) Grenzen und Kontrollüberlegungen

Der hier vertretene Ansatz eines ökonomisch funktionalen Zusammenhanges unter Einbeziehung der subjektiven Zuordnungsentscheidung des Unternehmers ist trotz der hinzugewonnenen Freiheit der Zuordnung von Wirtschaftsgütern zu Betriebstätten nicht von der Realität abgekoppelt. Das bedeutet, dass allein die Möglichkeit, ein gewisses Wirtschaftsgut der Betriebstätte nach dem unternehmerischen Willen zuzuordnen, noch nicht die Zuordnung begründet. Vielmehr ist und bleibt die auch tatsächliche Ausübung der Funktion durch Personal in der Betriebstätte maßgeblich. Die Funktion ist nun lediglich nicht mehr einem Denkschema von aktiven und passiven Tätigkeiten unterworfen und ihre Zuordnung hängt nicht länger von dieser Einordnung ab. Nichtsdestoweniger muss die im Wege von „dealings" zwischen Stammhaus und Betriebstätte vorgenommene Aufteilung von Aufgaben und Rechten sowie die personelle Ausstattung einer Betriebstätte überprüfbar sein. Dies erfordert die Dokumentation der Zuordnungsentscheidungen sowie Innentransaktionen zwischen den Teilen des Einheitsunternehmens. Folgt demnach beispielsweise die zwischen Stammhaus und Betriebstätte vereinbarte Nutzung eines immateriellen Wirtschaftsguts nicht der verabredeten Quote von jeweils 50 v.H., sondern liegt eine verstärkte Nutzung weiterhin im Stammhaus vor, so lässt sich die intendierte hälftige Zuordnung zur Betriebstätte nicht erreichen. Dem dort mit der Tätigkeit der Verwaltung und Ausbeutung des Nutzungsrechtes betrauten Personal kann in der Diktion des AOA nicht die signifikante Personalfunktion zugeordnet werden.[1125] Diese verbleibt nach Prüfung anhand des Kriteriums des ökonomisch funktionalen Zusammenhanges beim Stammhaus. Hieran vermag auch eine entgegenstehende Zuordnungsentscheidung des Unternehmers nichts zu ändern; die objektiven Maßstäbe des Zuordnungskriteriums sind insoweit gegenüber anderslautenden subjektiven Aspekten vorrangig.

1124 R 13 Abs. 1 Satz 3 EStH 2004.

1125 Siehe zu diesem Beispiel *Wassermeyer*, IStR 2012, 277, 280.

Aus diesem Verhältnis von objektiven zu subjektiven Kriterien folgt jedoch nicht, dass hier eine größere Missbrauchsanfälligkeit gegeben wäre als in jedwedem anderen Sachverhalt, in welchem dem Steuerpflichtigen Gestaltungsspielraum zukommt. Überhaupt kann die Angleichung der Selbstständigkeit von Betriebstätten an rechtlich selbstständige Unternehmen (für Zuordnungszwecke) nicht dazu führen, einen höheren Verdachtsgrad an Sachverhalte mit Investitionen durch Betriebstätten anzulegen. Dies führte die Idee des AOA zur Liberalisierung und Egalisierung von Unterschieden zwischen Betriebstätten und rechtlich selbstständigen Unternehmen bei der Zuordnung von Wirtschaftsgütern ad absurdum. Der Bestrebung eines Unternehmers mit unbeschränkt steuerpflichtigem Stammhaus in Deutschland, seiner ausländischen Betriebstätte Wirtschaftsgüter wie beispielsweise Beteiligungen zuzuordnen, liegt per se eben keine Umgehungsabsicht, sondern legitimes Gestaltungsinteresse zugrunde. Die Intention, die Beteiligungen der im Niedrigsteuerland ansässigen Betriebstätte zuzuordnen, um sodann unter dem DBA die Besteuerung der Dividenden im Betriebstättenstaat zu erreichen, ist nicht als missbräuchlich zu qualifizieren. Sie ist anhand des Ansatzes des ökonomisch funktionalen Zusammenhanges auf ihre tatsächliche Durchführung hin zu untersuchen. Wird die entsprechende Funktion von Personal in der Betriebstätte ausgeübt, kommt der Betriebstätte das wirtschaftliche Eigentum („economic ownership" in der Diktion der OECD) an dem Wirtschaftsgut zu, mithin ist es ihr zuzuordnen. Als Grenze der zulässigen Gestaltung sind demnach auch im Zusammenhang mit der Zuordnung von Wirtschaftsgütern zu Betriebstätten die allgemein gültigen Missbrauchsvorschriften anzuwenden.[1126] Der Zuordnungsentscheidung des Unternehmers darf eine Grenze lediglich durch eine einheitlich zu bestimmende Missbrauchsdefinition gesetzt werden.[1127]

3. Ergebnis

Der zuvor geübten Kritik an der Zuordnung von Wirtschaftsgütern wie sie der BFH in einer Vielzahl von Fällen judiziert oder die Finanzverwaltung sie in ihren Verwaltungsgrundsätzen zu regulieren versucht, musste zwingend ein neuer Ansatz gegenüber gestellt werden. Die Vorstellung des BFH, es stehe stets eine Tätigkeit als Schwerpunkt funktional im Vordergrund, ist mit der heutigen Lebenswirklichkeit nicht in Einklang zu bringen und folglich

1126 Für das deutsche Steuerrecht ist dies § 42 AO.

1127 So auch *Kessler/Huck*, IStR 2006, 433, 441, welche sich für eine europarechtskonforme Missbrauchsdefinition als Grenze aussprechen.

zurückzuweisen.[1128] Ebenso ist der Vorstellung der Finanzverwaltung entgegenzutreten, es gebe jedenfalls Funktionen, die regelmäßig dem Stammhaus zuzuordnen seien. Die sogenannte Zentralfunktion des Stammhauses ist ein nicht haltbares und europarechtswidriges Zuordnungsverbot.[1129] Der aus dieser Kritik abgeleitete neue Ansatz wurde auf das Fundament der Änderungen im Abkommensrecht gestellt. Die Verabschiedung des AOA auf Ebene der OECD und die damit einhergehende Fiktion der uneingeschränkten Selbstständigkeit der Betriebstätte bot den Anlass, die funktionale Zuordnung von Wirtschaftsgütern zu Betriebstätten neuen Kriterien zuzuführen.

Der von der OECD im neuen Art. 7 OECD-MA 2010 niedergelegte „functionally separate entity approach“ für Betriebstätten und die im Musterkommentar zu den Betriebstättenvorbehalten eingefügten Erläuterungen weisen auf einen Gleichklang der Zuordnung von Wirtschaftsgütern zwischen der Vorschrift des OECD-MA über Unternehmensgewinne und den speziellen Einkünfteartikeln hin. Somit muss die Zuordnung der Wirtschaftsgüter zu Betriebstätten unter den Betriebstättenvorbehalten den Kriterien folgen, die der Art. 7 Abs. 2 OECD-MA 2010 festlegt. Damit kommt der Risiko- und vor allem Funktionsanalyse[1130] besonderes Gewicht zu. Entscheidend für die Zuordnung eines Wirtschaftsguts zu einer Betriebstätte ist daher, dass das Betriebstättenpersonal eine Funktion ausübt, die für den Einsatz des Wirtschaftsguts von signifikanter Bedeutung ist.[1131]

Diese Art der Betrachtung eines grenzüberschreitenden Betriebstättensachverhalts führt unweigerlich zu einer funktionalen Betrachtungsweise. Im Gegensatz zu derjenigen des BFH, der stets vom Wirtschaftsgut ausgehend prüft, ob sich aufgrund dessen Funktion eine Tätigkeit in der Betriebstätte findet, welche die Zuordnung des Wirtschaftsguts zu dieser rechtfertigt, wird hier ein neuer ökonomisch funktionaler Zusammenhang gefordert. Dieses Kriterium stellt die Funktion der Betriebstätte ins Zentrum der Prüfung. Analysiert werden demnach die von dem Personal in der Betriebstätte ausgeübten Funktionen, also das wirtschaftliche Schaffen der Betriebstätte. An diese funktionale Aufteilung der

1128 Siehe hierzu oben Kapitel 3. V. 5. c).

1129 Siehe zu dieser Kritik detailliert oben Kapitel 3. V. 7. a).

1130 Von der OECD als „Functional and Factual Analysis“ bezeichnet, vgl. OECD, MK 2010, MA Art. 7, Rz. 21.

1131 Diese an die Mitarbeiter geknüpfte Analyse wird von der OECD als „people functions“ mit der angesprochenen Unterteilung in „significant people functions“ und „support or ancillary people functions“ bezeichnet. Siehe hierzu zusammenfassend *Kahle/Mödinger*, IStR 2010, 757, 759.

wirtschaftlichen Aufgabenverteilung schließt sich die Prüfung an, welche Wirtschaftsgüter qua Zusammenhang mit der Funktion der Betriebstätte dieser zuzuordnen sind.

Einerseits förderte dieser neue Ansatz das Ergebnis zutage, dass entgegen der Rechtsprechung des BFH Betriebstätten eine – quasi unbegrenzte – Vielzahl von Funktionen zugeordnet werden können und eine Ermittlung einer Rangfolge oder die Verdrängung von Funktionen durch andere nicht (länger) stattfindet.

Andererseits war der Fokus der Untersuchung sowohl auf die Zuordnung von Beteiligungen zu Betriebstätten gerichtet als auch auf die Möglichkeit, Betriebstätten mit Holdingfunktionen zu schaffen, denen Beteiligungen an Unternehmen zugeordnet werden. Das Kriterium des ökonomisch funktionalen Zusammenhanges führte zu dem Ergebnis, dass es bei Beteiligungen auf die Ausübung der Gesellschafterrechte und das Recht zur Disposition über die Beteiligung ankommt. In Holdingfällen und bei sonstigen strategischen Beteiligungen können zugleich aber auch stark ausgeprägte operative Funktionen in der Betriebstätte einen zuordnungsbegründenden Faktor hinsichtlich der Beteiligung darstellen.

Der objektive Kern des ökonomisch funktionalen Zusammenhanges kann jedoch nicht ohne ein subjektives Element, die Zuordnungsentscheidung des Unternehmers, existieren. Letztlich bilden die der Betriebstätte zugeordneten Personen, welche die maßgeblichen Funktionen ausüben, die Entscheidung des Geschäftsführers des Einheitsunternehmens ab. Die hier vertretene Auffassung spricht sich für eine Revitalisierung dieses subjektiven Faktors aus, nachdem er in den Präjudizien des BFH zunehmend bedeutungslos geworden ist.

Unverzichtbar ist eine belastbare Dokumentation, welche die subjektiven Unternehmerentscheidungen und deren Umsetzung in der Praxis, also die Begründung des objektiven ökonomisch funktionalen Zusammenhanges, belegt. Mangels gesetzlicher Normierung oder Vorgaben der Finanzverwaltung zum Vorgehen bei der Zuweisung von Funktionen, wird hier auf die entsprechende Anwendung der Grundsätze des gewillkürten Betriebsvermögens zurückgegriffen.

Die Anwendung des Kriteriums des ökonomisch funktionalen Zusammenhanges unter Berücksichtigung des subjektiven Elements der unternehmerischen Entscheidung hinsichtlich der Funktionsstrukturierung und Zuordnung der Wirtschaftsgüter im Einheitsunternehmen entspricht nicht nur den Vorgaben der OECD zu den Betriebstättenvorbehalten der DBA, sondern führt zu einer der wirtschaftlichen Realität entsprechenden Verteilung der Wirtschaftsgüter als Grundlage der Gewinnabgrenzung im Einheitsunternehmen. Die rechtlich unselbstständige Betriebstätte ist bei Anwendung dieses Ansatzes der rechtlich selbstständigen Gesellschaft für Zwecke der Zuordnung von Wirtschaftsgütern gleichgestellt. Damit ist Neutralität zwischen den Investitionsalternativen mittels rechtlich selbstständigem Unternehmen und unselbstständiger Betriebstätte hergestellt.

VII. Fazit

Die Zuordnung von Wirtschaftsgütern zu Betriebstätten im grenzüberschreitenden Sachverhalt bei Bestehen eines DBA ist eine stark im Wandel befindliche Thematik. Dies gilt einerseits ganz aktuell für die Entwicklung auf Ebene der OECD, andererseits aber auch mit Blick auf die Behandlung dieser Fragestellung insbesondere durch die Rechtsprechung. Letztere reicht zurück bis zu Entscheidungen des RFH. Die Judikate des BFH und die Fortentwicklung der Kriterien, nach denen Wirtschaftsgüter im Einheitsunternehmen zwischen Stammhaus und Betriebstätte aufzuteilen waren, zeugen von einer weiter zunehmenden missbrauchsvermeidenden Intention, eines immer restriktiveren Zuordnungsregimes. Das Kriterium des funktionalen Zusammenhanges nach Verständnis des BFH, also der dem § 8 AStG entlehnte Prüfungsmaßstab, konnte allerdings auch nicht als neutraler Startpunkt dienen, betrachtet man seine Aufgabe im Außensteuerrecht. Die Regeln der Finanzverwaltung betreffend die Zuordnung von Wirtschaftsgütern zu Betriebstätten in Gestalt der Zentralfunktion des Stammhauses sind als realitätsferne protektionistische Vorschriften einzuordnen, die in nicht zu rechtfertigender Weise gegen das Unionsrecht verstoßen. Ihre Intention ist es schlicht, dem (inländischen) Stammhaus so weitgehend als möglich Wirtschaftsgüter zuzuordnen, ohne dass es auf die tatsächlichen Umstände und Funktionen von Betriebstätten im Einzelnen ankommt.

Der hier aus der liberalen Entwicklung des Abkommensrechts abgeleitete Ansatz einer ökonomisch funktionalen Zuordnung vermag eine sachgerechte Zuordnung der Wirtschaftsgüter zu gewährleisten, die im Sinne der Betriebstättenvorbehalte der Betriebstätte „tatsächlich gehören“. Damit ist die Vorgabe, Betriebstätten für steuerliche Zwecke als uneingeschränkt selbständig zu behandeln, erfüllt.

4. Kapitel: Zusammenfassung

I. Dichotomie der Betriebstätte

Der Betriebstätte als zivilrechtlich unselbstständigem Teil eines Einheitsunternehmens kommt für steuerliche Zwecke auf verschiedenen Feldern große Bedeutung zu. Einer dieser Bereiche des Steuerrechts ist die Gewinnabgrenzung im internationalen Besteuerungssachverhalt, bei dem unter einem DBA die Verteilung des Steuersubstrats auf die Vertragsstaaten von der Zuordnung der einzelnen Wirtschaftsgüter zu Stammhaus und Betriebstätte abhängig ist. In dieser Konstellation wird die Dichotomie der Betriebstätte offenbar, unabhängig davon, ob ein Inbound- oder Outboundsachverhalt vorliegt. Ihrer absoluten zivilrechtlichen Unselbstständigkeit steht eine beschränkte oder nunmehr uneingeschränkte Selbstständigkeit für steuerliche Zwecke gegenüber. Aufgrund des Steuergefälles zwischen der Bundesrepublik Deutschland und anderen Staaten, aber auch im Zusammenhang mit Umstrukturierungen innerhalb eines Konzerns ist die Beantwortung der Frage, welchem Teil des Einheitsunternehmens ein Wirtschaftsgut und damit über die Betriebstättenvorbehalte der DBA die hieraus generierten Gewinne zuzurechnen sind, von größter Bedeutung für die Steuerplanung und -gestaltung in Unternehmen. Zugleich liegt die Zuordnung der Wirtschaftsgüter zu Betriebstätten aber auch im zentralen Interesse der Fisken und damit der als Vertragsparteien am DBA beteiligten Staaten.

II. Gewinnabgrenzung im Einheitsunternehmen als Ausgangspunkt der Zuordnungproblematik

Ausgangspunkt für die hier angestellte Untersuchung der Zuordnung von Wirtschaftsgütern zu Betriebstätten ist die Gewinnabgrenzung im internationalen Einheitsunternehmen. Während die Gewinnermittlung bei grenzüberschreitenden Sachverhalten und Bestehen eines DBA stets nach dem nationalen Steuerrecht zu erfolgen hat, bildet die Abgrenzung des Gewinns zwischen den rechtlich nicht voneinander verschiedenen Teilen des Einheitsunternehmens die Aufgabe des Abkommenrechts. Die Zuordnung von Wirtschaftsgütern zu Stammhaus und Betriebstätte stellt dabei die Gewinnabgrenzung dem Grunde nach dar. Hierbei wendet das OECD-MA das in Art. 7 Abs. 1 OECD-MA niedergelegte Betriebstättenprinzip an. Dieses beinhaltet nach der Reformierung des OECD-MA im Jahre 2010 einen Verweis auf Art. 7 Abs. 2 OECD-MA 2010, welcher den Fremdvergleichsgrundsatz zum maßgeblichen Abgrenzungskriterium erhebt. Der Fremdvergleichsgrundsatz findet seine Ausprägung im sogenannten „dealing at arm's length"-Prinzip in Art. 7 Abs. 2 bis 4 OECD-MA 2010 bzw. bereits in Art. 7 Abs. 2 bis 7 OECD-MA 2008. Nach hier vertretener Auffassung hat der Fremdvergleichsgrundsatz keine self-executing Wirkung, findet aber unmittelbare Anwendung auf die Gewinnabgrenzung. Die im Jahre 2010 verabschiedete Neufassung des Art. 7 Abs. 2 OECD-MA 2010 hat die Selbstständigkeitsfiktion der Betriebstätte geschaffen, indem die Vorschrift normiert, dass einer Betriebstätte die Gewinne zuzurechnen sind, welche sie als selbstständiges und unabhängiges Unternehmen unter vergleichbaren Umständen erzielt hätte. Dies beschreibt den „functionally separate entity approach". Dieser ersetzt den zuvor geltenden „relevant business activity approach" und markiert somit den Wechsel von dem Verständnis der beschränkten hin zur uneingeschränketen Selbstständigkeit der Betriebstätte für steuerliche Zwecke. Hierbei handelt es sich zugleich um die Modifikation, welche sich auf die Zuordnung der Wirtschaftsgüter zu Betriebstätten in elementarer Weise auswirkt. Denn der „functionally separate entity approach" schreibt eine zweistufige Methodik vor. Hierbei ermittelt zunächst eine Funktionsanalyse, welcher Unternehmensteil im Einheitsunternehmen welche Funktionen ausführt, Wirtschaftsgüter nutzt und Risiken übernimmt, um auf der zweiten Stufe die innerbetrieblichen Leistungsbeziehungen zwischen Stammhaus und Betriebstätte zu identifizieren und einer Bewertung sowie Vergütung nach Fremdvergleichsgrundsätzen zuzuführen.

Die Zuordnung von Wirtschaftsgütern zu Betriebstätten nach den Betriebstättenvorbehalten der speziellen Einkünfteartikel des OECD-MA (Art. 10 bis 12 und 21 beispielsweise) muss den einheitlichen Vorgaben der Gewinnabgrenzung des Art. 7 OECD-MA 2010 folgen. Mithin besteht über die Fiktion der uneingeschränkten Selbstständigkeit der Betriebstätte ein Gleichlauf der Behandlung der Betriebstätte in Art. 7 sowie den Art. 10 bis 12 und 21 OECD-MA, welche die Zurechnung von Betriebstättengewinnen als lex specialis reglementieren. Diese Auffassung ist durch die Kommentierung der OECD zum OECD-MA sowie die Rechtsprechung des BFH verbürgt.

III. Bestehende Quellen sachlicher Zuordnungskriterien

Die sachlichen Kriterien der Zuordnung von Wirtschaftsgütern zu Betriebstätten im internationalen Einheitsunternehmen speisen sich aus unterschiedlichsten Quellen, wobei hier der Koordinierte Ländererlass betreffend das Revisionsprotokoll des DBA USA, sodann schwerpunktmäßig die Rechtsprechung des BFH und abschließend die Auffassung der Finanzverwaltung den Kern der Untersuchung darstellen.

1. Koordinierter Ländererlass betreffend das Revisionsprotokoll des DBA USA

Der Koordinierte Ländererlass betreffend das Revisionsprotokoll des DBA USA verwendet Zuordnungskriterien, die ihrer Natur nach zu subjektiv ausgeprägt sind oder solche, die auf bestimmte Wirtschaftsgüter keine Anwendung finden. Objektive Anhaltspunkte, die eine Zuordnung zur Betriebstätte begründen, sind jedoch ebenso unverzichtbar wie die Anwendbarkeit der sachlichen Zuordnungskriterien auf sämtliche Wirtschaftsgüter, ohne dass Untergruppen an Kriterien für spezielle Zuordnungssachverhalte zu bilden sind. Insofern vermag der Koordinierte Ländererlass betreffend das Revisionsprotokoll des DBA USA keine belastbare Basis für die Entwicklung eines Ansatzes der funktionalen Zuordnung von Wirtschaftsgütern zu Betriebstätten zu bilden.

2. Präjudizien des BFH

Die zahlreichen Judikate des BFH betreffend die sachlichen Kriterien der Zuordnung von Wirtschaftsgütern zu Betriebstätten sind in den zur Anwendung gebrachten Subkriterien vielfältig. Diese Vielzahl an Kriterien ist einer steten Rechtsprechungsentwicklung geschuldet, die schließlich in dem bis heute zur Anwendung kommenden Kriterium des funktionalen Zusammenhanges mündet. Danach soll der zuzuordnende Vermögenswert in einem funktionalen Zusammenhang zu der von der Betriebstätte ausgeübten Tätigkeit stehen und sich deshalb die Erträge aus diesem Wirtschaftsgut bei funktionaler Betrachtung als Nebenerträge der aktiven Betriebstättentätigkeit darstellen. Dabei ist die Tätigkeit maßgebend, auf der nach allgemeiner Verkehrsauffassung das wirtschaftliche Schwergewicht liegt. Diese bei § 8 AStG gemachte Anleihe belegt, dass ein funktionaler Zusammenhang zwischen Betriebstätte und Wirtschaftsgut erforderlich ist. Allerdings bringt die Anwendung des Kriteriums des funktionalen Zusammenhanges durch die Rechtsprechung im Rahmen der Zuordnung von Wirtschaftsgütern zu Betriebstätten mit sich, dass der für § 8 Abs. 1 AStG relevante Gedanke der Unterteilung in Einkünfte aus aktiver und solche aus passiver Tätigkeit auf die Betriebstättensachverhalte abfärbt. Dies bedeutet häufig, dass der BFH die missbrauchsvermeidende Intention, welche den Regeln des AStG zur Hinzurechnungsbesteuerung inne wohnt, für die Zuordnungsfragen in Betriebstättensachverhalten nicht abzustreifen vermag. Dieser Kritikpunkt lässt sich in der Folge der Untersuchung an zwei Fragen verifizieren.

Erstens wurde die Frage aufgeworfen, inwieweit das Kriterium des funktionalen Zusammenhanges moderne betriebswirtschaftliche Unternehmensstrukturen in Gestalt der Zuordnung mehrerer Funktionen respektive die Zuordnung von Funktionsbündeln zu einer Betriebstätte erlaubt. Dieser Möglichkeit stellt sich die Rechtsprechung des BFH entgegen, wenn sie auf das wirtschaftliche Schwergewicht einer Tätigkeit abstellt. Diese Auffassung steht jedoch im Widerspruch zu einer keineswegs missbräuchlichen Entwicklung von Strukturen in der Praxis, Unternehmensteile multifunktional auszugestalten. Insoweit ist der BFH gehalten, seine zu restriktive und am Missbrauchsgedanken ausgerichtete Rechtsprechung zu modifizieren.

Die zweite Frage widmete sich der Zuordnung von Beteiligungen zu Betriebstätten, insbesondere dem Aspekt, wann Betriebstätten Holdingtätigkeiten ausüben und ihnen demnach Beteiligungen zuzuordnen sind. Die grundsätzliche Möglichkeit, Holding-Betriebstätten zu betreiben und diesen Beteiligungen zuzurechnen, stellt der BFH auf Basis seines Kriteriums des funktionalen Zusammenhanges nicht in Abrede. Das Gericht vermeidet allerdings in seinen Entscheidungen jedwede positive Eingrenzung der von der Betriebstätte benötigten Funktionen, um als Holding-Betriebstätte zu fungieren und grenzt stets nur in negativer Hinsicht ab, sodass sich aus der Judikatur nur Anhaltspunkte dafür ergeben, welche funktionale Ausstattung jedenfalls nicht ausreicht.

Der hier verfolgte Ansatz, die Regelung des § 50d Abs. 3 EStG zur Gewinnung von Kriterien zur Ausfüllung des Tatbestandsmerkmals des funktionalen Zusammenhanges heranzuziehen, konnte aufgrund der im Zusammenhang mit dieser Norm selbst bestehenden Probleme und Unsicherheiten letztendlich keine Anhaltspunkte für Betriebstättensachverhalte liefern. Ferner ist auch § 50d Abs. 3 EStG wie § 8 AStG eine Umgehungsvermeidungsnorm und somit vom Charakter her nicht mit Betriebstättenvorbehalten in DBA, wie beispielsweise Art. 10 Abs. 4 OECD-MA, vergleichbar.

Insgesamt zeigt sich nur, dass nach der Rechtsprechung des BFH die Betriebstätte eine Geschäftsleitungsholding sein muss, ansonsten bestehen aber weiterhin Unsicherheiten, mittels welcher Gestaltung der restriktiven Haltung des BFH beizukommen ist. Die hier an der Rechtsprechung des BFH zur Holding-Betriebstätte geübte Kritik wurde des Weiteren durch die Analyse des Verschmelzungs- und Umwandlungsfalles der Allianz SE belegt. Demnach ist dem Kriterium des funktionalen Zusammenhanges wie es der BFH gebraucht, ein zu stark dem § 8 AStG verhaftetes Missbrauchsvermeidungsverständnis zu attestieren. Die Rechtsprechung gibt sich sehr restriktiv, wenn es darum geht, einer Betriebstätte mehrere Funktionen oder Holdingfunktionen und die dazu nötigen Beteiligungen zuzuordnen. Dieses Verständnis des sachlichen Kriteriums der Zuordnung von Wirtschaftsgütern zu Betriebstätten ist nicht länger mit den liberalisierten und von der Selbstständigkeit der Betriebstätte getragenen

Vorgaben des Abkommensrechts und daher auch nicht mit den Betriebstättenvorbehalten in Einklang zu bringen.

3. Bertriebsstätten-Verwaltungsgrundsätze der Finanzverwaltung

Als dritte Quelle der sachlichen Zuordnungskriterien wurden die Betriebsstätten-Verwaltungsgrundsätze der Finanzverwaltung herangezogen. Hierin wird die Zentralfunktion des Stammhauses als maßgebliches Kriterium der Zuordnung von Wirtschaftsgütern genannt, wenn es um die Zuordnung von dem Einheitsunternehmen dienenden Finanzmitteln einerseits und – die hier insbesondere untersuchten – Beteiligungen andererseits geht. Dieser Ansatz der Zuordnung ist umfassend abzulehnen. Es handelt sich um eine pauschalierende Regelung, die in protektionistischer und fiskalisch motivierter Weise Zuordnungsvermutungen (zugunsten des Stammhauses) aufstellt. Das Verständnis der Finanzverwaltung von der funktionellen Organisation eines Einheitsunternehmens ist von Anachronismen geprägt, die auf einer Attraktivkraft des Stammhauses fußen, welche jedoch nicht existiert. Die willkürliche Zuordnungsvermutung von Wirtschaftsgütern zum Stammhaus begründet eine schwerwiegende Beeinträchtigung der unternehmerischen Dispositions- und Gestaltungsfreiheit, die sich nicht auf eine gesetzliche Grundlage stützt, nicht im Einklang mit Recht und Gesetz steht und ferner nicht den Anforderungen der unionsrechtlichen Grundfreiheiten der Niederlassung sowie der Kapitalverkehrsfreiheit genügt, vielmehr in nicht zu rechtfertigender Weise in deren Schutzbereich eingreift.

Insgesamt ist keine der drei untersuchten Quellen in der Lage, einen Ansatz zur funktionalen Zuordnung von Wirtschaftsgütern zu Betriebstätten zu liefern, der den Änderungen im OECD-MA und dessen Kommentar dergestalt Rechnung trägt, dass die Betriebstätte als uneingeschränkt selbstständiges Zuordnungssubjekt im Rahmen der Betriebstättenvorbehalte fungieren kann.

IV. Genese eines Zuordnungskriteriums

Demnach besteht die Notwendigkeit, einen neuen Ansatz zur funktionalen Zuordnung von Wirtschaftsgütern zu Betriebstätten aus den Vorgaben des AOA der OECD und der Reform des nationalen Steuerrechts abzuleiten. Hierbei steht im Zentrum einer Zuordnung von Wirtschaftsgütern zu Betriebstätten im Rahmen der Betriebstättenvorbehalte die Fiktion der Betriebstätte als selbstständig, also die Gleichbehandlung mit einer rechtlich selbstständigen Unternehmenseinheit. Unter Inbezugnahme der Kritik am Kriterium des funktionalen Zusammenhanges, wie es der BFH vertritt, wurde das Kriterium des ökonomisch funktionalen Zusammenhanges entwickelt. Dieses Zuordnungskriterium stellt ein vom außensteuerrechtlichen Tatbestandsmerkmal der funktionalen Betrachtungsweise emanzipiertes Kriterium dar, welches die wirtschaftliche Realität im Wege der Zuordnung der Wirtschaftsgüter im Einheitsunternehmen abzubilden und nachzuvollziehen sucht. Wirtschaftsgüter sind in Übereinstimmung mit dem AOA dann der Betriebstätte zuzuordnen, wenn in dieser Personal tätig ist, welches Funktionen ausübt, die sodann wirtschaftliches Eigentum für diesen Vermögenswert begründen. Dies stellt einen signifikanten Perspektivwechsel zum funktionalen Zusammenhang des BFH dar, denn die ökonomisch funktionale Betrachtungsweise rückt die Funktion der Betriebstätte in den Mittelpunkt der Untersuchung. Dieser werden sodann die Wirtschaftsgüter, welche zur Ausübung der Funktion benötigt werden, zugeordnet. Damit ist die Sichtweise des BFH überholt, die mit einem Schwergewicht versehene Aktivität der Betriebstätte zu identifizieren und dieser in Abhängigkeit von der Funktion des einzelnen Wirtschaftsguts dasselbe zuzuordnen. Dieses objektive Kriterium der Zuordnung von Wirtschaftsgütern wird zugleich von einem subjektiven Element getragen: der unternehmerischen Zuordnungsentscheidung. Der Unternehmer, der Einfluss über eine für Zwecke der Gewinnabgrenzung uneingeschränkt selbstständige Betriebstätte ausübt, muss in der Lage sein, seinem Zuordnungswillen Ausdruck zu verleihen. Diese subjektive Komponente soll im Wege einer Dokumentation nach Vorbild des gewillkürten Betriebsvermögens erfolgen und als Bestandteil des ökonomisch funktionalen Zusammenhanges zwischen Betriebstättenfunktion und Wirtschaftsgut für sämtliche Wirtschaftsgüter einen Zuordnungsansatz bilden, der mit dem AOA des Abkommensrechts sowie den Anpassungen im deutschen Steuerrecht in Einklang steht. Das bedeutet, die Betriebstätte als uneingeschränkt selbstständig, einer Tochterkapitalgesellschaft ebenbürtig, zu behandeln.

Literaturverzeichnis

Allianz SE, Informationsprospekt gemäß Artikel 70 Absatz 4 der von der italienischen Börsenaufsicht CONSOB mit Beschluss Nr. 11971 vom 14. Mai 1999 angenommenen Verordnung samt nachfolgender Änderungen über die Verschmelzung der RIUNIONE ADRIATICA DI SICURTÀ S.p.A. auf die ALLIANZ Aktiengesellschaft, www.allianz.com/v_1341590620000/media/investor_relations/de/hauptversammlung/archiv_1999_2013/hv_2006_ao/verschmelzungsdokumentation/info_memo___deutsch.pdf (zuletzt besucht am 12.8.2013).

Andresen, Ulf, Tarifabsenkung - Renaissance der Betriebsstätten -, in: Schaumburg, Harald/Piltz, Detlev (Hrsg.), Grenzüberschreitende Gesellschaftsstrukturen im Internationalen Steuerrecht, Köln 2010, S. 1–31.

Bächle, Ekkehard/Rupp, Thomas/Ott, Johann-Paul (Hrsg.), Internationales Steuerrecht, 2. Aufl., Stuttgart 2008.

Baldamus, Ernst-August, Neues zur Bestriebsstättengewinnermittlung, IStR 2012, 317–324.

Baumgärtl, Martina/Perlet Helmut, Hinzurechnungsbesteuerung bei Auslandsbeteiligungen, 1999.

Becker, Helmut, Die Besteuerung von Betriebsstätten, DB 1989, 10–16.

–, Funktionsnutzen oder Erwirtschaftungsgrundsatz, - Wege zur Ermittlung des zutreffenden Betriebsstättenergebnisses -, DB 1990, 392–395.

Becker, Katharina, Steuerkoordination, Wegzugbesteuerung und Maßnahmen der Betriebsstätten-Gewinnabgrenzung, in: Oestreicher, Andreas (Hrsg.), Unternehmen im Umbruch, Krisenbewältigung, Mobilität, Unternehmenstransaktionen und Steuern, Herne 2010, S. 81–94.

Benecke, Andreas/Schnitger, Arne, Letzte Änderungen der Neuregelungen des UmwStG und der Entstrickungsnormen durch das SEStEG, Beschlussempfehlungen und Bericht des Finanzausschusses, IStR 2007, 22–28.

Blumers, Wolfgang, Die Europarechtswidrigkeit der Betriebsstättenzurechnung im Betriebstättenerlass, DB 2006, 856–860.

–, DBA-Betriebsstätten-Zurechnung in der jüngsten BFH-Rechtsprechung, DB 2008, 1765–1771.

Blümich, EStG/KStG/GewStG Kommentar, Heuermann, Bernd/Brandis, Peter (Hrsg.), (Loseblatt) 118. Erg., Stand April 2013.

BMF, Schreiben betr. Grundsätze für die Prüfung der Einkunftsabgrenzung bei international verbundenen Unternehmen (Verwaltungsgrundsätze), BStBl. I 23.2.1983, 218.

BMF, Schreiben vom 03.06.1992 IV B 2–S 2135–4/92 (1), DStR 03.06.1992, 948.

BMF, Betriebsstätten-Verwaltungsgrundsätze, Schreiben betr. Grundsätze der Verwaltung für die Prüfung der Aufteilung der Einkünfte bei Betriebsstätten international tätiger Unternehmen, v. 24.12.1999, IV B 4–S 1300–111/99, BStBl. I 1999, 1076, geändert durch BMF v. 25.8.2009, BStBl. I 2009, S. 888.

BMF, Schreiben betr. Grundsätze zur Anwendung des Außensteuergesetzes, BStBl. I 2004, 3.

BMF, Schreiben betreffend Anwendung der Grundsätze des BFH-Urteils vom 17. Juli 2008 I R 77/06 (BStBl. 2009 II S. 464), BStBl. I 2009, 671.

BMF, Verwaltungsgrundsätze zu Anwendung von DBA auf Personengesellschaften, IV B 2–S 1300/09/10003, BStBl. I 2010, 354.

BMF, Schreiben betreffend den Stand der Doppelbesteuerungsabkommen und der Doppelbesteuerungsverhandlungen am 1. Januar 2013, IV B 2–S 1301/07/10017-04, http://www.bundesfinanzministerium.de/Content/DE/Downloads/BMF_Schreiben/Internationales_Steuerrecht/Allgemeine_Informationen/2013-01-22-Stand-DBA-1-Januar-2013.pdf?__bl ob=publicationFile&v=1 (zuletzt besucht am 12.8.2013).

Bock, Manfred, Welche Einkünfte „gehören tatsächlich" zur Betriebstätte?, AWD 1970, 171–174.

Borgsmidt, Kirsten, Leitgedanken der EuGH-Rechtsprechung zu den Grundfreiheiten in Steuerfällen – eine Bestandsaufnahme, IStR 2007, 802–809.

Breuninger, Gottfried in: Spindler, Wolfgang/Tipke, Klaus/Rödder, Thomas (Hrsg.), FS Schaumburg, Die „Zentralfunktion des Stammhauses" bei grenzüberschreitenden Verschmelzungen, S. 587–608.

Buciek, Klaus, Grenzüberschreitender Betriebsvermögenstransfer, in: Piltz, Detlev/Schaumburg, Harald (Hrsg.), Internationale Betriebsstättenbesteuerung, Köln 2001, S. 43–64.

–, Aktuelle Entwicklungen zur Betriebsstättenbesteuerung, DStZ 2003, 139–147.

Bühler, Ottmar, Prinzipien des Internationalen Steuerrechts. Ein systematischer Versuch, München 1964.

Callies, Christian/Ruffert, Matthias (Hrsg.), EUV/AEUV Kommentar, München 2011.

Cordewner, Axel, Europäische Grundfreiheiten, „Konvergenz" des Gemeinschaftsrechts und „Kohärenz" der direkten Steuern in der Rechtsprechung des EuGH, Köln 2002.

Debatin, Helmut, Die beschränkte Steuerpflicht bei der Einkommen- und Körperschaftsteuer, BB 1960, 1015–1018.

–, Konzeption zur Steuerpflicht, FR 1969, 277–284.

–, Zum Grundverständnis der Doppelbesteuerungsabkommen, RIW 1988, 727–729.

–, Verfehlter Abschied vom Mythos im internat. Steuerrecht, RIW 1989, 551–553.

–, Das Betriebstättenprinzip der deutschen Doppelbesteuerungsabkommen (Teil I), DB 1989, 1692–1697.

–, Das Betriebstättenprinzip der deutschen Doppelbesteuerungsabkommen (Teil II), DB 1989, 1739–1744.

Deutscher Bundestag, Entwurf eines Jahressteuergesetzes 2010 (JStG 2010) – Drucksache 17/2249 –, Stellungnahme des Bundesrates und Gegenäußerung der Bundesregierung, BT-Drs. 17/2823.

Deutscher Bundestag, Bericht des Finanzausschusses (7. Ausschuss) a) zu dem Gesetzentwurf der Bundesregierung - Drucksachen 17/2249, 17/2823 - Entwurf eines Jahressteuergesetzes 2010 (JStG 2010) b) zu dem Gesetzentwurf der Abgeordneten Dr. Barbara Höll, Jutta Krellmann, Klaus Ernst, weiterer Abgeordneter und der Fraktion DIE LINKE. - Drucksache 17/255 - Entwurf eines Gesetzes zur Abschaffung des Progressionsvorbehalts für Kurzarbeitergeld, BT-Drs. 17/3549.

Deutscher Bundestag, Entwurf eines Gesetzes über steuerliche Begleitmaßnahmen zur Einführung der Europäischen Gesellschaft und zur Änderung weiterer steuerrechtlicher Vorschriften (SEStEG), Drucksache 16/2710 vom 25.09.2006, Stand: 10.11.1999, http://dip21.bundestag.de/dip21/btd/16/027/1602710.pdf (besucht am 11.04.2011).

Ditz, Xaver, Gewinnabgrenzung zwischen Stammhaus und Betriebsstätte - Neue Entwicklungen auf Ebene der OECD unter besonderer Berücksichtigung des E-Commerce, IStR 2002, 210–216.

–, Internationale Gewinnabgrenzung bei Betriebsstätten, Ableitung einer rechtsformneutralen Auslegung des Fremdvergleichsgrundsatzes im internationalen Steuerrecht - Der Grundsatz des Fremdvergleichs im Rahmen der Gewinnabgrenzung zwischen Stammhaus und Betriebsstätte, Berlin 2004.

–, Internationale Gewinnabgrenzung bei Betriebsstätten und nationale Gewinnermittlungsvorschriften im Lichte aktueller Entwicklungen bei der OECD, IStR 2005, 37–43.

–, Betriebsstättengewinnabgrenzung nach dem „Authorised OECD Approach" – eine kritische Analyse, ISR 2012, 48–55.

–/ *Schneider, Markus,* Änderungen des Betriebsstättenerlasses durch das BMF-Schreiben vom 25.8.2009, DStR 2010, 81–87.

Dreier, Horst, Grundgesetz Kommentar, Band II Artikel 20–82, 2. Aufl., Tübingen 2006.

Ege, Gerhard, Die Betriebsstätte im internationalen Steuerrecht, in: Crezelius, Georg/Raupach, Arndt/Schmidt, Ludwig/Uelner, Adalbert (Hrsg.), Festschrift für Joseph Haas, Herne 1996, S. 101–110.

Eggers, Joachim/Korf, Ralph, Umfang des Vorsteuerabzugs von Holdinggesellschaften, DB 2001, 298–304.

Ehlermann, Christian/Petersen, Sven, Abkommensrechtliche versus nationale Zuordnung von Beteiligungen - Besonderheiten bei ertragsteuerlicher Organschaft?, IStR 2011, 747–753.

Fink, Jörn, Gewinnzurechnungsmethoden im Verhältnis zwischen inländischem Stammhaus und ausländischer Betriebsstätte, RIW 1988, 43–51.

*Flick, Hans/*Wassermeyer, *Franz,* Die funktionale Betrachtungsweise im Außensteuerreformgesetz, Ein Wegweiser für die Zuordnung von Einkünften zu aktiven oder passiven Tätigkeiten, BB 1973, 857–860.

*Flick, Hans/*Wassermeyer, *Franz/Kempermann, Michael,* Doppelbesteuerungsabkommen Deutschland-Schweiz Kommentar, (Loseblatt) 34. Erg., Stand April 2011.

Flick, Hans/Wassermeyer, Franz/Baumhoff, Hubertus/Schönfeld, Jens, Außensteuerrecht Kommentar, (Loseblatt) 70. Erg., Stand Februar 2013.

Förster, Hartmut, Der OECD-Bericht zur Ermittlung des Betriebstättengewinns (Teil I), IWB 2007, 1929–1938.

*Förster, Hartmut/*Naumann, *Manfred/*Rosenberg, *Oliver,* Generalthema II des IFA-Kongresses 2006 in Amsterdam: Gewinnabgrenzung bei Betriebsstätten, IStR 2005, 617–624.

Freitag, Robert, Mitgliedstaatliche Beschränkung des Kapitalverkehrs und Europäisches Gemeinschaftsrecht, EWS 1997, 186–195.

Frese, Erich, Grundlagen der Organisation, 9. Aufl., Wiesbaden 2005.

Frotscher, Gerrit, Gedanken zur Zentralfunktion der Geschäftsleitungs-Betriebsstätte, in: Strunk, Günther/Wassermeyer, Franz/Kaminski, Bert (Hrsg.), Unternehmensteuerrecht und Internationales Steuerrecht, Gedächtnisschrift für Dirk Krüger, Bonn 2006, S. 95–112.

–, Internationales Steuerrecht, 3. Aufl., München 2009.

–, Dealings, KERT und Significant people - der neue Ansatz der Betriebsstätten-Gewinnabgrenzung auf der Ebene der OECD, in: Oestreicher, Andreas (Hrsg.), Unternehmen im Umbruch, Krisenbewältigung, Mobilität, Unternehmenstransaktionen und Steuern, Herne 2010, S. 95–111.

Gassner, Wolfgang/Lang, Michael/Lechner, Eduard (Hrsg.), Die Betriebstätte im Recht der Doppelbesteuerungsabkommen, Voraussetzungen der Besteuerung von Unternehmensgewinnen im Quellenstaat, Wien 1998.

Geiger, Rudolf/Khan, *Daniel*/Kotzur, *Markus,* EUV/AEUV Kommentar, 5. Aufl., München 2010.

Grabitz, Eberhard/Hilf, Meinhard, Das Recht der Europäischen Union EUV/EGV (Nizza-Fassung), (Loseblatt) 40. Erg., Stand Oktober 2009.

Grabitz, Eberhard/Hilf, *Meinhard/Nettesheim, Martin* (Hrsg.), Das Recht der Europäischen Union EUV/AEUV, (Loseblatt) 50. Erg., Stand Mai 2013.

Grotherr, Siegfried (Hrsg.), Verrechnungspreispolitik bei der Verlagerung betrieblicher Funktionen ins Ausland, Handbuch der internationalen Steuerplanung, 2. Aufl., Herne 2003.

–/ Herfort, *Claus/Strunk, Günther* (Hrsg.), Internationales Steuerrecht, 3. Aufl., Achim 2010.

Günkel, Manfred, Anmerkung zum BFH-Urteil vom 30.10.1996 II R 12/92, IWB Fach 3 a Gruppe 1, 589–590.

Gürsching, Lorenz/Stenger, *Alfons* (Hrsg.), Bewertungsrecht - BewG/ErbStG Kommentar, (Loseblatt) 121. Erg., Stand April 2013.

Haas, Gerhard, Anrechnen ohne Mißbrauch, RIW 1978, 581–584.

Haase, Florian, Außensteuergesetz/Doppelbesteuerungsabkommen, Heidelberg 2009.

–, Internationales und europäisches Steuerrecht, 3. Aufl., Heidelberg 2011.

–/ Dorn, Katrin, „Betriebsstättenlose" Einkünfte aus Gewerbebetrieb und Wirtschaftsgüter des Betriebsvermögens, DB 2011, 2115–2118.

Haferkamp, Ute, Die Kapitalverkehrsfreiheit im System der Grundfreiheiten des EG-Vertrags, Baden-Baden 2003.

Haiß, Uta, Gewinnabgrenzung bei Betriebsstätten im internationalen Steuerrecht, Vermögens-, Aufwands- und Ertragszuordnung nach OECD-Musterabkommen und neuem Betriebsstättenerlass, Neuwied 2000.

Haratsch, Andreas/Koenig, *Christian/Pechstein, Matthias,* Europarecht, 7. Aufl., Tübingen 2010.

Haslehner, Werner, Das Konkurrenzverhältnis der Europäischen Grundfreiheiten in der Rechtsprechung des EuGH zu den direkten Steuern, IStR 2008, 565–575.

Hemmelrath, Alexander, Besonderheiten bei der Beteiligung von Steuerinländern an Personengesellschaften in DBA-Staaten, IStR 1995, 570–574.

Herrmann, Carl/Heuer, Gerhard/Raupach, Arndt, EStG/KStG Kommentar, (Loseblatt) 257 Erg., Stand Mai 2013.

Hruschka, Franz/Lüdemann, Peter, Das Veranlassungsprinzip als Maßstab zur innerstaatlichen Betriebstättengewinnermittlung, IStR 2005, 76–84.

Hübschmann, Walter/Hepp, Ernst/Spitaler, Armin, Abgabenordnung/Finanzgerichtsordnung Kommentar, (Loseblatt) 222 Erg., Stand Juni 2013.

IDW, Steuerfachausschuss, WPg 1987, 648–652.

Ismer, Roland/Kost, Sebastian, Sondervergütungen unter dem DBA-USA, zugleich Anmerkung zum Urteil des FG Baden-Württemberg, EFG 2006, 677, IStR 2007, 120–124.

Jarrass, Hans/Pieroth, *Bodo*, Kommentar zum Grundgesetz für die Bundesrepublik Deutschland: GG, 12. Aufl., München 2012.

Jacobs, Otto (Hrsg.), Internationale Unternehmensbesteuerung, Deutsche Investitionen im Ausland; ausländische Investitionen im Inland, 7. Aufl., München 2011.

Kaeser, Christian, Betriebsstättenvorbehalte und AOA: Der Begriff der „tatsächlichen Zugehörigkeit“ nach dem OECD-MK 2010, ISR 2012, 63–69.

Kahle, Holger/Mödinger, Jörg, Die Neufassung des Art. 7 OECD-MA im Rahmen der Aktualisierung des OECD-MA 2010, IStR 2010, 757–763.

–, Erfolgs- und Vermögensabgrenzung bei ausländischen Betriebsstätten, Status Quo und aktuelle Entwicklungen, DB 2011, 2338–2343.

Kaminski, Bert, Dokumentation der Einkunftsabgrenzung zwischen Stammhaus und Betriebsstätte et vice versa, in: Strunk, Günther/Wassermeyer, Franz/Kaminski, Bert (Hrsg.), Unternehmensteuerrecht und Internationales Steuerrecht, Gedächtnisschrift für Dirk Krüger, Bonn 2006, S. 127–151.

Kemmerer, Martin, Kapitalverkehrsfreiheit und Drittstaaten, Baden-Baden 2010.

Kempka, Bettina, Gewinnrealisierung bei der Überführung von Wirtschaftsgütern zwischen Stammhaus und Betriebsstätte, Berlin u.a. 1995.

Kessens, Felix, Die Besteuerung der grenzüberschreitenden Überführung von Wirtschaftsgütern, Frankfurt am Main u. a. 2009.

Kessler, Wolfgang/Huck, Friederike, Der (zwangsweise) Weg in den Betriebsstättenkonzern am Beispiel der Hinausverschmelzung von Holdinggesellschaften, IStR 2006, 433–441.

–/ Jehl, *Melanie,* Kritische Analyse der Zentralfunktion des Stammhauses, IWB 2007, 1977–1988.

–/ Kröner, *Michael*/Köhler, *Stefan* (Hrsg.), Konzernsteuerrecht, München 2008.

–/ *Peter, Markus,* Weiterentwicklung des Betriebsstättenprinzips - Neuinterpretation eines traditionellen Besteuerungskonzepts durch die OECD vor dem Hintergrund des zunehmenden E-Commerce, BB 2000, 1545–1552.

Kirchhof, Paul (Hrsg.), EStG Kommentar, 12. Aufl., Köln 2013.

Kinzl, Ulrich-Peter, Zuordnung von Kapitalgesellschaftsbeteiligungen zu ausländischen Betriebstätten und Grundfreiheiten, IStR 2005, 693–699.

Klein, Franz, Abgabenordnung Kommentar, 11. Aufl., München 2012.

Kluge, Volker, Zur unmittelbaren Anwendung von DBA-Vorschriften bei der Gewinnermittlung, StuW 1975, 294–305.

–, Das internationale Steuerrecht, Gemeinschaftsrecht, Außensteuerrecht, Abkommensrecht, 4. Aufl., München 2000.

Kofler, Georg, Doppelbesteuerungsabkommen und Europäisches Gemeinschaftsrecht, Wien 2007.

Köhler, Franz, Das Betriebsstättenprinzip im Recht der deutschen Doppelbesteuerungsabkommen bei Mitunternehmerschaftsgebilden, RIW 1991, 1024–1038.

Kollruss, Thomas/Buße, Luisa/Braukmann, Melanie, Doppelt ansässige Gesellschaften, Zentralfunktionsthese des Stammhauses und Hinzurechnungsbesteuerung nach dem AStG, IStR 2011, 13–20.

Konrad, Maren, Erfolgs- und Vermögensabgrenzung zwischen Stammhaus und Betriebsstätte nach dem Functionally Separate Entity-Ansatz, IStR 2003, 786–792.

Kosch, Florian, Der OECD-Betriebsstättenbericht im Vergleich zum deutschen Recht, IStR 2010, 42–45.

Krabbe, Helmut, Abkommensrechtliche Behandlung von Sondervergütungen – Eine Replik, FR 2001, 129–131.

–, Personengesellschaften und Unternehmensgewinne nach den DBA, IStR 2002, 145–150.

Kraft, Gerhard, Erfoglsabgrenzung bei Betriebsstätten nach den Betriebsstätten-Verwaltungsgrundsätzen, in: Herzig, Norbert/Günkel, Manfred/Niemann, Ursula (Hrsg.), Steuerberater-Jahrbuch 2000/2001, Zugleich Bericht über den 52. Fachkongreß der Steuerberater, Köln, 17. und 18. Oktober 2000, Köln 2001, S. 205–236.

– (Hrsg.), Außensteuergesetz, München 2009.

Kramer, Jörg-Dietrich, „Betriebsstättenlose" Einkünfte aus Gewerbebetrieb - „betriebstättenlose" Wirtschftsgüter des Betriebsvermögens, DB 2011, 1882–1887.

Krawitz, Norbert/Hick, Christian, Betriebsstätteneigenschaft in- und ausländischer Bau- und Montagetätigkeiten bei mehreren Projekten, RIW 2002, 523–533.

Kumpf, Wolfgang, Besteuerung inländischer Betriebstätten von Steuerausländern, Bd. 2, Köln 1982.

–, Betriebsstättenfragen nach Steuersenkungsgsetz und Betriebsstättenerlass, FR 2001, 449–460.

–/ *Roth, Andreas,* Grundsätze der Ergebniszuordnung nach den neuen Betriebsstättengrundsätzen, DB 2000, 741–747.

Lademann, Außensteuergesetz Kommentar, Stuttgart 2011.

Lang, Michael, Wohin geht das Internationale Steuerrecht?, IStR 2005, 289–297.

–/*Schuch, Josef/Staringer, Claus* (Hrsg.), Die Diskriminierungsverbote im Recht der Doppelbesteuerungsabkommen, Wien 2006.

Littmann, Eberhard/Bitz, Horst/Pust, Hartmut, Das Einkommensteuerrecht - Kommentar, (Loseblatt) 99. Erg., Stand Mai 2013.

Loose, Falk, Das Steuerrecht als Schranke der Freiheit des Kapitalverkehrs (Art. 58 EGV), Sternenfels 2001.

Loritz, Karl-Georg/Wagner, Klaus, § 2a EStG und Europäische Gemeinschaft - verfassungsrechtliche und europarechtliche Fragen -, BB 1991, 2266–2276.

Löwenstein, Ulrich/Looks, Christian (Hrsg.), Betriebsstättenbesteuerung, Inboundinvestitionen, Outboundinvestitionen, Steuergestaltungen, Branchenbesonderheiten, München 2003.

–/ *Heinsen, Oliver* (Hrsg.), Betriebsstättenbesteuerung, Inboundinvestitionen, Outboundinvestitionen, Steuergestaltungen, Branchenbesonderheiten, München 2011.

Lüdicke, Jürgen, Der missratene § 50d Abs. 3 EStG i. d. F. des BeitrRLUmsG, IStR 2012, 81–86.

Lutter, Marcus (Hrsg.), Holding-Handbuch, 4. Aufl., Köln 2004.

Maunz, Theodor/Dürig, Günther, Grundgesetz Kommentar, (Loseblatt) 67. Erg., Stand November 2012.

Mössner, Jörg (Hrsg.), Steuerrecht international tätiger Unternehmen, Handbuch der Besteuerung von Auslandsaktivitäten inländischer Unternehmen und von Inlandsaktivitäten ausländischer Unternehmen, 4. Aufl., Köln 2012.

–/ *Fuhrmann, Sven,* Außensteuergesetz Kommentar, 2. Aufl., Herne 2010.

Münchner Kommentar zum Aktiengesetz, Goette, Wulf/Habersack, Mathias (Hrsg.), Bd. 2 §§ 76–117, MitbestG, DrittelbG, 3. Aufl., München 2008.

Münchner Kommentar zum Bürgerlichen Gesetzbuch, Säcker, Jürgen/Rixecker, Roland (Hrsg.), Bd. 1 §§ 1–240, ProstG, AGG, 6. Aufl., München 2012.

Mutscher, Axel, Die Kapitalstruktur von Betriebstätten im internationalen Steuerecht, Methoden zur Bestimmung der Kapitalausstattung im Rahmen der internationalen Einkunftsabgrenzung unter Berücksichtigung der Regelungen in der Bundesrepublik Deutschland und in den USA, Bielefeld 1997.

Narraina, N./Krause, M./Viegener, J., Vergleichende Darstellung über die Besteuerung von Betriebstätten ausländischer Unternehmen, IWB Fach 10 Gruppe 2, 925–950.

Nowotny, Clemens, Betriebstättengewinnermittlung, Die Zuordnung von Wirtschaftsgütern im Recht der Doppelbesteuerungsabkommen, Wien 2004.

OECD, MK 2008, MA, in: Model Tax Convention on Income and on Capital - Condensed Version - July 2008, Berlin 2008.

OECD, MK 2010, MA, in: Model Tax Convention on Income and on Capital - Condensed Version - 22 July 2010, http://www.keepeek.com/Digital-Asset-Management/oecd/taxation/model-tax-convention-on-income-and-on-capital-condensed-version-2010_mtc_cond-2010-en (zuletzt besucht am 13.8.2013).

OECD, Discussion Draft on the Attribution of Profits to Permanent Establishments, 8.2.2001, http://www.oecd.org/ctp/transferpricing/1923028.pdf (zuletzt besucht am 13.8.2013).

OECD, Report on the Attribution of Profits to Permanent Establishments, December 2006, http://www.oecd.org/tax/transferpricing/37861293.pdf (zuletzt besucht am 13.8.2013).

OECD, Report on the Attribution of Profits to Permanent Establishments, 17.7.2008, http://www.oecd.org/tax/transferpricing/41031455.pdf (zuletzt besucht am 13.8.2013).

OECD, 2010 Report on the Attribution of Profits to Permanent Establishments, 22.7.2010, http://www.oecd.org/ctp/transferpricing/45689524.pdf (zuletzt besucht am 13.8.2013).

Ohler, Christoph, Die Kapitalverkehrsfreiheit und ihre Schranken, WM 1996, 1801–1808.

Pahlke, Armin/Koenig, Ulrich, Abgabenordnung §§ 1 bis 368 Kommentar, 2. Aufl., München 2009.

Palandt, Otto, Bürgerliches Gesetzbuch Kommentar, 72. Aufl., München 2013.

Piltz, Detlev, Veräußerungen von Sonderbetriebsvermögen unter den Doppelbesteuerungsabkommen (OECD-Musterabkommen und DBA-Schweiz), IStR 1996, 457–462.

Portner, Rosemarie, Betriebsstätte durch grenzüberschreitende Internet-Transaktion?, IStR 1998, 553–557.

Prinz, Ulrich, Gesetzgeberische Wirrungen um Grundsätze der Betriebsstättenbesteuerung, DB 2009, 807–812.

Puls, Michael, Die Betriebsstätte im Abgaben- und Abkommensrecht, Köln 2005.

Remplik, Alexander, Die grenzüberschreitende Organschaftsbesteuerung in Deutschland, Das Verlustabzugsverbot in § 14 Absatz 1 Satz 1 Nr. 5 KStG, Berlin 2007.

Ribbrock, Martin, Auslegung von DBA-Diskriminierungsverboten, EWS 2005, 401–405.

Ritter, Wolfgang, Grenzüberschreitende Gewinnabgrenzung bei Betriebsstätten – Ein systematischer Vergleich, JbFSt 1976/1977, 288–311.

Rödder, Thomas, Holding und umsatzsteuerliche Unternehmereigenschaft, DStR 1993, 635–640.

–/ Schumacher, Andreas, Das kommende SEStEG - Teil I: Die geplanten Änderungen des EStG, KStG und AStG Der Regierungsentwurf eines Gesetzes über steuerliche Begleitmaßnahmen zur Einführung der Europäischen

Gesellschaft und zur Änderung weiterer steuerrechtlicher Vorschriften, DStR 2006, 1481–1494.

– Das kommende SEStEG - Teil II: Das geplante neue Umwandlungssteuergesetz Der Regierungsentwurf eines Gesetzes über steuerliche Begleitmaßnahmen zur Einführung der Europäischen Gesellschaft und zur Änderung weiterer steuerrechtlicher Vorschriften, DStR 2006, 1525–1542.

Roth, Andreas, Zurechnung von Wirtschaftsgütern bei Betriebsstätten und Personengesellschaften, in: Lüdicke, Jürgen (Hrsg.), Zurechnung von Wirtschaftsgütern im internationalen Steuerrecht, Köln 2000, S. 87–128.

Rudolf, Michael, Treaty-Shopping und Gestaltungsmissbrauch – zugleich ein Beitrag zur Identifizierung und Bewältigung kollidierender Missbrauchsmaßstäbe im deutschen, europäischen und interantionalen Steuerrecht, Köln 2012.

Runge, Berndt, Der neue Betriebsstättenerlaß, Geregelte und nicht geregelte Fälle, in: Piltz, Detlev/Schaumburg, Harald (Hrsg.), Internationale Betriebsstättenbesteuerung, Köln 2001, S. 131–146.

Sachs, Michael (Hrsg.), Grundgesetz Kommentar, 6. Aufl., München 2011.

Sauren, Marcel/Schultze, Monika, Der Konflikt zwischen § 2a EStG und den Doppelbesteuerungsabkommen, Eine Untersuchung unter Berücksichtigung der neueren BFH-Rechtsprechung, RIW 1989, 553–557.

Schade, Dirk, Die deutsche Anti-Treaty-Shopping-Regelung des § 50d Abs. 3 EStG – Zu den Grenzen und dem Bedürfnis nach einer spezialgesetzlichen Regelung, Berlin 2013.

Schaumburg, Harald, Das Leistungsfähigkeitsprinzip im internationalen Steuerrecht, in: Lang, Joachim (Hrsg.), Die Steuerrechtsordnung in der Diskussion, Festschrift für Klaus Tipke zum 70. Geburtstag, Köln 1995, S. 125–152.

–, Zurechnung von Wirtschaftsgütern im nationalen und im Abkommensrecht, in: Lüdicke, Jürgen (Hrsg.), Zurechnung von Wirtschaftsgütern im internationalen Steuerrecht, Köln 2000, S. 53–86.

–, Internationales Steuerrecht, Außensteuerrecht, Doppelbesteuerungsrecht, 3. Aufl., Köln 2011.

Schnitger, Arne, Änderungen des § 1 AStG und Umsetzung des AOA durch das JStG 2013, IStR 2012, 633–645.

–/ *Bildstein, Christoph,* Praxisfragen der Betriebsstättenbesteuerung, Ubg 2008, 444–451.

Schön, Wolfgang (Hrsg.), Gedächtnisschrift für Brigitte Knobbe-Keuk, Köln 1997.

–, Hinzurechnungsbesteuerung und Europäisches Gemeinschaftsrecht, DB 2001, 940–947.

–, Gewinnabgrenzung bei Betriebsstätten, in: Lüdicke, Jürgen (Hrsg.), Besteuerung von Unternehmen im Wandel, Internationale Umwandlungen, Funktionsverlagerungen, Betriebsstätten, Köln 2007, S. 71–113.

Schönfeld, Jens, Besteuerungsrecht für Drittstaatendividenden, IStR 2008, 367–372.

–, Entstrickung über die Grenze aus Sicht des § 4 Abs. 1 Satz 3 EStG anhand von Fallbeispielen - Zugleich Besprechung der jüngsten BFH-Rechtsprechung zur Aufgabe der „Theorie der finalen Entnahme“ sowie zur „finalen Betriebsaufgabe“, IStR 2010, 133–138.

–, Ausgewählte Internationale Aspekte des neuen Umwandlungssteuererlasses, IStR 2011, 497–503.

Schulze-Brachmann, Arno, Totalitäts- oder Territorialitätsprinzip?, Ein Beitrag zum Doppelbesteuerungsrecht, StuW 1964, 589–626.

Schwarz, Bernhard (Hrsg.), Abgabenordnung Kommentar, (Loseblatt) 154. Erg., Stand Juni 2013.

Schwarze, Jürgen (Hrsg.), EU-Kommentar, 3. Aufl., Baden-Baden 2012.

Seer, Roman, Grenzen der Zulässigkeit eines treaty overridings am Beispiel der Switch-over-Klausel des § 20 AStG (Teil I), IStR 1997, 481–486.

Staringer, Claus, Der Betriebstättenvorbehalt für Dividenden, Zinsen und Lizenzgebühren, in: Gassner, Wolfgang/Lang, Michael/Lechner, Eduard (Hrsg.), Die Betriebstätte im Recht der Doppelbesteuerungsabkommen, Voraussetzungen der Besteuerung von Unternehmensgewinnen im Quellenstaat, Wien 1998, S. 223–238.

Storck, Alfred, Ausländische Betriebstätten im Ertrag- und Vermögensteuerrecht, Taxation of Foreign Permanent Establishments, Frankfurt a.M. 1980.

Strahl, Martin, Wegzugsproblematik bei Personengesellschaften und ihren Gesellschaftern, FR 2007, 665–673.

Streinz, Rudolf, Europarecht, 9. Aufl., Heidelberg 2012.

Strunk, Günther/Kaminski, Bert, Anmerkungen zum Betriebsstättenerlaß, IStR 2000, 33–42.

–, Betriebsstättenbegründung und Einkunftszurechnung bei Internet-Geschäften – Anmerkung zum Urteil des Schleswig-Holsteinischen Finanzgerichts vom 6. September 2001 Az.: II 1224/97, IWB 2002 Fach 3 Gruppe 2, 1021–1026.

–, Aktuelle Entwicklungen bei der Besteuerung von ausländischen Betriebsstätten und Personengesellschaften in Abkommensfällen, IStR 2003, 181–187.

–/ *Köhler, Stefan*, Außensteuergesetz/Doppelbesteuerungsabkommen Kommentar, (Loseblatt) 27. Erg., Stand November 2011.

Suchanek, Markus/Herbst, Christian, Auslegungsfragen zum DBA-USA: Die Zuordnung von Beteiligungen zum Betriebstättenvermögen, IStR 2007, 620–627.

Tipke, Klaus, Die Steuerrechtsordnung, Wissenschaftsorganisatorische, systematische und grundrechtlich-rechtsstaatliche Grundlagen, Bd. I, 2. Aufl., Köln 2000.

–, Die Steuerrechtsordnung, Steuerrechtfertigungstheorie, Anwendung auf alle Steuerarten, sachgerechtes Steuersystem, Bd. II, 2. Aufl., Köln 2003.

–, Die Steuerrechtsordnung, Bd. III, 2. Aufl., Köln 2012.

–/ *Kruse, Heinrich*, Abgabenordnung/Finanzgerichtsordnung Kommentar, (Loseblatt) 132. Erg., Stand Mai 2013.

–/ *Lang, Joachim* (Hrsg.), Steuerrecht, 21. Aufl., Köln 2013.

Triepel, Heinrich, Völkerrecht und Landesrecht, Leipzig 1899.

Viskorf, Hermann-Ulrich/Knobel, Wolfgang/Schuck, Stephan/Wälzholz, Eckhard (Hrsg.), Erbschaftsteuer- und Schenkungsteuergesetz, Bewertungsgesetz Kommentar, 4. Aufl., Herne 2012.

Vogel, Klaus, Über „Besteuerungsrechte" und über das Leistungsfähigkeitsprinzip im Internationalen Steuerrecht, in: Kirchhof, Paul/Offerhaus, Klaus/Schöberle, Horst (Hrsg.), Festschrift für Klein, S. 361–376.

–/ *Lehner, Moris* (Hrsg.), Doppelbesteuerungsabkommen, 5. Aufl., München 2008.

Wassermeyer, Franz, Die Auslegung von Doppelbesteuerungsabkommen durch den Bundesfinanzhof, StuW 1990, 404–412.

–, Anmerkung zum Urteil des BFH v. 1.10.1992, IStR 1992, 103.

–, Anmerkung zum Urteil des BFH v. 15.10.1997, I R 80/96, IStR 1998, 149–150.

–, Dealing-at-arm's-length-Prinzip, in: Piltz, Detlev Jürgen/Schaumburg, Harald (Hrsg.), Internationale Betriebsstättenbesteuerung, Köln 2001, S. 25–42.

–, Die Betriebsstätte – ein in vieler Hinsicht unbekanntes Wesen, in: Drenseck, Walter/Seer, Roman (Hrsg.), Festschrift für Heinrich Wilhelm Kruse, Köln 2001, S. 589–603.

–, Diskriminierungsfreie Betriebsstättengewinnermittlung, IStR 2004, 733–735.

–, Dealing at arm's length bei der Betriebstättengewinnermittlung, in: Lang, Michael/Jirousek, Heinz (Hrsg.), Praxis des Internationalen Steuerrechts, Festschrift für Helmut Loukota, Wien 2005, S. 651–669.

–, Verliert Deutschland im Fall der Überführung von Wirtschaftsgütern in eine ausländische Betriebsstätte das Besteuerungsrecht?, DB 2006, 1176–1180.

–, Sondervergütungen und Sonderbetriebsvermögen im Abkommensrecht, in: Achatz, Markus (Hrsg.), Steuerrecht, Verfassungsrecht, Europarecht, Festschrift für Hans Georg Ruppe, Wien 2007, S. 681–694.

–, Der abkommensrechtliche Einkünftebegriff, IStR 2010, 324–326.

–, Die abkommensrechtliche Aufteilung von Unternehmensgewinnen zwischen den beteiligten Vertragsstaaten, IStR 2012, 277–282.

–, DBA/Doppelbesteuerung: Kommentar zu allen deutschen Doppelbesteuerungsabkommen, (Loseblatt) 122. Erg., Stand März 2013.

–/ *Andresen, Ulf/Ditz, Xaver/Schönfeld, Jens* (Hrsg.), Betriebsstätten Handbuch, Gewinnermittlung und Besteuerung in- und ausländischer Betriebsstätten, Köln 2006.

Weber, Stefan, Kapitalverkehr und Kapitalmärkte im Vertrag über die Europäische Union, EuZW 1992, 561–566.

Weber-Grellet, Heinrich, Europäisches Steuerrecht, München 2005.

Weigell, Jörg, Das Verhältnis der Vorschrift des § 2a EStG zu den Doppelbesteuerungsabkommen, RIW 1987, 122–140.

Wolff, Ulrich, Auslegungsfragen zu DBA-Regelungen über Unternehmensgewinne, in: Gocke, Rudolf/Gosch, Dietmar/Lang, Michael (Hrsg.), Körperschaftsteuer, internationales Steuerrecht, Doppelbesteuerung, Festschrift für Franz Wassermeyer, München 2005, S. 647–662.

Ziehr, Ulrich, Einkünftezurechnung im internationalen Einheitsunternehmen, Veranlassungsprinzip und Selbstständigkeitsfiktion als Maßstäbe der Einkünftezurechnung zu Stammhaus und Betriebsstätte, Lohmar 2008.

Zitzlaff, Franz, Erläuterungen zur Rechtsprechung, StuW 1940, Sp. 870.

Züger, Mario, Die Definition der Betriebstätte durch die Generalklausel und deren beispielhaften Erläuterungen (Art. 5 Abs. 1 und 2 OECD-Musterabkommen), in: Gassner, Wolfgang/Lang, Michael/Lechner, Eduard (Hrsg.), Die Betriebstätte im Recht der Doppelbesteuerungsabkommen, Voraussetzungen der Besteuerung von Unternehmensgewinnen im Quellenstaat, Wien 1998, S. 31–56.

www.ingramcontent.com/pod-product-compliance
Ingram Content Group UK Ltd.
Pitfield, Milton Keynes, MK11 3LW, UK
UKHW021916290926
8980IPUK00015B/1291

9 783631 653852